Failure Management

Sebastian Kunert
(Hrsg.)

Failure Management

Ursachen und Folgen des Scheiterns

 Springer Gabler

Herausgeber
Sebastian Kunert
Institut an der Humboldt-Universität
artop GmbH
Berlin
Deutschland

ISBN 978-3-662-47356-6   ISBN 978-3-662-47357-3 (eBook)
DOI 10.1007/978-3-662-47357-3

Die Deutsche Nationalbibliothek verzeichnet diese Publikation in der Deutschen Nationalbibliografie; detaillierte bibliografische Daten sind im Internet über http://dnb.d-nb.de abrufbar.

Springer Gabler
© Springer-Verlag Berlin Heidelberg 2016

Gedruckt auf säurefreiem und chlorfrei gebleichtem Papier

Springer-Verlag Berlin Heidelberg ist Teil der Fachverlagsgruppe Springer Science+Business Media
(www.springer.com)

Vorwort

Im November 2012 gründeten fünf Nachwuchswissenschaftler auf einer Veranstaltung der Peter Pribilla Stiftung[1] das interdisziplinäre Projektteam Failure-driven Innovation. Im Laufe des darauf folgenden Jahres trugen sie aus verschieden Disziplinen empirische Hinweise zusammen, ob aus Scheitern Innovation entstehen kann. Sie unterfütterten ihre Ausführungen mit Fallbeispielen und veröffentlichten die Ergebnisse kürzlich als e-book[2] (Alexander, Berthod, Kunert, Salge & Washington, 2015). Aus den selben Fördermitteln wurde 2013 ein Wissenschaftssymposium mit Psychologen verschiedener Fachrichtungen finanziert. Sie beleuchteten gemeinsam die Rolle des Scheiterns für Innovation und Entwicklung, suchten nach disziplinübergreifenden Gemeinsamkeiten und gingen der Frage nach, was dies für ihre Profession bedeute. Die Referenten gaben das Einverständnis, ihre Vorträge zu verschriftlichen und für eine Veröffentlichung bereitzustellen. Dies war die Geburtsstunde des vorliegenden Buches. Weitere Kollegen aus dem Umfeld der Arbeits- & Organisationspsychologie wurden angefragt, um die Spannbreite der Sichtweisen noch zu vergrößern. Nach wenigen Wochen beteiligten sich insgesamt 25 Autoren aus Deutschland, den Niederlanden und der Schweiz.

Die 13 Beiträge betrachten das Scheitern im Wirtschaftsleben aus unterschiedlichen Blickwinkeln. In jedem Artikel wurden bislang verfügbare wissenschaftliche Erkenntnisse zum Thema zusammengetragen und ausführlich kommentiert. Ihre Ausführungen unterfüttern die Autoren mit Fallbeispielen, zum Großteil aus der eigenen Praxis. In Kombination mit den Empfehlungen zum Umgang mit diesem Phänomen soll der Leser darin unterstützt werden, ein besseres Verständnis des Scheiterns zu entwickeln. Dies erscheint durchaus erforderlich, da das Thema derzeit gesellschaftlich viel Beachtung findet, in der Alltagspraxis dagegen häufig tabuisiert und in der Wissenschaft bislang nur sporadisch erforscht wird.

Das Buch teilt sich in drei Abschnitte. Im ersten Teil wird das Scheitern aus einer individuellen Perspektive angegangen. Im Mittelpunkt steht die Frage, wie Menschen solche Erfahrungen wahrnehmen, interpretieren und verarbeiten.

---

[1] clicresearch.org/peter-pribilla-stiftung.

[2] artop.de/aktuelles/new-publication-failure-driven-innovation.

Martin Elbe eröffnet dieses Themenfeld mit einer sozialpsychologischen Betrachtungsweise. Mit Hilfe zahlreicher klassischer Konzeptionen beschreibt er den Menschen als eine sich erklärende, soziale, planende und sich inszenierende Persönlichkeit, deren Bewertungsmaßstäbe mit der Zeit variieren und häufig unbewusst sind. Scheitern ist für ihn wiederholtes Misslingen, der Versuch, trotz unklarer Kausalitäten und vorangegangener Fehlschläge mit gleichem Handeln doch noch zum anvisierten Ergebnis zu gelangen.

Stephan Bedenk und **Harald A. Mieg** beleuchten das Feld aus einer kognitionspsychologischen Perspektive, indem sie Denk- und Entscheidungsmuster im Hinblick auf deren Funktionalität untersuchen. Unter Bedingungen von Neuartigkeit, Unsicherheit, Komplexität, Konfliktträchtigkeit und Volatilität greifen gewohnte Routinen nicht mehr. Die begrenzte Rationalität des Menschen stößt an ihre Grenzen, es kommt zu Verzerrungen verschiedenster Art. Erfolg oder Misserfolg einer Entscheidung liegen dann kaum noch in den Händen des Handelnden.

Gregor Nimz nähert sich dem Scheitern aus einer sportpsychologischer Sicht. Er verwendet das Resilienzkonzept, um zu verdeutlichen, auf welche Weise Spitzensportler mit Niederlagen umgehen und überträgt seine Erkenntnisse in die Arbeitswelt. In seinem Feld ist Scheitern ein wiederkehrendes, unumgängliches, singuläres Ereignis, das sehenden Auges für die Chance auf einen Sieg in Kauf genommen wird. Und auch hier spielen Mechanismen der Zuschreibung und der Perspektive eine entscheidende Rolle.

Hartmut Wandke schließt den ersten Teil des Sammelbands mit seinen Erläuterungen zum Scheitern an Technik. Er führt den Leser auf die basale Ebene der Handlungsregulation und verdeutlicht an einer Vielzahl von Alltagsbeobachtungen, wie man an, mit und trotz Technikeinsatz nicht zum Ziel gelangen kann. Zudem diskutiert der Autor die Ambitionen einiger Entwickler, den Menschen mit seiner Fehleranfälligkeit dank Automatisierung völlig aus der Wertschöpfungskette zu eliminieren und so eine vom Scheitern befreite Arbeitswelt zu erschaffen.

Der zweite Teil des Buches widmet sich dem Scheitern auf einer Interaktionsebene. Durch Kommunikations- und Kooperationsprozesse innerhalb eines sozialen Systems steigt die Komplexität, indem mehrere Personen mit teils unterschiedlichen Zielsetzungen Einfluss nehmen.

Geri Thomann, **Theo Wehner** und **Christoph Clases** bilden mit ihrem Beitrag zum Scheitern in der Führung den Auftakt. Sie beschreiben darin das Paradox, Führungskräfte in Zeiten tiefgreifender Umwälzungen in der Arbeitswelt unverändert damit zu betrauen, steuernd und richtungsweisend auf das Handeln von unterstellten Organisationsmitgliedern einzuwirken, um sich anschließend am Erreichen vorgegebener Zielvorgaben messen zu lassen. Erfolg und Scheitern liegen auch hier immer weniger in den Händen der einzelnen Person. Die Autoren unterscheiden zudem graduelles von absolutem Scheitern. Während ersteres lediglich eine Unterbrechung der Handlungsmöglichkeit darstellt, bedeutet letzteres, dass die Autonomie einer Person grundsätzlich in Zweifel gezogen ist. Unterfüttert werden die Ausführungen mit Zitaten aus Tiefeninterviews, in denen verschiedene Begriffsverständnisse, Erfahrungen von Scheitern sowie Bewältigungsstrategien zusammengetragen wurden.

Petra Badke-Schaub und **Gesine Hofinger** nähern sich in ihrem Beitrag zum Scheitern in Teams dem Thema aus der diametralen Perspektive der Geführten. Anhand zahlreicher Beispiele von s. g. Hochzuverlässigkeitsteams verdeutlichen sie die relevanten Merkmale und Abläufe, in denen sich die erfolgreichen Arbeitsgruppen von den erfolglosen unterscheiden. Das Scheitern selbst beschreiben die beiden Autorinnen als einen schleichenden, hochgradig multi-kausalen Prozess, der oft erst im Nachhinein erkennbar ist.

Karin Lackner widmet sich dem Scheitern in der Beratung. Sie steigt mit der These ein, dass (freiwillige) Beratung gar nicht scheitern kann, da immer Reflexion stattfindet und somit etwas bewirkt wird. Sie verdeutlicht anhand der Etappen eines Beratungsprozesses, dass es nichtsdestotrotz Unterschiede zwischen besserer und schlechterer Beratung gibt: eine Menge schwieriger Situationen gilt es zu meistern, damit diese spezielle Art der Interaktion überhaupt beginnen kann, über einen längeren Zeitraum aufrechterhalten wird und geordnet endet.

Thomas Bachmann argumentiert in seinem Beitrag zum Scheitern im Coaching ganz ähnlich. Er verortet das Phänomen im Prozess der professionellen Beziehungsgestaltung. Da es sich beim Coaching um einen der ‚unmöglichen Berufe' (Freud 1937) handelt, entzieht es sich naturgegeben einer eindeutigen, monokausalen Bewertung. Zugleich wird im Text auf eindrückliche Weise die Perspektivabhängigkeit von Erfolg und Fehlschlag beschrieben – je nachdem, welche Rolle der Einzelne im mitunter recht komplexen Geflecht eines Coachingprozesses einnimmt.

Walter H. Letzel schließt den zweiten Teil des Sammelbands mit einer Betrachtung des Scheiterns in der Mediation. Darin führt er aus, dass es in dieser Form der Konfliktbearbeitung kein absolutes Misslingen geben kann, da auch hier durch den Mediationsprozess stets Ansichten verändert, Meinungen abgewandelt und Lösungsräume eröffnet werden. Scheitern bedeutet für den Autor primär das Versagen des Mediators in seiner professionellen Rolle. Im weiteren Verlauf dehnt er diese Ansicht auf die gesamte Profession aus, indem er das Scharlatanerie-Problem auf dem Weg der Verberuflichung dieses Feldes näher beleuchtet.

Der dritte Teil des Buches widmet sich dem Scheitern auf organisationaler Ebene. In arbeitsteiligen Institutionen erfährt das Misslingen nochmals einen Komplexitätszuwachs, da die Reichweite der Folgen kaum noch absehbar ist.

Iris Friederici erläutert in ihrem Beitrag das Scheitern in der institutionalisierten Weiterbildung. Sie nutzt die Unterscheidung zwischen latenten und manifesten Zielen, um die Relativität misslungener Trainings und Schulungen zu verdeutlichen. Anhand der Rahmenbedingungen guter Lehr-Lern-Arrangements listet sie typische Faktoren des Scheiterns auf. Im weiteren Verlauf beleuchtet sie die enorme Bedeutung der organisationalen Einbettung von Personalentwicklungsprogrammen in die Strukturen und Prozesse eines Konzerns.

Daniel Marinkovic und **Karin Behrendt** skizzieren das Scheitern aus einer Projektperspektive. Scheitern ist in diesem Feld auf den ersten Blick klar definiert als Verfehlen gesteckter Ziele unter vorgegebenen Budget- und Zeitvorgaben. Zugleich wird in dem

Artikel die Abhängigkeit der Bewertung vom eigenen Interesse überdeutlich: Auftraggeber, Projektleiter, Teammitglieder und andere Stakeholder können den Ausgang eines Vorhabens sehr unterschiedlich bewerten, je nachdem, wie die eigenen Erwartungen aussahen. Die beiden Autoren behelfen sich mit einer Unterscheidung zwischen Projekt- und Projektmanagementerfolg. Für beides werden zahlreiche Studien zitiert und die Kernergebnisse mit zwei Praxisbeispielen untermauert.

Claas Triebel und **Claudius Schikora** geben einen Einblick ins Scheitern beim Gründen. Die Besonderheit dieses Feldes liegt in der Umkehrung der Normalität: Über die Hälfte aller Start-ups schafft es nicht, sich langfristig zu etablieren. Ähnlich dem Sport ist das Scheitern auch hier die Regel. Basierend auf der eigenen Beratungspraxis und anhand mehrerer groß angelegter Studien gehen die beiden Autoren dem Mysterium einer erfolgreichen Existenzgründung nach.

Nicolai Scherle, **Christine Boven** und **Martina Stangel-Meseke** widmen sich am Ende des dritten Teils dem Scheitern in internationalen Unternehmenskooperationen. Basierend auf den Erkenntnissen zur Interkulturellen Kommunikation sowie zum Internationalen Management werden zentrale Faktoren misslungener länderübergreifender Zusammenarbeit aufgearbeitet. Dem stellen die Autoren zwei Methoden zum Umgang mit dem Scheitern entgegen – laterale Führung und kultursensibles Konfliktmanagement.

Den Rahmen bilden zwei Artikel, in denen aus einer Beobachterposition heraus fasziniert auf das Alltagsphänomen Scheitern geblickt wird. Im Beitrag ‚*4 Deutungen zum Scheitern*' von **Sebastian Kunert, Geri Thomann, Theo Wehner und Christoph Clases** wird das Scheitern grob vermessen. Wortherkunft, Verbreitung in verschiedensten Medien und der landläufige Umgang mit Fehlschlägen stehen im Mittelpunkt. Vier Eigenheiten sind den Autoren dabei aufgefallen: Scheitern veränderte sich mit der Zeit und scheint zu einem Phänomen der Moderne geworden zu sein; Scheitern hat den Trend, auf einzelne Personen gemünzt zu werden; Scheitern ist selten absolut, sondern in der Bewertung stark vom Standpunkt des Betrachters abhängig; Scheitern scheint zum Kulturphänomen avanciert, es wird in unzähligen Büchern, Musikstücken Filmen, Magazinen, Veranstaltungen, Fernseh- und Hörfunkproduktionen und nicht zuletzt im Theater ausgiebig verhandelt.

Das Gegenstück bildet ein Interview des Herausgebers mit **Harry Fuhrmann** am Ende des Buches. Der Schauspieler und Regisseur stellt sich der Frage, in wie weit das Theater einen Spiegel der Gesellschaft bildet, in dem sich jene 4 Deutungen wiedererkennen lassen, die im Eingangsartikel beschrieben sind. Für den Befragten verortet sich das inszenierte Scheitern im Spannungsfeld zwischen Sehnsucht und Wirklichkeit, eingebettet in einem sozialen Beziehungsgeflecht.

Abschließend sei noch allen Personen herzlich gedankt, die an diesem Buch im Hintergrund mitgewirkt haben. Hervorheben möchte ich das unermüdliche Redigieren durch Kathrin Friederici sowie die vertrauensvolle Zusammenarbeit mit meinem Lektor Michael Bursik.

Ich wünsche viel Erfolg beim Lesen.

Berlin im Juli 2015   Sebastian Kunert

Inhaltsverzeichnis

Teil I   Prolog

4 Deutungen zum Scheitern   3
Sebastian Kunert, Geri Thomann, Theo Wehner und Christoph Clases

Teil II   Scheitern auf der individuellen Ebene

Scheitern und Identität   21
Martin Elbe

Scheitern bei strategischen Entscheidungen   39
Stephan Bedenk und Harald A. Mieg

Scheitern im Spitzensport   55
Gregor Nimz

Scheitern an Technik   69
Hartmut Wandke

Teil III   Scheitern auf der sozialen Ebene

Scheitern in der Führung   95
Geri Thomann, Theo Wehner und Christoph Clases

Scheitern in Teams   119
Petra Badke-Schaub und Gesine Hofinger

Scheitern in der Beratung   133
Karin Lackner

Scheitern im Coaching.   151
Thomas Bachmann

Scheitern in der Mediation   167
Walter H. Letzel

Teil IV   Scheitern auf der organisationalen Ebene

Scheitern in organisationalen Veränderungen   183
Sebastian Kunert

Scheitern in der Weiterbildung.   203
Iris Friederici

Scheitern in Projekten.   219
Daniel Marinkovic und Karin Behrendt

Scheitern bei Unternehmensgründungen   235
Claas Triebel und Claudius Schikora

Scheitern in internationalen Unternehmenskooperationen.   249
Nicolai Scherle, Christine Boven und Martina Stangel-Meseke

Teil V   Epilog

Inszenierung des Scheiterns   273
Sebastian Kunert und Harry Fuhrmann

Die Herausgeber

Prof. Dr. Sebastian Kunert Diplompsychologe, zertifizierter Trainer und Projektmanager. Studium und Promotion an der Humboldt-Universität zu Berlin, der Technischen Universität Berlin und an der University of Port Elizabeth (Süd Afrika). Zwischen 2007 und 2013 Wissenschaftlicher Mitarbeiter an der Humboldt-Universität zu Berlin. Von 2012 bis 2014 Professor für Sozial- & Gesundheitspsychologie an der Hochschule für Gesundheit & Sport Berlin. Seit 2014 Professor für Personal & Organisation im Fachbereich Wirtschaftswissenschaften an der Business and Information Technology School BiTS Iserlohn, Campus Berlin. Seine Forschungsschwerpunkte liegen in den Bereichen Innovation, Organisationskultur und Führung sowie in der Entwicklung von wirtschaftspsychologischen Methoden. Mehr Informationen auf bits-hochschule.de.

Parallel dazu Partner der artop GmbH - Institut an der Humboldt-Universität zu Berlin. Die Themenschwerpunkte verorten sich in der Beratung von Organisationen zu Innovationsmanagement, Projektmanagement, Change Management und Strategie, der Unterstützung und Begleitung von Teamentwicklungsprozessen, dem Coaching von Einzelpersonen sowie der Evaluation von Bildungsprogrammen, Projekten und Interventionsverfahren. Mehr Informationen auf artop.de.

Teil I
Prolog

4 Deutungen zum Scheitern

Sebastian Kunert, Geri Thomann, Theo Wehner und Christoph Clases

Zusammenfassung

Der Begriff des Scheiterns bezeichnet zunächst ein abgespaltetes, hergerichtetes Stück Holz. Zugleich umschreibt er umgangssprachlich einen Akt des Misslingens. Bei genauerer Betrachtung entzieht sich der Begriff jedoch einer eindeutigen Definition. In diesem Beitrag wird versucht, sich dem Scheitern durch 4 Beobachtungen und deren Deutungen zu nähern. Scheitern ist zunächst ein Phänomen der Moderne: Während im Mittelalter das individuelle Scheitern insofern kein Thema war, als ohnehin alle Menschen ,verdammt' waren, ist in einer modernen, von der Generation Y bestimmten Zeit die Selbstverwirklichung die zentrale Prämisse des Lebens. So wird das Versagen zum individuellen Bedrohungsszenario.

Zugleich ist das Scheitern auch gesellschaftlich personalisiert: In der Regel kommen beim Scheitern viele Faktoren zusammen. Durch die Sühne des Sündenbocks

S. Kunert (✉)
artop GmbH – Institut an der Humboldt-Universität zu Berlin, Christburger Str. 4, 10405 Berlin, Deutschland
E-Mail: kunert@artop.de

G. Thomann
ZHE - Zentrum für Hochschuldidaktik und Erwachsenenbildung, Pädagogische Hochschule Zürich, Lagerstrasse 2, Zürich CH-8090, Schweiz
E-Mail: geri.thomann@phzh.ch

T. Wehner
ETH Zürich, Weinbergstrasse 56/58, Zürich 8092, Schweiz
E-Mail: twehner@ethz.ch

C. Clases
AOC Unternehmensberatung, Bergstraße 134, 8032 Zürich, Schweiz
E-Mail: clases@aoc-consulting.com

© Springer-Verlag Berlin Heidelberg 2016
S. Kunert (Hrsg.), *Failure Management*, DOI 10.1007/978-3-662-47357-3_1

entledigen sich soziale Systeme ihrer kollektiven Schuld und betreiben zugleich Komplexitätsreduktion. Wie groß das Scheitern ausfällt, scheint stets relativ zu sein: Ob man versagte oder letztendlich doch erfolgreich war, hängt maßgeblich vom Standpunkt und den damit verbundenen Bewertungen ab. Die Geschichte der Menschheit ist reich an Personen, die erfolglos Gold gesucht und Porzellan gefunden haben. Zu guter Letzt ist das Scheitern zum Kulturphänomen avanciert.

Man begegnet ihm in TV-Shows und Filmen, auf Veranstaltungen und Messen, in Kunstausstellungen, auf Internetseiten, in Büchern, Sonderausgaben von Zeitschriften und wissenschaftlichen Abhandlungen. Fasst man diese Beobachtungen zusammen, lässt sich festhalten: DAS Scheitern gibt es nicht.

Hört man Alltagsgesprächen – im Privatleben wie in der Geschäftswelt – zu, so könnte man meinen Scheitern sei alltäglich: Gescheitert wird selbst dort, wo nur vage Ziele gesetzt und ohne Engagement bzw. Leidenschaft verfolgt und nach dem heroischen Bekenntnis munter weiter gehandelt wird. Pro forma handelt es sich um einen Akt des Misslingens, ein angestrebtes Ziel o. Ä. nicht zu erreichen, keinen Erfolg zu haben. Nimmt man den Begriff bzgl. seiner Herkunft und damit seiner dramatischen Verläufe und seiner existenziellen Auswirkungen ernst, dann handelt es sich ganz sicher um seltene Ereignisse, auch wenn wir auf Grund der globalen Vernetzung viele davon zu hören und zu sehen bekommen.

Die ursprüngliche Bedeutung des Wortes findet sich im Deutschen Wörterbuch von Jacob und Wilhelm Grimm (1893, Bd. 14, S. 2472–2480). So bezeichnet der Scheit lediglich ein abgespaltetes, hergerichtetes Stück Holz zu mannigfachen Zwecken dienend (althochdeutsch: scit). Zudem existierten vielfache Abwandlungen wie bspw. das Richtscheit der Zimmerleute, das Raitel- oder Rattelscheit zum Zusammenreiteln von Ballen oder Packen, das Knetscheit des Bäckers zum Bearbeiten des Teigs, ein Rührscheit zum Umrühren, ein Schieszscheit für Gewehre. Darüber hinaus bedeutet Scheit aber auch gewaltsam zersplitterte Trümmer. Auf eine Person bezogen beinhaltet es unter anderem das aus der Schifffahrt entlehnte „ich gehe zu grund, gehe zu scheitern."

Der Schiffbruch ist wohl die stärkste Metapher für das Phänomen des Scheiterns: Es wird beispielsweise Schiffbruch erlitten, untergegangen, gekentert, auf Grund gelegt, in den Strudel geraten und gestrandet. Seit der griechischen Antike gilt der Schiffbruch als eine geradezu unumgängliche Konsequenz der Seefahrt, welche sozusagen als riskante, fast blasphemische Grenzüberschreitung (Blumenberg 1979, S. 11) galt. Das Wagnis der Seefahrt wird beschrieben von der Odyssee bis zu Sinbad dem Seefahrer, Moby Dick oder Robinson Crusoe: Ungeahnte Strömungen, seichte Stellen, aus den Augen verlorene Zielorientierung, auf Grund verändernder Wetterlage notwendige Kurswechsel, und plötzlich: Ein Schiffsbug löst sich an einem Riff, an einem Felsen zerschellend, in Holzscheite auf. Gescheitert war so jeweils nicht zuletzt meist auch ein Handelsgeschäft, zerschellt waren gehegte Hoffnungen, ungezügelte Leidenschaften, technische Allmachtsfantasien oder auch nur ein überzogener Businessplan. Mit den ersten Luftschiffen erweiterte sich die Symbolik um Bruchlandungen und Abstürze und, eine ganze Airline betreffend, um

das Grounding. Im Computerzeitalter wird ebenfalls abgestürzt, zudem aber herunterge-
fahren, stand-by eingerichtet oder aber eingefroren.

Bei genauerer Betrachtung des Begriffes entzieht er sich zunehmend einer Definition.
Die Grenzen des Scheiterns werden unscharf und schwer zu fassen. Im Folgenden schildern wir eine Vielzahl an Beobachtungen und versuchen sie, in vier Abschnitten zu deuten[1]. So soll der Versuch unternommen werden, die Terra Defectum (siehe Abb. 1) etwas
genauer zu vermessen und zu erkunden.

1 Scheitern als ein Phänomen der Moderne

Seitdem der Mensch begann, vorausschauend, absichtsvoll und kreativ zu handeln, ist das
Scheitern in der Welt. Werden Pläne geschmiedet, Ziele gesetzt und Ressourcen investiert,
ist der Fehlschlag ein möglicher Ausgang, der Antagonist zum Erfolg. Jedoch scheint das
Scheitern zugenommen zu haben. Es wirkt allgegenwärtig und bedrohlicher als in früheren Epochen.

Im Mittelalter war das individuelle Scheitern insofern kein Thema, als ohnehin alle
Menschen ,verdammt' waren; die Hölle könnte somit als ,klassischer Ort des Scheiterns'
bezeichnet werden. Die *Vanitas* beschreibt in dieser Zeit den Tod als letztendliches Scheitern des Menschen an seinem eigenen Schicksal. In der Renaissance wurde die Erbsün-
de quasi verabschiedet, womit erstmals alle menschlichen Projekte möglichem Scheitern
unterworfen waren. Die politischen Denker der Aufklärung (Hobbes, Locke) beschäftigten sich mit der Gestaltungskraft des Menschen, welche zusehends ,perfektibel' (Zschirnt
2005, S. 37) wurde, Scheitern mutierte dadurch zum individuellen Konflikt. Die Ideen der
Aufklärung beeinflussten Biographiekonzepte wie auch die Industrialisierung und Ver-
städterung des 19. Jahrhunderts oder die Medialisierung des öffentlichen und privaten
Lebens im 20. und 21. Jahrhundert (s. Zahlmann und Scholz 2005 S. 8). Biographische
Normalität wurde und wird in alters- und geschlechtsspezifischer Prägung konstruiert: Er-
werbsarbeitszeit, Ruhestand, Geschlechterrollen, Formen des Konsums, Freizeit.

Angehörige der Vorkriegsgeneration sprachen hin und wieder von sog. ,gescheiter-
ten Existenzen' (meist Männer, bei Frauen wurde mit demselben Unterton gesprochen,
wenn sie als ,gefallen' bezeichnet wurden). Die geschlechtsdifferenten Lebensläufe als
Stufenalter (Aufstieg, Höhepunkt, Abstieg) boten wenig Raum für Überraschungen oder
Abweichungen, das Diktat sozialer Erwartungen definierte die Norm und damit auch das
Scheitern als deren Nichterfüllung (s. Zschirnt 2005). Dagegen scheint sich die Deutung
des Scheiterns zu ändern. In einer modernen, schnell-lebigen Welt, in der die Generation Y
in den Focus des Interesses rückt, gehört die Selbstverwirklichung zur zentralen Prämisse
des Lebens (Inglehart und Welzel 2005). Und „zum sich Ausprobieren" gehört auch das
Scheitern Dürfen.

---

[1] Diese 4 Deutungen werden am Ende des Buches im Interview mit Harry Fuhrmann wieder auf-
gegriffen.

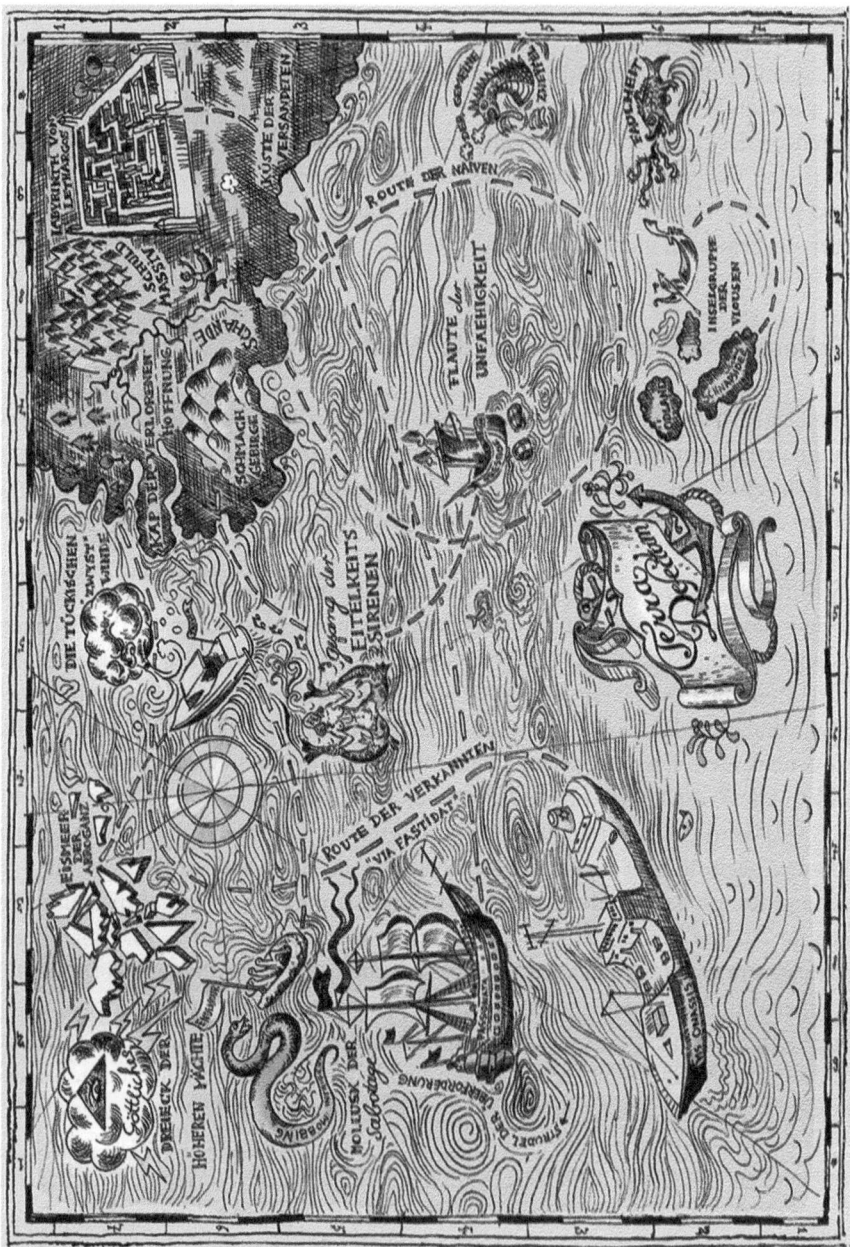

Abb. 1 Terra defectum. (Die Seekarte ist als Faltpublikation erhältlich unter kulturmassnahmen. de/terra.htm)

Die lustvolle Infragestellung von reibungsloser Leistungs- und Effizienzkultur durch die Inszenierung von Misserfolgserlebnissen wird auf diese Weise nachvollziehbar, es kommt dabei jedoch der leise Verdacht auf, dass die Absicht mitspielt, das Nicht-Gelingen durch Ästhetisierung oder Bagatellisierung ‚in den Griff‘ zu bekommen und ‚Scheitern‘ im Handumdrehen zur ‚Chance‘ umzudeuten. Die Wortwahl in aktuellen Publikationstiteln deutet darauf hin. Da wird das Scheitern ‚schöner‘ (Ott 2006), ‚gescheiter‘ (Burmeister und Steinhilper 2011), ‚lässig‘ (Lauterbach 2007), zur ‚Kunst‘ (Gössler 2007) erhoben und dessen ‚Kraft‘ (Scheucher und Steindorfer 2008) beschworen, mit ‚Erfolg‘ (Reber 2007) versehen oder zum ‚Donald Duck-Prinzip‘ (Tarr 2005) erklärt.

Gesellschaftliche Konzepte beschwören das ‚Ende der Eindeutigkeit‘ (Bauman 1995) im Zusammenhang mit einer Abkehr von einer passiv-theologisch-ergebenen Haltung des Menschen zu einem postmodernen Risikoverhalten (s. Bonss 1995). Das Zauberwort unserer Existenz hat sich von Schicksal zu Problem gewandelt (s. Horx 1998, S. 96). Zschirnt formuliert es so: „Wir haben nicht nur große Aussichten, sondern müssen auch Brüche, Unvorhergesehenes, erzwungene Richtungswechsel, Orientierungswechsel und Stillstand aushalten" (2005, S. 27). Wenn man alles aus sich machen kann, kann man auch wenig oder nichts aus sich machen; wer alles aus sich machen will oder soll, ist vielleicht bereits gescheitert[2]. Die Wahlmöglichkeiten wachsen mit den Vorstellungen, irgendetwas im Leben nicht erreicht oder falsch gemacht zu haben, das Glück ist damit ‚von der Sehnsucht zum Programm avanciert‘ (Bruckner 2002, S. 1), die Risiken sind individualisiert: Glücklich zu sein, ist ein gesellschaftliches Pflichtprogramm geworden, dem der moderne Mensch nachjagt, wohl wissend, dass seine Nichterfüllung einem persönlichen Scheitern gleichkommt. Doehlemann (1996) beschreibt in seinem Buch ‚Absteiger. Die Kunst des Verlierens‘ in Fallbeispielen wie soziales Abrutschen bewältigt wird und wie – bei wachsender Verpflichtung zu erfolgreichen biographischen Eigenleistungen – jeder sozusagen auch seines Unglückes Schmied sein soll; aus Verlierern werden da gelegentlich auch Gewinner bzw. Helden – aber nicht immer.

Seit der Moderne kann also jedermann zu jeder Zeit scheitern, weil wir gelernt haben uns vorzustellen, alles erreichen zu können. Gleichzeitig verliert jedoch das Scheitern den Nimbus des Unumkehrbaren, Unwiderruflichen, Unumgänglichen, Endgültigen, Ausweglosen. Aus der Sicherheitsgesellschaft ist eine Mutgesellschaft geworden. In der griechischen Tragödie wurde das Theaterpublikum jeweils Zeuge des tosenden Unterganges des Protagonisten als Helden, heute können wir alle Helden sein. Helden sind mythische Figuren, sie personalisieren kollektive Wünsche und unterstützen Angstabbau (s. Neuberger 2002, S. 117). Helden sterben gelegentlich einen Heldentod. Sind sie (oder ihre Ideen) dann gescheitert oder haben sie sich nicht vielmehr durch den inszenierten tosenden Untergang unsterblich gemacht?

---

[2] Er wollte nach oben aber er kam nur bis zur Mitte. so kalauerte Martin Kippenberger und ahnte nicht, dass es auf ihn (zumindest nach seinem Tod), nicht zutraf (http://mitvergnuegen.com/artvergnuegen/artvergnuegen-31-bye-bye-co-mitte-und-martin-kippenberger-im-hamburger-bahnhof).

2 Scheitern scheint personalisiert

Zugleich verdichten sich im Helden all jene Zustände, Kontexte und Personenkonstella-
tionen, die zum Ausgang der Geschichte führen. Damit wird das Scheitern wie in einer
Linse gesammelt und auf ihn allein projiziert. Dies findet sich bis heute…

Wenn Unternehmen scheitern, ist es guter Brauch, das Management dafür zur Verantwortung zu ziehen. Das ist zumeist nur konsequent. Wenn man der Ansicht folgt, dass
die Komplexität eines Betriebs die menschliche Rationalität bei weitem übersteigt, liegt
die Besonderheit einer Geschäftsführerposition v. a. darin, Entscheidungen zu fällen und
Verantwortung zu tragen. Geht etwas schief, weiß man, an wen man sich zu wenden hat,
gegebenenfalls auch juristisch. Die Liste der gescheiterten Unternehmen, deren ehemalige
Vorstände und Besitzer verklagt wurden, ist lang. Doch nicht nur in der Wirtschaft, auch
in der Politik und im Sport gehört es zum guten Ton, ‚Verantwortung zu übernehmen‘ und
‚den Platz zu räumen für einen Neuanfang‘.

Eine solche Schuldzuweisung ist systemisch betrachtet eine Farce. In der Regel kommen beim Scheitern einer Organisation viele Faktoren zusammen. Um so bedeutender
ist der Prozess der Stigmatisierung eines vermeintlich Schuldigen. Dies signalisiert nach
außen, dass man das Scheitern akzeptiert. Durch die Sühne des Sündenbocks wird eine
Zäsur geschaffen, die einen Neuanfang erlaubt, um es noch einmal zu versuchen oder um
etwas zu ändern. Zugleich entledigen sich soziale Systeme auf diese Weise ihrer kollektiven Schuld und betreiben zugleich Komplexitätsreduktion, indem sie die Bedingungen
ausblenden, Kausalitäten vereinfachen und das Missgeschick auf einen einzelnen projizie-
ren. So erlangen die Mitglieder einer Organisation ihre Kontrollillusion zurück, wodurch
sie wieder handlungsfähig werden.

Die Ausgestoßenen stehen mit ihrer ‚Schuld‘ zumeist alleine da. Im drastischsten Fall
sind sie gezwungen, sich als gescheiterte Personen öffentlich zu bekennen. Man findet sie
dann meist abseits der großen Bühnen in diversen Selbsthilfegruppen[3]. Attila von Unruh
gründete nach eigener Privatinsolvenz die „Anonymen Insolvenzler“, um jenen, die den
Mut hatten, sich selbständig zu machen, ein Forum zu geben, trotz zehnjähriger Kreditun-
würdigkeit und sechsjähriger Rechenschaftspflicht gegenüber einem Insolvenzverwalter
ihre Zuversicht und ihre Würde zurückzuerlangen.

In seltenen Fällen profitiert der ‚Schuldige‘ etwas aus dem Scheitern und erfährt eine
Art Wiederauferstehung. Nachdem Bernd Pischetsrieder in seiner Funktion als Vorstands-
vorsitzender der BMW-Werke beim Kauf der britischen Rover Group Holding den Konkurrenten VW ausgebotet hatte, missriet die Fusion und er wurde geschasst. Ferdinand
Piëch, ehemaliger CEO von Volkswagen und Anteilseigner, war dagegen nachhaltig be-
eindruckt von dessen Verhandlungsgeschick und holte den Manager in seinen Konzern
mit den Worten: Intelligente Manager lernen aus Fehlern.

---

[3] schoenerscheitern.de.

3 Scheitern scheint relativ

Seit jeher ist es der Begriff stigmatisiert. Wer gescheitert ist, konnte seine Pläne nicht umsetzen, hat Ziele nicht erreicht oder wurde aufgehalten. Und doch scheint sich die Konnotation des Begriffs seit einigen Jahren zu wandeln.

Ob man gescheitert ist oder letztendlich doch erfolgreich war, hängt maßgeblich vom Standpunkt und den damit verbundenen Bewertungen ab. Der us-amerikanische Erfinder Thomas Edison fasste seine Erfahrungen in dem Ausspruch zusammen: Ich bin nicht gescheitert. Ich habe erfolgreich 10.000 Möglichkeiten gefunden, die nicht funktionieren. Die Geschichte der Menschheit ist reich an Personen, die erfolglos Gold gesucht und Porzellan gefunden haben. Der italienische Seefahrer Christopher Columbus machte im Vorfeld seiner Expedition seinen spanischen Kapitalgebern große Versprechungen, scheiterte jedoch an zu schlechtem Kartenmaterial und ungenauen Berechnungen auf seinem Weg, eine West-Passage nach Indien zu erkunden... und strandete 1492 in Amerika. Sir Alexander Fleming, ein schottischer Mediziner, scheitert an der chaotischen Organisation seines Labors an der Londoner Universität, was zu Verunreinigungen mehrerer Bakterienkulturen führte... und entdeckte 1928 das Penicillin. Der us-amerikanische Erfinder Wilson Greatbatch hatte 1956 die Aufgabe, einen Oszillator zur Messung von Herzschlägen zu bauen. Die Widerstände in seinem Gerät waren jedoch falsch berechnet und das Analysegerät löste stattdessen Stromimpulse aus... der Herzschrittmacher war erfunden. Harry Wesley Coover Jr., ein Chemiker bei Kodak, scheiterte 1942 beim Versuch, zunächst eine Kameralinse, später Cockpit-Hauben aus Kunststoff zu entwickeln. Das Material war zu haftend für den Produktionsprozess... der Sekundenkleber war entdeckt.

Scheitern – wie auch Erfolg – ist eine nachträgliche Bewertung. Sie macht sich an den ursprünglichen Zielsetzungen fest. Ändert man die Bewertungsmaßstäbe, ergibt sich mitunter ein ganz anderes Bild: aus heutiger Perspektive war die Erfindung des Penicilins ein voller Erfolg. Es finden sich noch weitere Formen der Umdeutungen. Im Moment war es ein Scheitern, später hat sich als unbedeutend herausgestellt. An anderer Stelle wird das Scheitern nachträglich als Ziel ausgegeben, dann wieder ist das eigene Scheitern im Vergleich mit dem weit größeren Versagen anderer gar nicht mehr so schlimm. Hin und wieder wird das missratene Ergebnis schlicht als Erfolg verkauft oder das Scheitern wird so lange kaschiert, bis es kaum noch zu erkennen ist – ein absichtliches Leugnen und Verdrehen aus Angst vor den Reaktionen: weder der Bewertungsmaßstab noch die Perspektive haben sich verändert, man ist gescheitert, weiß es und mag es nicht zugeben. Einige wenige werden vor ihrem Scheitern sogar bewahrt, weil ihr Überleben systemrelevant und somit von höherem Interesse ist (too big to fail).

In seltenen Fällen erlebt man auch das Gegenteil. Als Klaus Doppler, hoch bezahlter Managementberater aus München, auf einer Veranstaltung der Daimler und Benz-Stiftung zum Thema ‚Eine neue Kultur im Umgang mit Scheitern' vorgestellt wurde, las sich seine Biographie wie eine klassische Erfolgsgeschichte: Katholische Schule, Theologiestudium an der Päpstl. Universität Gregoriana in Rom, Psychologie-Studium in Salzburg, Promotion, Weiterbildung zum Psychoanalytiker und Trainer für Gruppendynamik, heute erfolgreicher Autor und Berater. Er selbst erzählte seine Geschichte als ein Prozess wiederholten Scheiterns: Theologiestudium kurz vor der Priesterweihe abgebrochen, Psychoanalyse nie praktiziert, mehrfacher Wechsel des Berufs, nun konfrontiert mit dem steten Scheitern von Organisationen in Wandelprozessen.

Lebensläufe wie dieser bzw. dessen Deutung stehen exemplarisch für einen zunehmend entspannteren Umgang mit dem Scheitern, einem Hinwenden zum amerikanischen ‚trial and error': Lieber werden Ideen zügig ausprobiert und dann aus den Konsequenzen gelernt als sich langwierigen Analyse- und Planungsprozesse mit ungewissem Ausgang zu unterziehen. Die rege Gründertätigkeit in Deutschland, die Popularität des ‚agile planning' bzw. ‚Scrum' im Projektmanagement oder das ‚design thinking' in der Produktentwicklung stehen beispielhaft für diesen Trend (vgl. Brandes et al. 2014).

4   Scheitern als ein Kulturphänomen

Im Alltag scheint noch immer ein großes Schweigen über dem Scheitern zu liegen. Sennett bezeichnete es als letztes Tabu der Moderne (Sennett 2000, S. 159): Alle denken daran, keiner spricht darüber. Dennoch war das Scheitern nie präsenter als heute. Es zu betrachten, zu verarbeiten und auszustellen scheint zum Kulturgut geworden zu sein.

Exhibitionistische Lebensberichte in TV-Shows, Veranstaltungen[4] und auf Internetseiten[5] lassen das Scheitern als Anekdotenstation zum Erfolg mutieren: wenn andere scheitern, ist es in Ordnung. Besonders unter Gründern ist zum großen Trend geworden, den eigenen Misserfolg öffentlich darzustellen. Seit 2009 berichten sie auf FailCons[6] und in FuckUp-Nights[7] vor großem Publikum von ihren ersten Geh-Versuchen, ihrem Stolpern und Aufstehen – stets eingebettet in ein Narrativ des letztendlichen Erfolgs. Ähnlich lange schon sammelt eine niederländische Großbank mit dem ‚Institute of Brilliant Failures'[8] erfolglose Geschäftsideen, um – nach eigenem Bekunden – im Lande für einen Kulturwechsel zu sorgen, weg von der Stigmatisierung hin zum Lernen. Die Kanadischen Engineers Without Borders bieten den selben Service für öffentliche und gemeinnützige Projektideen[9], die Weltbank hat mit den Fail Faires das passende Interaktionsformat parat[10]. In Finnland wurde während dessen der 13. Oktober zum ‚international day of failure' ausgerufen[11].

---

[4] show-des-scheiterns.de.

[5] keinponyhof.com/.

[6] thefailcon.com.

[7] fuckupnights.com.

[8] briljantemislukkingen.nl.

[9] admittingfailure.org.

[10] failfaire.org.

[11] dayforfailure.com.

Doch auch unter den etablierten Unternehmen ist das öffentlichkeitswirksame Scheitern fester Bestandteil der Selbstinszenierung. Die Reihe reicht von misslungenen Bauprojekten (Flughafen BER, Elbphilharmonie), gescheiterten Allianzen (DaimlerChrysler), Fehlinvestitionen (Video 2000) und betrügerischen Geschäftsideen (Jürgen Harksen). Manchmal verdichtet sich die Misere wie unter einem Brennglas, wenn es bspw. im Drehbuch zum ARD Tatort über die Fürther Straße in Nürnberg heißt. Das ist unsere Weltgeschichtsstraße: Quelle, Adler, AEG – lauter untergegangene Weltunternehmen.

In den Breiten der Gesellschaft ist das Scheitern längst zum Dauerbrenner avanciert. Die Zeitschriftenartikel und Sonderbeilagen lassen sich kaum noch überblicken. Seit 2011 widmeten sich mehrere einschlägige Verlage dem Thema: Harvard Business Manager (04/2011), The New Yorker (06/2013), ZEIT Wissen (06/2013), KM Magazin (04/2014), brand eins (11/2014), Der Spiegel Wissen (2/2015). Die selbe Entwicklung spiegelt sich in der Zahl an themenverwandten Buchveröffentlichungen. Die Beiträge reichen von Alltagsanekdoten (Scheucher und Steindorfer 2008) über misslungene Lebensgestaltung (Bauerfeind 2014), haarsträubenden Fehlschlägen (Pile 2012), Ratgebern für Manager (Rohrhirsch 2009) und Fallsammlungen erfolgloser Projekte (Strohschneider und von der Weth 2002) bis hin zu dauerhaft scheiternden Organisationen (Meyer und Zucker 1989) und ganzen Staaten, denen das eigene Scheitern bescheinigt wird (Chomsky 2007). Für Leser mit einem Hang zum Bildhaften steht der Ratgeber ‚Scheitern als Erfolg‘ als Graphic Novel zur Verfügung (Cantolla und Díaz-Faes 2013). Audiophile Interessenten werden derweil mit allerlei Hörbuchproduktionen (bspw. Klocke 2006) und Podcasts[12] versorgt.

Auch der Kunstbetrieb in Deutschland kann sich diesem Trend nur schwer entziehen. Die Buchbände ‚The Art of Failure‘ (Schaschl und Spinelli 2009), ‚Failure – Documents of Contemporary Art‘ (Le Feuvre 2010) und der Katalog zur Ausstellung ‚Besser Scheitern‘ in der Hamburger Kunsthalle von 2012 legen eindrucksvoll Zeugnis darüber ab. Seit mehreren Jahren schon lässt das Thalia Theater der Hansestadt seine Schauspieler in der Serie ‚Schöner Scheitern‘ an großen Rollen bewusst verheben. Und auf dem ‚Festival des gescheiterten Films‘[13] können unvollendete Produktionen bestaunt werden. Das Literaturhaus Stuttgart veranstaltete im März 2015 ein ganzes Festival des Misserfolgs[14]. Als dauerhafte Institution etablierte sich das Institut zur Aneignung und Nachhaltigkeit des Scheiterns (IANS), 2010 gegründet vom Künstlerkollektiv a7-ausstellungen[15]. Es hat sich zur Aufgabe gemacht, das kollektive Wissen in der Bevölkerung um den Umgang mit dem Scheitern zu sammeln, zu ordnen, zu pflegen und zu präsentieren (Möller et al. 2014, S. 31).

In der Literatur ist das Scheitern ebenso allgegenwärtig. Belletristik, Kino und das amerikanische Songbook (von Woody Guthrie über Bob Dylan bis hin zu Tom Waits) bieten

---

[12] kulturmassnahmen.de/schule_des_scheiterns.htm.

[13] der-gescheiterte-film.com.

[14] literaturhaus-stuttgart.de/fileadmin/lhs/download/scheitern_programm.pdf.

[15] a7-ausstellungen.de.

reichhaltigen Stoff für Scheitergeschichten – das wohl beliebteste Thema nebst der Liebe. Das Misslingen beschäftigte alle großen Autoren stofflich und (auto-)biografisch, von den Heroen der Antike, den Helden Homers zu den dramatischen Figuren bei Sophokles, über die Apokalyptik Dantes, den Abenteuern des Simplizissimus bei Grimmelshausen bis zu Gegenwartsautorinnen wie Elfriede Jelinek: Odysseus kann dem Scheitern als Götterurteil im Kampf zwischen Menschen und Schicksal nur knapp entrinnen, Hamlet sieht selbst ein, wie katastrophal seine Lage ist, Don Quichotte scheitert daran, zwischen Fiktion und Realität nicht unterscheiden zu können, Kapitän Ahab scheitert an seinem blinden Hass gegenüber dem weißen Wal, Goethes Wilhelm Meister irrt krisenanfällig durch die antibürgerliche Theaterwelt, Gottfried Kellers Grüner Heinrich ist seinen eigenen Plänen nicht gewachsen, Anton Reiser (der Protagonist in Karl Philipp Moritz Roman von 1785/1790) kann sich selbst nicht genügen, verkrüppelt psychisch und verkümmert sozial, Paul Austers Protagonisten tun reihenweise das Selbe, Charlie Chaplin scheitert als Tramp unentwegt, Rowan Atkinson als Mr. Bean ebenso, und beide behalten paradoxerweise dabei immer ihre anrührende Würde (s. Zschirnt 2005, S. 232), was man von Bartleby und seinem I would prefer not to nicht behaupten kann. Dies ist besonders tragisch, weil Bartleby anfangs für seine Arbeitsverweigerung durchaus die Sympathie seines Arbeitgebers auf sich zog. Dennoch hat Melville mit der Biografie des Schreibers Bartleby gezeigt, dass auch die Handlungsverweigerung ein handelnder Schritt ins Scheitern darstellt. Alle erwähnten Erzählungen bewegen sich von der Beschreibung riskanter Herausforderungen und Lernerfahrungen bis hin zu ästhetisch gestalteten Gegenwelten von jeweiligen Antihelden: Erfolglosigkeit wird als unkorrumpierbare Facette der Menschlichkeit dargestellt. Melville schließt seine Erzählung, nachdem der Protagonist tot ist, mit dem Ausruf: Oh Bartleby, oh Menschheit!

Auf diese Weise erlangen die Erzählungen ihren informierenden, pädagogischen Charakter. Mit künstlerischer Abstraktion entsteht Abstand zum Geschehen. Aus dieser Entfernung lässt sich stellvertretend am Leben Anderer teilhaben. Es ermöglicht, Ursachen und Konsequenzen von Scheitern nachvollziehen zu können. Es kommt zum Lernen am Modell (Bandura 1986) mit all seinen Facetten ‚Erweiterung des Handlungsrepertoires‘, ‚Hemmung bzw. Verstärkung bereits erworbener Handlungsmuster‘ sowie das ‚Schaffen diskriminativer Hinweisreize‘, die das Auftreten bereits erlernten Verhaltens erleichtern.

Dies kann auch zum Prinzip erklärt werden. Johannes Galli (1999) scheitert mit Lust und beginnt um einige Erfahrungen reicher immer wieder neu. Für ihn erkennen wir uns im Scheitern wieder, betrachten es völlig entspannt von außen und können aus vollem Herzen darüber lachen. Für ihn gibt es keine Grenzen, er scheitert in jeder Lebenssituation und zwar: perfekt, präzise und umfassend. Für Gill gilt, dass hinter jedem Scheitern die eigentlich gemeinte Vision liegt, die man nur erkennt, wenn man sein Scheitern zugibt. Diese Haltung gibt er in Büchern, Workshops und Trainings weiter. Sein Beruf: Clown.

Die Wissenschaft hat dagegen bislang erstaunlich wenig beizutragen (dabei ist sie selbst eine Domäne des institutionalisierten Scheiterns par excellence – sowohl auf Grund ihres naturgegebenen Hinterfragens gegebener Erkenntnisse (Kuhn 1970) als auch ihrer etablierten Mechanismen der Qualitätssicherung [bspw. Osterloh und Frey 2013]). Es dominieren die Sachbücher, welche psychologische Grundlagenmodelle rezitieren, um v. a. vermeintlich dysfunktionale (d. h. misslungene, fehlerhafte, irrtümliche) Muster im menschlichen Denken zu entlarven (bspw. Dörner 2003). Sie werden bisweilen zu Sachbüchern (bspw. Bösel 2012), kurzweiligen Vorträgen[16] und multimedialen Angeboten[17] weiterverarbeitet. Die Relativität der damit einhergehenden Aussagen zeigt sich exemplarisch am Gelehrtenstreit zwischen dem Nobelpreisträger Daniel Kahnemann und dem Leiter des Max-Planck-Institut für Bildungsforschung in Berlin Gerd Gigerenzer. Im Mittelpunkt steht die Frage, ob automatisiertes Denken zum Scheitern durch intuitiv getroffene Fehlentscheidungen führt (Kahnemann und Schmidt 2012) oder ob es einem funktionalen Zweck dient (Gigerenzer 2008). Auch die Soziologie scheint das Thema für sich zu entdecken. So können bspw. Studierende der Universität Jena ein Hauptseminar zum Scheitern belegen. In der Innovationsforschung gelten Fehlschläge ebenfalls als fruchtbares Feld. Reinhold Bauer habilitierte mit der Schrift ‚Gescheiterte Innovationen. Fehlschläge und technologischer Wandel‘ (Bauer 2006) und bekleidet aktuell die Stiftungsprofessur für die Wirkungsgeschichte der Technik an der Universität Stuttgart. In seltenen Fällen widmen sich ganze Forschungszweige diesem Phänomen. Der Bereich Human Factors (bspw. Badke-Schaub et al. 2008) ist eine dieser Ausnahmen, wo dem folgenschweren Scheitern – Unfällen, Fehlhandlungen und mensch-gemachten Katastrophen – mit empirischen Methoden nachgegangen wird. In den deutschsprachigen beratenden Wissenschaftsdisziplinen findet das Misslingen jedoch bislang kaum Beachtung. Die Zeitschrift ‚Gruppendynamik und Organisationsberatung‘ ging 2007 mit einem Sonderheft ‚Scheitern von Projekten in der Organisationsberatung‘ in die Offensive. Seit dem ist eine Vielzahl weiterer Publikationen in den jeweiligen Teildisziplinen erschienen. Bislang mangelt es jedoch am Gesamtüberblick und einer Synthese der versprengt existierenden Erkenntnisse.

5 Fazit

Fragt sich am Ende: Wenn das Scheitern mehr ist, als der eingangs genannte Misserfolg, was ist es dann? Wie wichtig eine tragfähige Definition ist, zeigt das Beispiel des Berliner Soziologen René John. Er beschreibt das Scheitern als eine signifikante Einschränkung der eigenen Handlungsmöglichkeiten. Erfolg ist demnach eine zeitlich begrenzte Erweiterung der selben. In diesem Fall werden auch Naturereignisse, wirtschaftliche Zusammenbrüche und technische Katastrophen zu Scheitern, wenngleich ohne eigenes Zutun. Dem steht die Wortherkunft entgegen. In der Herleitung der Brüder Grimm (gewaltsam zersplitterte Trümmer) spiegelt sich dagegen der aktive, intendierte Akt einer handelnden Person wider.

---

[16] bspw. der TEDx Vortrag von Dean Shepherd an der TU München: How do we learn from failure?

[17] youarenotsosmart.com.

Zugleich hebt sich das Scheitern in seiner existentiellen Tragweite vom alltäglichen Missgeschick ab. Es ist mehr als eine Verwechslung, ein Versprecher, ein sich Verhören oder Verschreiben, etwas anderes als eine Fehlbuchung, das Versäumen einer Verabredung, ein zu früh oder zu spät kommen. Auch wenn man sich im Irrtum befindet oder einen Fehler macht, ist zweifelsfrei ein antizipiertes Ziel verfehlt worden, etwas ist schief oder schlecht ausgegangen, missglückt, fehlgegangen, man fühlt sich erfolglos, am straucheln, vom Pech verfolgt oder ist baden gegangen. Mit Schiffbruch und existenziellem zu-Grundegehen war und ist mehr gemeint, als das zur Gelassenheit mahnende ‚errare humanum est'.

Aufschlussreicher erscheinen an dieser Stelle die Definitionen[18] der Autoren dieses Sammelbandes (siehe Editorial). Sie decken eine große Spannbreite ab, von einfachen Ziel-Ergebnis-Vergleichen (Marinkovic & Behrendt) über das Scheitern als Normalfall (Triebel & Schikora) bis hin zum teils gewollten Scheitern (Wandke). Allen gemeinsam ist die Diskrepanz zwischen vorherigen Erwartungen bzw. gesteckten Zielen und dem realisierten Ergebnis. Darüber hinaus stellen die Autoren fest, dass es in keinem der betrachteten Felder ein absolutes Scheitern gibt. Vielmehr ist es eine Frage der Interpretation, ob und in welchem Ausmaß gescheitert wurde. *Das* Scheitern gibt es nicht.

Literatur

Badke-Schaub, P., Hofinger, G., & Lauche, K. (2008). *Human Factors. Psychologie sicheren Handelns in Risikobranchen*. Heidelberg: Springer.

Bandura, A. (1977). *Social learning theory*. Oxford, England: Prentice-Hall.

Bauer, R. (2006). *Gescheiterte Innovationen. Fehlschläge und technologischer Wandel*. Frankfurt a. M.: Campus Verlag.

Bauerfeind, K. (2014). *Mir fehlt ein Tag zwischen Sonntag und Montag: Geschichten vom schönen Scheitern*. Frankfurt a. M.: Fischer.

Bauman, Z. (1995). *Moderne und Ambivalenz*. Frankfurt a. M.: Fischer.

Blumenberg, H. (1979). *Schiffbruch mit Zuschauer*. Frankfurt a. M.: Suhrkamp.

Bonss, W. (1995). *Vom Risiko – Unsicherheit und Ungewissheit in der Moderne*. Hamburg: Hamburger Edition.

Bösel, R. (2012). *Warum ich weiß, was du denkst*. Etsdorf am Kamp: Galila.

Boothe, B., & Marx, W. (Hrsg.). (2003). *Panne – Irrtum – Missgeschick*. Bern: Hans Huber.

Brandes, U., Gemmer, P., Koschek, H., & Schültken, L. (2014). *Management Y: Agile, Scrum, Design Thinking & Co*. Frankfurt a. M.: Campus.

Bruckner, P. (2002). *Verdammt zum Glück – der Fluch der Moderne*. Berlin: Aufbau-Verlag.

Burmeister, L., & Steinhilper, L. (2011). *Gescheiter scheitern*. Heidelberg: Carl Auer Verlag.

Cantolla, D., & Díaz-Faes, J. (2013). *Scheitern als Erfolg: Kung-Fu für Unternehmer*. Köln: Egmont Graphic Novel.

---

[18] Viele weitere Definitionen des Begriffes finden sich in den publizierten Fragebögen auf www. scheitern.de.

Chomsky, N. (2007). *Failed states: The abuse of power and the assault on democracy*. London: Penguin.

Doehlemann, M. (1996). *Absteiger. Die Kunst des Verlierens*. Frankfurt a. M.: Edition Suhrkamp SV.

Dörner, D. (2003). *Die Logik des Mißlingens. Strategisches Denken in komplexen Situationen*. Reinbek: rororo.

Gigerenzer, G. (2008). *Bauchentscheidungen: die Intelligenz des Unbewussten und die Macht der Intuition*. München: Goldmann.

Galli, J., & Nemec, G. (1999). *Clown: Die Lust am Scheitern*. Wiesbaden: Galli Verlag.

Gössler, M. (2007). Die Kunst des Scheiterns. *Organisationsentwicklung, 1*, 4–11.

Grimm, J., & Grimm, W. (1893). *Deutsches Wörterbuch*. Leipzig: Hirzel.

Horx, M. (1998). *Das Wörterbuch der 90er-Jahre. Ein Gesellschaftspanorama*. Hamburg: Hoffmann und Campe.

Inglehart, R., & Welzel, C. (2005). *Modernization, cultural change, and democracy. The human development sequence*. Cambridge: Cambridge University Press.

Kahnemann, D., & Schmidt, T. (2012). *Schnelles Denken, langsames Denken*. München: Siedler.

Klocke, P. (2006). *Puffy Egborn 2 oder Scheitern als Weg*. Audiobook. Zürich: Kein & Aber.

Kuhn, T. S. (1970). *The structure of scientific revolutions*. Chicago: University of Chicago Press.

Lauterbach, U. (2007). *Lässig Scheitern*. München: Kösel.

Le Feuvre, L. (2010). *Failure – Documents of contemporary art*. Cambridge: MIT Press.

Meyer, M. W., & Zucker, L. G. (1989). *Permanently failing organizations*. Newbury Park: Sage.

Möller, J., Mucha, F., & Frerichs, W. (2014). Gute Nachrichten aus dem Institut zur Aneignung und Nachhaltigkeit des Scheiterns. In Daimler und Benz Stiftung (Hrsg.), Tagungsband 11. Innovationsforum der Daimler Benz Stiftung. Die Produktivität des Scheiterns (S. 30–35). Berlin: Daimler und Benz Stiftung.

Neuberger, O. (2002). *Führen und Führen lassen* (6. Aufl.). Stuttgart: UTB.

Osterloh, M., & Frey, B. S. (2013). Heißt „gut" publiziert auch „gute" Publikation? Über die Rolle des Impact Factors in der Wissenschaft. *Forschung & Lehre, 7*, 476–477.

Ott, U. (2006). *Schöner scheitern*. München: dtv Premium.

Pile, S. (2012). *The ultimate book of heroic failures*. London: Faber & Faber.

Reber, H. (2007). *Scheitern mit Erfolg – Eine Reise ins Innere von Organisationen*. Zürich: Versus.

Rohrhirsch, F. (2009). *Führung und Scheitern: Über Werte und den Wert des Scheiterns im Führungsalltag – Wie Führung glückt*. Wiesbaden: Gabler.

Schaschl, S., & Spinelli, C. (2009). *The art of failure*. Basel: Merian.

Scheucher, G., & Steindorfer, C. (2008). *Die Kraft des Scheiterns*. Graz: Leykam.

Scholz, S. (2005). Die Show des Scheiterns und der Club der Polnischen Versager – Der (neue) Diskurs der Gescheiterten. In S. Zahlmann & S. Scholz (Hrsg.), *Scheitern und Biographie* (S. 265–290). Giessen: Psychosozial-Verlag.

Sennett, R. (2000). *Der flexible Mensch*. Berlin: btb-Verlag.

Strohschneider, S., & von der Weth, R. (2002). *Ja, mach nur einen Plan. Pannen und Fehlschläge – Ursachen, Beispiele, Lösungen*. Bern: Huber.

Tarr, I. (2005). *Das Donald Duck-Prinzip – Scheitern als Chance für ein neues Leben*. München: Gütersloher Verlagshaus.

Zahlmann, S., & Scholz, S. (Hrsg.). (2005). *Scheitern und Biographie*. Giessen: Psychosozial-Verlag.

Zschirnt, C. (2005). *Keine Sorge, wird schon schief gehen – Von der Erfahrung des Scheiterns – und der Kunst damit umzugehen*. München: Goldmann.

Prof. Dr. Sebastian Kunert Diplompsychologe, zertifizierter Trainer und Projektmanager. Studium und Promotion an der Humboldt-Universität zu Berlin und an der University of Port Elizabeth (Süd Afrika). Zwischen 2007 und 2013 Wissenschaftlicher Mitarbeiter an der Humboldt-Universität zu Berlin. Von 2012 bis 2014 Professor für Sozial- & Gesundheitspsychologie an der Hochschule für Gesundheit & Sport Berlin. Seit 2014 Professor für Personal & Organisation im Fachbereich Wirtschaftswissenschaften an der Business and Information Technology School BiTS Iserlohn, Campus Berlin. Seine Forschungsschwerpunkte liegen in den Bereichen Innovation, Organisationskultur und Führung sowie in der Entwicklung von wirtschaftspsychologischen Methoden. Mehr Informationen auf bits-hochschule.de.

Parallel dazu Assoziierter Partner bei artop – Institut an der Humboldt-Universität zu Berlin. Die Themenschwerpunkte verorten sich in der Beratung von Organisationen zu Innovationsmanagement, Projektmanagement, Change Management und Strategie, der Unterstützung und Begleitung von Teamentwicklungsprozessen,dem Coaching von Einzelpersonen sowie der Evaluation von Bildungsprogrammen, Projekten und Interventionsverfahren. Mehr Informationen auf artop.de.

Prof. Dr. Geri Thomann studierte an der Universität Zürich Pädagogik und Psychologie, ist diplomierter Organisationsberater, leitete langjährig diverse Institutionen der Erwachsenenbildung. Seit 2009 Aufbau und Leitung des ZHE Zentrums für Hochschuldidaktik und Erwachsenenbildung der Pädagogischen Hochschule Zürich, Inhaber der gleichnamigen Professur, seit 2007 Lehrbeauftragter der Hochschule für Angewandte Psychologie der FHNW in Coaching, Team- und Organisationsentwicklung. Er berät seit 20 Jahren Führungskräfte.

Prof. Dr. Theo Wehner ist emeritierter Professor an der ETH Zürich und Gastprofessor am Institut „Technik + Bildung" der Universität Bremen. Er studierte nach einer Berufsausbildung Psychologie und Soziologie. Er promovierte an der Universität Bremen und habilitierte sich ebenfalls dort. Von 1989 bis 1997 war er Professor an der TUHH und seit 1997 Professor an der ETH für das Fach Arbeits- und Organisationspsychologie.

Prof. Dr. Christoph Clases ist gelernter Handwerker sowie Arbeits-
und Organisationspsychologe. Er lehrte und forschte an der TU Hamburg, der Univ. Kiel, der ETH Zürich, der Univ. St. Gallen sowie der
FHNW. Seit 2009 ist er Partner der AOC Unternehmensberatung in
Zürich.

Teil II
Scheitern auf der individuellen Ebene

Scheitern und Identität

Das ungewisse Ich

Martin Elbe

Zusammenfassung

Scheitern als Alltagsphänomene ist eine Erfahrung mit der alle Menschen in Laufe ihres Lebens konfrontiert werden. Wie die Einzelnen mit diesem Phänomen umgehen ist zwar unterschiedlich, aber unmittelbar an die individuellen Erfolgskonstruktionen und damit auch an die jeweilige Identität gebunden. Im vorliegenden Beitrag wird die Identität zum Ausgangspunkt genommen, um Bedingungen, Ablauf und Folgen von Misserfolgs-Erfahrungen sozialpsychologisch zu analysieren. Der Zusammenhang wird entlang von acht Facetten des Ichs theoretisch und anhand eines Fallbeispiels erschlossen. Neben Lernpotenzialen ist die Annahme des Absurden im Misserfolg als conditio sine qua non menschlichen Seins zu verstehen, wodurch Scheitern vermieden werden kann.

1 Das erklärte Ich

Scheitern ist zuerst einmal ein Alltagsphänomen: Wir alle kennen Misserfolge, erleben Enttäuschungen und tun uns schwer damit ein Scheitern hinzunehmen. Aus wissenschaftlicher Sicht – so Junge und Lechner (2004) – scheint Scheitern ein soziologisch zu bearbeitendes Phänomen zu sein, da offensichtlich Handlungsergebnisse (und hierunter zählen natürlich auch Unterlassungen) zugrunde liegen, wenn man scheitert. Aber vielleicht ist das doch zu eng gegriffen, da Scheitern ja ein Er- und Durchleben bedingt, also dann wieder psychologische Erklärungen erfordert. Für solche Fälle hat sich die Sozialpsycho-

M. Elbe (✉)
HMKW Hochschule für Medien, Kommunikation und Wirtschaft, Ackerstr. 76, 13355 Berlin
E-Mail: martin.elbe@t-online.de

© Springer-Verlag Berlin Heidelberg 2016
S. Kunert (Hrsg.), *Failure Management,* DOI 10.1007/978-3-662-47357-3_2

logie als ein gutes Bezugsfeld wissenschaftlicher Analyse etabliert, da hier die beiden Perspektiven zusammengedacht werden (können).

Handlungen finden aus sozialpsychologischer Perspektive im sozialen Feld statt und stellen (wenn wir Lewin 1982 folgen) zielgerichtete Zustandsveränderungen dar. Schon mit der Grunddefinition des Handelns, als zielgerichtetem Verhalten, ist ein Erfolgskriterium verbunden, die Zielerreichung, und damit auch die Chance darauf, das Ziel eben nicht zu erreichen. Wir haben es hier also mit Erfolgskonstruktionen zu tun, die im sozialen Feld spezifischen Handlungen und Handlungsergebnissen zugeschrieben werden. Das wirft einige Fragen auf: Wie konstituiert sich das soziale Feld? Was ist Erfolg? Wer trifft die Zuschreibungen? Das sind Fragen die Lewin (1982) in seiner Feldtheorie untersucht, wobei er seine Überlegungen in Bezug auf unser Thema in den Kontext des Lernens stellt. Für Lewin gilt: Lernen findet im Kontext sozialer Konstruktion statt, damit ist das soziale Feld ein konstruiertes und nicht ein objektiv gegebenes. Es ist einerseits an den zielgerichtet agierenden Menschen und dessen Vorstellung davon, wie er sich mit seiner Umwelt in Beziehung setzt, also seine soziale Identitätskonstruktion, gebunden sowie an die relevante Gruppe, auf die bezogen er (oder sie) handelt und deren Zuschreibungen über den Handlungserfolg mit bestimmen.

In diesem Sinn wird hier Scheitern (S) als eine an die Identität (I) geknüpfte Funktion des Erfolgs konzipiert – oder genauer: des Misserfolgs (ME). In Anlehnung an die berühmte Lewin'sche Verhaltensformel (1982, S. 66) lässt sich formulieren:

S = F (I, ME)

Damit aus dem Misserfolg, dem nicht erfolgreichen Handeln, ein Scheitern wird, bedarf es der Enttäuschung, also einer Wertung dahingehend, dass unsere bisherige Vorstellung vom erfolgversprechenden Handeln im sozialen Feld nicht wirksam wurde, dass der teleologische Begründungszusammenhang unseres Handelns (als gerichtete Kraft) dem kausalen Wirklichkeitstest (der Widerständigkeit des Feldes) nicht standgehalten hat. Scheitern ist, wenn wir uns eingestehen müssen, dass unsere Zielvorstellungen nicht mittels unseres Handelns realisiert werden konnten. Das Scheitern ist somit an die Erfolgszuschreibung des Handelns (die Vorstellung vom eigenen Ich und seiner Handlungsmächtigkeit) sowie an den negativen Wirklichkeitstest im sozialen Feld (Misserfolg) gebunden. Identität und Misserfolg sind nicht unabhängig voneinander.

Beispiel

Dillan S. Tragon war 48 Jahre alt, als er den Termin mit dem Coach vereinbarte. Er hatte einiges erlebt in seinem Berufsleben, doch jetzt suchte er einen Rat, den ihm seine Freunde nicht geben konnten. Nachdem ihn seine Frau verlassen hatte und die beiden Kinder mit ihr nun in einer anderen Stadt wohnten, hatte er auch die Freude an seinem beruflichen Alltag verloren. Am meisten irritierte ihn, dass er sich nicht mehr sicher war, wie ihn die Menschen, die ihm wichtig waren, eigentlich sahen. War er der Erfolgstyp, der Macher, der sein Umfeld immer im Griff hatte oder hatte er sich da was vorgemacht und die anderen hatten es immer schon gesehen? War er gescheitert? Vielleicht konnte ihm der Coach ja weiterhelfen und ihm erklären, wer er eigentlich war.

Abb. 1 Scheiterpotenziale der
sozialen Identität

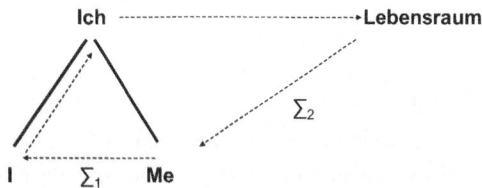

Handeln erklärt sich im sozialen Feld und dessen Konsequenzen in Abhängigkeit von Lebensraum,[1] als eine Kraftwirkung, die von der Person und der Umwelt bestimmt wird, wobei die Umwelt auf die Person zurückwirkt: „Die Instabilität der psychologischen Umwelt führt darum in mancher Hinsicht zu einer Instabilität der Person" (1982, S. 196). Das Ich erklärt sich selbst als Funktion des Lebensraums in zeitlicher Veränderung und sein Handeln als Erfolg oder Misserfolg in diesem Feld. Wenn diese Konstruktion ins Wanken gerät, dann wird das als Scheitern empfunden, dann hatte Ich Mich über Mich selbst oder über die Umwelt getäuscht. Die Enttäuschung des Scheiterns bedingt eine Neubewertung des Lebensraums, eine Neujustierung des sozialen Ichs.

2 Das soziale Ich

Die Überlegungen zum sozialen Ich gehen auf die Identitätsauffassung von Mead (1968, 1969) zurück, wonach sich die Identität des Einzelnen aufgrund rollenspezifischer Interaktionen und Zuschreibungen bereits im kindlichen Spiel ausbildet. Hierauf gründet die Fähigkeit, in unterschiedlichen Rollen zu handeln und dabei doch die eigene Identität zu wahren. Es ist die Auseinandersetzung zwischen der unmittelbaren Seins-Erfahrung „I" des Individuums und der Vorstellung vom eigenen Bild bei Anderen „Me", in dem die Aushandlungsprozesse stattfinden, die zwischen unmittelbarer und sozialer Identität vermitteln. Dadurch wird die Erfahrung vom Ich zur sozial vermittelten Identität und die Anderen werden von spezifischen Anderen (einzelnen Individuen) zu generalisierten Anderen (Rollenträgern), die rollenkonform und damit erfolgreich handeln. Aufgrund der Fähigkeit zur Abstraktion vom signifikanten zum generalisierten Anderen werden diese zum alter ego, zum anderen Ich, dessen Vorstellungen und Erwartungen an mich eben meine soziale Identität (das Me) prägt. Diese Überlegungen Meads lassen sich mit Lewins Auffassung gut vereinbaren und konkretisieren die Verbindung zwischen inneren und äußeren Handlungsbedingungen. Abbildung 1 fasst die beiden Perspektiven zusammen:

Das äußere Handeln des Ich im Lebensraum wird durch einen inneren Dialog zwischen dem Me und dem I ergänzt. In beiden Bereichen ist Scheitern (Σ) möglich. Im Lebensraum, wenn das soziale Handeln durch Andere nicht anerkannt oder abgelehnt wird (Σ_1),

---

[1] Lewin (1982, S. 196) definiert ja [V = F (P, U) = F (L)], womit er deutlich macht, dass die wechselseitige Abhängigkeit von Person und Umwelt ein jeweils spezifisches soziales Feld, den Lebensraum (L) begründet.

aber auch im inneren Dialog, wenn die soziale Identität des Me nicht mit dem überdauernden, unmittelbaren I in Deckung gebracht werden kann (Σ_2). In beiden Fällen gilt, dass sich das Individuum über die Stabilität des zeitlich vermittelten Lebensraumes getäuscht hat und dieses Scheitern als Bedrohung seiner Integrität erlebt.

Diese Integrität basiert auf einer sozialisierten Identität,[2] bei der verschiedenen Rollen und Repräsentationen im Hintergrund vorhanden sind, auf die zurückgegriffen werden kann. Es ist von den Handlungserwartungen im jeweiligen Kontext abhängig, welche Rolle das soziale Handeln dominiert, z. B. im organisationalen Kontext ist dies zuerst einmal die Mitgliedschaftsrolle, die die Selbstkategorisierung prägt (Elbe 2013). Die zentralen Ergebnisse der Sozialisation sind eben Rollen und Werte, also Handlungspräferenzen und -routinen, die der Einzelne sich in seinem Elternhaus (primäre Sozialisation) sowie in seinen Peer-Groups und in Bildungsinstitutionen (sekundäre Sozialisation) durch die Teilnahme am sozialen Alltag erarbeitet hat – und hier ist „trial and error", also das Lernen durch Misserfolge, die aber nicht als Scheitern, sondern als Teil eines adäquaten Sozialisationsprozesses (quasi als Lehrgeld), verstanden werden, die Grundlage für die Ausbildung der entsprechenden Handlungspräferenzen. Tajfel und Turner (1986) betonen hierbei die Bedeutung von positiv wahrgenommenen sozialen Gruppen für die individuelle Identitätskonstruktion als wichtigen emotionalen Baustein, auch hinsichtlich des Selbstwertgefühls und damit der Bewertungsgrundlage zukünftiger Erfolge und Misserfolge. Da sich das Individuum seiner Austauschbarkeit in den jeweiligen identitätsbeeinflussenden Gruppen aber bewusst ist, bleibt die soziale Identität ein geliehener Identitätsanteil, (Elbe 2013) eine Identität auf Widerruf und damit eine instabile Grundlage für kontinuierliche Erfolgskonstruktionen.

Turner (1999, auch Turner und Onorator 1999) entwickelte dieses Konzept sozialer Identität weiter, hin zur Erklärung von Identitätswandel. Durch die Bildung unterschiedlicher, gegebenenfalls auch gestaffelter, gruppenbezogener Kategorien, die unterschiedliche Relevanz gewinnen können, nimmt das Individuum differenzierte soziale Erfolgskonstruktionen vor (Selbstkategorisierung). Dabei segmentiert es unterschiedlicher Identitätsanteile, die in Rollen gefasst werden können, die der (gesunde) Einzelne aber aufgrund des inneren Dialogs der verschiedenen Me's mit dem I zu einem geschlossenen Ich zu integrieren vermag.

Beispiel

Einmal, so erzählte Dillan S. Tragon seinem Coach war er von der Entwicklungsabteilung in dem Lebensmittelkonzern, wo er im Team für die Kreation neuer Gerichte tätig war, herausgelöst und in die Service-Abteilung versetzt worden. Jetzt war er für die Konzeptentwicklung von Betriebsgaststätten zuständig und trotz des Image-Verlustes machte es ihm fast noch mehr Spaß. Das war etwas Neues – der Verlust des Kreativitäts- und Innovationsnimbus als Angehöriger der Entwicklungsabteilung wurde durch das Machen, das konkrete Umsetzen mehr als kompensiert. Der Coach erklärte ihm, dass

---

[2] Vgl. Erikson (1973), der sich in seinem sozialpsychologischen Ansatz der Ich-Identität explizit auf Mead bezieht.

Rollenwechsel im Job, vielfach mit Änderungen in der Gruppenzugehörigkeit einhergingen und dass dies eben Teil der sozialen, professionellen Identität sei.

Mit dem gestaffelten Selbstkategorisierungssystem ist soziale Identität als ein dynamisches Konstrukt, als ein sich wandelndes Patchwork (Keupp 1997) zu verstehen. Identität wird gelernt im Wechselspiel zwischen persönlichen und sozialen Identitätsbezügen und damit ständig neu hergestellt. Patchworkidentät bedeutet aber nicht, dass die Erfolgskonstruktionen beliebig würden, vielmehr bleiben grundlegende Wert- und Normvorstellungen dabei erhalten und prägen prinzipielle Handlungspräferenzen. Es bilden sich Präferenzordnungen heraus, die als konkretisierte Wertemuster zu verstehen sind. Präferenzordnungen sind relativ stabil, haben aber die Eigenschaft, nicht transitiv zu sein (Betsch et al. 2011) – das heißt, dass präferierte Werte, Zustände und Handlungsergebnisse in einem Lebensausschnitt nicht unmittelbar anschlussfähig an andere Bereiche des Lebensraums sind. Partielle Erfolge und partielle Misserfolge können im Patchwork also nebeneinander existieren und bei Bedarf auch partiell aktualisiert werden. Daraus entsteht, trotz der relativen Stabilität einzelner Präferenzordnungen, die Dynamik der Patchworkidentität.

Die in den frühen Sozialisationsphasen herausgebildeten Präferenzordnungen dienen als Grundlage für die eigene Erfolgszuschreibung in den Lernprozessen im weiteren Erwachsenenalter (tertiäre und quartiäre Sozialisation)[3] – und jetzt wird es ernst: Mit Ende der Adoleszenz steigt die Neigung Misserfolge zunehmend als Teil der Identität selbst aufzufassen, als verfestigten Identitätsmakel, als prinzipielles Scheitern. Dies bedeutet (im Kontext der oben formulierten Scheiterfunktion) eine Verschiebung im Lebensraum, vom Misserfolg hin zur Identität. Wird dies auch von relevanten Anderen, von Peergroups so gesehen, dann wird aus der inneren Zuschreibung (Σ_1) eine äußere (Σ_2): Das ist ein Looser, ein Verlierer, dem das Scheitern anhaftet, dem es nicht gelingt, im sozialen Feld erfolgreich zu handeln. Dieser Flicken im Patchwork der Identität wird immer größer und der soziale Makel ist kaum zu beheben, den seine Ursache liegt in der Vergangenheit – „Was Hänschen nicht lernt, lernt Hans nimmermehr."

3   Das zeitliche Ich

Beispiel

Dillan wurde in den 1960er Jahren im der oberbayerischen Stadt Bad Tölz als Sohn eines amerikanischen Militärangehörigen und einer deutschen Mutter geboren. Die Beziehung der Eltern war nicht dauerhaft und er wuchs bei seiner Mutter und deren Eltern, die eine Gaststätte betrieben auf. Seinem Coach erzählte er, dass er seine „Großfamilie" geliebt habe und dass das Aufwachsen „in einer Wirtschaft" für ihn schon die Grundlage für seinen späteren Berufswunsch als Koch und Gastronom war. Bis heute liebte

---

[3] Vgl. hierzu bereits Erikson (1965), der in der Reifephase die Ich-Integrität vs. die Verzweiflung stellt.

Tab. 1 Selbstzuschreibung von Handlungsergebnissen

Handlung	Positives Ergebnis	Negatives Ergebnis
Durchgeführt	Freudig	Töricht
Unterlassen	Bedauernd	Vernünftig

er es zu experimentieren, auch in der Küche. Ob „grüne Sauce" oder „Sauce Bernaise", nicht nur Kräuter und Geschmacksnuancen, auch Texturen und Farben, generell die Kombination verschiedener Sinnesansprachen machten ihm bis heute Freude. Und das würde er sich gerne auch für die Zukunft bewahren und wieder etwas Neues anfangen.

Hiermit ist ein zentraler Aspekt von Identitätskonstruktionen angesprochen: die Zeit. Identität ist immer auch eine Feststellung von Stabilität, zumindest aber Kontinuität des Ichs im zeitlichen Verlauf. Ich bin derselbe in Vergangenheit, Gegenwart und Zukunft, auch über sich wandelnde soziale Gruppenbezüge hinweg. Dem widmen sich Zimbardo und Boyd (2011) in ihrer neuen Psychologie der Zeit. Auch sie gehen dabei von Handlungen aus und betrachten zuerst einmal die Handlungsfolgen (Tab. 1 in Anlehnung an Zimbardo und Boyd 2011, S. X):

Schon diese Selbstzuschreibung von Handlungsergebnissen ist nicht absolut, sondern nur im Zeitkontext zu verstehen, was Zimbardo und Boyd (2011) anhand der berühmten Studie von Darley und Batson (1973) demonstrieren. Hier waren Theologiestudenten auf dem Weg, um einen Vortrag über die Parabel des barmherzigen Samariters zu halten, wobei den Studenten gesagt wurde, sie seien spät dran. Auf dem Weg zum Vortragsraum kommen die Studenten nun an einer offensichtlich leidenden, hilfebedürftigen Person vorbei. Von den Theologiestudenten, die sich unter Zeitdruck fühlten ignorierten 60 % die hilfebedürftige Person. Obwohl die Handlungsdisposition christlicher Theologiestudenten generell von Hilfeorientierung geprägt sein sollte, und darüber hinaus auch noch die spezielle Problematik des Hilfeversagens durch die „Rechtgläubigen" Gegenstand der Vortragsvorbereitung war, waren dies nicht die handlungsleitenden Aspekte, sondern der empfundene Zeitdruck. Dies ist, was Rosenstiel (2013) unter „situativer Ermöglichung" versteht – die weiteren Handlungsfaktoren (Können, Wollen, Dürfen) werden hier noch gar nicht betrachtet – es genügt, dass eine spezifische Situationskonstellation auftritt, um handlungsauslösend (respektive handlungsunterlassend) zu wirken. Nicht die Selbstkonstruktion (das Wollen oder Können) bestimmt in dem Experiment die Handlung sondern die Situation, bzw. der empfundene Zeitdruck. Und trotzdem muss jeder Theologiestudent dieses Verhalten natürlich als moralisches Versagen, als Scheitern erleben: ein Identitätsproblem, das den Kern eines zum Priesteramt berufenen Menschen berührt.[4]

---

[4] Natürlich gibt es für dieses Dilemma auch andere Lösungen, z. B. kann ein in seinem Studium fortgeschrittener Theologiestudent sein Verhalten theologisch umdeuten, dahingehend dass er dafür nicht verantwortlich ist oder er findet einen Ausweg in der Buße – in beiden Fällen wird der Identitätsmakel sozusagen durch „magische" Praktiken geheilt.

Diese Zeitperspektive betrifft das Äußere unserer (sozialen) Umwelt. Unsere Identität und unsere Erfolgsorientierung wird aber auch durch unsere innere Zeitstruktur beeinflusst, durch unser Verhältnis zu Vergangenheit, Gegenwart und Zukunft als Zeitabschnitte, die für uns durch unsere Identität in der Zeit verbunden werden. Zimbardo und Boyd (2011) sehen hier jeweils unterschiedliche Ausprägungen (Vergangenheit: positiv/negativ; Gegenwart: fatalistisch/hedonistisch; Zukunft: irdisch/transzendental). Diese Ausprägungen sind grundsätzlich unabhängig voneinander, es haben sich aber aufgrund umfangreicher Studien (mit über 10.000 Teilnehmern: Zimbardo und Boyd 2011) doch Muster ergeben. So setzen sich Menschen mit positiver Vergangenheitsorientierung häufiger spezifische Ziele für die nächsten Jahre und gehen damit ein Misserfolgsrisiko ein. Menschen mit hoher Zukunftsorientierung zeigen ein höheres Durchhaltevermögen und machen das Beste aus Misserfolgen – damit sinkt das Scheiterrisiko. Aus der Zeitperspektive ist Scheitern primär eine Funktion der Zukunftserwartung, es ist die Vorwegnahme der negativen Bewertung möglicher weiterer Misserfolge.[5] „Da die Zukunft unser primärer Motivationsraum ist, kann das Zerstören der Zukunftserwartung eines Menschen dessen Motivation erheblich untergraben" (Zimbardo und Boyd 2011, S. 223).

4 Das optionale Ich

An dieser Stelle kommen wir nicht umhin, die Handlungsmotive des Individuums, als Antriebe, die Vergangenheit und Zukunft aneinander binden, genauer zu untersuchen. Während in die Vergangenheit gerichtete Handlungsgründe kausale, ursachenbezogene Zusammenhänge betonen (wir handeln so, weil wir auf eine bestimmte Situation reagieren), bedienen sich in die Zukunft gerichtete Handlungsgründe teleologischer, an der Zielerreichung ausgerichteter Realisierungsvorstellungen (wir tun dies, um ein bestimmtes Ziel zu erreichen). Erfolge, Misserfolge oder gar Scheitern sind dabei Vorwegnahmen zukünftiger Zustände, Bewertungen möglicher Handlungsergebnisse, wobei wir aufgrund vergangener Erfahrungen Wahrscheinlichkeitsannahmen treffen und Ursachenzuschreibungen vornehmen. Ausgangspunkt eines Handlungszyklus sind Präferenzen, als Ausdruck von Bevorzugung bestimmter Zustände. Hier manifestiert sich das optionale Ich, die Vorstellung davon, wie ich in Zukunft sein will, als einer Realisierung verschiedener, möglicher zukünftiger Entwicklungen. Nutzen- oder Valenz-Theorien kombinieren in diesem Zusammenhang (in unterschiedlichen Detailausführungen) die Erwartung (E) oder Wahrscheinlichkeit, dass ein bestimmtes Ergebnis eintritt, mit der Wertschätzung (W) oder Präferenz dieses Handlungsergebnisses, um die Attraktivität (A) oder den Nutzen eines Handlungsergebnisses zu beschreiben. Dies lässt sich im Zusammenhang $A = E \times W$ formalisieren (Kirchler und Walenta 2010, S. 43). Hiermit wird die prädezisionale Phase (Heckhausen und Heckhausen 2010), der teleologische Teil eines Handlungsprozesses be-

---

[5] Dies hatte unsere an Lewin angelehnte Scheiterformel im Aspekt der Identität schon berücksichtigt.

Tab. 2 Attributionsdimensionen für Erfolge und Misserfolge. (Nach Weiner 1994)

	Stabil	Stabil	Instabil	Instabil
	Kontrollierbar	Nicht kontrollierbar	Kontrollierbar	Nicht kontrollierbar
Internal	Erfahrung	Talent	Anstrengung	Konstitution
External	Zusammenarbeit	Anforderung	Ziele anderer	Zufall

schrieben – aber handeln wir tatsächlich nun so, dass wir die wünschenswerte zukünftige Situation zu realisieren suchen, also das bevorzugte optionale Ich herstellen wollen?

Dies hängt wieder von den kausalen Identitätsteilen ab, die sich aus der Vergangenheit nähren und Annahmen über die Erfolgsbedingungen unseres Handelns in der Umwelt liefern. Weiner (1994) hat hierzu ein bekanntes attributionstheoretisches Modell entworfen. Er unterscheidet drei Dimensionen, die Zuschreibungen über möglichen Handlungserfolg oder Misserfolg beeinflussen: Den Ort der Verursachung (internal vs. external), die Stabilität der Wirkung (stabil vs. instabil) und das Ausmaß dies beeinflussen zu können (kontrollierbar vs. nicht kontrollierbar). Tabelle 2 zeigt die Attributionsdimensionen für Erfolge und Misserfolge.

Nun können Muster in der Handlungsverfolgung ausgemacht werden (Weiner 1994 sowie Heckhausen und Heckhausen 2010, im Anschluss an Attkinson): Es lassen sich Erfolgssucher von Misserfolgsvermeidern unterscheiden. Während Erfolgssucher ihre Erfolge internal-stabil attribuieren, schreiben sie Misserfolge instabil-externalen Ursachen zu. Misserfolgsvermeider attribuieren genau entgegengesetzt: Erfolge instabil-externalen und Misserfolge internal-stabil. Damit verstärken sich die jeweils präferierten Handlungstendenzen und die Verfolgung nicht nur einzelner Ziele, sondern die Realisierung des optionalen Ichs erhält eine spezifische Ausrichtung, was zu einem paradoxen Ergebnis führt: Während sich einstellende Misserfolge bei Misserfolgsvermeidern tatsächlich als Scheitern empfunden werden, neigen die Erfolgssucher zwar zu risikoreicherem Verhalten, empfinden Misserfolge aber nicht als persönliches Scheitern sondern als Pech.

Beispiel

Der Coach erzählte Dillan S. Tragon, dass es unterschiedliche Erfolgstypen gibt. Jeder habe mal einen Misserfolg und erlebe einschneidende Situationen in seinem Leben, so wie Dillan jetzt. Aber die Menschen gehen unterschiedlich damit um. Manche erleben solche Einschnitte als Angriff auf das eigene Selbstwertgefühl, sie sehen Misserfolge als persönlich verursachtes Versagen, als Scheitern. Und dieses Gefühl, dieses Scheitern wollen sie vermeiden, also vermeiden sie so gut als möglich alle Situationen, die zu Misserfolgen führen könnten. Aber Dillan habe ja in seinem bisherigen Leben vielfach bewiesen, dass er Misserfolge als Herausforderungen begreife, die in den Umständen begründet lagen und dass er sich nicht unterkriegen ließe, sondern einfach neue Chancen suche.

Aus Perspektive des optionalen Ichs scheitert man also letztlich nicht in der Zukunft sondern in der Vergangenheit, indem man die Chancen nicht wahrnimmt, die sich bieten.

5   Das planende Ich

Mit dieser Ausstattung sind die Misserfolgsvermeider aber nicht nur diejenigen, die sich selbst die Schuld für ihr „Versagen" geben, sondern auch diejenigen, die von ihrer Umwelt als „Versager" abgestempelt werden. Die Verschiebung der inneren Zuschreibung des Scheiterns (Σ_1) in eine äußere (Σ_2) ist eine Begleiterscheinung der Moderne und der damit verbundenen Individualisierung. Die zunehmende Befreiung der Individuen aus ihrer Unmündigkeit im Zuge der verschiedenen Stufen der Aufklärung (Stand, Geschlecht, Lebensalter, kultureller Hintergrund) führt mit zunehmender Handlungsfreiheit auch zu einer zunehmenden Verantwortlichkeit für das eigene Handeln. Der von Dahrendorf (1994) konstatierten Zunahme an Optionen steht ein Zerbrechen der Ligaturen gegenüber. Traditionelle Bindungen können keine verlässlichen Zukunftserwartungen und dauerhafte soziale Bezüge mehr bieten, dafür ergeben sich neue Freiheiten und Chancen. Hieraus entstehende Unsicherheitsszenarien, wie sie im Ansatz der Modernisierung der Moderne (vgl. Beck 1986, 2015; Beck et al. 1996) konstatiert werden, erfordern zunehmende Planung des nun nicht mehr vorgegebenen Lebensweges.

Natürlich bleiben Wahrscheinlichkeiten statistisch feststellbar (so ist die Wahrscheinlichkeit ein Studium anzufangen, für Kinder von Akademikern deutlich höher, als bei Kindern von nicht-Akademikern), doch stellt einerseits Beck (1986) fest, dass gesamtgesellschaftlich betrachtet ein Fahrstuhleffekt vorliegt: Obwohl soziale Unterschiede erhalten bleiben (oder sogar noch zunehmen), ergibt sich für alle Schichten (oder Milieus) ein höheres Wohlstandsniveau. Andererseits sind eben statistische Wahrscheinlichkeiten weder für Vorhersagen noch für Erklärungen des Verhaltens von Individuen geeignet. Prinzipiell stehen den Einzelnen (z. B. über einen zweiten oder dritten Bildungsweg) die Chancen offen, eigene Ziele zu entwickeln und zu verfolgen. Diese Ziele realisieren sich aber nicht von selbst, vielmehr gilt es die Realisierung zu planen.

Beispiel

Dillan erzählte seinem Coach, dass ihm die Trennung von seiner Familie zu schaffen mache. Andere Männer seines Alters seien in der Midlife-Crisis, wünschten sich Freiheit und wären am liebsten wieder jung. Er hingegen hatte so viel erlebt und so viele schöne berufliche Erfahrungen machen dürfen, er hatte irgendwie gar nicht mit großen Veränderungen gerechnet. Vielleicht hätte er schon das erste Restaurant, das er Anfang der 1990er Jahre aufgemacht hatte, behalten sollen und nicht in den Lebensmittelkonzern wechseln sollen. Oder wenigstens dann dort bleiben und nicht nochmal als Betreiber einer Betriebsgaststätte wieder in die Selbständigkeit gehen. Das habe schließlich seine Familie kaputt gemacht. Er hatte gut geplant und mehrere Betriebsgaststätten im

Finanzbereich etablieren können. Dillan hatte sich dabei auch einen Namen als „Daring Chef" (der Koch für das Investmentbanking) gemacht, aber am Ende habe seine Frau sich einen anderen gesucht.

Planung zur Unsicherheitsreduktion erfolgt aus der grundsätzlichen Vorstellung, das dauerhaft Richtige zu tun, also eine persönliche Entwicklung (Karriere) zu befördern, die im Nachhinein, als erfolgreich bewertet werden kann. Erfolgreich ist sie, wenn der Einzelne die Berufsbiographie im Rückblick als stimmige Erzählung beurteilt, für deren Verlauf er selbst verantwortlich war (Elbe 2011; Kohli 2003). Die ex-post-Bewertung ist somit unabdingbarer Bestandteil der Institutionalisierung des Lebenslaufs. Hieraus erfolgen Sinnkonstruktion und Identitätsfeststellung im Zeitverlauf. Der Bedeutungsverlust traditioneller Bindungen erzeugt die Notwendigkeit selbst Sinn herzustellen und die eigene Identität daran zu knüpfen. Diese Sinnkonstruktion wird als Institution dadurch handlungswirksam, dass sie in der Lebensführung des Einzelnen umgesetzt wird (Kohli 2003). Das bedeutet die alltägliche Orientierung am Ziel einer erfolgreichen Karriere, also eine ex ante Zielverfolgung, eine Herstellung der Institution Ich „tag für tag" (Weihrich und Voß 2002; Elbe 2011). Abbildung 2 fasst diesen Zusammenhang der ex post- und ex ante-Wirkung der individuellen Sinnkonstruktion zur subjektiven Unsicherheitsbewältigung durch Planung zusammen.

In der Moderne erzeugt die Notwendigkeit der Planung als Teil der Identitätskonstruktion im institutionalisierten Lebenslauf das Risiko des Scheiterns. Brecht (1968, S. 77) fasste dies in das „Lied von der Unzulänglichkeit menschlichen Strebens", worin es heißt:

Ja, mach nur einen Plan
Sei nur ein großes Licht!
Und mach dann noch 'nen zweiten Plan
Gehn tun sie beide nicht.

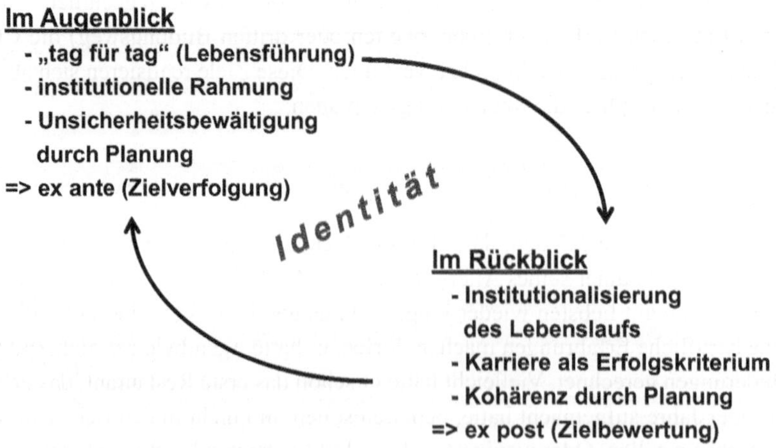

Im Augenblick
- „tag für tag" (Lebensführung)
- institutionelle Rahmung
- Unsicherheitsbewältigung
  durch Planung
=> ex ante (Zielverfolgung)

Identität

Im Rückblick
- Institutionalisierung
  des Lebenslaufs
- Karriere als Erfolgskriterium
- Kohärenz durch Planung
=> ex post (Zielbewertung)

Abb. 2 Identität im Planungsraum

Planen ist die Magie der Moderne, um die Unsicherheit zu bannen. Es entsteht die Täuschung eigener Handlungsmächtigkeit, die aber nur dann aufrecht zu erhalten ist, wenn der Plan auch funktioniert. Funktioniert er nicht, dann stellt die Ent-Täuschung auch die Identifizierung mit dem Konstrukt der eigenen Handlungsmächtigkeit in Frage und damit mit meiner Ich-Konstruktion. Das planende Ich nimmt seine Chancen war und scheitert trotzdem. Das stellt die Identität als Inszenierung des Ichs in Frage.

6 Das inszenierte Ich

Beispiel

Wirklich erklären konnte sich Dillan S. Tragon die Trennung von seiner Frau nicht. Er war doch zu Hause immer ein verständnisvoller und sorgender Ehemann und Vater gewesen. Gut – als Daring Chef habe er schon die Puppen in der Küche tanzen lassen, da war klar, wer der Chef war – aber im Umgang mit hochgestellten Gästen, die er gerne persönlich begrüßte, war er immer zuvorkommend und charmant. Er konnte schon unterscheiden, wann er welche Rollen zu spielen hatte und wie er sie zu spielen hatte. Das hat sich zu Hause fortgesetzt: Für die Kinder war immer klar, wenn er Ansagen machte, dann wurde es ernst. Aber eigentlich entstammten diese Ansagen häufig den Wünschen seiner Frau, die er nur ausführte. Vielleicht hatte er da zu oft eine Rolle gespielt und war gar nicht mehr er selbst.

Für die Verwandlung des Ichs, für das Annehmen und glaubhafte Vertreten unterschiedlicher Rollen steht seit der Antike das Theater, wobei ursprünglich eine bestimmte Maske (Persona) die jeweilige Rolle kennzeichnete. Der Zusammenhang zwischen dem Menschen und seinem Scheitern ist in der klassischen Tragödie das offensichtliche (und unabwendbare) Schicksal des Protagonisten. Dies wird in der Komödie ins Absurde gewandt und eröffnet damit Chancen auf eine Umbewertung. Für das moderne Theater arbeitet Pohl (2010) anhand von Theaterinszenierungen das Scheitern auf der Suche nach Identität als existentielle Identitätskrise heraus.[6] Das Konstrukt der Person ist also schon vom Ursprung her an die Inszenierung gekoppelt und hat so auch in die Psychologie und Sozialwissenschaften Eingang gefunden.

Von besonderer Bedeutung ist dabei die Analyse von Goffman (1996): „Wir alle spielen Theater. Die Selbstdarstellung im Alltag." Die Inszenierung des Ichs findet eben nicht nur im Theater statt. Vielmehr stellen wir alle unsere Identität laufend in Auseinandersetzung mit unserer sozialen Umwelt, aufgrund von unterschiedlichen Rollen her, die wir annehmen und ausgestalten. Dabei beziehen wir uns auf unterschiedliche Ensembles (Gruppen, Kontexte) in denen wir unsere Selbstdarstellung darbieten oder die wir bei unserer Inszenierung beteiligen. Je nach dem lassen sich Vorder- und Hinterbühne unterscheiden.

---

[6] Vgl. zu diesem Zusammenhang auch das Interview mit Harry Fuhrmann im vorliegenden Band.

Auf der Vorderbühne wird die Darstellung einer spezifischen Rolle aufrecht erhalten und einer Zielgruppe dargeboten (z. B. ein intaktes Familienleben oder der hygienische Verkaufsbereich im Fast-Food-Restaurant), auf der Hinterbühne hingegen – wenn die Öffentlichkeit nicht anwesend ist – wird die Maske fallen gelassen oder mit weiteren Facetten angereichert.[7] Das Spiel mit unterschiedlichen Facetten und Rollen, mit verschiedenen Ensembles und segmentierter Bühne ist anstrengend und stellt eine besondere Herausforderung für die Aufrechterhaltung des Ichs dar. Und hierbei gilt natürlich: Je komplexer die Inszenierung desto größer die Gefahr des Scheiterns. Hiervor kann uns nur die Komödie retten, denn da ist eine Umbewertung möglich, je ernster die Inszenierung, desto größer das Scheiterrisiko. Goffman macht uns darauf aufmerksam, dass das Scheiterrisiko vielfach in der Inszenierung selbst liegt:

> Wenn wir das Selbst analysieren, werden wir also von seinem Besitzer, von der Person, die am meisten dabei zu gewinnen oder zu verlieren hat, weggezogen; denn er oder sein Körper bieten nur den vorübergehenden Aufhänger für etwas gemeinsam Hergestelltes. Und die Mittel, um ein Selbst zu produzieren und zu behaupten, liegen nicht bei dem Aufhänger; in der Tat sind diese Mittel oft in sozialen Institutionen verankert. (Goffman 1996, S. 231)

Den Einfluss der situativen Ermöglichung hatten wir bereits unter der Zeitperspektive analysiert, nun kommt das soziale Dürfen oder Sollen (nach Rosenstiel 2013) dazu – das ist, was Goffman (1996) mit institutioneller Verankerung meint. Institutionen (insbesondere auch Organisationen) schaffen vielfach Bedingungen, in denen sich jeweils gültige Regeln widersprechen – Erfolg ist da nur unter dem Goodwill des Ensembles möglich. Liegt dieser nicht vor, dann ist bereits die Voraussetzung geschaffen, den (unausweichlichen) Misserfolg als persönliches Versagen, als Scheitern einzustufen.

Vielfach bedarf es aber nicht äußerer Gegebenheiten, um eine institutionelle Falle aufzubauen. Speziell die eigene Karriere als biographische Inszenierung wird als Institution zur Fessel, die das Individuum selbst bindet. Je ernster man die Inszenierung des eigenen Lebenslaufs als stetige Karriere nimmt, desto mehr wird man dadurch gebunden und zum steten Erfolg – und damit zum finalen Scheitern – verdammt.[8]

---

[7] Das Spiel mit der Rolle, mit Vorder- und Hinterbühne, und die Inszenierung dieses Spiels als ein neues Stück, demonstriert eindringlich die Fotografin Herlinde Koelbl (2012). Sie zeigt 60 Personen (z. B. einen General, eine Kaminkehrerin usw.) aus aller Welt in „Arbeitsuniform" und in Freizeitkleidung, wobei diese ihre jeweiligen Rollen und Inszenierungen kommentieren.

[8] Das klassische Beispiel für stet Erfolge, die zum finalen Scheitern führen, findet sich im König Pyrrhus I. von Epirus, der zwar die Römer mehrfach besiegte, dabei aber so hohe Verluste erlitt, dass er den Krieg schließlich verloren geben musste (Pyrrhussiege).

7 Das erzählte Ich

In Anlehnung an Elbe und Müller (2002) lässt sich Karriere verstehen als eine stimmige Erzählung des zeitlich gebundenen Selbst aus der Perspektive des beruflichen sowie persönlichen Erfolges. Erfolg wird hierbei als subjektive Besserstellung im zeitlichen Verlauf aufgrund selbst-zugeschriebener Handlungskausalität auffassen. Hiermit sind sowohl die Zeitperspektive, als auch der Planungsraum (vgl. Abb. 2) in der Karriereerzählung berücksichtig. Wir handeln heute, um in der Zukunft das hohe Lied des eigenen Erfolges singen zu können. Sich wandelnde Präferenzordnungen und die Stückelung der Patchwork-Identität sind dabei solange kein Problem für die Erfolgskonstruktion, wie es der Einzelne schafft, sich und anderen eine stimmige Erzählung zu präsentieren.[9] Dies zu antizipieren ist die eigentliche Herausforderung der ex-ante-ex-post-Konstruktion des erzählten Ich: Will Ich der gewesen sein, von dem Ich in der Zukunft erzählt werden?

Beispiel

Im Rahmen der ersten Gespräche mit seinem Coach ist Dillan S. Tragon sich nicht mehr sicher, ob er wirklich der sein will, von dem er immer erzählt. Irgendwie klingt dies wie die Erzählung eines Getriebenen, der nicht wirklich Herr im eigenen Haus ist. Der zwar beruflich viel gerissen hat, aber der doch häufig das getan hat, was seine Frau und andere von ihm erwarteten. Der Coach rät ihm, sich zu überlegen, welche Erzählung von sich er gerne in der Zukunft hören würde, z. B. wenn er 60 ist oder 67. Wann wäre er dann gescheitert und wann erfolgreich?

Die zentrale Herausforderung in der Erzählung des erfolgreichen Ichs ist die positive Selbstzuschreibung der Handlungskausalität. Das gelingt dem Erfolgssucher in besonderem Maß.[10] Ihm gelingt es, seine Inszenierung an die aktuelle Situation anzupassen, nicht funktionierende Pläne der Umwelt zuzuschreiben und ihre Bedeutung zu relativieren. So wird Stimmigkeit in der eigenen Karriereerzählung hergestellt: Die eigenen Pläne haben

---

[9] Diese Frage wird empirisch üblicherweise mit Hilfe von biografisch-narrativen Interviews untersucht, was einerseits zu tiefgehenden Einblicken über die Karriere- und Erfolgskonstruktionen einzelner Interviewpartner führt, aber andererseits auf die Erhebung exemplarischer Einzelfälle beschränkt bleibt. Es lassen sich aber auch im Rahmen von quantitativen Forschungsansätzen aufgrund von Fragebogen-Erhebungen Verlaufsanalysen anstellen. Beispiele finden sich für Karriereverläufe ehemaliger Bundeswehroffizier (Elbe und Prondzinsi 2002) sowie für Leistungssportler (Elbe et al. 2014).

[10] Um einen solchen handelt es sich offensichtlich bei dem Microsoft-Gründer Steve Jobs, der Gründung, Entlassung und Wiederübernahme der Geschäftsführung bei Microsoft als integrale Elemente seiner persönlichen Karriere versteht und zu dem Ergebnis kommt: „Wir können nicht vorher erkennen, wie sich die Dinge in unserem Leben zusammenfügen werden, sondern wir sehen das nur im Rückblick. Darum muss man das Vertrauen haben, dass sich alles gut fügen wird" (Weingarten 2015, S. 83).

funktioniert (im Erfolgsfall) oder wurden durch ungünstige Umstände vereitelt (im Misserfolgsfall), was aber kein Scheitern ist, da nun entweder eine neuer Plan gemacht wird oder eine Bedeutsamkeitsänderung stattfindet. Die Sinnhaftigkeit des eigenen Handelns wird auf alle Fälle aufrecht erhalten. Durch diese drei Faktoren wird Kohärenz in der eigenen Karriere hergestellt: Mein Lebensraum und mein Lebensweg sind sinnbehaftet, die Dinge, die ich tue sind mir wichtig und ich kann mein Schicksal beeinflussen. Mit diesen drei Kohärenzfaktoren (Sinnhaftigkeit, Bedeutsamkeit und Handhabbarkeit) beschreibt Antonovsky (1997) das zentrale Konstrukt der Salutogenese: Das Gefühl in seiner Umwelt, in seinem Lebensraum aufgehoben (gesund) zu sein.

Eine positive Karriereerzählung ist die selbstverursachte Herstellung von Gesundheit im zeitlichen Verlauf – das ist sogar das Kriterium für eine erfolgreiche Karriere: das Empfinden, dass der eigene Lebensweg, so wie er war, gut war. Dies erfolgt mittels der Inszenierung der eigenen Biographie durch die positive Interpretation kleinerer oder größerer Episoden in Erzählungen. I und Me werden über große Zeitspannen hinweg in Übereinstimmung gebracht. Dadurch, dass Ich andere von meinem erfolgreichen Leben erzähle, überzeuge Ich mich selbst von meinen Erfolgen. Aus der Perspektive des erzählten Ichs scheitert man an sich selbst, an den eigenen Karriereansprüchen, an den verpassten Chancen, an den misslungenen Plänen – letztlich an der mangelnden Kohärenz.

8 Das ungewisse Ich

Eigentlich wissen wir das alles: Schönheit, Wahrheit und Erfolg, all das liegt im Auge des Betrachters und doch versuchen wir das Glück zu zwingen. Die Ungewissheit der Zukunft und die Unsicherheit, mit der uns die Moderne begegnet, machen es notwendig, dass wir den Herausforderungen des Nichtwissens[11] mit dem Mut des Erfolgsuchers begegnen. Wir müssen heute Pläne machen und uns darauf verlassen, dass wir sie morgen noch sinnvoll finden. Wir kommen nicht umhin, den Erfolgstest des Handelns vorzunehmen und im Zweifelsfall die Schuld an einer Ent-Täuschung der ursprünglichen Täuschung, also den Umständen, zuzuschreiben. Der nächste Erfolgstest wird dann zum Misserfolgstest.

Unsere Scheiterformel S = F (I, ME) konzipiert die Bewertung von Misserfolgen als Verschiebungen im Lebensraum. Hierauf haben einerseits die Selbstregulation von Affekten, also die Steuerung emotionaler Zustände, Einfluss und andererseits der Umgang mit der Ungewissheit. Kuhl (1983) unterscheidet hinsichtlich des Einflusses emotionaler Zustände lageorientierte Personen von handlungsorientierte Personen. Lageorientierte Personen beschreiben sich in Misserfolgssituationen, auf die eigene Befindlichkeit, ihre (negative) emotionale Lage bezogen, wodurch erfolgsorientiertes Folgehandeln erschwert wird. Handlungsorientierte Personen zeigen sich zielgerichtet, erfolgs- und lernorientiert, wodurch alternatives Folgehandeln begünstigt wird (Heckhausen und Heckhausen 2010). Hinsichtlich des Umgangs mit Ungewissheit wiederum lassen sich Wissen und Nichtwissen unterscheiden. Dass die Zukunft prinzipiell durch Ungewissheit geprägt ist, ermög-

---

[11] Zum Umgang mit Wissen und Nichtwissen vgl. insbesondere Beck (2015).

Tab. 3 Scheitern als Ergebnis des Misserfolgstest

Handlungsbedingungen	Test des Misserfolgs	
	Gleiches Handeln	Anderes Handeln
Wissen	Absurdität	Reflexives Lernen
Nichtwissen	Scheitern	Einfaches Lernen

licht es uns Freiheitsgrade des Handelns zu nutzen, aber: Wie bewerten wir Misserfolge als Antezedenz für Folgehandlungen? Entweder nehmen wir den Misserfolg als sicheren Kausalzusammenhang und wissen jetzt, dass das gezeigte Verhalten auch im Wiederholungsfall zu Misserfolg führen wird (Wissen) oder wir sehen diesen Kausalzusammenhang nicht als gegeben und bleiben hinsichtlich der Handlungsbedingungen im Unklaren (Nichtwissen). Hinsichtlich des Misserfolgstests lassen sich somit einerseits gleiches und anderes Handeln und andererseits Wissen und Nichtwissen unterscheiden. Tabelle 3 fasst dies zusammen:

Wenn wir um den Kausalzusammenhang wissen und trotzdem die Handlung wiederholen, begeben wir uns bewusst in den Zustand des Absurden, wir folgen sozusagen Sysiphos, der in der griechischen Mythologie dazu verurteilt war, im Hades auf ewig einen Felsen einen Berg hinaufrollen zu müssen, der – kaum dass er oben angekommen war – sofort wieder herunter rollte. Camus (1997) gibt diesem Mythos eine überraschende Wendung, wenn er zu dem Ergebnisse kommt: „Wir müssen uns Sisyphos als einen glücklichen Menschen vorstellen" (Camus 1997, S. 128). Denn Sisyphos muss um seine Strafe wissen (sonst wäre sie ja keine) und damit weiß er auch um die Handlungsfolge (der Stein wird wieder herunter rollen). Aber Camus sieht ihn nicht als Verzweifelten, sondern als Glücklichen, weil er die Absurdität seines Handelns annimmt, dem Misserfolg ins Gesicht lacht und damit über die Strafe der Götter triumphiert. Durch dieses Wissen um seine Handlungsfolge und die Akzeptanz des Absurden ist sein Tun kein Scheitern sondern Widerstand.[12] Das grundsätzlich Absurde anzunehmen, bedeutet damit, die Ungewissheit nicht durch Planung zu bannen, sondern durch Umbewertung. Und wer weiß: Vielleicht führt das dann doch zu anderen Handlungsfolgen?

Testen wir unter Wissensbedingungen (also im Bewusstsein der Handlungskausalität) unseren Misserfolg dadurch, dass wir eine alternative Handlung vornehmen, dann liegt dem ein reflexiver Lernprozess zugrunde. Schon Lewin (1982) hatte in seinen Überlegungen zur Feldtheorie des Lernens neben der Veränderung der kognitiven Struktur auch Werte, Motivation und letztlich die Veränderung des gesamten Handelns einbezogen. Dem entspricht auch die Vorstellung eines mehrschlaufigen Lernens im Anschluss an Argyris und Schön (2008). Hiermit wird ein komplexes, erfahrungsbezogenes Lernen bezeichnet, bei dem nicht eine spezifische Problemlösung im Vordergrund steht, sondern die Reflexion des Lernprozesses, ein verändertes Handeln unter Wissensbedingungen. Unter den Bedingungen des Nichtwissens (also ohne ein Konzept hinsichtlich der Verursachung des

---

[12] Damit löst Camus (1997) auch das Grundproblem menschlicher Existenz: das Sein-zum-Tode (das Heidegger und andere Existenzphilosophen plagte).

Misserfolges zu haben) beschränkt sich ein verändertes Handeln auf die einfache Problemlösung. Es liegt nur einschlaufiges Lernen vor, aber auch das führt in diesem einen Fall dann zum Erfolg.

Es ist der Test des Misserfolges unter den Bedingungen des Nichtwissens, der zum Scheitern führt. Eine Kausalattribution scheint nicht möglich, eine Handlungsvariation wird nicht in Betracht gezogen und der Misserfolgstest verläuft konstant positiv. Ein Lerneffekt kann hier nur in der Handlungsvermeidung liegen und damit sind wir wieder beim Typ des Misserfolgvermeiders. Dieser erlebt die Ungewissheit eben nicht als Chance und Herausforderung sondern als Unsicherheit und Bedrohung. Dem ist mit Planung nicht beizukommen. Hier versagt das Konzept der Unsicherheitsreduktion, das der Moderne mit ihren technischen Errungenschaften, Vortrieb geleistet hat. Notwendig wird demgegenüber ein (Selbst-)Management der Ungewissheit (Böhle und Busch 2012 und hier insbesondere Elbe 2012). Die reflexive Modernisierung geht – aus sozialpsychologischer Sicht – damit über die soziologische Perspektive (Beck et al. 1996) hinaus. Die Identitäten in Zeiten der Ungewissheit werden an biographische Erzählungen geknüpft und diese müssen, aufgrund des Umgangs mit Erfolgen und (noch schwieriger) Misserfolgen, ständig aktualisiert werden. In diesem Sinn wird das Ich zu einer flüchtige Identität in Zeiten der flüchtigen Moderne (Baumann 2008; Elbe 2013), deren hybride Patchworks (Keupp 1997; Eickelpasch und Rademacher 2010) flexible Erfolgskonzepte generieren.

Beispiel

Dillan wird klar, dass er eigentlich immer Neues ausprobiert hat, er hat sein Tun immer abgewandelt und dazu gelernt – manchmal unbewusst, häufig aber auch bewusst. Manchmal musste er auch aus den Umständen heraus dieselben Dinge wieder tun, die sich schon als unpraktisch oder sogar falsch herausgestellt hatten. Das war insbesondere in der Lehre als Koch so gewesen, da hieß es dann Augen zu und durch – aber was tut man nicht alles, wenn man seinen Traumberuf lernt? Nur mit seiner Familie, da hatte er sich doch immer gleich verhalten und trotzdem hatte seine Frau ihn verlassen und die Kinder waren mit ihr gegangen.

Aber zu einem Ergebnis war er im Gespräch mit seinem Coach auf alle Fälle gekommen: Er war noch jung genug, um etwas Neues anzufangen: beruflich und privat. Und er war flexibel. Beruflich hatten ihn Ungewissheiten nie gestört, das war immer seine Stärke gewesen, hier musste er auch in Zukunft ansetzen.

Die Flexibilität wird zur Ressource, die Lernprozesse ermöglicht und das Scheiterrisiko minimiert. Auf alle Fälle aber bleibt das Potenzial des Trotzdem im Misserfolg als conditio sine qua non menschlichen Seins. Wem es gelingt die Absurdität zuzulassen, der bannt die Gefahr des Scheiterns durch sein ungewisses Ich.

Literatur

Antonovsky, A. (1997). *Salutogenese. Zur Entmystifizierung der Gesundheit*. Tübingen: DGVT.

Argyris, C., & Schön, D. (2008). *Die lernende Organisation. Grundlagen, Methode, Praxis* (3. Aufl.). Stuttgart: Klett-Cotta.

Baumann, Z. (2008). *Flüchtige Zeiten. Leben in der Ungewissheit*. Hamburg: Hamburger Edition.

Beck, U. (1986). *Risikogesellschaft. Auf dem Weg in eine andere Moderne*. Frankfurt a. M.: Suhrkamp.

Beck, U. (2015). *Weltrisikogesellschaft. Auf Suche nach der verlorenen Sicherheit* (3. Aufl.). Frankfurt a. M.: Suhrkamp.

Beck, U., Giddens, A., & Lash, S. (1996). *Reflexive Modernisierung. Eine Kontroverse*. Frankfurt a. M.: Suhrkamp.

Betsch, T., Funke, J., & Plessner, H. (2011). *Allgemeine Psychologie für Bachelor: Denken – Urteilen, Entscheiden, Problemlösen*. Berlin: Springer.

Böhle, F., & Busch, S. (Hrsg.). (2012). *Management von Ungewissheit. Neue Ansätze jenseits von Kontrolle und Ohnmacht*. Bielefeld: Transcript.

Brecht, B. (1968). *Die Dreigroschenoper*. Frankfurt a. M.: Suhrkamp.

Camus, A. (1997). *Der Mythos von Sisyphos. Ein Versuch über das Absurde*. Hamburg: Rowohlt.

Dahrendorf, R. (1994). Das Zerbrechen der Ligaturen und die Utopie der Weltbürgergesellschaft. In U. Beck & E. Beck-Gernsheim (Hrsg.), *Riskante Freiheiten: Individualisierung in modernen Gesellschaften* (S. 421–436). Frankfurt a. M.: Suhrkamp.

Darley, J., & Batson, C. D. (1973). „From Jerusalem to Jericho": A study of situational and dispositional variables in helping behavior. *Journal of Personality and Social Psychology, 1*, 100–108.

Eickelpasch, R., & Rademacher, C. (2010). *Identität* (3. Aufl.). Bielefeld: Transcript.

Elbe, M. (1997). *Betriebliche Sozialisation. Grundlagen der Gestaltung personaler und organisatorischer Anpassungsprozesse*. Sinzheim: Pro Universitate.

Elbe, M. (2011). Ungewissheit im institutionellen Wandel. Individuelle Ressourcen als Potenzial. In S. Jeschke, I. Isenhardt, F. Hees, & S. Trantow (Hrsg.), *Enabling Innovation. Innovationsfähigkeit – deutsche und internationale Perspektiven* (S. 87–98). Berlin: Springer.

Elbe, M. (2012). Employography – Neuer Umgang mit Berufsbiographien. In F. Böhle & S. Busch (Hrsg.), *Management von Ungewissheit. Neue Ansätze jenseits von Kontrolle und Ohnmacht* (S. 279–294). Bielefeld: Transcript.

Elbe, M. (2013). Employography: Flüchtige Identitäten in Zeiten der Ungewissheit. *Journal für Psychologie, 3*, 1–24.

Elbe, M., & Müller, M. (2002). Der Mythos Karriere: Vom Alltagsbegriff zur Operationalisierung. In R. Marr (Hrsg.), *Kaderschmiede Bundeswehr? Vom Offizier zum Manager. Karriereperspektiven von Absolventen der Universitäten der Bundeswehr in Wirtschaft und Verwaltung* (2. Aufl., S. 43–58). Neubiberg: gfw.

Elbe, M., & von Prondzinski, W. (2002). Überblick und Differenzierung der Karriereverläufe von ehemaligen Zeitoffizieren mit Studium. In R. Marr (Hrsg.), *Kaderschmiede Bundeswehr? Vom Offizier zum Manager. Karriereperspektiven von Absolventen der Universitäten der Bundeswehr in Wirtschaft und Verwaltung* (2. Aufl., S. 91–112). Neubiberg: gfw.

Elbe, M., Hülsen, A., Borchert, A., & Wenzel, G. (2014). Duale Karriere im Spitzensport: Idealtypen und Realtypen am Beispiel des Berliner Modells. *Leistungssport, 3*, 4–11.

Erikson, E. (1965). *Kindheit und Gesellschaft* (2. Aufl.). Stuttgart: Klett.

Erikson, E. (1973). *Identität und Lebenszyklus: Drei Aufsätze*. Frankfurt a. M.: Suhrkamp.

Goffman, E. (1996). *Wir alle spielen Theater. Die Selbstdarstellung im Alltag* (5. Aufl.). München: Piper.

Heckhausen, J., & Heckhausen, H. (Hrsg.). (2010). *Motivation und Handeln* (4. Aufl.). Berlin: Springer.

Junge, M., & Lechner, G. (2004). Scheitern als Erfahrung und Konzept: Zur Einführung. In M. Junge & G. Lechner (Hrsg.), *Scheitern: Aspekte eines sozialen Phänomens* (S. 7–13). Wiesbaden: VS-Verlag für Sozialwissenschaften.

Keupp, H. (1997). Diskursarena Identität: Lernprozesse in der Identitätsforschung. In H. Keupp & R. Höfer (Hrsg.), *Identitätsarbeit heute. Klassische und aktuelle Perspektiven der Identitätsforschung* (S. 11–39). Frankfurt a. M.: Suhrkamp.

Kirchler, E. & Walenta, C. (2010). *Motivation.* Wien: facultas.

Koelbel, H. (2012). *Kleider machen Leute.* Berlin: Hatje Cantz.

Kohli, M. (2003). Der institutionalisierte Lebenslauf: ein Blick zurück und nach vorn. In J. Allmendinger (Hrsg.), *Entstaatlichung und soziale Sicherheit* (S. 525–545). Opladen: VS-Verlag für Sozialwissenschaften.

Kuhl, J. (1983). *Motivation, Konflikt und Handlungskontrolle.* Berlin: Springer.

Lewin, K. (1982). *Feldtheorie. Werkausgabe* (Bd. 4). Bern: Huber (Herausgegeben von Carl-Friedrich Graumann).

Mead, G. (1968). *Geist, Identität und Gesellschaft.* Frankfurt a. M.: Suhrkamp.

Mead, G. (1969). *Sozialpsychologie.* Neuwied: Luchterhand.

Pohl, K. (2010). *Schönes Scheitern? Die Suche nach Identität in den Inszenierungen Florian Fiedlers.* Marburg: Tectum.

von Rosenstiel, L. (2013). Erleben und Verhalten: Ich und die Organisation. In C. Werner & M. Elbe (Hrsg.), *Handbuch Organisationsdiagnose* (S. 55–70). München: Utz.

Tajfel, H., & Turner, J. (1986). The social identity theory of intergroup behavior. In S. Worchel & W. Austin (Hrsg.), *Psychology of intergroup relations* (2. Aufl., S. 7–24). Chicago: Nelson-Hall.

Turner, J. (1999). Some Current Issues in Research on Social Identity and Self- categorization Theories. In N. Ellemers, R. Spears, & B. Doojse (Hrsg.), *Social identity: Context, commitment, content* (S. 6–34) Oxford: Blackwell.

Turner, J., & Onorator, R. (1999). Social identity, personality and the self-concept: A self-categorization perspective. In T. Tyler, R. Kramer, & O. John (Hrsg.), *The psychology of the social self* (S. 11–46). Mahwah: Lawrence Erlbaum.

Weihrich, M., & Voß, G. G. (Hrsg.). (2002). *tag für tag. Alltag als Problem – Lebensführung als Lösung? Neue Beiträge zur Soziologie alltäglicher Lebensführung 2.* München: Hampp.

Weiner, B. (1994). *Motivationspsychologie* (3. Aufl.). Weinheim: Belz.

Weingarten, S. (2015). Soff, aus dem die Helden sind. Spiegel Wissen. Richtig scheitern. Wie Niederlagen zum Erfolg führen können, 1, 82–83.

Zimbardo, P., & Boyd, J. (2011). *Die neue Psychologie der Zeit – und wie sie Ihr Leben verändern wird.* Heidelberg: Spektrum.

Prof. Dr. Martin Elbe Studium der Wirtschafts- und Organisationswissenschaften (Dipl.-Kfm. Univ.) sowie der Soziologie und Psychologie (Dipl.-Soz. Univ.). Er war Professor für Wirtschaftspsychologie an der HMKW Hochschule für Medien, Kommunikation und Wirtschaft in Berlin. Martin Elbe ist darüber hinaus Vorsitzender der Arbeitsgemeinschaft Betriebliche Weiterbildungsforschung e. V. (www.abwf.de). Seine Arbeitsschwerpunkte liegen im Bereich Organisation und Arbeit, Sport und Gesundheit, Sozialisation und Verstehen (www.invop.de). Seine aktuellen Publikationen umfassen u. a. Organisationsdiagnose – Methoden, Fallstudien, Reflexionen (Schneider Verlag Hohengehren, 2015), Führung unter Ungewissheit – Zehn Thesen zur Zukunft der Führung (Springer Essentials, 2015) und das Handbuch Gesundheitscoaching – Kompendium für Praxis und Lehre (Top Sportmarketing, 2014).

Scheitern bei strategischen Entscheidungen

Stephan Bedenk und Harald A. Mieg

Zusammenfassung

Im vorliegenden Kapitel werden Möglichkeiten des Scheiterns bei strategischen Entscheidungen diskutiert. Zu Beginn wird aufgeführt, dass strategische Entscheidungen insbesondere bei Innovationen durch besondere Neuartigkeit, Unsicherheit, Komplexität und Konflikthaftigkeit gekennzeichnet sind, Entscheidungsträger diesen Herausforderungen gleichfalls nur mit einer allenfalls begrenzten Rationalität entgegentreten können. Ausgehend von diesen Überlegungen werden am Beispiel von Innovationskontexten typische Verzerrungen im Denken, Urteilen und Entscheiden (Biases) aufgezeigt, die aus diesem Dilemma resultieren. Zuletzt wird argumentiert, dass schlechte Entscheidungen und daraus resultierendes Scheitern nie gänzlich vermieden werden können: sie sind Bestandteil der menschlichen Denk- und Verhaltensrealität. Allerdings ergibt sich eine wirkungsvolle Strategie zum besseren Umgang mit Biases: Gerade das Vergegenwärtigen der eigenen kognitiven Grenzen kann zu einer Reduktion der eigenen Anfälligkeit für Urteilsverzerrungen führen.

S. Bedenk (✉)
Institut für Psychologie, Humboldt Universität zu Berlin, Unter den Linden 6,
10099 Berlin, Deutschland
E-Mail: stephan.bedenk@hu-berlin.de

H. A. Mieg
Fachhochschule Potsdam, Kiepenheuerallee 5, 14469 Potsdam, Deutschland
E-Mail: mieg@fh-potsdam.de

© Springer-Verlag Berlin Heidelberg 2016
S. Kunert (Hrsg.), *Failure Management*, DOI 10.1007/978-3-662-47357-3_3

1   Einleitung

„Warum treffen Menschen schlechte Entscheidungen?" Auf diese Frage sind alltagspsy-
chologische Erklärungen schnell gefunden, etwa „Weil manche Menschen eben nicht in-
telligent genug sind" oder „Weil sie nicht gründlich und vernünftig genug nachgedacht
haben". Tatsächlich repräsentieren beide Antwortmuster recht gängige Vorstellungen, wie
und wieso schlechte Entscheidungen zustande kommen. Die erste Antwort legt die Annahme von Konstanz und Konsistenz nahe, demnach intelligente Menschen tendenziell immer und überall gute Entscheidungen treffen und weniger intelligente Menschen tendenziell immer und überall schlechte Entscheidungen treffen. Die zweite Antwort impliziert
eine zwingende Kausalität, demnach schlechte Entscheidungsergebnisse zwangsläufig auf
die Güte des davorliegenden Denk- und Entscheidungsprozesses zurückzuführen sind:
wer eben nicht ausreichend informationsbasiert und sachlich-vernünftig nachgedacht hat,
der wird auch zu keiner guten Entscheidung gelangen.

Beide Vermutungen, so plausibel sie aus einem alltagspsychologischen Verständnis
heraus zunächst erscheinen mögen, fangen jedoch nur unzureichend die komplexeren Mechanismen der psychologischen Entscheidungsfindung ein. In manchen Fällen verkehren
sich die Zusammenhänge sogar in das Gegenteil von dem, was die Alltagspsychologie
vermuten ließe: Manchmal kann zu viel Beschäftigung mit einem Entscheidungsgegenstand zu schlechteren Entscheidungen beitragen (vgl. etwa „sunk cost fallacy"; im weiteren Verlauf dieses Beitrags). Manchmal können Entscheidungen zudem nicht nur deshalb
schlecht sein, weil zu wenige Informationen vorliegen – sondern auch, weil wir zu viele
Informationen haben oder integrieren möchten (vgl. etwa „too much choice effect", Grant
und Schwartz 2011). Und so sind wir letztlich alle nicht gefeit vor schlechten Entscheidungen oder genauer gesagt: vor schlechten Entscheidungsausgängen.

2   Scheitern bei (strategischen) Entscheidungen

Allein der Gedanke, dass alle Menschen – und somit auch wir selbst – anfällig sind für
fehlerhafte Entscheidungsprozesse, galt dabei lange Zeit als nicht angemessen: Die Vorstellung des Menschen als rational denkendem und handelndem Wesen war Bestandteil
vieler moderner Menschenbilder; insbesondere das Modell vom „homo oeconomicus"
war lange Zeit populär (für eine Diskussion vgl. Suchanek und Kerscher 2007). Dass
dieses Bild dem realen Menschen kaum gerecht wird, zeigen jedoch viele empirische Forschungsarbeiten in der zweiten Hälfte des 20. Jahrhunderts, die sich mit systematischen
Verzerrungen im menschlichen Denken und Entscheiden beschäftigten (v. a. Tversky und
Kahneman 1974).

Die Forschung zu Biases, d. h. systematischen kognitiven Fehlern und Abweichungen
vom normativen Ideal (vgl. Thompson et al. 2004) werden zunehmend auch im Wirtschaftskontext diskutiert: Dies liegt nicht zuletzt daran, dass Entscheidungen im wirtschaftlichen
Bereich zumeist „strategische" Entscheidungen darstellen, die durch eine besonders aus-
geprägte Komplexität und hohe Bedeutsamkeit für ein Unternehmen gekennzeichnet sind

(vgl. Harrison 1992; Eisenhardt und Zbaracki 1992, S. 17). Strategische Entscheidungen stellen daher eine wesentliche Kernaufgabe des Managements in Unternehmen dar (vgl. Hambrick und Mason 1984). Im Umkehrschluss bedeutet dies: Biases, die in der Folge zum Scheitern bei strategischen Entscheidungen beitragen, haben im Wirtschaftskontext gravierende Auswirkungen nicht nur für die Entscheider selbst, sondern zumeist auch für das gesamte Unternehmen.

3 Innovationen als (kognitions-)psychologische Prozesse

Wie Biases bei strategischen Entscheidungen zu unbefriedigenden Ergebnissen führen können, soll in diesem Kapitel anhand von Innovationsbeispielen illustriert werden. Tatsächlich sind Innovationsprozesse hochgradig psychologische Prozesse (vgl. Auhagen 2003, S. 248 ff.). Zahlreiche Forschungsarbeiten aus der Sozial- und Organisationspsychologe belegen, dass „weiche Faktoren", wie partizipative Führung, konstruktive Konflikthandhabung und gute Kommunikation in Teams wesentliche Grundlagen für den Erfolg von Innovationen darstellen (etwa Klein und Sorra 1996; Scholl 2004; Shipton et al. 2005). Weit weniger beachtet wurden in der Innovationsforschung hingegen die Erkenntnisse aus der Kognitionspsychologie, die sich vor allem mit dem Denken, Wahrnehmen und Entscheiden von Akteuren beschäftigt. Kognition ist dabei „der psychologische Sammelbegriff für alle Prozesse geistiger Informationsverarbeitung und bezieht sich somit auf Denken im weitesten Sinne als Determinante des Handelns" (Scholl 2004, S. 119). Zwar ist die Kognitionspsychologie als Teildisziplin grundlagenwissenschaftlich ausgerichtet, dennoch bietet sie wichtige Impulse für die praktische Innovationsarbeit. Die bedeutende Rolle kognitiver Prozesse bei Innovationen wird allein beim Blick auf „Key-Words" rund um das Thema „Innovation" deutlich: In vielen Unternehmen soll das Innovationsmanagement Ideenreichtum und Kreativität hervorbringen. Methoden wie das Brainstorming werden mit Slogans wie Think big oder Think outside the box durchgeführt. Geht es schließlich darum, aus den vielen gewonnenen Ideen zu selektieren, müssen über die verschiedenen Alternativen Urteile und Entscheidungen getroffen werden. Die Kognitionspsychologie beschäftigt sich grundlagenwissenschaftlich mit all diesen Bereichen. Doch der mahnende Hinweis von Van de Ven (1986) scheint speziell im Hinblick auf die Kognitionspsychologie auch nach fast 30 Jahren immer noch aktuell: „Much of the folklore and applied literature on the management of innovation has ignored the research by cognitive psychologists and social psychologists" (S. 594).

4 Innovationskontexte als kognitiv herausfordernde Handlungsfelder

Wie nun im Folgenden dargestellt werden soll, sind strategisches Denken und Entscheidungen im Rahmen von Innovationsprojekten ungleich herausfordernder als Denken und Entscheidungen bei organisationalen Routineaufgaben. Biases, die der begrenzten menschlichen Informationsverarbeitung geschuldet sind, sollten bei Innovationen daher besonders oft auftreten. Vor allem fünf prototypische Merkmale von Innovationen stellen erschwerende Bedingungen für das Denken in Innovationskontexten dar (vgl. etwa Thom 1997), die letztlich auch Biases und in der Folge das Scheitern bei strategischen Entscheidungen bedingen können.

Neuartigkeit Wie der Begriff (innovare = erneuern) schon etymologisch nahe legt, stellen Innovationen neue Situationen für alle Beteiligten dar und fordern daher auch neue Arten des Denkens von diesen ein: „It matters little, so far as human behavior is concerned, whether or not an idea is „objectively" new (…). The perceived units of the idea for the individual determines his or her reaction to it. If the idea seems new to the individual, it is an innovation." (Rogers 1983, S. 11). Innovationen stellen also auch immer „individuumsspezifische Novität" (vgl. Hauschildt und Salomo 2007, S. 24) dar: altbekannte und lieb gewonnene Denkschablonen und Beurteilungsmechanismen müssen eventuell aufgegeben werden oder funktionieren nicht mehr, weil sie für die bei der Innovation relevanten Problemstellungen nicht mehr passend sind.

Unsicherheit Im Vorfeld von Innovationsprojekten – und genau zu diesem Zeitpunkt stehen viele strategisch bedeutsame Richtungsentscheidungen an (vgl. Souder und Moenaert 1992) – herrscht im Hinblick auf wesentliche Projektaspekte Unsicherheit. Genaue Prognosen sind unmöglich (vgl. Jalonen 2011): Stehen auch zukünftig ausreichend Zeit, Geld oder technologische Ressourcen zur Verfügung, um eine Innovation erfolgreich durchführen zu können? Werden die Mitarbeiter die Innovationspläne unterstützen? Werden die Kunden das neue Produkt oder die neue Dienstleistung annehmen oder ablehnen (vgl. Bedenk und Stich 2015)?

Komplexität Dörner (1980) nennt fünf Merkmale komplexer Probleme: a) eine Vielzahl an Einflussvariablen, die sich b) wechselseitig beeinflussen können und c) oft lange Zeit intransparent bleiben. Darüber hinaus treten im Laufe von Problemlösungen oftmals neue Einflussvariablen auf, d. h. komplexe Problemstellungen sind dynamisch (d). Ein letztes Merkmal komplexer Problemstellungen ist für Dörner die „Polytelie" (e), demnach bei komplexen Problemstellungen oftmals unterschiedliche und durchaus auch widersprüchliche Zielstellungen existieren. All diese Merkmale lassen sich auch bei Innovations- und Veränderungsprojekten beobachten (vgl. Bedenk 2014b; Bedenk et al. 2013): Erfolg und Misserfolg von Innovationen sind oft abhängig von einer Vielzahl von miteinander vernetzten Einflussfaktoren, wie gesellschaftliche Anforderungen, ökonomische Bedingungen oder Wettbewerberaktivitäten. So kann die gesellschaftliche Forderung nach nachhaltigen Produkten in einer Branche etwa die Innovationsaktivitäten anderer Wettbewerber in Gang setzen und damit den gesamten relevanten Markt verändern. Gleichzeitig bleiben den Entscheidungsträgern innerhalb einer Organisation viele dieser Einflüsse zum Zeitpunkt der eigenen Innovationsplanung verborgen. Da Innovationen zudem oft langfristig angelegt sind und mehrere Jahre beanspruchen können, tauchen immer wieder neue

Einflussfaktoren auf (neue Wettbewerber treten in den Markt ein) oder Einflussfaktoren verändern sich (etwa angepasste rechtliche Regelungen) in ihrer Bedeutung und Wirkkraft auf das Innovationsgeschehen. Polytelie entsteht schließlich, da unterschiedliche Akteure außerhalb (Eigentümer, politische Interessengruppen) oder innerhalb (Geschäftsführung, Betriebsrat, einzelne Führungskräfte) einer Organisation mit Innnovationen durchaus unterschiedliche Zielsetzungen verbinden können, die zu Konflikten und Interessenunterschieden führen können.

Konfliktgehalt Innovationsprozesse sind immer auch Veränderungsprozesse, die sich nicht zuletzt in unterschiedlichen Konflikten widerspiegeln. Je größer der Neuigkeitsgrad, die Komplexität und die Unsicherheit eines Innovationsvorhabens, desto höher ist das Konfliktpotenzial, das durch die Innovation erzeugt wird (Thom 1997). Alte und neue Denk- und Vorgehensweisen stehen in Konkurrenz, etablierte und optionale neue Machtverhältnisse müssen neu ausgehandelt werden (Scholl 2004). Konflikte sind dabei gleichermaßen Konsequenz und Abbild des prekären menschlichen Umgangs mit Neuheit, Komplexität und Unsicherheit, da sich in den Meinungsverschiedenheiten die unterschiedlichen Wissensstände, die selbstwertdienlichen Wahrnehmungen mehrdeutiger Situationen sowie unterschiedliche Informationsgewichtungen und Schlussfolgerungen widerspiegeln.

Volatilität Veränderungen fallen oft viel größer aus, als wir es vorauszusagen wagen. An den Finanzmärkten steht „Volatilität" für das Ausmaß der Schwankungen von Kursen. Diese werden meist unterschätzt; nach einer Weile scheinbar gleichförmiger Entwicklung entsteht oft die Überzeugung, dass es auch in kleineren Veränderungsschritten weitergeht – was selten der Fall ist (Mieg 2001). Strategische Entscheidungen scheitern oft daran, dass sie von hochgerechneten Entwicklungen ausgehen und Volatilität unberücksichtigt lassen (Mintzberg 1995). Mit hoher Volatilität ist überall dort zu rechnen, wo die Erwartungen vieler beteiligter Akteure zusammentreffen. Beispielhaft gilt dies für Börsen, aber auch für große Unternehmen, für die Politik und generell für Innovationen. Der Finanzökonom Robert Shiller (2000) sprach von „irrational exuberance", irrationalem Überschwang. Vermutlich kommen hier zwei Phänomene zusammen: erstens unterschätzen wir das Ausmaß möglicher Veränderungen und tragen zweitens mit einer Art kollektiven Überreaktion oder Übersteuerung dazu bei, dass Veränderungen größer und anders ausfallen, als wir erwarteten.

5 Begrenzt rationale Entscheidungsfindung in Innovationskontexten

Die Innovationsmerkmale Neuartigkeit, Unsicherheit, Komplexität und Konfliktgehalt allein machen deutlich, dass Scheitern bei strategischen Entscheidungen nicht zwingend auf zu wenig oder zu wenig „vernünftiges" Denken zurückzuführen sind. Ein Durchdringen dieser herausfordernden Merkmale wird erschwert, da die entscheidenden Akteure – wie alle Menschen – eben nicht dem angedeuteten Ideal des „homo oeconomicus" entsprechen (vgl. Falk 2003; Hilary and Menzly 2006; Smith and Winkler 2006). Stattdessen können Entscheidungsakteure diesen Merkmalen allenfalls mit der menschlich *begrenzten Rationalität* des Einzelnen begegnen. Der Begriff der begrenzten Rationalität ist eng verbunden mit dem Namen Herbert Simon, der diese umschrieb als „limits upon the ability of human beings to adapt optimally, or even satisfactory, to complex environments" (Simon 1991, S. 133). Diese Grenzen gelten somit insbesondere für strategische Entscheidungen: wo das normative Ideal des „homo oeconomicus" umfassende Denk-, Urteils- und Entscheidungsprozesse annimmt und einfordert, lassen die begrenzte kognitiven Informationsverarbeitungskapazitäten oftmals nur begrenzte Sichtweisen auf Problemzusammenhänge und -lösungen anhand unpassender, verkürzter und vereinfachter Beurteilungsmuster zu (Simon 1976; March und Simon 1958; Hammond et al. 1998; Scholl 2004).

Wie sich solche verkürzten Beurteilungsmuster und in der Folge Scheitern bei strategischen Entscheidungen bemerkbar machen können, soll im Folgenden aus einer sozial-kognitionspsychologischen Perspektive anhand typischer Phänomene und Prozessgeschehnisse bei Innovationsprojekten exemplarisch aufgezeigt werden (vgl. auch Scholl 2004). Die Beispiele sind dabei angelehnt an Erfahrungen des Autors aus eigenen Forschungsprojekten im Innovationskontext (Bedenk 2014a; Bedenk 2014b; Bedenk et al. 2013; Bedenk und Stich 2015), werden zu Illustrationszwecken jedoch gegebenenfalls erweitert oder verändert.

5.1 Scheitern an Wunschdenken

Beispiel

In einem Industrieunternehmen wurden für eingereichte Innovationsideen jeweils drei mögliche Outcomes bestimmt: In einem „best case" wurde ein erfolgreicher, d. h. wirtschaftlich lukrativer Ausgang eines Innovationsprojektes beschrieben, der bei Eintritt sehr günstiger Rahmenbedingungen zu erzielen wäre. In einem „realistic case" wurde ein Ausgang beschrieben, der angesichts der gegenwärtigen Rahmenbedingungen als am wahrscheinlichsten wahrgenommen wurde. In einem „worst case" wurde wiederum eine Prognose gestellt, die den Ausgang und damit ggfs. auch die Verluste und Ausgaben des Unternehmens beschreiben sollten, falls die Innovation maximal scheitern würde.

Nachdem mehrere Innovationsprojekte gescheitert waren, beschloss die Geschäftsführung, diejenigen Projekte, die als „gescheitert" eingestuft worden waren, einer Reanalyse zu unterziehen. Die Reanalyse ergab, dass ein Drittel der gescheiterten Innovationsprojekte in wesentlichen Kriterien wie Kosten, Zeit- und Personaleinsatz tatsächlich sogar unter dem „worst case", d. h. dem im Vorfeld maximal angenommenen Verlustszenario, lagen.

Die Geschäftsführung führte diese radikale Fehleinschätzung nicht zuletzt darauf zurück, dass kritische Stimmen gegen vielversprechende Innovationsprojekte zum Prognosezeitpunkt häufig nicht zugelassen wurden, um die „Aufbruchseuphorie" zu Beginn des Projektes nicht zu bremsen.

Gerade im Vorfeld und zu Beginn von Innovationsvorhaben ist die einseitig positive Sicht der Innovationsakteure auf das eigene Innovationsvorhaben besonders stark ausgeprägt. „Wunschdenken" (Scholl 2004, S. 35) bestimmt die Verarbeitung innovationsrelevanter Informationen, kritische Aspekte, Schwierigkeiten und Herausforderungen werden dabei eher bagatellisiert. Eine kaum angemessene Zuversicht in die Realisierbarkeit und den Erfolg von Innovationsvorhaben zeigt sich dabei besonders deutlich in überoptimistischen Prognosen zu Beginn eines Innovationsvorhabens. So werden die tatsächlichen Projekt-laufzeiten von Innovationen in der Praxis häufig unterschätzt, gleiches gilt für die antizi-pierten Kosten bzw. Ausgaben für technische Ressourcen und Marketingausgaben (vgl. Schwenk 1988).

5.2 Scheitern an Selbstüberschätzung

Ein weiteres Phänomen, das bei Innovationsprojekten häufig zu beobachten ist, wird in der Literatur als „Overconfidence" bezeichnet: Overconfidence bezeichnet auf individu-eller Ebene den Glauben einzelner Akteure, „that they are better than they really are" (Nguyen und Schüßler 2012, S. 187). Im Innovationskontext kann Overconfidence etwa dazu führen, dass Manager ihr eigenes Wissen über und ihre eigene Einsicht in Detailas-pekte überschätzen: Die Meinung anderer und eventuell auch rangniedrigerer Fachkräfte, die in ihrer täglichen Arbeit viel intensiver mit dem Innovationsgegenstand beschäftigt sind, wird im Rahmen des strategischen Entscheidungsprozesses tendenziell vernachläs-sigt (vgl. Scholl 2004). Auf organisationaler Ebene kann Overconfidence wiederum zum gerade skizzierten „Wunschdenken" beitragen: allen Erfahrungen aus anderen Organisati-onen zum Trotz herrscht der Glaube, besser, akkurater und realistischer Projektlaufzeiten und -kosten und -erfolge einschätzen zu können, da die Eigenperspektive auf die eigene Organisation „überzuversichtlich" ausfällt.

5.3 Scheitern am „Not invented here"-Phänomen

Der Glaube, besser zu sein als die Anderen, kann zudem einhergehen mit der Weigerung, die eigenen Einschätzungen anhand von Referenzprojekten oder Beispielen aus anderen Organisationen abzugleichen oder zu kontrastieren: In manchen Fällen wird unzureichend nach vergleichbaren Projekten in anderen Unternehmen oder Branchen gesucht, von denen die eigene Organisation lernen könnte. Hier kommt das „Not-invented-here-Phä-nomen" (vgl. Katz und Allen 1982; Scholl 2004, S. 35) zum Tragen, demnach organisa-tionsexterne Erfahrungen, Ideen und Problemlösungen kaum für die eigene Organisation

(oder die eigene Person!) in Betracht gezogen werden. Ein bekanntes Beispiel aus der In-
novationspraxis sind hier ERP-Einführungen: Diese gehen unternehmensübergreifend oft
mit sehr ähnlichen Problemen einher. So müssen durch neue Software-Lösungen oftmals
auch Strukturen und Prozesse angepasst werden, die in der Folge aus einem angedachten
IT-Projekt ein umfassendes Change-Management-Projekt werden lassen. Obwohl die dynamische Ausweitung des Veränderungsprozesses in vielen Unternehmen dokumentiert
ist, werden diese organisationsexternen Erfahrungen im Vorfeld nicht immer ausreichend
reflektiert und gedanklich auf die Situation im eigenen Unternehmen transferiert, wie
nicht zuletzt die hohe Quote an gescheiterten ERP-Einführungen belegt (vgl. Bedenk et al.
2013).

5.4 Scheitern an falschen Vorbildern

Doch auch der gegenteilige gedankliche Prozess kann zu Scheitern bei strategischen Entscheidungen in Innovationskontexten führen: So können Referenzprojekte aus anderen
Organisationen unkritisch als Muster, Vorbild oder Vision für eigene Projektvorhaben herangezogen werden. Unzureichend ist die Informationsbeschaffung in diesem Fall, wenn
die Spezifika des Referenzprojektes nicht berücksichtigt und somit die Projekterfahrun-
gen aus anderen Organisationen schablonenhaft in der eigenen Organisation verwendet
werden. Organisationen unterscheiden sich immer auch hinsichtlich externer Faktoren wie
Branche, Marktposition und ökonomischer Situation zum Zeitpunkt der Projektdurchfüh-
rung oder interner Einflussfaktoren wie Unternehmensgröße und -struktur, den Ablauf-
prozessen oder aber der Bereitschaft und den Kenntnissen der Mitarbeiter zur Umsetzung
der Innovation.

Während „Scheitern am Not-Invented-Here-Phänomen" somit darauf zurückzuführen
ist, dass Entscheidungsakteure Wissen, Erfahrungen und Entwicklungen aus anderen Unternehmen nicht beachten, führt „Scheitern an falschen Vorbildern" unter Anderem zu
ungünstigen strategischen Entscheidungen, da hier zumeist einzelne außergewöhnliche
Erfolgsbeispiele als Referenzen genutzt werden („Wir orientieren uns am Marktführer").

5.5 Scheitern an sich bestätigenden Informationen

Der „Confirmation Bias" beschreibt die menschliche Tendenz, jenen Informationen, die
die eigene Sichtweise bestätigen, deutlich mehr Gewicht zuzugestehen als solchen Informationen, die der eigenen Sichtweise zuwiderlaufen (Bogan und Just 2009, S. 3). Auf den
Innovationskontext bezogen heißt dies: Informationen, die nicht eindeutig für oder gegen
die eigene Sichtweise auf das Innovationsgeschehen sprechen, werden im Zweifelsfall als
Beleg für die eigene Meinung interpretiert. Abwandlungen des „Confirmation Bias" finden sich dann auch in weiteren Informations- und Kommunikationsprozessen: So suchen
Innovationsakteure bevorzugt solche Informanten und Diskussionspartner auf, von denen
auszugehen ist, dass sie die eigene Ansicht bestätigen bzw. konfirmieren.

Der „Confirmation Bias" legt dann auch eine mögliche paradoxe Beziehung zwischen Informationsmenge und Entscheidungsgüte offen. Sehr wohl können Entscheidungsakteure sehr viele Informationen vor ihrer Entscheidung aufgenommen haben; gehen diese vielen Informationen allerdings alle in eine ähnliche Richtung und lassen somit keine weiteren und konkurrierenden Perspektiven auf den Entscheidungsgegenstand zu, ist die Gefahr groß, aufgrund des „Confirmation Biases" zu ungünstigen Entscheidungen zu gelangen (siehe auch Schulz-Hardt et al. 2002).

5.6 Scheitern am „Jetzt ziehe ich es durch"

Beispiel

Der Leiter einer Forschungs- und Entwicklungsabteilung eines technologielastigen Unternehmens hatte dem Vorstand die Entwicklung eines revolutionären Haushaltsprodukts in Aussicht gestellt. Die Vertreter der Forschungs- und Entwicklungsabteilung waren sich allesamt einig, dass das Produkt zahlreiche Features haben würde, die von handelsüblichen Konkurrenzprodukten nicht geboten werden konnte.

Nicht zuletzt aufgrund der geschlossen vorgetragenen Überzeugung der technisch versierten Tüftler, dass dieses Produkt ein Novum auf dem Markt sein würde, willigte der Vorstand in die kostenintensive Entwicklung eines ersten Prototypen ein. Die Entwicklung gestaltete sich letztendlich aufwendiger als erwartet und das Zeit- und Kostenbudget musste mehrmals nachgebessert werden. Dennoch wurden diese vom Vorstand immer wieder bewilligt, da die Entwickler nach wie vor von ihrer Idee überzeugt waren.

Als der erste Prototyp schließlich doch entwickelt war, wurde er ausgewählten Kunden der potenziellen Zielgruppe präsentiert, die relativ schnell zu einem eindeutigen Urteil kamen: „Das Produkt mag ja allerhand können. Doch was es kann, das brauch ich doch gar nicht." Die Idee der Entwickler, ein technisch besonders anspruchsvolles und variantenreiches Produkt zu entwickeln, entsprach letztendlich nicht dem Wunsch der Kunden, die ein einfach zu bedienendes Produkt wünschten. Das Unternehmen verkaufte den Prototyp schließlich an einen anderen Marktteilnehmer, der das Produkt auf den Markt brachte – und auch dort tatsächlich floppte.

Anders als die theoretische Konzeption des „homo oeconomicus" vermuten ließe, sind Akteure oft nur sehr eingeschränkt bereit, eigene Vorstellungen zu revidieren – dies gilt erstaunlicherweise auch dann, wenn neue Informationen recht eindeutig das eigene Urteil in Frage stellen. So können zu Beginn der Umsetzungsphase neue Informationen auftauchen, die eine Korrektur der ursprünglichen Entscheidung oder sogar einen Abbruch des Innovationsvorhabens nahe legen. Oftmals werden diese dann allerdings nicht beachtet – stattdessen wird an den a priori getroffenen Urteilen eisern festgehalten. Kirsch (1983) beschreibt diesen Prozess wie folgt: „Der Entscheider läßt die Probleme normalerweise auf sich zukommen und versucht, seine früheren Entscheidungen und bisherigen Vorgehensweisen so lange als möglich zu rechtfertigen. Getroffene Entscheidungen werden also nicht objektiv kontrolliert" (S. 29 f.).

Im Ergebnis verwandt ist dabei das aus der Psychologie und Ökonomie bekannte Phänomen der „sunk cost fallacy" (vgl. Arkes und Ayton 1999, S. 591 f.). Die „sunk cost fallacy" führt dazu, dass Menschen nach dem Motto „Jetzt habe ich damit angefangen, jetzt bringe ich es auch zu Ende" verfahren. Auch in zunehmend zweifelhafte Projekte werden weiterhin viel Geld, Zeit oder Ressourcen „versenkt", anstatt das Projekt zu beenden und die bis dahin investierten Ressourcen als unwiederbringliche Verluste (und ggfs. als „Fehler der Vergangenheit") zu akzeptieren. So kann die „sunk cost fallacy" dazu führen, dass in Neuproduktentwicklungen auch dann noch Ressourcen investiert werden, wenn im Laufe des Prozesses ersichtlich wird, dass von Marktseite wenig oder sogar gar keine Nachfrage nach dem Endprodukt zu erwarten ist. Im organisationalen Setting wird die „sunk cost fallacy" somit vor allem dann zum Problem, wenn kritische Meinungen zu Beginn und im Fortlauf eines Projekts nicht berücksichtigt werden. Kritische Stimmen werden im schlimmsten Fall schnell als „Motivationsbremsen" abgekanzelt (vgl. Scholl 2004). Dabei wird auch im Projektverlauf durchaus Informationssuche betrieben, allerdings hat diese „rechtfertigenden Charakter und ist nicht kritisch in dem Sinne, dass sie frühere Entscheidungen bzw. deren Prämissen in Frage stellt " (Kirsch 1983, S. 30). Die Tatsache, dass bei komplexen Problemen aufgrund ihrer (Eigen-)Dynamik und Intransparenz entscheidende Informationen oftmals erst nach Projektbeginn auftauchen, Entscheidungen mangels ausreichender Informationen falsch sein können und adaptive Anpassungen und Revisionen kaum zu vermeiden sind, wird dabei gerne übersehen.

6 Möglichkeiten des Umgangs mit Biases

Alle hier skizzierten Biases können zu ungünstigen strategischen Entscheidungsausgängen und damit letzten Endes auch zum Scheitern von Innovationen beitragen. Wie aber können Entscheider diesen Biases begegnen?

Einen wichtigen ersten Schritt stellt allein die Anerkennung der Tatsache dar, dass menschliches Denken und die eigene Rationalität notwendigerweise begrenzt sind (vgl. Scholl 2004). Das sokratische „Ich weiß, dass ich nichts weiß" ist als Leitgedanke bei organisationalen Entscheidungsprozessen angemessener als ein Festhalten an unrealistischen Rationalitätsidealen. Dass Menschen dabei durchaus aus ihren Fehleinschätzungen und der Konfrontation mit ihren eigenen kognitiven Grenzen lernen können, zeigt u. a. eine Studie von Larwood und Whittaker (1977, vgl. auch Schwenk 1988). Die Autoren verglichen die Leistungen von Management-Studierenden mit den Leistungen von Managern in einem Managementszenario. Beide Gruppen überschätzten ihr eigenes Leistungsvermögen (die zentrale Folge fast aller skizzierten Biases), allerdings war diese Tendenz zumindest bei einer bestimmten Gruppe von Managern weniger ausgeprägt: Jene Manager nämlich, die zugaben, dass ihre früheren Prognosen durch eine Überschätzung der eigenen

Fähigkeiten gekennzeichnet waren, d. h. die sich auch ihre eigenen Rationalitätsgrenzen bewusst gemacht hatten. „Scheitern" und das Reflektieren über das Scheitern aufgrund der eigenen begrenzten Rationalität stellt somit eine echte Chance für bessere Entscheidungen in der Zukunft dar.

Zudem können Menschen durch gezielte Überlegungen, ob und welche Aspekte gegen das eigene Urteil sprechen könnten, eigene Einschätzungen durchaus korrigieren (vgl. etwa Herzog und Hertwig 2009). Dieser „interne mentale Gegensprecher" kann einzelnen Akteuren und Entscheidern helfen, die eigene Meinung differenzierter zu betrachten und gegebenenfalls anzupassen. In Teams kann diese kognitive Strategie auch in Form institutionalisierter sozialer Techniken umgesetzt werden: So führt die Benennung eines „Advocatus Diaboli", d. h. eines institutionellen Gegensprechers und Kritikers in Gruppen dazu, dass auch kritische Positionen Eingang in die Diskussion finden und anfängliches Wunschdenken und „Gruppendenken" korrigiert werden kann (vgl. Janis 1983). Genau dieses Prinzip fand schließlich auch Eingang in die Innovations- und Entscheidungspraxis des im ersten Fallbeispiel illustrierten Unternehmens: Nachdem die diagnostischen Missstände bei der Prognose von Innovationsprojekten deutlich geworden waren, installierte die Geschäftsführung die Rolle eines „institutionellen Gegensprechers", die bei jeder Entscheidungskonferenz neu besetzt wurde und dessen Aufgabe es war, eventuell aufgetretene Biases zu artikulieren.

7 Fazit

Der vorliegende Beitrag startete mit der grundsätzlichen Frage, wie schlechte Entscheidungen zu erklären sind. Dabei wird in diesem Kapitel argumentiert, dass schlechte strategische Entscheidungen nicht zwingend auf mangelnde Intelligenz des Entscheiders oder mangelnde Vernunft oder Gründlichkeit bei einzelnen Entscheidungsprozessen zurückzuführen sind. Wie gezeigt werden sollte, führen alleine der Charakter von komplexen Entscheidungen und die grundsätzlich begrenzte Rationalität des Menschen oft zu systematisch beobachtbaren Denk-, Urteils- und Entscheidungsfehlern (Biases) und damit letztendlich zu ungünstigen Entscheidungen. Sie führen zu Überschätzungen der eigenen Möglichkeiten, Fähigkeiten und Zukunftsaussichten. Solche Biases wurden am Beispiel von Innovationsprojekten, die eine besonders hohe Dichte an strategischen Entscheidungen aufweisen, aufgezeigt. Im letzten Abschnitt wurde schließlich der Frage nachgegangen, wie mit Biases umgegangen werden könnte. Als eine wesentliche Möglichkeit des Managements von Biases wurde hier die grundsätzliche Einsicht in die eigenen kognitiven Grenzen aufgezeigt. Paradoxerweise scheint also die Einsicht in die eigene kognitive Fehlbarkeit die eigene Fehleranfälligkeit im Denken zu reduzieren. Die Implikationen dieser Einsicht sind umso interessanter, da gerade in der Wirtschaft noch immer das Selbstbild des stets „vernünftig agierenden" Managers gepflegt oder von anderen eingefordert wird (vgl. Diskussionen zur Persistenz des „Rationalitätsideals" im Management bei Constanzo und MacKay 2009, S. 87 f.; Matthiesen und van Well 2012, S. 117 ff.).

Für Innovationsakteure scheint es somit empfehlenswert, sich grundsätzlich mit menschlichen Urteilstendenzen zu beschäftigen und bei Innovationsentscheidungen a priori zu bedenken. Wo in Wirtschaftspublikationen zumeist Erfolgsfaktoren gesammelt und berichtet werden, liefert eine sozial-kognitionspsychologische Sicht auf Scheitern bei strategischen Entscheidungen eine wichtige „Kontrastperspektive" (vgl. Hauschildt 2004): Erfolgsversprechend könnte sein, sich im Vorfeld eines Projektes über mögliche Verzerrungen des menschlichen Denkens klar zu werden, so dass ihnen früh entgegen ge-wirkt werden kann. Und auch eine post-hoc geführte Auseinandersetzung mit gescheiter-ten Innovationsprojekten kann hilfreich sein: Anders als wechselseitige Schuldzuweisun-gen im Nachgang, liefert die Bereitschaft zum Eingeständnis eigener Fehleinschätzungen und zur Revision eigener Urteile und Entscheidungen einen wertvollen Anstoß dazu, dass Individuen und Organisationen aus gescheiterten Entscheidungsprozessen lernen können.

Gleichfalls wurde im letzten Abschnitt bewusst nicht von der Möglichkeit gesprochen, Biases zu „vermeiden" oder gar „auszuschalten". Die Tatsache, dass Urteils- und Ent-scheidungsfehler in fast allen Bereichen menschlichen Denkens und Handelns und mehr oder weniger ausgeprägt bei allen Menschen beobachtbar sind, zeigt nicht zuletzt, dass fehlerhaftes Urteilen und Entscheiden und in der Folge auch Scheitern bei Entscheidungen eine Tatsache menschlicher Realität darstellen. Biases lassen sich (manchem Ratgeber- und Beraterversprechen zum Trotz) nicht komplett ausschalten. Eine wichtige Aufgabe scheint daher nicht nur das Aufdecken, Populärmachen, Diskutieren und Aufzeigen sol-cher Urteils- und Entscheidungsfehler, sondern vor allem die Akzeptanz der „conditio humana" bei sich und bei Anderen.

Literatur

Arkes, H. R., & Ayton, P. (1999). The sunk cost and concorde effects: Are humans less rational than lower animals? *Psychological Bulletin, 125*(5), 591.

Auhagen, A. E. (2003). Innovationen. In A. E. Auhagen & H. W. Bierhoff (Hrsg.), *Angewandte Sozialpsychologie* (S. 248–259). Weinheim: Beltz.

Bedenk, S. (2014a). Herausforderungen und Möglichkeiten der Innovationsförderung durch Ge-schäftsleiter. In W. Scholl, F. Schmelzer, S. Kunert, S. Bedenk, J. Hüttner, J. Pullen, & S. Tirre (Hrsg.), *Mut zu Innovationen – Impulse aus Forschung, Beratung und Ausbildung* (S. 23–39). Wiesbaden: Springer Gabler.

Bedenk, S. (2014b). Komplexität und Komplexitätsmanagement in Innovationsprozessen. In W. Scholl, F. Schmelzer, S. Kunert, S. Bedenk, J. Hüttner, J. Pullen, & S. Tirre (Hrsg.), *Mut zu Inno-vationen – Impulse aus Forschung, Beratung und Ausbildung* (S. 11–21). Wiesbaden: Springer Gabler.

Bedenk, S., & Stich, A. (2015). Innovation mit Kunden – Fluch oder Segen? *Marketing Review St. Gallen, 32*(2), 75–86.

Bedenk, S., Kunert, S., & Scholl, W. (2013). Fähigkeit zur Veränderung fördern. *IO Management, 1*, 16–20.

Bogan, V., & Just, D. (2009). What drives merger decision making behavior? Don't seek, don't find, and don't change your mind. *Journal of Economic Behavior & Organization, 72*(3), 930–943.

Costanzo, L. A., & MacKay, B. (2009). *Handbook of research on strategy and foresight*. Chelten-ham: Edgar Elgar.

Dörner, D. (1980). Heuristics and cognition in complex systems. In R. Groner, M. Groner, & W. F. Bischof (Hrsg.), *Methods of heuristics* (S. 98–108). Hillsdale: Lawrence Erlbaum Associates.

Eisenhardt, K. M., & Zbaracki, M. J. (1992). Strategic decision making. *Strategic Management Journal, 13*(S2), 17–37.

Falk, A. (2003). Homo oeconomicus versus homo reciprocans: Ansätze für ein Neues Wirtschaftspolitisches Leitbild? *Perspektiven der Wirtschaftspolitik, 4*(3), 141–172.

Grant, A. M., & Schwartz, B. (2011). Too much of a good thing the challenge and opportunity of the inverted U. *Perspectives on Psychological Science, 6*(1), 61–76.

Hambrick, D. C., & Mason, P. A. (1984). Upper echelons: The organization as a reflection of its top managers. *Academy of Management Review, 9*(2), 193–206.

Hammond, J. S., Keeney, R. L., & Raiffa, H. (1998). The hidden traps in decision making. *Harvard Business Review, 76*(5), 47–58.

Harrison, E. F. (1992). Some factors involved in determining strategic decision success. *Journal of General Management, 17*(3), 72–87.

Hauschildt, J. (2004). Kardinalfehler des Innovationsmanagements. http://www.bwl.uni-kiel.de/studienkolleg/hauschildt/Downloads/Kardinalfehler.pdf. Zugegriffen: 19. Feb. 2015.

Hauschildt, J., & Salomo, S. (2007). *Innovationsmanagement.* München: Verlag Franz Vahlen.

Herzog, S. M., & Hertwig, R. (2009). The wisdom of many in one mind improving individual judgments with dialectical bootstrapping. *Psychological Science, 20*(2), 231–237.

Hilary, G., & Menzly, L. (2006). Does past success lead analysts to become overconfident? *Management Science, 52*(4), 489–500.

Jalonen, H. (2011). The uncertainty of innovation: A systematic review of the literature. *Journal of Management Research, 4*(1). doi:10.5296/jmr.v4i1.1039.

Janis, I. L. (1983). *Groupthink* (S. 2–13). Boston: Houghton Mifflin.

Katz, R., & Allen, T. J. (1982). Investigating the Not Invented Here (NIH) syndrome: A look at the performance, tenure, and communication patterns of 50 R & D Project Groups. *R & D Management, 12*(1), 7–20.

Kirsch, W. (1983). Theorie der Individualentscheidung: Von der Rationalitätsanalyse zur Psycho-Logik der Problemhandhabung. In M. J. Holler (Hrsg), *Homo Oeconomicus I* (S. 21–35). München: Verlag N. Leudemann.

Klein, K. J., & Sorra, J. S. (1996). The challenge of innovation implementation. *Academy of Management Review, 21*(4), 1055–1080.

Larwood, L., & Whittaker, W. (1977). Managerial myopia: Self-serving biases in organizational planning. *Journal of Applied Psychology, 62*(2), 194–198.

March, J. G., & Simon, H. A. (1958). *Organization.* New York: John Wiley.

Matthiesen, K., & van Well, B. (2012). Diskursiv führen – oder: Management nach der Vertreibung aus dem Paradies. In B. Knoblach, T. Oltmanns, I. Hajnal, & D. Fink (Hrsg.), *Macht in Unternehmen – der vergessene Faktor* (S. 117–128). Wiesbaden: Gabler.

Mieg, H. A. (2001). The social psychology of expertise: Case studies in research, professional domains, and expert roles. Mahwah, NJ: Lawrence Erlbaum Associates. (Paperback 2012 by Psychology Press, New York)

Mintzberg, H. (1995). *Die Strategische Planung.* München: Hanser. (engl. The Rise and Fall of Strategic Planning)

Nguyen, T., & Schüßler, A. (2012). How to make better decisions? Lessons learned from behavioral corporate finance. *International Business Research, 6*(1), 187–198.

Rogers, E. M. (1983). *Diffusion of innovations.* New York: The Free Press.

Scholl, W. (2004). *Innovation und information.* Göttingen: Hogrefe.

Schulz-Hardt, S., Jochims, M., & Frey, D. (2002). Productive conflict in group decision making: Genuine and contrived dissent as strategies to counteract biased information seeking. *Organizational Behavior and Human Decision Processes, 88*(2), 563–586.

Schwenk, C. R. (1988). The cognitive perspective on strategic decision making. *Journal of Management Studies, 25*(1), 41–55.

Shiller, R. J. (2000). *Irrational exuberance*. Princeton: Princeton University Press.

Shipton, H., Fay, D., West, M., Patterson, M., & Birdi, K. (2005). Managing people to promote innovation. *Creativity and Innovation Management, 14*(2), 118–128.

Simon, H. A. (1976). *Administrative behavior*. New York: Free Press.

Simon, H. A. (1991). Bounded rationality and organizational learning. *Organization Science, 2*(1), 125–134.

Smith, J., & Winkler, R. (2006). The optimizer's curse: Skepticism and postdecision surprise in decision analysis. *Management Science, 52*(3), 311–322.

Souder, W. E., & Moenaert, R. K. (1992). Integration marketing and R & D project personnel within innovation projects: An information uncertainty model. *Journal of Management Studies, 29*(4), 485–512.

Suchanek, A., & Kerscher, K. J. (2007). Der Homo oeconomicus: Verfehltes Menschenbild oder leistungsfähiges Analyseinstrument? In R. Lang & A. Schmidt (Hrsg.), *Individuum und Organisation: Neue Trends eines organisationswissenschaftlichen Forschungsfeldes* (S. 252–275). Wiesbaden: Deutscher Universitäts-Verlag.

Thom, N. (1997). *Effizientes Innovationsmanagement in kleinen und mittleren Unternehmen. Grundkonzepte, praktische Instrumente und Wege zum Erfolg*. Bern: Berner Kantonalbank.

Thompson, L., Neale, M. A., & Sinaceur, M. (2004). The evolution of cognition and biases in negotiation research: An examination of cognition, social perception, motivation, and emotion. In M. J. Gelfand & J. M. Brett (Hrsg), *The handbook of negotiation and culture* (S. 7–44). Stanford: Stanford Business Books.

Tversky, A., & Kahneman, D. (1974). Judgment under uncertainty: Heuristics and biases. *Science, 185*(4157), 1124–1131.

Van de Ven, A. H. (1986). Central problems in the management of innovation. *Management Science, 32*(5), 590–607.

Stephan Bedenk studierte Psychologie und Betriebswirtschaftslehre (Nebenfach) und diplomierte an der Universität Mannheim. Momentan forscht und promoviert er zu Herausforderungen und Möglichkeiten der Innovationsförderung in privatwirtschaftlichen Unternehmen, Start-Ups, sozialen Unternehmen und öffentlichen Verwaltungseinheiten. Ein besonderer Schwerpunkt seiner Forschung liegt dabei auf der Perspektive von Geschäftsleitenden auf Innovations- und Veränderungsprozesse. Weitere Forschungsinteressen umfassen Aspekte der angewandten Sozialpsychologie sowie der individuellen und organisationalen Entscheidungsfindung. Er hielt und hält Lehraufträge an mehreren Hochschulen unter Anderem in den Fächern Sozialpsychologie, Persönlichkeitspsychologie, Personal, Personalentwicklung, Organisation, Arbeits- und Organisationspsychologie sowie Markt- und Finanzpsychologie. Darüber hinaus war er wissenschaftlicher Mitarbeiter an der Humboldt-Universität zu Berlin im Projekt GI:VE („Grundlagen nachhaltiger Innovationsfähigkeit : Vertrauenskultur und Evolutionäre Wissensproduktion"), einem Verbundprojekt aus Wissenschafts-, Beratungs- und Wirtschaftspraxis (http://www.vertrauenskultur-innovation.de). Stephan Bedenk berät darüber hinaus Organisationen bei (organisations-)psychologischen Projekten, wie etwa bei der Konzeption, Umsetzung und Analyse von Mitarbeiterbefragungen, Organisationsanalysen und Organisationsentwicklungsprojekten. Er ist Mit-Herausgeber des Buches „Mut zu Innovationen" (2014) und Autor mehrerer wissenschaftlicher Publikationen und praxisorientier Fachartikel.

Prof. Dr. Harald A. Mieg geboren 1961, promovierte in Sozialpsychologie (Martin Irle, Universität Mannheim) und habilitierte in Umweltsozialwissenschaften (ETH Zürich). Er ist Honorarprofessor der Geographie (Humboldt-Universität zu Berlin), derzeit in der Hochschulentwicklung tätig (Qualitätspakt-Lehre-Professur an der FH Potsdam) und leitet einen nationalen Hochschulforschungsverbund (zum Forschenden Lernen). Seine Forschungsschwerpunkte sind: Professionssoziologie; nachhaltige Stadtentwicklung; und Hochschulentwicklung. Miegs Forschungspublikationen greifen immer wieder die Frage der strategischen Planung auf (Stadtplanung, Umweltpolitik, Finanzmärkte…).

Scheitern im Spitzensport

Handlungsperspektiven für Führungspersonen in Sport und Wirtschaft

Gregor Nimz

Zusammenfassung

In diesem Beitrag werden theoretische Erkenntnisse zum Thema Scheitern, insbesondere Auslöser und der Umgang (Copingstrategien) damit beleuchtet. Anhand eines Fallbeispiels werden auf Grundlage des multikausalen Resilienzmodell von (Kumpfer, Resilience and development: Positive life adaptations, S. 179–224, 1999) Faktoren aufgezeigt, die als personale und soziale Ressourcen genutzt werden können, um mit einschlägigen Erfahrungen, wie Rückschlägen, Scheitern oder Niederlagen, insbesondere im Bereich Leistungs- bzw. Spitzensport umzugehen. Es werden Parallelen zum Bereich Management gezogen und Handlungsperspektiven für Führungspersonen aufgezeigt.

1 Einführung

Bei einem internationalen Boxkampf fand etwas Ungewöhnliches statt. Es traten zwei Boxer gegeneinander an, die sich schon Jahre zuvor einen erbitterten Kampf geliefert hatten. Der eine Athlet konnte den Fight nur knapp für sich entscheiden. Der andere Boxer war gescheitert, obwohl er sich zwei Jahre lang intensiv auf diesen „Jahrhundertfight" vorbereitet hatte und dies der wichtigste Kampf in seinem Leben sein sollte. Besonders ist die Haltung, mit der der unterlegene Sportler mit dem Scheitern umging.

Auf der Pressekonferenz vor dem entscheidenden Kampf antwortete der Boxer auf die Frage, ob er nicht noch den verlorenen Kampf von vor wenigen Jahren im Kopf hatte,

G. Nimz (✉)
Institut für systemisches Coaching (ISC), Esperantostraße 53, 60598 Frankfurt a. M., Deutschland
E-Mail: nimz@mentalescoaching.de

wie folgt: „Wissen sie, ich haben nach dem Aufeinandertreffen im Kreise meiner Familie kurz meine Wunden geleckt. Dann habe ich mich mit meinem Trainer hingesetzt und den Kampf mit all meinen guten und schlechten Aktionen analysiert und Schlüsse für mich gezogen. Ich wusste schon zu diesem Zeitpunkt, dass ich den nächsten Kampf gewinnen werde, da ich der bessere Boxer bin. Ich habe die bessere Technik, ich bin stärker, habe den besseren Trainer und mein Boxteam um mich herum könnte nicht besser sein. Für mich sind dies genügend Fakten, um hier zu hundert Prozent überzeugt zu sitzen und zu sagen, dass ich zwar verloren habe, aber der Kampf für mich abgehakt ist und ich gestärkt in den neuen gehe". Und er gewann den Kampf deutlich.

Hört man diesem Boxer zu, stellt sich die Frage, ob es Personen gibt, die mit Scheitern besser umgehen als andere. Und damit einhergehend, falls es diese Menschen gibt, welche Persönlichkeitseigenschaften, Ressourcen oder Schutzmechanismen sie haben (oder erlernt haben) und diese abrufen, wenn sie benötigt werden.

Dabei wird das Thema Scheitern aus drei Perspektiven veranschaulicht – aus der gesellschaftlichen, organisationalen und individuellen Perspektive. Im Folgenden wird der Blick auf die beiden letztgenannten Ansätze geschärft. Für eine Beleuchtung der gesellschaftlichen Perspektive, insbesondere im Sport, sei u. a. auf Dresen (2014) verwiesen.

Dazu werden im ersten Schritt auf Grundlage des Resilienzkonzepts Faktoren aufgezeigt, die als personale und soziale Ressourcen genutzt werden, um mit einschlägigen Erfahrungen umzugehen. Anschließend wird ein Fallbeispiel eines jungen Tennisspielers dargestellt und praktische Implikationen für den Umgang mit dem Themenkomplex des Scheiterns formuliert. Abschließend werden Handlungsperspektiven für Führungspersonen für die Bereiche Sport und Wirtschaft aufgezeigt.

2 Umgang mit Scheitern

2.1 Erkenntnisse aus der Resilienzforschung

Der Begriff Resilienz leitet sich aus dem englischen Wort „resilience" (Spannkraft, Widerstandsfähigkeit, Elastizität) ab und bezeichnet allgemein die Fähigkeit einer Person oder eines sozialen Systems (z. B. Familie), erfolgreich mit belastenden Situationen und negativen Folgen umzugehen (Rutter 2001; Petermann 2000). Es geht beim Resilienzbegriff also darum, sich von einschneidenden, bedeutenden Erlebnissen nicht unterkriegen zu lassen, sondern eine innere Widerstandskraft vorzuweisen. Dabei sind an die Bedeutung von Resilienz zwei wesentliche Bedingungen geknüpft (z. B. Wustmann Seiler 2012). Erstens muss eine signifikante Bedrohung für die (kindliche) Entwicklung vorliegen und zweitens, eine erfolgreiche Bewältigung dieser belastenden Lebensumstände stattfinden (u. a. Glantz und Sloboda 1999; Luthar und Cicchetti 2000). Welter-Enderlin und Hildenbrand (2008), definieren Resilienz als „die Fähigkeit von Menschen, Krisen [...] unter Rückgriff auf persönliche und sozial vermittelte Ressourcen zu meistern und als Anlass für Entwicklung zu nutzen" (S. 13). Dabei ist Resilienz nach heutigem Forschungsstand kein angeborenes Persönlichkeitsmerkmal, sondern wird im Verlauf der Entwicklung im Kontext der Person-Umwelt-Interaktion erworben (Egeland et al. 1993; Kumpfer 1999; Masten 1999; Rutter 2000, 2001; Waller 2001). Zudem wird davon ausgegangen, dass Resilienz eine variable Größe ist. Das heißt, dass eine Person, die eine schwierige Situation meistern konnte, folglich nicht für immer eine Art „stabile Immunität und absolute Unverwundbarkeit" (Wustmann Seiler 2012, S. 30) aufweist. Vielmehr ist Resilienz ein Konstrukt, das über Zeit und Situationen hinweg unterschiedlich ausfällt (Rutter 2000). Und schließlich wird Resilienz als situationsspezifisch und multidimensional bezeichnet. So kann resilientes Verhalten in einem spezifischen Lebensbereich nicht automatisch auf alle anderen Bereiche des Lebens übertragen werden (Luthar et al. 2000). Eine traumatisierte Person kann hinsichtlich sozialer Beziehungen resilient agieren, in der beruflichen Leistungsfähigkeit dagegen nicht (vgl. Wustmann Seiler 2012).

Der Begriff Resilienz wird häufig in Zusammenhang mit den Konzepten Salutogenese (Antonovsky 1979), Coping (vgl. Lazarus und Folkman 1984), Hardiness (Kobasa 1979) und Autopoiesis (Maturana und Varela 1987) verwendet. Allerdings soll an dieser Stelle nicht vertiefend auf die Herkunft und Entwicklungsschritte des Resilienzkonzepts eingegangen werden. Detaillierte Ausführungen zur Entwicklung und Charakteristik finden sich in einer Vielzahl von Publikationen sowie empirischer Studien (u. a. Anthony 1974, 1987; Gabriel 2005; Glantz und Johnson 1999; Luthar 2003; Werner 2000; Werner und Smith 1982, 2001). Vielmehr liegt der Schwerpunkt dieses Artikels auf den praktischen Implikationen, die sich aus dem Resilienzkonzept für die Performancebereiche Sport und Wirtschaft und dem Umgang mit dem Scheitern ergeben.

2.2 Das Multikausale-Modell nach Kumpfer (1999)

Kumpfer (1999) legt ein multikausales Modell vor, welches die komplexen Zusammenhänge des Resilienzkonzepts besonders verständlich darstellt und die wichtigsten Faktoren aus diesem Ansatz aufzeigt. Das Modell wurde für den vorliegenden Beitrag adaptiert, da es wichtige Impulse für den zielführenden Umgang mit Scheitern liefert (Abb. 1). Es wird deutlich, welche Bedingungen, Faktoren und Anpassungsmechanismen sich wechselseitig beeinflussen und den dynamischen Prozess zwischen Merkmalen der Person, der Lebensumwelt und dem Entwicklungsergebnis beeinflussen.

In dem Modell trifft ein Stressor, in unserem Fall das Scheitern (1), auf die jeweilige Person und wird abhängig von der subjektiven kognitiven Bewertung als Bedrohung oder Herausforderung gesehen (vgl. Transaktionales Stressmodell nach Lazarus 1966; Lazarus und Folkman 1984; Lazarus und Launier 1981). Die Umweltbedingungen (2), unter denen die Person lebt (Familie, Peers, soziales Umfeld, gesellschaftlicher Kontext) können als Risiko- oder Schutzfaktoren agieren. Die Wirkung dieser Faktoren wird dabei u. a. vom Entwicklungsstand und Alter, Geschlecht, sowie (Unternehmens- bzw. Führungs-) Kultur moderierenden beeinflusst. Die personalen Merkmale (3) werden als Kompetenzen und Fähigkeiten gesehen, die für die Bewältigung der Situation förderlich sind und lassen sich den folgenden sechs Kategorien zuordnen: kognitive Fähigkeiten, emotionale Stabilität,

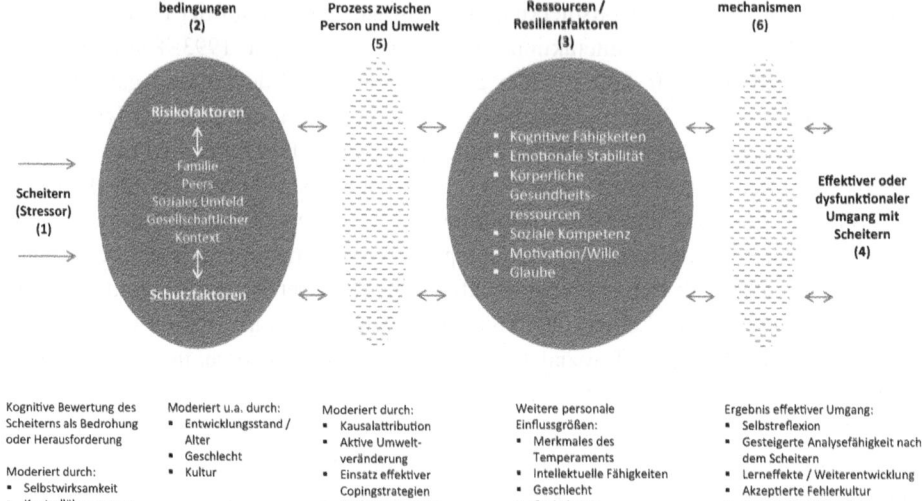

Abb. 1 Rahmenmodell des Resilienzprozesses nach Kumpfer (1999). (mod. nach Wustmann Seiler 2012, S. 65)

soziale Kompetenz, körperliche Gesundheitsressourcen, Glaube sowie Motivation/Wille. Weitere personale Einflussgrößen sind laut des Modells Merkmale des Temperaments, Geschlecht und intellektuelle Fähigkeiten. Der effektive bzw. dysfunktionale Umgang mit dem Scheitern (ggf. psychische Beeinträchtigung) sind das Ergebnis (4) dieses dynamischen Prozesses. Als transaktionalen Prozess (5), der zwischen der Person und Umwelt stattfindet, spielen die selektive Wahrnehmung, Attributionsmuster, eine aktive Umweltveränderung, der Einsatz von effektiven Copingstrategien sowie die Bindung an soziale Netzwerke eine Rolle. Dabei können auch Bezugspersonen im Umfeld durch positives Modellverhalten, emotionale Unterstützung und eine empathische Haltung auf diesen Transaktionsprozess einwirken. Der Anpassungsprozess (6), der das Zusammenspiel von Person und Entwicklungsergebnis beschreibt, ist durch ein gesteigertes oder gleichbleibendes Kompetenzniveau im Umgang mit Scheitern charakterisiert (vgl. Wustmann Seiler 2012).

Im Folgenden soll exemplarisch das Fallbeispiel eines jungen Tennisspielers dargestellt werden, der mit einem Vorhaben gescheitert ist. Dabei werden Resilienz-Faktoren aus dem Modell von Kumpfer aufgezeigt, die im Umgang mit Scheitern im Leistungs- bzw. Spitzensport Anwendung finden können.

Beispiel

Ein junger Tennisspieler, der als große Nachwuchshoffnung gilt, ist unter Vertrag bei einem Bundesliga-Verein, in Deutschland unter der Top 3 seiner Altersklasse und spielt nationale sowie internationale Turniere. Seine größte Schwäche ist die emotionale Kontrolle. Wenn er im Spiel merkt, dass es nicht so gut läuft, verliert er den Faden und kann seine Emotionen nicht kontrollieren. Im letzten Jahr hat er sich akribisch für den Wechsel vom Junioren-Bereich zur ATP-Tour (Profibereich) vorbereitet. Nach einem Jahr voll intensiver Trainingseinheiten auf und neben dem Platz, Rückschlägen durch Verletzungen und der Achterbahnfahrt zwischen Erfolgen und Niederlagen bei Turnieren, hat er den Sprung auf die Tour nur knapp verpasst. Der Sportler ist niedergeschlagen und in seinen Augen klar gescheitert. Er denkt nach diesem Rückschlag über ein Karriereende nach.

Organisationale Rahmenbedingungen:

Der Spieler hat einen Vereinstrainer (bei dem er hauptsächlich trainiert), einen Verbandstrainer (6 Mal im Monat), einen Spezialtrainer (Aufschlag, 4 Mal im Monat) sowie einen Konditionstrainer (4 Mal pro Woche). Sein Vater unterstützt ihn in allen Fragen rund um den Sport. Er war selbst vor vielen Jahren erfolgreicher Profi. Die Beziehung zum Vater ist sehr eng. Er begleitet ihn auf jedes Spiel, wenn möglich. Der Vereinstrainer ist besorgt, dass sich der Vater zu sehr einmischt. Der Vater wiederum sieht den Vereinstrainer nicht als fachlich passend. Er macht sich Sorgen, ob er seinen Sohn weiter voran bringt. Die Mutter hält sich aus dem Sport heraus, da sie denkt, dass es ein Hobby ist.

2.3 Praktische Implikationen

Aus dem adaptierten Modell lassen sich hilfreiche Implikationen für den jungen Sportler ableiten. Insbesondere wenn davon ausgegangen werden kann, dass das Scheitern im Beruf – ob im Sport oder in der Wirtschaft – als einschneidendes Erlebnis im Leben eines Menschen gesehen werden kann. Allerdings sollte angemerkt werden, dass dies nicht mit den in der Resilienzforschung üblichen Themen wie andauernder, hoher Risiko-Status (z. B. chronischer Armut, elterliche Psychopathologie), akuten Stressbedingungen (Scheidung/Trennung) oder traumatischen Erlebnissen (Tod einer vertrauten Person, sexueller Missbrauch, Kriegserlebnisse) vergleichbar ist. Ziel ist es auch nicht eine Vergleichbarkeit oder Gegenüberstellung herzustellen, sondern vielmehr aus den in der Resilienzforschung entstandenen Faktoren, die als personale und soziale Ressourcen genutzt werden können, für den Umgang mit Scheitern und Niederlagen zu lernen.

Kuhl und Schulz (1986), haben passend zu diesem Ansatz das Konzept von Lazarus (1966), auf leistungssportliches Handeln transferiert. Sie postulieren, dass drei Faktoren entscheidend sind, ob eine Wettkampfsituation (vgl. Stressor im Modell von Kumpfer 1999) als Bedrohung oder Herausforderung erlebt wird. Erstens von der Höhe der subjektiven Erreichenswahrscheinlichkeit („Wie überzeugt bin ich, dass ich das schaffe?"). Zweitens, von der Bedeutsamkeit der antizipierenden positiven Konsequenzen bei Zielerreichung („Wie groß ist mein potentieller Gewinn?") und drittens, von dem Ausmaß der befürchteten negativen Konsequenzen, wenn das Ziel nicht erreicht wird („Wie groß ist mein potentieller Verlust?") (vgl. Kuhl et al. 2010). Auch Jones et al. (2009), haben sich mit den Faktoren beschäftigt, die zu einer herausfordernden bzw. bedrohlichen Situation im Sport führen. Sie beschreiben in ihrem Modell, dass Selbstwirksamkeit, Kontrollüberzeugung und Leistungsziele verantwortlich für die beiden möglichen Interpretationen *Bedrohung* versus *Herausforderung* sind.

Angewendet auf das Fallbeispiel kann der junge Sportler überlegen, welche (negativen) Konsequenzen durch das Nichterreichen seines Zieles auf ihn zukommen. Schätzt der Sportler es so ein, dass er mit der Situation umgehen kann bzw. sie kontrollieren kann, wird das Scheitern anders bewertet (Herausforderung), als wenn er davon ausgeht, dass er die Kontrolle über die Situation verloren hat (Bedrohung).

Wird das Scheitern als Herausforderung bewertet, werden auch Emotionen als leistungsförderlich wahrgenommen, hingegen bei bedrohlichen Situationen als negativ eingestuft. Als Leistungskonsequenzen für zukünftiges Handeln (nach dem Scheitern) ergeben sich für den erstgenannten Status eine verbesserte Entscheidungsfähigkeit und Aufmerksamkeit sowie erhöhte Anstrengung. Der Bedrohungsstatus ist von Vermeidungsstrategien, verminderter Anstrengung, sowie einer Abnahme der kognitiven Fähigkeiten charakterisiert und hat damit direkte Auswirkungen auf den Umgang mit Scheitern.

Eng verknüpft mit den Konzepten der Selbstwirksamkeits- bzw. Kontrollüberzeugung ist die Kausalattribution. Im Umgang mit Niederlagen oder Scheitern ist es mit entscheidend, wen oder was der Tennisspieler für das Scheitern verantwortlich macht. Weiner (1979), spricht dabei von Kausalattribution der Ergebnisse. So kann zum Beispiel das Verpassen des Sprungs auf die ATP-Tour als Pech, Zufall oder Ausdruck der guten Konkurrenz bewertet werden. Andererseits kann aber auch die eigene mangelnde Anstrengung oder Begabung als Ursache gesehen werden.

Alle Perspektiven haben Auswirkungen auf Motivation und zukünftige Aufgabenbewältigungen. Das Scheitern kann also als internal (Begabung/Anstrengung) oder external (Aufgabenschwierigkeit, Aktivität anderer Personen, äußere Ereignisse, Glück/Pech) bzw. zeitlich stabil oder variabel attribuiert werden. Dies wiederum hat Auswirkungen auf das Selbstwertgefühl. Den Zusammenhang zwischen Zielsetzung, Attribution und Selbstbewertung hat Heckhausen (1972), untersucht. Laut seines Selbstbewertungsmodells setzen sich erfolgsorientierte Personen mittel-schwere Ziele, sehen die Ursache von Erfolgen internal und Misserfolgen (Scheitern) external an. Infolgedessen fällt bei diesen Personen die Selbstbewertungsbilanz positiv aus. Im Gegensatz dazu setzen sich misserfolgsorientierte Menschen zu leichte oder zu schwere Ziele, attribuieren Erfolg external und Misserfolg internal und erfahren daher eine negative Bilanz in der Selbstbewertung. Diese Attributionsmuster verlaufen in einer Zirkularität, sodass der Erfolgsorientierte auf Grund seiner (positiven) Erfahrung erneut realistische Ziele setzt und der Misserfolgsorientierte auf Grund der negativen Bilanz erneut zu leichte oder zu schwere Aufgaben wählt.

Personale Ressourcen, um mit dem Scheitern umzugehen, sind eine optimistische und zuversichtliche Lebenseinstellung, eine aktive Lösungsorientierung sowie die Fähigkeit der Selbstregulation. In der sportwissenschaftlichen Literatur wird häufig die Handlungskontrolltheorie von Kuhl (1983) herangezogen, die Selbstregulationsprozesse beschreibt

(Beckmann 2001; Kuhl 1983, 2001; Kuhl und Beckmann 1994). Dabei wird Handeln aus motivationaler und volitionaler Perspektive zielorientiert erklärt. Es entstehen Handlungs- oder lageorientierte Prädispositionen aufgrund von individuellen Lernerfahrungen, die das Verhalten beeinflussen.

Die Handlungskontrolltheorie betont, dass angestrebte Ziele während der Ausführung von konkurrierenden Zielintentionen abgeschirmt werden müssen. Um dies zu erreichen, werden Aufmerksamkeits-, Emotions- und Umweltkontrolltechniken eingesetzt. Nach der Unterteilung von handlungs- und lageorientierten Sportlern gelingt dies erstgenannten wesentlich besser. Sie erleben mehr Zuversicht vor und nach der erfolgreichen bzw. misslungenen Handlung (Scheitern), bemühen sich um Feedback, setzten sich realistische Ziele, sind ausdauernder bei der Zielerreichung, können besser Barrieren bewältigen und nehmen eine Handlung nach Misserfolg wieder schneller auf (Aktive Lösungsorientierung; Zukunftsorientierung). Im Gegensatz dazu gelingt Lageorientierten das Abschirmen von unwichtigen Aspekten weniger. Sie tendieren dazu, maximal viele Informationen aufzunehmen und diese bei der Zielerreichung zu berücksichtigen; auch wenn diese für das Ziel nicht bedeutend sind. Sie bleiben an gescheiterten Vorhaben länger hängen und es dauert wesentlich länger, bis sie sich neuen Aufgaben zuwenden.

In Bezug auf den Umgang mit Scheitern spielt im ersten Schritt die **Akzeptanz**, einen Rückschlag hinnehmen zu müssen, eine wichtige Rolle. Unabhängig davon wie die kognitive Bewertung des Scheiterns ausfällt, benötigen die betroffenen Personen Zeit, um sich mit der Situation zu arrangieren, sich mit ihr auseinander zu setzen und sie zu akzeptieren. Daher ist es im ersten Schritt entscheidend, der betroffenen Person Zeit zu geben. Zeit, um mit der Bewertung der Situation und den resultierenden Emotionen umzugehen. Im Anschluss – und dies betrifft die Bereiche Sport und Wirtschaft gleichermaßen – sollte eine strukturierte und konsequente **Analyse** vollzogen werden. Dabei geht es primär darum zu erfassen, welche Aspekte zielführend, aber auch nicht förderlich für die Leistungserbringung waren. Schließlich werden Lerneffekte erarbeitet, die bei der nächsten Situation umgesetzt werden (Was kann aus der Niederlage bzw. dem Scheitern gelernt werden? Was wird beim nächsten Mal anders gemacht? Was hat gut funktioniert und sollte beibehalten werden? Wie werden die Lerneffekte beim nächsten Vorhaben umgesetzt?).

Weitere Aspekte, die sowohl im Resilienzansatz als Schutzfaktoren, aber auch in anderen Bereichen als Ressourcen genannt werden, sind die Umweltbedingungen, mit denen sich eine Person umgibt (soziales Umfeld, Familie und Peers, etc.). Diese können natürlich auch, wie im Modell von Kumpfer (1999), als Risikofaktoren wirken. Im ganz speziellen scheint die Unterstützung aus dem sozialen Umfeld (Netzwerkorientierung), als ein entscheidender Faktor, um mit einschneidenden Erlebnissen adäquat umgehen zu können. Mit dem Wissen über die positive Wirkung der sozialen Unterstützung im Sport (Rees et al. 1999, 2000; Rosenfeld und Richman 1997; Weinberg und Gould 2003) können Personen diese Art von Hilfe nutzen, um mit Scheitern besser umgehen zu können und nicht als ein Zeichen von Schwäche werten (Hardy und Crace 1991).

Wirft man abschließend einen systemischen Blick auf den Tennisspieler wird deutlich, dass hier einige Veränderungen im „Performance Umfeld" hätten vorgenommen werden können, um präventiv die Chance des Scheiterns zu verringern. Unter der systemischen Ausrichtung wird verstanden, dass beim Umgang Scheitern nicht nur auf den Einzelnen sondern immer auch auf den Kontext, das System mit seinen Mustern und Wechselwirkungen, geschaut wird. So hat die nach dem Scheitern vollzogene Analyse ergeben, dass das sportliche Umfeld aus Sicht des Athleten hätte anders aufgestellt werden sollen. Der Athlet fühlte sich von verschiedenen Einflüssen nicht unterstütz, sondern vielmehr an seiner Leistungserbringung gehindert. So kann das eigentlich unterstützende Performance-Umfeld zu einem Risikofaktor in der Leistungserbringung werden und die Chance des Scheiterns erhöhen.

Im Fall des Jungprofis waren es zu viele Trainer, die zwar das gleiche Ziel verfolgten, den Sportler auf dem Weg zum Profi zu unterstützen, aber keinen einheitlichen Weg einschlugen. Der eine Trainer (Heimtrainer) hatte zum Beispiel andere Vorstellungen von bestimmten Trainingsschwerpunkten als die beiden anderen Trainer (Verband- und Spezialtrainer). Hier ergab die Analyse nach dem Scheitern, eine gemeinsame Strategie mit klaren Schwerpunkten und Aufgaben- und Verantwortungsbereichen zu definieren. Zudem war die Rolle des Vaters für den Sportler nicht förderlich. Auch hier war der Wunsch des Athleten, dass dieser sich in der Rolle als fachlicher Experte zurück nimmt und mehr die väterliche, unterstützende Rolle einnimmt.

3   Fazit und Handlungsperspektiven für Führungspersonen

Im vorliegenden Beitrag wurden zentrale Aspekte thematisiert, die im Umgang mit Scheitern von Bedeutung sind. Bezugnehmend auf das multikausale Resilienzmodell von Kumpfer (1999), wurden Faktoren aufgezeigt, die als personale und soziale Ressourcen genutzt werden können, um mit gescheiterten Projekten umzugehen.

Es wurde das Thema Scheitern aus der organisationalen und individuellen Perspektive veranschaulicht. Dabei spielten insbesondere die Bereiche kognitive Bewertung der Situation, günstiger Attributionsstil, Selbstwirksamkeit und Kontrollüberzeugung, Akzeptanz, Analysefähigkeit, aktive Lösungsorientierung, soziale Unterstützung bzw. Netzwerkorientierung sowie das Performance Umfeld eine Rolle.

Transferiert man diese Faktoren auf die Rolle von Führungspersonen, lassen sich verschiedene Handlungsperspektiven aufzeigen[1]. Aus der individuellen Perspektive stehen die aufgeworfenen Fragen der ersten beiden Handlungsperspektiven im Mittelpunkt. Die organisationalen Aspekte werden in den darauf folgenden Perspektiven beleuchtet. Entscheidend ist hierbei, dass diese nicht getrennt voneinander betrachtet werden, sondern

---

[1] Dargestellt wird hier immer nur die Perspektive der Führungsperson auf das eigene Scheitern. Gleichzeitig kann die Führungsperson diese Fragen mit seinen Teammitgliedern diskutieren, um gemeinsame Lösungen zu entwickeln. Somit kann jede Frage der Handlungsperspektiven I-V von der „Führungsperson" auf die „Teammitglieder" übertragen werden.

wie in dem dargestellten Modell ein transaktionaler Prozess zwischen Person und Umwelt stattfindet.

So kommt es in der Führungsrolle nach dem Scheitern besonders darauf an, wie die Situation des Scheiterns bewertet wird. Dies hängt wiederum von den zur Verfügung stehenden Ressourcen ab, die für die Bewältigung der Situation benötigt werden. Gleichzeitig unterstützt eine zielführende Ursachenzuschreibung für einen konstruktiven Umgang mit dem Scheitern. In der Folge steht die Analyse der gescheiterten Situation im Vordergrund. Dies wird allerdings nur erfolgen, wenn eine adäquate Fehlerkultur in der Organisation gelebt wird. Erst wenn diese etabliert ist und ein offener Umgang mit dem Thema Scheitern vorhanden ist, kann aus Fehlern gelernt und eine Weiterentwicklung auf individueller und organisationaler Ebene in Gang gesetzt werden.

In Organisationen ist dies häufig noch ein Tabuthema. Selten werden gescheiterte Projekte im Detail analysiert und Lerneffekte daraus gezogen. Selbstverständlich gibt es positive Ausnahmen von Unternehmen, die erst aus einem gescheiterten Projekt und dem zielführenden Umgang damit, zu einem Erfolgskonzern wurden. Statt den „Schuldigen" zu suchen, wurde konstruktiv analysiert, welche Aspekte verbessert werden sollten. Verantwortlich ist die Etablierung einer Vertrauenskultur, in der der Einzelne oder das Team weiß, dass Fehler nicht sanktioniert werden, sondern genauso wie Erfolge zum Arbeitsalltag dazu gehören. Erst so können Unternehmen erfolgreich sein. Sie schätzen Mitarbeiter als Individuen und Vertrauenspersonen. Vertrauen ist in diesem Kontext die Antriebskraft für schnelleres Handeln und Entscheiden, für Innovation und Kreativität.

Dabei setzen Sportler genauso wie Mitarbeiter in Unternehmen auf das Vertrauen ihrer Führungspersonen und erwarten (zu Recht), dass Fehler in einem gewissen Rahmen toleriert werden. Ohne diese Sicherheit sind die betroffenen Teammitglieder nicht bereit, Risiken einzugehen. Wenn solch eine Fehlerkultur etabliert ist, kann mit dem Scheitern anders umgegangen werden. Gleichzeitig erhöht sich (paradoxerweise) die Wahrscheinlichkeit, dass es nicht zum Scheitern kommt. Tritt ein Spitzensportler bei den olympischen Spielen an und weiß um diese zielführende Fehlerkultur in seinem Verband, wird er entspannter in den Wettkampf gehen als ein anderer Vertreter, der bei dem kleinsten Fehler um seinen Platz in der Mannschaft bangen muss. Als Folge der „entspannten Haltung" erhöht sich auch die Erfolgswahrscheinlichkeit des Sportlers.

▶ **Handlungsperspektive I: Kognitive Bewertung der Situation; Selbstwirksamkeit und Kontrollüberzeugung**

- Hat die Führungsperson genügend Ressourcen verfügbar, um die Situation als Herausforderung einzuschätzen?
- Welche Ressourcen benötigt die Führungsperson, um mit der Situation des Scheiterns zielführend umzugehen?
- Hat die Führungsperson das Scheitern als einen möglichen Ausgang des Projektes eingeplant und verschiedene Strategien vorbereitet, um die Situation zu kontrollieren?

▶ **Handlungsperspektive II: Günstiger Attributionsstil**

- Welche Ursachen (Kausalattribution) werden von der Führungsperson für das Scheitern herangezogen?
- Fällt die Selbstbewertungsbilanz nach dem Scheitern positiv aus (nach dem Selbstbewertungsmodell)?
- Werden von der Führungsperson realistische Ziele gesetzt?
- Handelt die Führungsperson nach dem Scheitern lösungsorientiert?

▶ **Handlungsperspektive III: Akzeptanz und Analysefähigkeit**

- Sorgt die Führungsperson dafür, dass offen über Fehler gesprochen wird?
- Ist die Führungsperson ein gutes Beispiel für dieses Vorgehen?
- Wie wird mit dem Scheitern umgegangen?
- Gehört Scheitern ebenso wie Erfolge zum Arbeitsalltag (der Organisation)?
- Erfolgt eine klare Analyse, mit positiven und negativen Aspekten, nach dem Scheitern?
- Welche Konsequenzen werden nach dem Scheitern gezogen?
- Findet eine Weiterentwicklung (Lerneffekte) auf Grund von Selbstreflexion statt?

▶ **Handlungsperspektive IV: Soziale Unterstützung und Netzwerkorientierung**

- Wird die Führungsperson bei eigenem Scheitern von einem sozialen Umfeld aufgefangen?
- Sucht die Führungsperson proaktiv nach Unterstützung in seinem sozialen Netzwerk?
- Welche Maßnahmen werden eingeleitet, um ein intaktes Netzwerk aufzubauen?
- Initiiert die Organisation einen offenen Austausch zum Thema Scheitern bzw. bietet sie Anlaufstellen an?

▶ **Handlungsperspektive V: Systemisches Verstehen von Arbeitswelten**

- Ist der Führungsperson bewusst, dass aus systemischer Perspektive immer ein wechselseitig beeinflussender Zusammenhang zwischen gesellschaftlicher, organisationaler und individueller Perspektive – insbesondere in Bezug auf das Thema Scheitern – besteht und handelt sie danach?
- Wie berücksichtigt die Führungsperson dies in der Planung von Projekten bzw. beim Umgang mit Scheitern?
- Bezieht die Führungsperson die entsprechenden Schlüsselpersonen in die Projekte ein (direkt o. indirekt)?
- Berücksichtigt die Führungsperson die unterschiedlichen Erwartungen und Bedürfnisse seiner Teammitglieder?

- Sind Aufgaben-, Kompetenz-, und Verantwortungsbereiche im Team geklärt?
- Zu welchem Zeitpunkt (in der Vergangenheit) war das Umfeld so aufgestellt, dass die beste Leistung erzielt wurde?

Aus Sicht der Führungsperson stellt sich die Frage, wie diese Handlungsperspektiven in der Praxis umgesetzt bzw. bei Teammitgliedern entwickelt werden können. Neben der Beantwortung der aufgeworfenen Fragen der unterschiedlichen Handlungsperspektiven, kann die Führungsperson dafür sorgen, dass eine Vertrauenskultur entsteht, in der sich jedes Teammitglied als Inhaber einer wichtigen Rolle sieht und die individuellen Bedürfnisse, Motive und Interessen der Personen „erkundet" und berücksichtigt werden. Die Kultur ist davon geprägt, dass eine gleichberechtigte und aufgeklärte Rollenverteilung zwischen Führungsperson und Mitarbeiter herrscht. Dabei gehören regelmäßige Einzelgespräche zur Führungskultur, in der offen über Fehler gesprochen werden kann, da diese zum Verbesserungsprozess gehören.

Mit dem Wissen, dass das Konzept der Resilienz aus wesentlich anderen Kontexten, nämlich sehr kritischen und einschneidenden Lebensereignissen, entstanden ist, wurde in diesem Artikel (trotzdem) der Versuch unternommen, Parallelen zum Sport und der Wirtschaft herzustellen bzw. vom Konzept der Resilienz zu lernen. Dabei ist erfreulicherweise zu berücksichtigen, dass das Resilienzkonzept nach heutigem Forschungsstand kein angeborenes Persönlichkeitsmerkmal darstellt, sondern im Verlauf der Entwicklung im Kontext der Person-Umwelt-Interaktion erworben werden kann.

Literatur

Anthony, E. J. (1974). The syndrome of the psychologically invulnerable child. In E. J. Anthony & C. Koupernik (Hrsg.), *The child in his family. Children at psychiatric risk* (S. 529–545). New York: Wiley.

Anthony, E. J. (1987). Children at high risk for psychosis growing up successfully. In E. J. Anthony & B. Jl. Cohler (Hrsg.), *The invulnerable child* (S. 147–184). New York: The Guilford Press.

Antonovsky, A. (1979). *Health, stress, and coping: New perspectives on mental and physical wellbeing*. San Francisco: Jossey-Bass.

Beckmann, J. (2001). Self-regulation of athletic performance. In J. N. Smelser & P. B. Baltes (Hrsg.), *International encyclopedia of the social and behavioral sciences* (S. 14947–14952). Oxford: Elsevier.

Dresen, A. (2014). Der Zweite ist der Erste Verlierer. In R. John & A. Langhof (Hrsg.), *Scheitern – Ein Desiderat der Moderne?* (S. 121–142). Wiesbaden: Springer.

Egeland, B., Carlson, E., & Sroufe, L. A. (1993). Resilience as process. *Development and Psychopathology, 5,* 517–528.

Gabriel, T. (2005). Resilienz – Kritik und Perspektiven. *Zeitschrift für Pädagogik, 51*(2), 207–217.

Glantz, M. D., & Johnson, J. L. (1999). *Resilience and development. Positive life adaptions*. New York: Kluwer Academic/Plenum Publishers.

Glantz, M. D., & Sloboda, Z. (1999). Analysis and reconceptualisation of resilience. In M. D. Glantz & J. L. Johnson (Hrsg), *Resilience and development: Positive life adaptations* (S. 109–126). New York: Kluwer Academic/Plenum.

Hardy, C. J., & Crace, R. K. (1991). Social support within sport. *Sport Psychology Training Bulletin, 3,* 1–8.

Heckhausen, H. (1972). Die Interaktion der Sozialisationsvariablen in der Genese des Leistungsmotivs. In C. F. Graumann (Hrsg.), *Handbuch der Psychologie* (Bd. 7/2, S. 955–1019). Göttingen: Hogrefe.

Jones, M. V., Meijen, C., McCarthy, P. J., & Sheffield, D. (2009). A theory of challenge and threat states in athletes. *International Review of Sport and Exercise Psychology, 2*(2), 161–180.

Kobasa, S. C. (1979). Stressful life events, personality, and health – Inquiry into hardiness. *Journal of Personality and Social Psychology, 37*(1):1–11.

Kuhl, J. (1983). *Motivation, Konflikt und Handlungskontrolle.* Berlin: Springer.

Kuhl, J. (2001). *Motivation und Persönlichkeit.* Göttingen: Hogrefe.

Kuhl J., & Beckmann, J. (1994). Action versus state orientation in the context of personality and volition. In J. Kuhl & J. Beckmann (Hrsg.), *Volition and personality. Action and state orientation* (S. 1–5). Seattle: Hogrefe & Huber.

Kuhl, U., & Schulz, P. (1986). *Emotionale Belastungen im Spitzensport. Ursachen, Auswirkungen und Interventionen.* Köln: bps.

Kuhl, U., Krug, J. S., & Eichholz, A. (2010). Alles nur Herausforderung? Herausforderung und Bedrohung als leistungsbestimmende Faktoren im Spitzensport. *Leistungssport, 5,* 8–14.

Kumpfer, K. L. (1999). Factors and processes contributing to resilience: The resilience framework. In M. D. Glantz & J. L. Johnson (Hrsg), *Resilience and development: Positive life adaptations* (S. 179–224). New York: Kluwer Academic.

Lazarus, R. S. (1966). *Psychological stress and the coping process.* New York: McGaw Hill.

Lazarus, R. S., & Folkman, S. (1984). *Stress, appraisal, and coping.* New York: Springer.

Lazarus, R. S., & Launier, R. (1981). Stressbezogene Transaktionen zwischen Person und Umwelt. In J. R. Nitsch (Hrsg.), *Stress: Theorien, Untersuchungen, Maßnahmen* (S. 213–260). Bern: Huber.

Luthar, S. S. (2003). *Resilience and Vulnerability.* Cambridge: Cambridge University Press.

Luthar, S. S., & Cicchetti, D. (2000). The construct of resilience: Implications for interventions and social policies. *Development and Psychopathology, 12,* 857–885.

Luthar, S. S., Cicchetti, D., & Becker, B. (2000). The construct of resilience: A critical evaluation and guidelines for future work. *Child Development, 71,* 543–562.

Masten, A. S. (1999). Resilience comes of age: Reflections on the past and outlook for the next generation of research. In M. D. Glantz & J. L. Johnson (Hrsg.), *Resilience and development: Positive life adaptations* (S. 289–296). New York: Plenum Publisher.

Maturana, H. R., & Varela, F. J. (1987). *Der Baum der Erkenntnis.* München: Scherz.

Petermann, F. (2000). Grundbegriffe und Trends der Klinischen Kinderpsychologie und Kinderpsychotherapie. In F. Petermann (Hrsg.), *Lehrbuch der klinischen Kinderpsychologie und -psychotherapie* (S. 9–26). Göttingen: Hogrefe.

Rees, T., Ingledew, D. K., & Hardy, L. (1999). Social support dimensions and components of performance in tennis. *Journal of Sport Science, 17,* 421–429.

Ress, T., Hardy, L., & Ingledew, D. K. (2000). Performance assessment in sport: Formulation, justification, and confirmatory factor analysis of a measurement instrument for tennis performance. *Journal of Applied Sport Psychology, 12,* 203–218.

Rosenfeld, L. B., & Richman, J. M. (1997). Developing effective social support: Team building and the social support process. *Sport Psychologist, 9,* 133–153.

Rutter, M. (2000). Resilience reconsidered: Conceptual considerations, empirical findings, and poli-cy implications. In J. P. Shonkoff & J. Meisels (Hrsg.), *Handbook of early childhood intervention* (S. 651–682). Cambridge: Cambridge University Press.

Rutter, M. (2001). Psychosocial adversity: Risk, resilience and recovery. In J. M. Richman & M. W. Fraser (Hrsg.), *The context of youth violence: Resilience, risk, and protections* (S. 13–41). Westport: Praeger Publishers.

Waller, M. A. (2001). Resilience in ecosystemic context: Evolution of the concept. *American Journal of Orthopsychiatry, 71*(3), 290–297.

Weinberg, R. S., & Gould, D. (2003). *Foundations of sport & exercise psychology*. USA: Human Kinetics.

Weiner, B. (1979). A theory of motivation for some classroom experiences. *Journal of Educational Psychology, 71*, 3–25.

Welter-Enderlin, R., & Hildenbrand, B. (2008). *Resilienz – Gedeihen trotz widriger Umstände*. Heidelberg: Carl-Auer-Verlag.

Werner, E. E. (2000). Protective factors and individual resilience. In J. P. Shonkoff & J. Meisels (Hrsg.), *Handbook of early childhood intervention* (S. 115–132). Cambridge: Cambridge University Press.

Werner, E. E., & Smith, R. S. (1982). *Vulnerable but invincible: A study of resilient children*. New York: McGraw-Hill.

Werner, E. E., & Smith, R. S. (2001). *Journeys from childhood to midlife: Risk, resilience, and recovery*. Ithaca: Cornell University Press.

Wustmann Seiler, C. (2012). *Resilienz: Widerstandsfähigkeit von Kindern in Tageseinrichtungen fördern*. Berlin: Cornelsen.

Dr. Gregor Nimz verfügt über langjährige Erfahrung in der Unter-stützung von Athleten, Teams und Trainern aus dem Spitzensport im Bereich sportpsychologische Beratung und Betreuung sowie von Führungspersonen in der Wirtschaft. Der ehemalige Leistungssport-ler war zudem Professor für Sportpsychologie an der H:G Hoch-schule für Gesundheit & Sport, Technik & Kunst in Berlin.

Er ist für den Bereich „Leadership Development" bei der Com-pass Group Deutschland GmbH und damit für die Konzeption und Umsetzung des konzernweiten Führungskräfteentwicklungspro-gamms zuständig. Als zertifizierter Trainer und systemischer Coach arbeitet er dabei mit Führungs- und Nachwuchsführungskräften zusammen und leitet Workshops zu den Themen Change Manage-ment, Führungskompetenz, Persönlichkeitsentwicklung, Potenzialerkennung und -ausbau, Stress-und Konfliktmanagement sowie Leistungsoptimierung.

Scheitern an Technik

Hartmut Wandke

Zusammenfassung

Wenn wir ein technisches System benutzen wollen, so stehen wir oft vor einer Herausforderung, egal ob es eine Kaffeemaschine ist oder ein Multifunktionsdrucker. Wie funktioniert das Ding und was muss ich tun, um eine Tasse Kaffee zu bekommen oder eine Seite einzuscannen? Während früher die Funktionsweise vieler Geräte meist offensichtlich war, hat die Digitalisierung unserer technischen Umwelt dazu geführt, dass wir immer öfter der Herausforderung nicht gerecht werden und scheitern. Im Gegensatz zu anderen Lebensfeldern wird Scheitern an Technik allerdings nicht dramatisch erlebt, es scheitert lediglich eine Handlung. Das Scheitern einer Benutzungshandlung kann vielfältige Ursachen haben: Es mangelt an Wissen und Können, die Aufgabe ist zu komplex, das User Interface des technischen Systems ist schlecht gestaltet und der organisationsbezogene Kontext verhindert den Handlungserfolg. Diese Ursachen wirken zum einen für sich, zum anderen stehen sie in Wechselwirkung miteinander. Handlungen können auf verschiedene Weise gesteuert werden: durch Nachdenken und Problemlösen, durch das Anwenden gelernter Regeln und durch Automatismen. Auf allen drei Ebenen der Handlungskontrolle sind Fehler und Scheitern letztlich unvermeidlich. Die Wahrscheinlichkeit des Scheitern kann aber insbesondere durch ein Human Centered Design verringert werden. Andererseits kann Scheitern aber auch durchaus gewollt sein, etwa wenn technische Sicherheitsbarrieren gefährliche Handlungen scheitern lassen, bevor sie ihre Schadwirkung entfalten. Die in der Automatisierungstechnik verfolgte Idee, den unzuverlässigen Menschen durch zuverlässige technische Systeme zu ersetzen und so ein Scheitern zu verhindern, funktioniert leider nicht, da Menschen

H. Wandke (✉)
Institut für Psychologie, Unter den Linden 6, 10099 Berlin, Deutschland
E-Mail: hartmut.wandke@psychologie.hu-berlin.de

© Springer-Verlag Berlin Heidelberg 2016
S. Kunert (Hrsg.), *Failure Management,* DOI 10.1007/978-3-662-47357-3_5

auch als Entwickler, Programmierer und Konstrukteure von technischen Systemen
scheitern können. Deshalb führt auch ein blindes Vertrauen von Benutzern in Technik
gelegentlich zum Scheitern, wie zahlreiche kuriose Ereignisse bei der Benutzung von
Navigationsgeräten zeigen.

1 Einleitung

Wir leben in den entwickelten Ländern dieser Erde mit einer Vielzahl von technischen
Systemen, die unseren Alltag leichter machen, vorausgesetzt, wir können richtig damit
umgehen. Manche Dinge haben wir bereits als Kinder gelernt, z. B. wie man die Uhrzeit
von einem Ziffernblatt abliest, für anderes haben wir bestimmte Kurse besucht, z. B. wie
man Auto fährt, manche von uns haben auch in den 80er Jahren des letzten Jahrhunderts einen „PC-Führerschein" gemacht. Das meiste im Umgang mit Technik haben wir
aber durch Ausprobieren (Versuch und Irrtum) selbst gelernt und dieser Prozess hört nicht
auf, da insbesondere die Digitalisierung der Lebens- und Arbeitswelt unablässig voran-
schreitet. Wenn wir digitale Techniken benutzen, die zum Zeitpunkt unserer Geburt schon
vorhanden waren, so gelten wir als „digital natives", müssen wir uns den Umgang mit
digitalen Techniken erst in späteren Lebensjahren aneignen, so werden wir mit Prensky
(2001) als „digital immigrants" bezeichnet. Als prototypische Vertreter dieser beiden Kategorien gelten das Vorschulkind, das schon zielsicher und mühelos mit Touch-Gesten auf
einem Tablet-Computer in einem interaktiven Bilderbuch blättert und der Senior, der sich
mühsam durch die Menüstruktur seines neu erworbenen Smartphones kämpft. Ganz unabhängig vom Lebensalter und von der konkreten Technik, die es zu meistern gilt, sind es
immer Lernprozesse, die ablaufen. Lernen ist aber kein Prozess, der stetig nur von Erfolg
zu Erfolg führt. Um zu erfahren, welche die im Moment gerade richtige Touch-Geste
oder gerade passende Menüoption ist, wählen wir auch zwangsläufig falsche Aktionen.
Aus dem Ergebnis, das eine Fehlermeldung sein kann oder ein schlichtes Beharren des
Systems in einem unveränderten Zustand oder der Übergang in einen Zustand, den wir
nicht erwartet haben und den wir nicht wünschen, lernen wir, dass die gerade ausgeführte
Aktion nicht die richtige war. Würden wir nur richtige Aktionen ausführen, so hätten wir
schon alles gelernt und würden nicht mehr scheitern. Nun gibt es aber gute Gründe, warum das Lernen – und damit das Scheitern – nie aufhören wird.

  Der erste Grund besteht darin, dass sich unsere technische Umwelt in immer kürzeren
Zeitabständen weiterentwickelt. Wer um 1900 gelernt hatte, wie man einen Telefonappa-
rat bedient – nämlich den Hörer abnehmen, auf die Dame vom Amt warten und dann den
Namen oder die Nummer des gewünschten Teilnehmers in die Sprechmuschel sagen, der
konnte auch 1915 nach genau derselben Methode und mit demselben Apparat telefonie-
ren. Benutzer von Mobiltelefonen haben 100 Jahre später zwischen 2000 und 2015 ca.
achtmal neue Geräte, mit neuen Funktionen, Interaktionstechniken und Bedienungswei-
sen lernen müssen. Vergleichbares gilt für webbasierte Anwendungen wie soziale Netzwerke, Online-Handel, Fotokameras und Assistenzfunktionen im Auto. Betriebssysteme

von Computern aller Art wechseln ca. im Jahresrhythmus und dazwischen gibt es noch regelmäßige Updates.

Der zweite Grund besteht in der ständigen und sich ebenfalls beschleunigenden Ausweitung der Digitalisierung auf immer mehr Arbeits- und Lebensbereiche. Wer will, der kann sich natürlich von dieser Entwicklung abschotten und ein Einsiedler-Leben ohne digitale Hilfsmittel führen, aber in bestimmten Sphären, wie der Arbeitswelt, bei finanziellen Transaktionen oder auch nur dem Kauf eines Busfahrkarte geht ohne Automaten, Software, Computer, Smartphones und Apps praktisch gar nichts mehr.

Schließlich kommt hinzu, dass viele Dinge, die früher mechanisch oder elektromechanisch funktionierten, durch die Digitalisierung und durch die damit verbundene Erweiterung des Funktionsumfangs schwieriger geworden sind. Die Zeitschrift „Automobil Tests" hat z. B. eine Untersuchung vorgestellt, bei denen die Bedienzeiten für typische Einstellungen im Fahrzeug (z. B. Sitzheizung einschalten, Temperatur der Heizung auf 25° einstellen, Klang des Autoradios verändern, zwei Sender auf Programmtasten legen u.ä.) gemessen wurden. Es wurden zehn verschiedene Pkws aus dem Baujahr 2007 miteinander verglichen, vom kleinen Peugeot 207 über einen 3er BMW bis hin zu Luxus-Fahrzeugen wie dem Porsche 911 und der Mercedes S-Klasse. Dazu kam ein damals 24 Jahre alter Mercedes 190 (Baujahr 1983). Dieses Fahrzeug, das mit konventionellen mechanischen Drehschaltern und Drucktasten daher kam, belegte über alle acht Bedienaufgaben hinweg den besten Platz, weil es die kürzesten Bedienzeiten erforderte. So dauerte die Änderung der Luftverteilung (Scheibe/Fußraum) nur 7 s, bei der 2007er S-Klasse waren es 47 s (o. A. 2007). Inzwischen haben die Automobilhersteller gelernt und stellen für besonders häufige Einstellungen wieder zusätzliche Direkt-Tasten zu Verfügung, weil die Suche in den Tiefen des Menüs nach einer passenden Option stark vom Fahren ablenkt. Was hier beispielhaft für das Autofahren gezeigt wurde, gilt natürlich auch für alle anderen Bereiche des Lebens. Getrieben von dem Wunsch nach mehr Komfort und höherer Effizienz, werden technische Systeme im komplexer und immer größer wird die Gefahr, dass Menschen bei ihrer Benutzung scheitern. Während man früher die Temperatur in der Wohnung durch das Drehen an Heizkörperventilen beeinflusste, kann man heute komplette Temperaturprofile für unterschiedliche Zeiten, Wochentage und Aktivitäten programmieren und bei unvorhergesehen Ereignissen die Heizung aus der Ferne steuern.

Der dritte Grund für das Scheitern ist ganz simpel: Technische Systeme sind oftmals von Ingenieuren und Computerexperten entworfen und gestaltet worden, die sich selbst oder allenfalls ihre Kollegen als Modell für den späteren Benutzer nehmen. Was für den Entwickler eines technischen Systems als selbstverständlich und logisch erscheint, ist für die späteren Benutzer aber eine Barriere, an der er mit hoher Wahrscheinlichkeit scheitert. Nicht wenige Käufer eines neuen Automodells fuhren bald nach dem Kauf in die Werkstatt, weil sich offensichtlich das Schiebedach ihres neuen Wagens nicht richtig öffnen ließ. Wenn man den Knopf zum Öffnen betätigte, so ging das Dach immer nur ein Spalt auf. Erst beim zweiten Drücken ging es ganz auf. Das konnten die Fahrer aber nur durch fortgesetztes Probieren (und ggf. erneutes Scheitern) in Erfahrung bringen, was einige aber erst gar nicht versuchten. Zudem ist bekannt, dass Bedienhandbücher oft nicht ge-

Tab. 1 Schematisches Beispiel für ein einfaches User Interface, das leicht zum Scheitern führt

Knopf A drücken	Knopf B drücken	Funktion
Einmal kurz		1
	Einmal kurz	2
Einmal lang		3
	Einmal lang	4
Zweimal kurz		5
	Zweimal kurz	6
Beide gleichzeitig kurz		7
Beide gleichzeitig lang		8
Erst A dann B		9
Erst B dann A		10

lesen werden. Mittlerweile gibt es natürlich elaborierte Methoden und Techniken, um in der Entwicklungsphase technischer Systeme solche Barrieren, die zum Scheitern führen können, frühzeitig zu erkennen und auszuräumen. Innovative Vorgehensweisen bei der Entwicklung technischer Systeme wie Design Thinking, Usability Engineering, User Experience Methoden, Human Centered Design und Rapid Prototyping stellen Prinzipien, Methoden und Kriterien bereit, um die Wahrscheinlichkeit späteren Scheiterns zu reduzieren. Allerdings sind diese Vorgehensweisen noch nicht überall verbreitet und oft gibt es starke ökonomische Gegenkräfte, die auf eine Reduktion des Entwicklungsaufwands und auf die Senkung der Produktkosten abzielen. Wenn man mit nur zwei Knöpfen A und B zehn Funktionen ausführen kann, wie die Tabelle 1 zeigt, so benötigt man wenig Platz für die Bedienelemente und kann entsprechende Hardwarekomponenten einfach und kostengünstig produzieren. Allerdings müssen die Benutzer, dann schon ein rudimentäres „Morsealphabet" erlernen und sie werden die Aktionen mit hoher Wahrscheinlichkeit vergessen, wenn sie selten damit umgehen (Tab. 1).

Was hier am Beispiel von herkömmlichen Knöpfen gezeigt wurde, gilt natürlich auch für anderen Bedientechniken, z. B. die beliebten Wischgesten auf Smartphones.

2   Was heißt Scheitern an Technik?

Im Umgang mit Technik ist Scheitern meist trivial, es passiert häufig, es passiert schnell und es hat meist keine gravierenden Konsequenzen. Trotzdem ist es ärgerlich, frustrierend und kann – gerade wegen der relativ hohen Auftrittshäufigkeit – zu Stress und teilweise sogar zu gesundheitlichen Problemen führen (Triebe und Wittstock 1997; Hurtienne und Prümper 2003; Lazar et al. 2006).

Der Begriff *Scheitern* und auch der noch stärker auf persönliche Schuld ausgerichtete Begriff *Menschliches Versagen* wird im Zusammenhang mit Techniknutzung eher im Alltag als in der Wissenschaft verwendet. Hier ist eher von *Misslingen* die Rede. Dieser

Begriff ist nicht wertend und macht deutlich, dass nicht eine Person scheitert, sondern eine Handlung nicht zum Ziel führt. Wenn im nachfolgenden Text weiter von Scheitern die Rede ist, so ist dies dem Kontext des Buches geschuldet, gemeint ist aber immer, dass eine Handlung nicht erfolgreich abgeschlossen werden. Noch weiter einschränkend wird Handlung immer auf die Benutzung eines technischen Systems bezogen. Oft werden in der Literatur die Begriffe Bedienen, Bedienhandlung und folgerichtig Bedienfehler verwendet, was nicht unproblematisch ist, da sie den Wortstamm „dienen" enthalten und der Mensch so in der Rolle als „Diener der Technik" gesehen wird. Es geht aber darum, Technik zu beherrschen und sie für die eigenen Ziele zu nutzen. Statt Diener tritt dann der Nutzer oder besser noch der Benutzer auf den Plan, der nicht nur ein passiver und womöglich indirekter Nutznießer ist, sondern der als aktiv Handelnder technische Systeme als Instrumente oder Werkzeuge benutzt, um seine Ziele zu erreichen. Die Betrachtungsebene der Handlungsregulation bietet uns eine gute Grundlage dafür, das Scheitern bei der Benutzung von Technik näher zu analysieren. Wir sprechen vom Scheitern einer Handlung, nicht vom Scheitern einer Person, wenn das angestrebte Handlungsziel nicht erreicht wird, so könnte z. B. ein Benutzer das Ziel haben, einer anderen Person eine E-Mail schicken zu wollen. Dafür müssen etliche Voraussetzungen erfüllt sein und zwar hinsichtlich folgender Faktoren:

- personale Faktoren: Motivation, Wissen und Können der handelnden Person
- aufgabenbezogene Faktoren: Komplexität der zu lösenden Aufgabe
- technische Faktoren: Gestaltung des technischen Systems
- organisationsbezogene Faktoren: soziale Regeln und Normen im Umgang mit Technik

2.1 Personale Faktoren des Scheiterns an Technik

Unter personale Faktoren verstehen wir die Motive, Fähigkeiten, Wissen und Können des Benutzers. Es ist klar, dass man Lesen und Schreiben können muss, dass man die Funktionen eines E-Mail-Programms kennt und dass man die Adresse des Empfängers kennt oder weiß, wo sie zu finden ist, wenn man eine E-Mail senden möchte. Damit das Absenden einer E-Mail überhaupt als Handlungsziel entsteht, muss der Absender natürlich auch ein entsprechendes Motiv haben, das meist mit einem übergeordneten Handlungsziel verbunden ist. Handlungen besitzen eine hierarchische Struktur. Auf einer oberen Ebene sind Tätigkeiten (wie z. B. die Berufstätigkeit) angesiedelt, zu denen die verschiedensten Handlungen gehören. Handlungen selbst bestehen wiederum aus Teilhandlungen und diese wiederum aus Operationen (Hacker und Sachse 2013). Jemand, der die Tätigkeit eines Managers ausübt, hat in der Regel ein starkes Motiv, mit anderen zu kommunizieren (das ist ein Hauptteil seines Jobs) und zwar auf den verschiedensten Kanälen. Eine für sich abgeschlossene Handlung kann dabei das Verfassen und Versenden einer E-Mail sein. Diese Handlung besteht wiederum aus Teilhandlungen, wie das Öffnen des Mail-Programms oder das Eingeben von Adressdaten. Operationen sind dann die atomaren Einheiten einer

Handlung, wie der Mausklick auf ein Mail-Icon, das Öffnen des Adressbuchs, das Markieren, Kopieren und Einsetzen von Textstücken und das Tippen bei der Texteingabe. Fehlt der Person das Wissen, wie man bestimmte Funktionen des E-Mails-Programms ausführt, oder besitzt sie nicht die Fähigkeiten, es zu tun (z. B. Tippen auf einem Touchscreen bei Tremor), so wird die Handlung insgesamt nicht erfolgreich sein und wir sprechen vom Scheitern.

2.2 Aufgabenbezogene Faktoren des Scheiterns an Technik

Damit eine Benutzungshandlung erfolgreich abgeschlossen werden kann, muss die Aufgabe, die mit dieser Handlung erledigt werden soll, bestimmte Charakteristiken besitzen. Sie muss z. B. prinzipiell mit einem E-Mail-System bewältigbar sein. Will man mit jemandem in Echtzeit kommunizieren, so funktioniert dies nur im direkten Gespräch oder mit anderen technischen Systemen (z. B. Telefon oder Chat), nicht aber mit einem E-Mail-Programm. Die Aufgabe muss aber auch von der jeweiligen Person bewältigt werden können. Sehr häufig scheitert eine Handlung, weil die Aufgabe für eine Person zu komplex ist. Manche Aufgaben, wie das Versenden einer E-Mail an einen oder mehrere Empfänger oder das einfache Beantworten einer erhaltenen Mail sind für alle Benutzer gut bewältigbar. Andere Aufgaben, wie etwa das zeitversetzte oder das anonyme Senden einer Mail sind für die viele Benutzer zu schwierig, obwohl es prinzipiell möglich ist.

Aufgabenbezogene und personale Faktoren sind natürlich nicht unabhängig, sondern bilden zwei Dimensionen des Erfolgs oder des Scheiterns einer Handlung, wie in der Abb. 1 schematisch dargestellt. Bei Aufgaben mit geringer Komplexität werden sehr viele Benutzer Erfolg haben, bei hochkomplexen nur sehr wenige. Man kann dies durchaus mit Anforderungen im Sport vergleichen: Zwei Kilogramm hochzuheben ist für alle möglich, sieht man einmal von behinderten und schwer kranken Personen oder Säuglingen ab, 20 kg können auch noch viele heben, 100 kg die wenigsten und 200 kg hebt nur eine Handvoll Hochtrainierter.

Abb. 1 Zusammenhang zwischen Aufgaben- und Personenmerkmalen

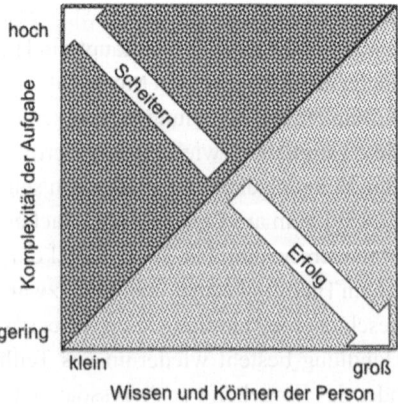

Wenn wir von der Aufgabenkomplexität als etwas Objektivem (vergleichbar mit dem Gewicht einer Hantel) sprechen, so entsteht natürlich die Frage, wie man diese bestimmen kann und was überhaupt eine Aufgabe ist? Bei der Benutzung technischer Systeme sind diese Fragen – im Vergleich zu anderen Domänen – relativ leicht zu beantworten: Eine Aufgabe besteht in der Transformation eines aktuellen Zustands eines technischen Systems in den angestrebten Zielzustand. Am Beispiel des E-Mail-Programms liegt eine wenig komplexe Aufgabe vor, wenn als Ausgangszustand die Nachricht bereits fix und fertig geschrieben und mit allen Angaben zum Empfänger, Betreff usw. vorliegt. Der Zielzustand, dass sich diese Nachricht im „Gesendet-Postfach" befindet, wird durch einen einzigen Transformationsschritt (einen Klick mit der linken Maustaste auf den Button „Senden") erreicht. Derselbe Zielzustand, doch ein anderer Ausgangszustand – z. B. könnte das Mailprogramm noch gar nicht geöffnet sein, es besteht noch keine Internetverbindung, der Akku des Smartphones ist leer – erfordert u. U. eine lange Kette von Transformationsschritten oder Interaktionen zwischen dem Benutzer und dem technischem System. Die Anzahl der Schritte ist ein erstes Maß für die Komplexität einer Aufgabe, aber nicht das wichtigste. Wichtiger ist die Anzahl der Aktionsmöglichkeiten pro Schritt und noch bedeutender das Verhältnis von richtigen, d. h. zielführenden, zu ebenfalls möglichen, aber ins Abseits führenden Aktionsmöglichkeiten. Dann spielt noch eine Rolle, wie ähnlich die zielführenden zu den abwegigen Aktionen sind. Auf zahlreichen Webseiten entstehen Aufgaben hoher Komplexität durch eine hohe Ähnlichkeit der Links, die in großer Anzahl vorliegen, wie in der Abb. 2 schematisch verdeutlicht.

Dasselbe Problem besteht auch bei Fahrkartenautomaten, bei denen sehr viele und sehr ähnliche Tarife angeboten werden. Ebenso verhält es sich mit Software-Programmen für Büroarbeiten oder zur Fotobearbeitung, die eine Vielzahl ähnlicher Menüoptionen anbieten.

Wählen Sie Ihre Aktion:	Wählen Sie Ihre Aktion:	Wählen Sie Ihro Aktion:	Wählen Sie Ihre Aktion:
• jetzt kaufen • abbrechen	• preiswert kaufen • jetzt kaufen • Premiumkauf • Kauf sichern • abbrechen	• vorbestellen • Finanzkauf • Kauf auf Kredit • preiswert kaufen • Kauf sichern • jetzt kaufen • reklamieren • umtauschen • beenden • abbrechen	• Profikauf • Finanzkauf • Kauf auf Kredit • preiswert kaufen • Kauf sichern • jetzt kaufen • Vorteilskauf • Erstkauf • Testkauf • abbrechen

Abb. 2 Nehmen wir an, jemand hat in einem Onlineshop ein Produkt ausgewählt und möchte es kaufen. In allen vier Versionen ist dafür nur ein Schritt erforderlich. Die Aufgabe hat bei der Version **a)** eine geringe Komplexität, von **b)** nach **d)** nimmt die Komplexität weiter zu. Die Gefahr, dass diese Teilhandlung scheitert, wächst

Das Beispiel in Abb. 2d demonstriert die Wirkung von ähnlichen Bezeichnungen für eine unterschiedliche große Anzahl von Handlungsoptionen. Es macht deutlich: beim Scheitern gibt es nicht nur einen Zusammenhang zwischen Personen- und Aufgabenmerkmalen, sondern auch zwischen Aufgabenmerkmalen und Merkmalen des technischen Systems (hier der Menügestaltung).

Nach Streitz (1985) unterscheidet man bei der Nutzung von technischen Systemen zwischen dem Sachproblem und dem Interaktionsproblem. Beides zusammen macht die Komplexität einer Aufgabe aus. Das Sachproblem besteht zunächst unabhängig von einem technischen System.

Es ist auch das Problem, an dessen Lösung der Benutzer das primäre Interesse hat. In unserem E-Mail-Beispiel wird das Sachproblem durch den Inhalt der Nachricht gebildet (z. B. das Finden eines gemeinsamen Termins für ein Treffen mit mehreren Sitzungsteilnehmern). Das Interaktionsproblem (oder besser die Interaktionsprobleme) ergeben sich aus dem technischen System (E-Mails werden asynchron verschickt, gelesen und beantwortet, das Eingangs-Postfach mancher Empfänger kann extrem gefüllt sein, Nachrichten werden fälschlicherweise als Spam klassifiziert u.ä.). Von der technischen Perspektive her könnte man die Interaktionsprobleme dadurch verringern (und damit auch die Komplexität der Aufgabe reduzieren), in dem man ein anderes Tool für dasselbe Sachproblem einsetzen würde. Bei der Terminfindung, wäre dies z. B. die Plattform Doodle.

Oft ist das Interaktionsproblem aber gar nicht die Quelle des Scheiterns. Fast jeder von uns weiß, wie man bei einem Fahrkartenautomaten in einer fremden Stadt die Knöpfe drückt oder die Touchfelder antippt. Man scheitert eher an dem komplexen Tarifsystem (Sachproblem). Will man einen Fahrkartenautomaten besser benutzbar machen, so wäre eine Vereinfachung des Tarifsystems die erste Wahl. Allerdings ist auch eine gegenläufige Tendenz zu beobachten, gerade weil es computerbasierte Systeme gibt (Automaten, Online-Plattformen) werden die Sachprobleme immer ausdifferenzierter und damit komplexer. Würden menschliche Angestellte den Preis eines Flugtickets ohne Computerhilfe bestimmen müssen, so wären die heutigen Tarifsysteme nicht denkbar. Um die Wahrscheinlichkeit des Scheiterns zu reduzieren, sollte man sowohl das Sachproblem als auch das Interaktionsproblem vereinfachen.

Etwas einfacher zu machen, ist aber selbst sehr schwierig. Schon Friedrich Schiller notierte (allerdings in einem literarischen Zusammenhang) in einem Brief an Christian Gottfried Körner im Jahre 1788 „Simplicität ist das Resultat der Reife." (Friedrich Schiller@www.Wissen-im-Netz.info). Mehr als 200 Jahre später drückt es der Software-Entwickler und Designer John Maeda in seinem Buch „The Laws of Simplicity" (Maeda 2006) etwas drastischer aus: „Einfach ist verdammt schwer." Allerdings stellt er auch so etwas wie die zehn Gebote der Vereinfachung vor, die, wenn sie eingehalten werden, zwar keine Garantie dafür sind, dass Benutzer nicht scheitern, aber die eine gute heuristische Grundlage für die human-zentrierte Gestaltung technischer Systeme bilden. Besonders interessant erscheint der Punkt 9, in dem das Scheitern an technischen Systemen explizit als letztlich unvermeidbar angesprochen wird.

1. **Reduzieren**
   Am einfachsten erreicht man Einfachheit durch bewusstes Weglassen.
2. **Organisieren**
   Lässt ein System von vielen Dingen weniger erscheinen.
3. **Zeit**
   Das Gefühl Zeit zu sparen, erzeugt positive Emotionen.
4. **Lernen**
   Je größer das Vorwissen, desto einfacher erscheinen die Dinge.
5. **Differenz**
   Einfachheit und Komplexität nehmen wir nur in Gegenwart des anderen wahr.
6. **Kontext**
   Die Einfachheit eines Dings allein ist oft weniger wichtig als seine Umgebung.
7. **Mehr**
   Wenn es um Gefühle geht, kann mehr besser sein als weniger.
8. **Vertrauen**
   Einfachen Dingen vertrauen wir.
9. **Scheitern**
   Man muss akzeptieren, dass sich nicht alles vereinfachen lässt.
10. **Das eine Gesetz**
    Das Offensichtliche weglassen und das Bedeutsame hinzufügen.

Fassen wir an dieser Stelle zusammen, so ergibt sich die Komplexität von Aufgaben sowohl durch die Charakteristika von Sachproblemen als auch von Interaktionsproblemen. An beiden kann Vereinfachung ansetzen und dem Scheitern von Handlungen entgegenwirken. Das Sachproblem lässt sich in der Regel nicht vereinfachen, vor allem, wenn es technisch-physikalischen Gesetzmäßigkeiten unterliegt. Um ein modernes Verkehrsflugzeug zu fliegen, muss man sich z. B. sehr gut mit Aerodynamik auskennen und wissen, wie man eine mehr als 100 t schwere Maschine mit Hilfe verschiedenster Eingriffe in drei Dimensionen steuern kann. Deshalb hält ein Flugzeugcockpit auch zahlreiche Anzeige- und Bedienelemente für den Piloten bereit. Diese Elemente wiederum können vereinfacht werden (der künstliche Horizont ist ein bekanntes Beispiel dafür), was wiederum das Interaktionsproblem vereinfacht (Abb. 3).

Eine radikale Vereinfachung wird dabei durch Automatisierung geleistet: Funktionen, die vormals von einem Menschen ausgeführt wurden, werden durch das technisches System übernommen. Allerdings wird oft das Sachproblem nicht als „Problem", sondern als „Herausforderung" empfunden, deren Bewältigung Spaß macht und das Personen ungern an ein automatisches System zur Behandlung abgeben. Das Erleben der eigenen Fähigkeiten wird genossen, z. B. als „Freude am Fahren", die mancher nicht durch ein autonom fahrendes Fahrzeug verlieren möchte.

Abb. 3 Komplexitätsreduktion ist ein probates Mittel,
um Scheitern an Technik zu
verhindern

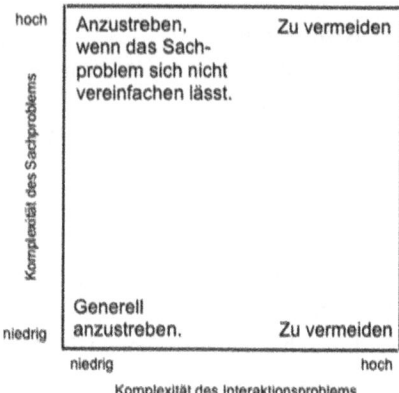

2.3   Organisationale Faktoren des Scheiterns an Technik

Neben den personalen, aufgabenbezogenen und technischen Faktoren, die zum Gelingen
oder Scheitern einer Handlung beitragen können, sind es organisationale Faktoren, die
dabei eine Rolle spielen. Zu diesen Faktoren gehören neben den Regeln, die sich Organisationen selbst gegeben haben, auch übergreifende soziale Normen, gesetzliche Vorgaben
und gesellschaftliche Standards. Viele organisationale Regeln dienen dem Datenschutz,
der IT-Sicherheit und dem Schutz von Persönlichkeitsrechten und Eigentum der Benutzer.

Organisatorische Faktoren erhöhen in der Regel die Komplexität der Interaktion.
Wenn es z. B. um finanzielle Transaktionen im Internet geht, so ist z. B. die Eingabe von
Passwörtern, PINs und TANs notwendig. Dies kann z. B. im Falle von Vergessen oder
Verwechseln zum Scheitern führen. Manche Organisationen begrenzen den Umfang von
E-Mail-Anhängen. Bestimmte Dateien (z. B. solche von Typ.exe) werden gar nicht im An-
hang akzeptiert. Einige Organisationen haben die Verwendung von E-Mailanhängen ganz
verboten. Dateien können nur auf einen passwortgesicherten Server hoch- und wieder
herunter geladen werden, wobei Passwörter generell nicht per E-Mail übertragen werden.
Notariell beglaubigte Verträge erfordern es, dass Nachrichten per Brief gesendet werden.
Das Senden dieser Nachricht per E-Mail würde zwar funktionieren, der Ziel der Benach-
richtigung, eine rechtswirksame Aktion auszulösen, wäre jedoch nicht erreicht und die
Handlung gescheitert.

Auch im privaten Bereich hat es sich etabliert, dass jemand, der z. B. mit anderen viele
Fotos teilen möchte, dies nicht per E-Mail tun wird, sondern die Fotos in ein Online-
Album hochladen und nur den Link dazu per E-Mail versenden wird.

Alle diese Regeln sind eingeführt worden, um unzulässige Datenzugriffe, fahrlässig
verursachte Übertragungsprobleme und böswillige Angriffe auf IT-Systeme zum Scheitern zu bringen. Leider ist es aber auch so, dass nicht nur die böswilligen, sondern auch
die bequemen (sprich die normalen) Benutzer scheitern können, weil die Interaktion ab-
sichtlich schwieriger gemacht wurde.

2.4 Gestaltung von Technik als Faktor des Scheiterns

Während die personalen und organisatorischen Ursachen des Scheiterns in anderen Kapiteln dieses Bandes behandelt werden, steht beim Scheitern an Technik natürlich die Gestaltung von Technik im Mittelpunkt, auch wenn wir gesehen haben, dass es oft nicht allein, mitunter auch überhaupt nicht an der Technik liegt.

Wir gehen in der psychologischen Fehlerforschung von einem Mismatch-Konzept (Frese und Zapf 1991; Reason 1994; Norman 2013) beim Umgang mit technischen Systemen aus. Ein Handlung scheitert, weil – ähnlich wie in einem Puzzlespiel, bei dem die Teile aus verschiedenen Sets stammen – ein oder mehrere Faktoren nicht mit den anderen zusammenpassen.

3 Benutzer, Aufgaben, Rahmenbedingungen und Technik passen nicht zusammen

Der Begriff des „Nichtpassens" ist neutral und gestattet es, die Ursachen des Scheiterns auch in der Praxis in den verschiedenen Faktoren (und nicht allein bei der Person) zu suchen, so wie es in der wissenschaftlichen Fehlerforschung seit langem Standard ist. Dagegen haben die unmittelbar Betroffenen, d. h., die die mit einem technischen System nicht klarkommen, leider eine andere Meinung. Fälschlicherweise suchen sie oft die Schuld an Misserfolgen zunächst bei sich selbst und nicht beim Gerät, beim Hersteller oder Betreiber. In manchen Organisationen verstärkt dann die Arroganz von Administratoren aus der IT-Abteilung (DAU = Dümmster anzunehmender User oder der Spruch „Das Problem sitzt vor dem Computer.") diese Schuldgefühle noch. So kam das Meinungsforschungsinstitut MORI 1999 bei einer repräsentativen Umfrage unter britischen Beschäftigten u. a. zu dem Ergebnis, dass insbesondere in kleinen Unternehmen (< 10 Angestellte) 43 % der Beschäftigten denken, dass sie Schuld an Problemen im Umgang mit Computern haben (im Gegensatz zu nur 15 % in größeren Betrieben) und dass dieser Anteil mit zunehmenden Alter steigt. Bei den älteren Beschäftigten (> 55 Jahre), vermutete mehr als ein Drittel die Schuld bei sich selbst (BBC News 1999). Anekdotisch lässt sich aus unseren eigenen Studien berichten, bei denen insgesamt mehrere hundert ältere Personen ins Labor eingeladen wurden, um zu analysieren, wie sie mit computerbasierten Systemen umgehen, dass nahezu alle mit spontanen Kommentaren wie „Gleich wird sich herausstellen, wie dumm ich bin." eine Art vorbeugender Entschuldigung formulierten, obwohl die Tests später gar nicht zum Scheitern führten. Offenbar kann ein vermutetes Scheitern aber auch zu einer sich selbst erfüllenden Prophezeiung werden, nämlich dann, wenn diese Vermutung zu Berührungsängsten führt und ältere Personen es vermeiden, Technik im Alltag zu benutzen.

Um die verschiedenen Mechanismen des Scheiterns an Technik zu verstehen, betrachten wir zunächst, wie eine erfolgreiche Handlung abläuft. Wenn wir eine Handlung korrekt ausführen, so können wir dabei je nach Lernzustand auf verschiedene Ebenen der Handlungsregulation zurückgreifen.

3.1 Ebenen der Handlungsregulation

Die erste Ebene ist die wissensbasierte (Rasmussen 1983) oder intellektuelle Ebene (Frese und Zapf 1991; Hacker und Sachse 2013) der Handlungsregulation. Handlungen werden auf dieser Ebene reguliert, wenn man ganz am Anfang des Lernens steht. Diese Ebene ist bewusstseinspflichtig, jede Teilhandlung und jede Operation ist explizit.

Dreyfus und Dreyfus (1987) siedeln auf dieser Ebene das Verhalten von Neulingen und fortgeschrittene Anfängern ein. Nehmen wir an, jemand wechselt sein E-Mail Programm und hat eine ausführliche Beschreibung der Funktionen und Interaktionsmöglichkeiten gelesen oder sich ein passendes Video im Internet angesehen. Seine ersten Schritte werden langsam erfolgen, er wird immer wieder nachlesen, prüfen, sich vergewissern, wo die nächste Eintragung zu erfolgen hat und so seine erste Mail damit schreiben. Das Wissen, das hier verwendet wird, ist vorwiegend deklarativ (Wissen, welche Funktionen das System anbietet und wo sie sich befinden). Dieses Wissen ist explizit, man kann es z. B. verbalisieren. Der Vorgang der Aufgabenlösung wird das Gedächtnis stark fordern, es wird kognitiv beanspruchend sein und der Benutzer wird keine anderen Dinge parallel dazu ausführen können.

Wenn der Benutzer nun längere Zeit dieses System benutzt, so wird er im Umgang immer sicherer. Er wechselt auf die Ebene der flexiblen Handlungsmuster (Frese und Zapf 1991) oder der perzeptiv-begrifflichen Regulation (Hacker und Sachse 2013) oder des regelbasierten Verhaltens (Rasmussen 1983). Dreyfus und Dreyfus (1987) sprechen von kompetenten und – noch eine Zwischenstufe höher – von geschicktem Verhalten. Um ein bestimmtes Ziel zu erreichen, werden mehrere Schritte zusammengefasst und gemeinsam mit dem Ziel als Kette von Operationen im Gedächtnis abgespeichert. Es entsteht prozedurales Wissen, das wir auch als Können bezeichnen. Dieses Wissen ist zumindest in Teilen implizit, d. h. wir haben es nicht bewusst verfügbar. Die Ausführung von Handlungen auf dieser Ebene erfolgt routiniert und ohne großen Aufwand. Für jede Ausgangssituation steht eine strukturierte Menge von Wenn-Dann-Regeln zur Verfügung, die einfach abgearbeitet werden, ohne dass man darüber nachdenken muss, welche Operationen in welcher Reihenfolge anzuwenden sind. Wenn ein Benutzer über lange Zeit täglich zahlreiche Mails erhält, beantwortet und selbst neue verfasst, so muss er nicht darüber nachdenken, in welchen Schritten er vorgehen muss, welche Felder auszufüllen sind, wie er eine Adresse auswählt usw.

Bestimmte Teilhandlungen bei Umgang mit einem technischen System und auch beim Schreiben einer E-Mail können noch weiter automatisiert sein. Handlungen werden auf dieser nächsten Ebene sensomotorisch reguliert (Frese und Zapf 1991; Hacker und Sachse 2013). Rasmussen (1983) spricht von fertigkeitsbasiertem (skill-based) Verhalten. Im Gegensatz zu den beiden oberen Ebenen, die es erlauben, eine breites (wissensbasiert) oder enges (regelbasiert) Spektrum von Handlungen zu steuern, ist die fertigkeitsbasierte Ebene hoch spezialisiert. Beim Schreiben einer E-Mail gehören das Tippen des Nachrichtentexts und das Bewegen des Mauszeigers für viele Benutzer auf diese Ebene. Die Operationen und Teilhandlungen verlaufen auf der Basis von Auge-Hand-Koordination oder auf der Basis von propriozeptiven Signalen, die die Stellung von Gliedmaßen und Gelenken anzeigen. Häufig wird die Feedbackschleife durch ein einfaches Geradeaus-Handeln ersetzt. Solche Teilhandlungen können nicht beliebig unterbrochen werden, sondern laufen bis zu ihrem natürlichen Abschluss durch. Man kann dies sehr schön an sich selbst beobachten, wenn man zwei oder drei Buchstaben in einem Wort korrigieren möchte. Oft tippt man dann, ohne es zu wollen, das ganze Wort.

In den letzten Jahren hat eine vereinfachte Version der Ebenenhierarchie der Handlungsregulation eine beachtliche Popularität erzielt: Der Nobelpreisträger Daniel Kahneman hat unter dem Titel „Schnelles Denken. Langsames Denken." (Kahneman 2012) eine Dichotomisierung der Handlungssteuerung und vor allem der Urteilsbildung vorgestellt, in der er seine jahrzehntelangen Forschungen zum Urteilen und Entscheiden zusammengefasst hat. In einem „System 1" werden sensomotorische Automatismen und flexible Handlungsmuster zusammengefasst. Es ist durch folgende Arbeitsweise gekennzeichnet: schnell, automatisch, immer aktiv, emotional, stereotypisierend, unbewusst. Dagegen steht „System 2" mit den Merkmalen: langsam, anstrengend, selten aktiv, logisch, berechnend, bewusst. „System 2" entspricht der wissensbasierten oder intellektuellen Handlungsregulation und auch einer weiteren Ebene, die sich allerdings nur bei den Autoren Frese und Zapf (1991) findet: die Ebene des abstrakten Denkens, die immer dann ins Spiel kommt, wenn ein technisches System völlig neu ist und wir über kein sicheres Wissen über seine Funktionsweise besitzen. Auf der Ebene des abstrakten Denkens können auch „mentale Modelle" gebildet werden (Gentner und Stevens 1983; Johnson-Laird 1983). Diese inneren Modelle sind Mechanismen, die es Menschen ermöglichen, Beschreibungen der Systemziele und Systemoberflächen zu erzeugen, das Funktionieren des Systems und die beobachtbaren Systemzustände zu erklären und zukünftiges Systemverhalten zu prädiktieren (Rasmussen 1987).

Im Zusammenhang mit der Benutzung technischer Systeme arbeitet „System 1" auf eine Weise, die auch gern mit „intuitiver Bedienung" (besser: Benutzung) umschrieben wird. Durch eine entsprechende Gestaltung versuchen Entwickler und Designer, es dem Benutzer zu ermöglichen, ohne vorheriges Lernen, ohne Lesen einer Bedienanleitung, und ohne langes Nachdenken automatisch und unbewusst eine richtige und erfolgreiche Handlung auszuführen. Leider ist „intuitive Bedienung" fast immer nur eine Marketing-Behauptung, denn nahezu alle technischen Systeme erfordern zu ihrer Benutzung einen vorausgehenden Lernprozess. Dem Kaufinteressenten wird hier vorgegaukelt, er könne ein neues Gerät auspacken und sofort benutzen.

Normalerweise sind an einer Handlung zur Benutzung eines technischen Systems alle drei Ebenen (oder beide Kahneman'schen Systeme) involviert. Einige Teilhandlungen erfordern Nachdenken und bewusstes, abwägendes Entscheiden, andere laufen routinemäßig ab, können aber in verschiedenen Varianten erfolgen, wieder andere sind völlig automatisiert und werden von uns gar nicht mehr bewusst erlebt.

3.2   Scheitern auf allen Ebenen

Was passiert nun, wenn es zu einem Fehler und damit zum Scheitern einer Teilhandlung oder einer Operation kommt? Die Handlungsregulation wechselt dann in die jeweils nächst-höherer Ebene. Nehmen wir an, bei der untersten, der sensomotorischen Ebene passiert ein Fehler (Vertippen oder Verklicken). Benutzer werden zunächst versuchen, auf dieser Ebene zu bleiben und mit wiederholten Operationen einen Erfolg zu erreichen. Wir sehen oft Benutzer, die, wenn nach dem Drücken der Return-Taste nichts passiert, diese Taste noch einmal (nur stärker) drücken, und dann noch einmal und noch einmal. Erst nach einer gewissen Zeit prüfen sie (per Blickkontrolle auf dem Bildschirm), ob denn alle Voraussetzungen und Randbedingungen gegeben sind, um an dieser Stelle die Return-Taste erfolgreich zu betätigen. Damit sind sie auf die Ebene der perzeptiv-begrifflichen oder regelbasierten Verhaltenssteuerung gewechselt. Wenn auch auf dieser Ebene keine Fehlerbehebung möglich ist, geht es auf die nächsthöhere Ebene, die intellektuelle oder wissensbasierte Handlungsregulation. Der Benutzer denkt darüber nach, ob hier vielleicht ein ihm bisher unbekannter Spezialfall vorliegt, bei dem man gar nicht die Return-Taste betätigt, sondern die irgend eine andere Taste. Wie würde dies in unserem (fiktiven) E-Mail-Beispiel aussehen? Ein hoch routinierter Benutzer klickt nachdem er den Text beendet hat, auf den Senden-Button. Nichts passiert, auch wenn er den Klick mehrfach wiederholt. Allerdings wird diese Mail vielleicht später mehrfach beim Empfänger ankommen, ohne dass der Absender es bemerkt. Möglicherweise schaut der Benutzer jetzt genauer auf die Adressfeld-Informationen, um zusehen, ob alle Eintragungen vollständig und korrekt sind. Erst dann prüft er, ob sein Mailkonto online geschaltet ist. Reale E-Mail-Programme unterstützen diesen Ebenenwechsel durch die Gestaltung des User Interface in vielfältiger Weise, insbesondere durch akustische und visuelle Rückmeldungen. Das Nichtsenden wird z. B. durch das Ausbleiben eines akustischen Signals verdeutlicht. Fehler in der Adresse und der offline-Zustand des Mailaccounts werden über Meldungsfenster angezeigt. So kann durch eine gute Gestaltung des Systems die Gefahr des Scheiterns verringert werden. Manche typischen Fehler bei Versenden einer Mail werden aber von den meisten Standard-Mailprogrammen nicht entdeckt und nicht korrigiert. Das diesbezügliche „highlight" ist das Vergessen von Anhängen.

Warum müssen Benutzer auf allen drei Ebenen der Handlungsregulation scheitern? Scheitern ist generell die notwendige Kehrseite der Effizienz des menschlichen Handelns (Rasmussen 1983). Ein triviales Beispiel aus der Verkehrspsychologie zeigt, dass wir bei einem Verzicht auf Effizienz, etwa durch die Begrenzung der Höchstgeschwindigkeit von Fahrzeugen auf 20 km/h das Scheitern beim Autofahren (Anzahl und vor allem Schwere von Unfällen) drastisch reduzieren könnten. Praktisch geht aber immer um die Balance von Effizienz und Sicherheit.

3.2.1   Scheitern auf der Ebene von automatisierten Fertigkeiten:

Alle Benutzungshandlungen stehen in einem Konflikt zwischen Geschwindigkeit und Genauigkeit. Würde man sich für jeden Mausklick zehn Sekunden Zeit nehmen, so wäre ein

Verklicken zwar nicht ausgeschlossen, aber doch extrem selten. Fehler dieser Art werden als Flüchtigkeitsfehler, Aufmerksamkeitsfehler oder Bewegungsfehler bezeichnet. Sie betreffen immer die Ausführung einer an sich richtigen Handlung. Reason (1994) nennt diese Fehlerklasse Slips, im Gegensatz zu Mistakes, die auf der wissensbasierte Regulationsebenen angesiedelt sind. Zu den Slips gehören auch Fehler, die auf der Ebene der flexiblen, regelbasierten und routinehaft ablaufende Handlungen auftreten:

Rasmussen (1983) nennt hier frequency-gambling und similarity matching als zugrunde liegende Mechanismen. Man kann sich das so vorstellen, dass bei der hochautomatisierten, schnellen und unbewussten Suche nach der passenden Handlung, die verschiedenen Optionen bereits voraktiviert im Gedächtnis vorliegen. Je häufiger eine Option in der Vergangenheit realisiert wurde, desto stärker ist sie bereits aktiviert und umso schneller erreicht sie die Aktivierungsschwelle, die überschritten werden muss, um die Handlung auch tatsächlich auszuführen. Wir nennen diesen Fehlertyp auch Gewohnheitsfehler. Die zweite Ursache liegt in dem Abgleich zwischen dem wahrgenommenen aktuellen Zustand des technischen Systems und dem im Gedächtnis gespeicherten Bedingungen für die Wenn-Dann-Regeln. Eine hohe Ähnlichkeit zwischen den Wenn-Komponenten der Regeln sorgt in Verbindung mit der bereits erwähnten hohen Voraktivierung für die Auslösung der falschen Regel und damit für das Scheitern der Handlung. Typische Fehler, die sich hier einzuordnen lassen, sind Verwechselungen, die Norman (2013) als capture slips bezeichnet. Gleiche Anfänge von zwei verschiedenen Handlungsketten können dazu führen, dass sich die häufigere (aber falsche) durchsetzt. Ein passionierter Kartenspieler mag beim Seitenzählen in die Folge „1,2,3,4,5,6,7,8,9,10, Bube, Dame, König, As" rutschen. Bei technischen Systemen sind Modusfehler als eine Form von Slips besonders häufig. Viele haben es schon erlebt, dass man einem Digitalwecker nicht die Weckzeit, sondern die aktuelle Uhrzeit verstellte, weil man zuvor den Modus nicht verändert hatte.

3.2.2 Scheitern auf der wissensbasierten Ebene

Auch auf der wissensbasierten Ebene ist das Scheitern letztlich unvermeidlich. Zu einen kann Wissen einfach unvollständig sein, zum anderen auch direkt falsch. Außerdem kann es dazu kommen, dass eigentlich vorhandenes und korrektes Wissen nicht abgerufen werden kann, vielleicht weil in einer Gefahrensituation eine zu hohe Aktivierung besteht. Wir alle kennen so etwas aus stresserzeugenden Prüfungssituation, wo uns bestimmte Fakten einfach nicht einfallen wollen, die aber in einer entspannten Situation leicht erinnert werden. Neben fehlendem und falschem Wissen und den Merk- und Vergessensfehlern gehören folgende Fehler zur Gruppe der Mistakes:

Falsche Zielbildung: Die nachfolgende Handlung ist dann völlig korrekt, und man merkt erst mal nicht, dass man am eigentlichen Ziel vorbei gearbeitet hat. Jemand kann z. B. mit einem Textverarbeitungssystem manuell eine komplette Formatierung vornehmen, bevor der Text inhaltlich fertig ist. Nachträgliche Streichungen, Einfügungen und weitere Veränderungen bringen dann den schön formatierten Text wieder durcheinander. Prognosefehler: Menschen neigen in der Prognose zu Vereinfachungen, Linearisierungen und zur Fortsetzung bestehender Trends. Wie Reason (1987) bei der Analyse des Unfalls in Tschernobyl zeigte, sind insbesondere exponentielle Verläufe von Prozessen, wie bei der Kernspaltung, konkret schwer fassbar und ihrer Dynamik voraussagbar, weil solche Prozesse in unserer natürlichen Umwelt nicht beobachtet werden können. Man denke auch an diverse Rätselaufgaben, bei denen exponentielle Wachstumsraten eine Rolle spielen, wie die Geschichte mit den Reiskörnern auf dem Schachbrett.

Zusätzlich zu den genannten Ursachen des Scheiterns von Handlungen kommt auf der wissensbasierten Ebene hinzu, dass es Situationen geben kann, in denen das Wissen zur Lösung eines Problems noch gar nicht vorhanden ist. Dies spielt zwar beim Umgang mit etablierter Technik kaum eine Rolle (außer bei Störungen und Havarien), wohl aber bei der Entwicklung neuer technischer Systeme oder komplett neuer Technologien. Hier weiß man immer erst im nachhinein, ob der eingeschlagene Weg zum Erfolg oder zum Scheitern geführt hat. Dies ist das Gebiet, in dem die Unvermeidlichkeit des Scheiterns am plausibelsten ist.

4 Positives Scheitern

Scheitern im Umgang mit Technik kann erwünscht sein. Wie wir gesehen haben, ist es leicht möglich, dass im Umgang mit Technik Fehler passieren. Gerade Slips oder Ausrutscher, bei denen aus Versehen, oder Mistakes, bei denen aus Unkenntnis falsche Aktionen gestartet werden, die möglicherweise gefährliche Folgen nach sich ziehen, sollten verhindert werden. Technisch bedeutet dies, Barrieren einzuziehen. Not-Aus-Knöpfe sind zwar gut markiert und leicht zu erreichen, befinden sich aber in einer Vertiefung, so dass man nicht durch zufälliges Gegenlehnen oder eine ungewollte Bewegung darauf drückt. Wenn man Dateien endgültig und dauerhaft löschen möchte, so wird man explizit gefragt, ob man das tatsächlich beabsichtigt. Wir wissen aber auch, dass dies nicht immer ausreicht. Löscht man nacheinander 20 Dateien und kommt dann zu der 21., die man eigentlich nicht löschen möchte, so wird die Sicherheitsabfrage unwirksam. Hier würde es vielleicht helfen, bei jeder Löschaktion ein andersartigen Frage (mit modifizierten Text, anderer Grafik, anderen Farben) anzubieten, aber sicher ist diese Methode auch nicht. Gute Barrieren verzögern die Ausführung (ähnlich dem Zeitschloss im Tresor einer Bank) oder erfordern bei jeder Aktion eine andere Eingabe (TAN-Prinzip). Für sicherheitskritische Aktionen bietet sich auch an, die Handlung auf andere Art und Weise zu erschweren, in dem man z. B. nicht eine Taste drückt, sondern drei gleichzeitig. Als das soll verhindern, dass der Benutzer allein auf der sensomotorischen, unbewussten Ebene agiert.

4.1 Barrieren lassen Fehlhandlungen scheitern

Norman (2013) hat Barrieren in drei Kategorien eingeteilt: Sogenannte Interlocks schließen bestimmte Benutzungshandlungen, die gefährliche Konsequenzen haben können, zeitweilig aus oder erfordern bestimmte zusätzliche Bedingungen. Man kann z. B. ein

Auto mit Automatikgetriebe nur starten, wenn man den Fuß auf der Bremse hat. Lokführer können einen Zug nur steuern, wenn sie durch häufiges Betätigen des sogenannten „Totmann-Knopfes" dem System signalisieren, dass sie z. B. bei einer langen Nachtfahrt nicht eingeschlafen sind. Ansonsten stoppt der Zug automatisch. Lock-Ins halten den Benutzer in einer bestimmten für das technische System unsicheren Situation so lange fest, bis er sich für eine bestimmte Option entschieden hat. So kann man z. B. ein E-Mail-Programm nicht beenden, wenn man sich nicht vorher entschieden hat, unfertige Mails entweder als Entwürfe zu speichern oder aber zu löschen. Lockouts sind Barrieren, die Benutzer daran hindern, Zugang zu bestimmten Funktionen zu bekommen. Die Beispiele reichen von Kindersicherungen an Steckdosen oder Verschlüssen an Reinigungsmittelflaschen bis hin zum Einziehen der Geldkarte nach dreimaliger fehlerhafter PIN-Eingabe.

Wie wir gesehen haben, ist Scheitern, von einer höheren Ebene aus betrachtet, manchmal hilfreich, aber vor allem darf man nicht davon ausgehen, dass es ausgeschlossen werden kann. Wenn man bei der Benutzung eines technischen Systems einen Fehler machen kann, so wird sich über lang oder kurz auch jemand finden, der diesen Fehler tatsächlich macht. Es lohnt sich daher, bei der Gestaltung technischer Systeme nicht nur über Fehlervermeidung im Sinne der beschriebenen Barrieren nachzudenken, sondern auch über das Fehlermanagement: Was können Benutzer tun, um Fehler zu korrigieren? Eine elegante und weitverbreitete Methode ist die UNDO-Funktion. Mit ihr ist ein Traum früherer Generationen erfüllt worden: Man kann einen Fehler ungeschehen machen. Natürlich war und ist dieser Traum eher auf physikalische Ereignisse bezogen (man möchte z. B. einen Fahrfehler, der zu einem Unfall führte, ungeschehen machen, in dem man die Situation noch einmal erlebt) oder auch auf Niederlagen in sozialen Konflikten (auf der Treppe fallen einem die richtigen Argumente ein, die man in der gerade geführten Auseinandersetzung hätte bringen sollen). Aber ist es nicht auch schon eine wunderbare Möglichkeit, ein versehentlich gelöschtes umfangreiches Dokument wieder aus dem Papierkorb zu holen? UNDO setzt voraus, dass nicht alles unwiderruflich gelöscht oder zerstört wurde. Bei sicherheits-kritischen Systemen spricht man von „Fail-Safe-Prinzip". Wenn es zu einem Fehler kommt und zwar unabhängig davon, ob dieser Fehler durch das Handeln von Personen oder durch einen technischen Defekt verursacht wurde, so sollte das System nach dem Scheitern oder Verunglücken in einen sicheren Zustand übergehen. Bekanntestes Beispiel ist die Nutzung der Schwerkraft beim Ausfall elektro-mechanischer Vorrichtungen. So sind Kernreaktoren so konstruiert, dass bei Stromausfall die Bremsstäbe, die zu einem Stoppen der Kernreaktion führen, allein durch die Schwerkraft in den Reaktorkern hineinfallen. So ist dies auch bei der Katastrophe von Fukushima passiert. Leider gibt es aber keine Fail-Safe-Technik, die die nachfolgende Wärmeentwicklung bei der verbleibenden Reststrahlung verhindern kann, die dann zu der Zerstörung der Reaktorblöcke geführt hat.

Fail-Safe bei der Nutzung von Computern im Alltag heißt, vor allem auf Back-up Lösungen zu setzen. Sie stellen eine Möglichkeit bereit, die UNDO-Funktion auch einem größeren Maßstab zu benutzen und auch dann noch Fehler zu beheben, wenn sie erst zu einem viel späteren Zeitpunkt bemerkt wurden.

5   Der Irrglaube, nicht scheitern zu können

Die Erkenntnis, dass Menschen Fehler machen und Handlungen scheitern könne, hat die Entwickler von technischen Systemen immer wieder angetrieben, ihre Produkte sicherer und zuverlässiger zu machen. Dabei haben sich zwei große Richtungen herausgebildet: Zum einen soll die Kommunikation zwischen Mensch und Technik verbessert werden. Dazu gehören eine ergonomische und gebrauchstaugliche Gestaltungen von Funktionen, Dialogen, Interaktionstechniken, Systemoberflächen mit Anzeige- und Bedienelementen. Die andere große Richtung versucht den „unzuverlässigen" und in seinen perzeptiven, motorischen und kognitiven Ressourcen begrenzten Menschen durch zuverlässige und leistungsfähigere Technik zu ersetzen. Es geht um die Automatisierung, d. h. die Übernahme von sensorischen, kognitiven und motorischen Operationen bis hin zu kompletten Handlungen, die zuvor von Menschen ausgeführt wurden, durch technische Systeme. Das bekannteste Beispiel ist das vereinfachend als Autopilot bezeichnete System unterschiedlicher computerbasierter Regelkreise, die u. a. Stabilität, Kurs, Flugmanöver und Antriebsleistung von Verkehrsflugzeugen überwachen und steuern. Im Bereich des Autofahren ist man gegenwärtig noch nicht so weit, auch wenn mit Hochdruck am automatischen Fahren gearbeitet wird. Während es im militärischen Bereich schon seit längerem Flugzeuge ohne Piloten gibt (Drohnen), ist es beim Autofahren gegenwärtig eher so, dass ausgewählte Handlungen und Operationen vom Menschen auf die Technik übertragen werden (z. B. Geschwindigkeit und Abstand zum vorausfahrenden Fahrzeug einhalten, spurtreu fahren, Sicherheitsbremsung durchführen, Stabilität aufrechterhalten, den Weg finden, einparken). Die Assistenzsysteme, die diese Funktionen übernehmen, unterstützen jetzt den Fahrer, werden ihn jedoch in wenigen Jahren komplett ersetzen können. Trotz dieser weitgehenden Automatisierung, die beispielhaft in der Flug- und Fahrzeugführung angesprochen wurde und die natürlich in sehr vielen Industriezweigen im gleichen Maße oder sogar noch weiter fortgeschritten ist, werden Menschen nicht ganz aus dem System herausgelöst. In Verkehrsflugzeigen sitzen z. B. weiterhin zwei Piloten im Cockpit. Sie haben jedoch eine neue Aufgabe. Sie fliegen das Flugzeug nicht, sondern sie überwachen die Bordsysteme. Nur wenn sie feststellen, dass es eine Störung gibt, die von der Automatik nicht angemessen behandelt werden kann, übernehmen sie wieder ihre ursprüngliche Rolle. Ein dramatisches Beispiel für solch eine erfolgreiche Rollenübernahme war die Notwasserung eines Airbus A320 auf dem Hudson am 15. Januar 2009. Allerdings gelingt die Rollenübernahme nicht immer, wie der Absturz eines französischen Airbus A330 über dem Atlantik am 1. Juni des selben Jahres zeigte. Die Piloten verstanden die Situation nicht, in der sich das Flugzeug befand, und verloren die Kontrolle darüber, nach dem sich mehrere automatische Systeme ausgeschaltet hatten.

Anhand dieser dramatischen Vorkommnisse kann man die sogenannten Paradoxien oder Ironien verstehen, die Bainbridge (1983) bereits vor längerer Zeit formulierte. Die erste Ironie besteht darin, dass ein unzuverlässiges System (der sprichwörtlich fehleranfällige Mensch – errare humanum est) durch ein hoch zuverlässiges System (Technik) ersetzt wird. Da die Technik aber nicht hundertprozentig perfekt ist, bleibt zusätzlich das unzuverlässige System (der Mensch) im Spiel, um bei Ausfall oder Störung des zuverlässigen zu übernehmen. Damit wird gerade in Störfällen etwas Hochzuverlässiges durch etwas Unzuverlässiges ersetzt.

Die zweite Ironie besteht darin, das der unzuverlässige Mensch für die Rolle als passiver Überwacher nicht nur denkbar schlecht geeignet ist, sondern immer schwächer wird, je länger er diese Rolle ausführt, d. h. je zuverlässiger das technische System ist. Gerade bei der kurzfristigen und zeitkritischen Rückübernahme von Steuerungsfunktionen kann eine Aufmerksamkeitslücke entstehen. Autofahrer, die selbst fahren, sind mental der aktuellen Fahrzeugposition voraus und zwar umso weiter, je schneller sie fahren. Bei einer plötzlichen Übernahme müssen sie diesen vorauseilenden Aufmerksamkeitsfokus erst herstellen. Langfristig verlieren Menschen sensomotorische Fertigkeiten, wenn sie diese nicht regelmäßig ausüben. Jemand der ausschließlich Autos mit automatischem Getriebe fährt, verliert sein Gefühl für das Zusammenspiel für Kupplung und Gas und hat beim Anfahren dieselben Probleme wie ein Fahranfänger. Beide Effekte sind gut bekannt und man versucht, ihnen entgegenzuwirken. Für den kurzfristigen Wiederaufbau des Situationsbewusstseins bei der Übernahme werden Mindestankündigungszeiten von 4 bis 10 s gefordert. Dem langfristigen Fertigkeitsverlust sollen Simulator-Trainings entgegenwirken.

Die dritte Ironie hat grundsätzlichen Charakter und lässt sich nicht Vorwarnung und Training aus der Welt schaffen. Die technischen Systeme werden auch von (unzuverlässigen) Menschen entwickelt, konstruiert, programmiert, geprüft, gewartet und konfiguriert. Die moderne Technik-Geschichte zeigt viele Beispiele, dass technische Systeme scheiterten, weil sie fehlerhaft programmiert waren: Der Jungfernflug der europäischen Rakete Ariane 5 geriet zu einem Desaster. Die Rakete stürzte am 4. Juni 1996 nur 36 s nach dem Start ab. Der Schaden betrug ca. 500 Mio. US$. Ein Fehler im zentralen Steuerungssystem hatte den Selbstzerstörungsmechanismus ausgelöst. Die Steuerungssoftware der Rakete wurde von der Vorgängerrakete Ariane 4 übernommen und an die Dimensionen der Ariane 5 nur unvollständig angepasst. Die Ariane 5 war aber nicht nur größer, sondern beschleunigte auch fünfmal stärker. Die Software musste mit Geschwindigkeiten rechnen, die bei der Ariane 4 nie auftraten. Der Bordrechner ging fälschlicherweise von einer Schräglage der Rakete aus und veranlasste die Sprengung.

Am 11. Dezember 1998 brachte die NASA den Mars Climate Orbiter auf die Reise. Der Orbiter sollte Anfang September 1999 durch ein Abbremsmanöver in eine 400 km hohe Umlaufbahn des Mars gebracht werden. Nach ca. 200 Marsumrundungen in 57 Tagen hätte der Satellit die gewünschte kreisförmige Umlaufbahn einnehmen müssen. Jedoch war der Satellit bereits bei der ersten elliptischen Umrundung zu weit in die Marsatmosphäre eingedrungen, so dass er verglühte. Weil ein Teil der Ingenieure bei einem Zulieferer in überholten, aber in den USA üblichen englischen Maßeinheiten (pound) und der Rest nach den Regeln der NASA in modernen metrischen Einheiten (Newton) rechnete, ist die Navigation des Mars Climate Orbiter danebengegangen. Verlust: 165 Mio. US$.

Beide Katastrophen kamen bei extrem auf Zuverlässigkeit orientierten großen Raumfahrtorganisationen mit hohen Budgets zustande. Software, die alltäglich auf den Computern in Büros und auf privaten Schreibtischen läuft, hat eine wesentlich geringe Zuverlässigkeit, was man unschwer am häufigen Abstürzen oder Aufhängen von Programmen erkennen kann.

Richtig ist, dass Automatisierung viele Fehler, Unfälle und das Scheitern menschlicher Handlungen verhindert hat, aber es ist nicht zutreffend, dass Automatisierung ein Scheitern gänzlich verhindern kann. Besonders tragisch sind Fälle, in denen automatische Systeme das erfolgreiche, ja sogar das lebensrettende Verhalten von Menschen verhindern. Am 14. September 1993 schoss ein Airbus A321 der Deutschen Lufthansa in Warschau über das Ende der Landebahn hinaus, prallte auf einen Erdwall und geriet in Brand. Bei diesem Umfall kamen zwei Menschen ums Leben. Wie fast immer bei solchen Geschehnissen gab es mehrere Faktoren, die dazu einen ursächlichen Beitrag lieferten. Einer davon war eine Sicherheitsautomatik, die 9 s lang verhinderte, dass der Pilot die Bremssysteme, insbesondere die Schubumkehr der Triebwerke einschalten konnte. Das Flugzeug hatte aufgrund von Seitenwind etwas schräg aufgesetzt und das linke Hauptfahrwerk war noch nicht genügend belastet. Für die Automatik befand sich das Flugzeug noch in der Luft, wo eine Schubumkehr unbedingt verhindert werden muss. Die Automatik wusste auch nichts von dem Erdwall, den die Piloten gut sehen konnten, ohne dass es eine ausreichende Bremsstrecke gab.

Man könnte dies als ein Beispiel für eine vierte Ironie sehen, die den drei von Bainbridge hinzuzufügen wäre: Automatische Systeme sollen fehlerhafte und gefährliche Aktionen von Menschen verhindern. Sie können aber auch notwendige und sinnvolle menschlichen Aktionen in gefährlichen Situationen unmöglich machen.

6   Scheitern durch unangemessenes Vertrauen in Technik

Zu den paradoxen „Nebenwirkungen" von automatischen Systemen gehört auch das ungerechtfertigte, teilweise blinde Vertrauen in automatische Systeme, wie auch das genaue Gegenteil, dass überhöhte Misstrauen in solche Systeme. Wir kennen „blindes" Vertrauen aus zahlreichen kuriosen Meldungen, in den berichtet wird, wie Autofahrer dabei scheiterten, ihr Ziel zu erreichen, weil sie ohne nachzudenken, einfach den Anweisungen ihres Navigationssystems gefolgt sind.

Anstatt in dem englischen Dorf Crackpot anzukommen, landeten immer wieder Autofahrer auf einer 30-Meter-Klippe. Mittels des Navigationssystems GPS wurden die Autofahrer auf die Bergkuppe weitergeleitet und konnten kaum noch umdrehen, wie etwa Busse und LKW. Des Öfteren waren die Dorfbewohner gefordert – sie schleppten die Vehikel mit Traktoren ab (Shortnews.de 2006).

Wegen eines Fehlers im Navigationssystem ist ein britischer Krankenwagen mit einem Patienten an Bord sieben Stunden zu spät am Ziel angekommen. Die Ambulanz wurde von dem Gerät versehentlich bis ins 350 Kilometer entfernte Manchester geschickt, obwohl der Mann eigentlich nur von einer Londoner Vorort-Klinik in eine andere gebracht werden sollte. Statt 20 min dauerte die Fahrt knapp acht Stunden. Die Gesundheitsbehörden erklärten den Fehler damit, dass das Satellitensystem die neue Klinik mit dem Namen

Mascalls Park nicht erkannt habe und den Wagen nach Manchester geleitet habe – alphabetisch das nächstgelegene Ziel. Die Krankenwagen-Besatzung habe sich zunächst blind auf die Angaben verlassen und erst mit viel Verspätung den Fehler bemerkt. Der Patient kam trotzdem wohlbehalten an: Er hatte die meiste Zeit geschlafen (Focus.de 2006).

Einem tschechischen Lastwagenfahrer ist im Südwesten Englands ebenfalls sein Vertrauen in sein Navigationssystem zum Verhängnis geworden. Der Mann blieb mit seinem 40-Tonner auf einer von dichtem Gestrüpp zugewucherten Landstraße in einer Kurve stecken – drei Tage lang. Alle Versuche, seinen Lastwagen zurückzusetzen, scheiterten, weil die Räder durchdrehten. Der Fahrer ging den GPS-Anweisungen auf den Leim, obwohl er misstrauisch geworden war. Er fragte Passanten, ob er wirklich auf dem richtigen Weg sei, niemand aber verstand sein gebrochenes Englisch. Nach drei Tagen wurde der Lastwagen schließlich von einem Traktor frei geschleppt (rp-online.de 2007).

Fährschiff-Passagiere und Strandspaziergänger an der nordostaustralischen Küste staunten nicht schlecht: Sie sahen einen Hyundai Getz, im Wasser der Moreton Bay, umspült von den Wellen. Seine Fahrer konnten sich längst an Land retten: drei japanische Touristen, die dem Navigationsgerät in ihrem Mietwagen zu viel Glauben geschenkt hatten. Die drei Studenten aus Tokio wollten einen Tagesausflug zu der Insel Stradbroke unternehmen, 16 km östlich von Brisbane, doch ihr GPS-Gerät vergaß die 15 km Wasser zu erwähnen, die zwischen Festland und Insel liegen. Bei Ebbe führte es die drei Freunde zunächst über eine Schotterstraße und dann mitten in den Matsch. Nach 500 m war Schluss – der Kleinwagen blieb bis zu den Achsen im Watt stecken. Als einige Zeit später die Flut kam, war das Auto schnell im Wasser versunken (Spiegel Online.de 2012).

Gibt es außer den amüsanten Berichten über solche Navi-Pannen auch wissenschaftliche Belege dafür, dass ein Sich-Verlassen auf Navigationsgeräte (= Automatisierung der Routenwahl) im Sinne der zweiten Ironie von Bainbridge zu einer Reduktion des Situationsbewusstseins führt? Franzen (2011) ist dieser Frage in einer kleinen Studie nachgegangen. Sie hatte zwar nur zwanzig Teilnehmer an ihrem Experiment, aber die Ergebnisse sind so deutlich, dass sie hier berichtet werden sollen. Die Autorin ließ die Autofahrer im Salzburger Land (zehn Fahrer) und in Oberösterreich (zehn Fahrer) mit ihrem eigenen Fahrzeug eine unbekannte Strecke von jeweils ca. zehn Kilometer Länge durch eine ländliche Gegend mit mehreren Abzweigungen und Kreuzungen fahren. Die Hälfte der Fahrer hatten eine gedruckte Landkarte zur Verfügung, die andere Hälfte ein Navigationssystem. Bei dieser Fahrt zeigte sich ein deutlicher Vorteil der Automatisierung: Die Leute mit dem Navigationssystem verfuhren sich im Mittel weniger als einmal, die Leute mit der Karten dagegen im Mittel etwa dreimal. Dann kam am Ziel für alle Testfahrer überraschend die Aufforderung, dieselbe Strecke zurückzufahren, doch diesmal hatten sie weder eine Karte, noch ein Navigationsgerät zur Verfügung. Wie gut hatten die Teilnehmer an diesem Experiment die Streckeninformation im Kopf? Bei der Rückfahrt ohne jedes Hilfsmittel kehrten sich die Verhältnisse der Hinfahrt um, die ehemaligen Kartenfahrer verfuhren sich jetzt im Mittel nur einmal, die ehemaligen Navifahrer dreimal. Die Kartenfahrer waren auf der Rücktour auch schneller (sie sparten ca. 30 % der Hinfahrtzeit ein) während die Navifahrer eine ca. 25 % längere Zeit benötigen. Ein klarer Beleg dafür, dass sich die Wahrscheinlichkeit zu scheitern deutlich erhöht, wenn man sich zu sehr auf technische Unterstützungssystem verlässt, und diese dann plötzlich nicht mehr zur Verfügung stehen.

7   Zusammenfassung

Scheitern an Technik ist Bestandteil unseres Alltags. Zum Scheitern tragen mehrere Faktoren bei. Die Wahrscheinlichkeit des Scheiterns kann reduziert werden, in dem man die Komplexität technischer Systeme verringert und die zu lösenden Aufgaben vereinfacht. Außerdem kann dem Scheitern durch Wissensvermittlung und Übung (z. B. durch Error Management Training im Sinne von Keith und Frese 2008) vorgebeugt werden. Bei allen Bemühungen ist Scheitern an Technik jedoch nicht völlig aus der Welt zu schaffen. Ein fehlerorientiertes Design technischer System kann dafür sorgen, dass Benutzer nach dem Scheitern weitere Chancen erhalten. Ein guter Weg, dies zu erreichen besteht darin, das Scheitern möglichst in die frühen Phase der Technik-Entwicklung vorzuverlegen und durch iteratives Testen von kostengünstigen und leicht zu modifizierenden Prototypen dem Motto des Stanford Professors und Gründers der Design-Firma IDEO, David Kelly, zu folgen, das da lautet: „Fail frequently, fail fast." (zitiert nach Norman 2013, S. 229). In diesem Sinne ist es durchaus logisch von einem „erfolgreichen Scheitern" zu sprechen.

Literatur

Bainbridge, L. (1983). Ironies of automation. *Automatica, 19*(6), 775–779.
BBC News. (1999). http://news.bbc.co.uk/2/hi/business/353563.stm. Zugegriffen: 7. Mai 2015.
Dreyfus, H. L. & Dreyfus, S. E. (1987). *Künstliche Intelligenz. Von den Grenzen der Denkmaschine und dem Wert der Intuition*. Rheinbeck bei Hamburg: Rowohlt.
Focus.de. (2006). http://www.focus.de/panorama/welt/endlos-fahrt_aid_120342.html.
Franzen, A. E. (2011). *Navi denkt, FahrerIn lenkt. Aktive vs. semi-passive Ortserfahrung beim Autofahren*. Bachelorarbeit Naturwissenschaftlichen Fakultät der Paris-Lodron-Universität Salzburg, Fachbereich Psychologie.
Frese, M. & Zapf, D. (Hrsg.). (1991). *Fehler bei der Arbeit mit dem Computer: Ergebnisse von Beobachtungen und Befragungen im Bürobereich. Reihe „Schriften zur Arbeitspsychologie"* (Bd. 52, hrsg. von E. Ulich). Bern: Huber.
Friedrich Schiller @ www.Wissen-im-Netz.info. http://www.wissen-im-netz.info/literatur/schiller/briefe/koerner/1788/90.htm. Zugegriffen: 07. Mai 2015.
Gentner, D., & Stevens, A. L. (Ed.). (1983). *Mental models*. Hillsdale: Lawrence Erlbaum Associates.
Hacker, W., & Sachse, P. (2013). *Allgemeine Arbeitspsychologie. Psychische Regulation von Wissens-, Denk- und körperlicher Arbeit* (3. Aufl.). Göttingen: Hogrefe.
Hurtienne, J., & Prümper J. (2003). Stress in the office: The influence of software-ergonomic quality. In D. Harris, V. Duffy, M. Smith, & C. Stephanidis (Hrsg.), *Human-centred computing: Cognitive, social, and ergonomic aspects* (S. 63–67). Mahwah: Lawrence Erlbaum Associates.
Johnson-Laird, P. N. (1983). *Mental models: Towards a cognitive science of language, inference, and consciousness*. Cambridge: Harvard University Press.

Kahneman, D. (2012): *Schnelles Denken, Langsames Denken*. München: Siedler Verlag.

Keith, N. & Frese, M. (2008). Effectiveness of error management training: A meta-analysis. *Journal of Applied Psychology, 93*, 59–69.

Lazar, J., Jones, A., & Shneiderman, B. (2006). Workplace user frustration with computers: An exploratory investigation of the causes and severity. *Behaviour & Information Technology, 25*(3), 239–251.

Maeda, J. (2006). *The laws of simplicity*. Cambridge: MIT Press.

Norman, D. A. (2013). *Design of everyday things: Revised and expanded*. New York: Basic Books. London: MIT Press.

o. A. (2007). idrive – und wer fährt? *Automobil-Tests*. Heft 5, S. 44–49.

Prensky, M. (2001) Digital natives, digital immigrants. *On the horizon, 9*(5), 1–6. MCB University Press.

Rasmussen, J. (1983). Skills, rules, knowledge; signals, signs, and symbols, and other distinctions in human performance models. *IEEE Transactions on Systems, Man and Cybernetics, 13*, 257–266.

Rasmussen, J. (1987). Mental models and the control of action in complex environments. Selected papers of the 6th Interdisciplinary Workshop on Informatics and Psychology: Mental Models and Human-Computer Interaction 1. 41–69. Amsterdam: North-Holland Publishing Co.

Reason, J. (1987). The Chernobyl errors. *Bulletin of the British Psychological Science, 40*, 201–206.

Reason, J. (1994). *Menschliches Versagen*. Heidelberg: Spektrum Akademischer Verlag.

rp-online.de. (2007). http://www.rp-online.de/panorama/ausland/lastwagenfahrer-drei-tage-in-kurve-gefangen-aid-1.2030139. Zugegriffen: 14. Mai 2015.

Shortnews.de. (2006). http://www.shortnews.de/id/617449/gb-navigationssystem-fuehrt-autofahrer-anstatt-in-dorf-auf-30-meter-klippe. Zugegriffen: 14. Mai 2015.

Spiegel Online.de. (2012). http://www.spiegel.de/reise/aktuell/navi-leitete-touristen-mit-mietwagen-ins-meer-a-821757.html. letzter. Zugegriffen: 14. Mai 2015.

Streitz, N. (1985). Die Rolle von mentalen und konzeptuellen Modellen in der Mensch-Computer-Interaktion: Konsequenzen für die Software-Ergonomie? *Software-Ergonomie*. 280–292.

Triebe, J. K., & Wittstock, M. (1997). Die Gebrauchstauglichkeit von Software im Dienste einer gesundheitlichen Prävention. In R. Liskowsky et al. (Hrsg.), *Software-Ergonomie 1997* (S. 297–306). Stuttgart: Teubner.

Prof. i.R. Dr. Hartmut Wandke (wandke@artop.de) ist Diplompsychologe und war von 1993 bis 2014 Professor für Ingenieurpsychologie/Kognitive Ergonomie an der Humboldt-Universität zu Berlin. Er ist Mitbegründer des artop-Instituts an der Humboldt-Universität und ist dort in der Usability-Gruppe tätig. Seine Forschungs- und Beratungsinteressen liegen auf den Gebieten Human-Computer-Interaction, Assistenzsysteme & Automatisierung und Ambient Assisted Living.

Teil III
Scheitern auf der sozialen Ebene

Scheitern in der Führung

Eine Option?

Geri Thomann, Theo Wehner und Christoph Clases

Zusammenfassung

Im vorliegenden Beitrag wird Scheitern im Führungshandeln grundsätzlich als eine Option darstellt. Definiert wird Scheitern als das Erleben der Unmöglichkeit, ein identitätsstiftendes Motiv zu realisieren: Scheitern verweist damit auf die Verunmöglichung der Zielerreichung, Fehler, Irrtümer und das Misslingen hingegen auf die Verfehlung eines antizipierten Ziels. Wer identitätsstiftende Motive nicht kennt, kann – in der Logik dieser Begriffsverwendung – nicht scheitern. In der Folge wird zwischen *graduellem* und *absolutem* Scheitern unterschieden, es wird weiter zwischen den *akkommodativen* und *assimilativen* Bewältigungsformen unterschieden, um die konzeptionellen Ansätze dann an Interviewaussagen von Führungskräften zu exemplifizieren. Die von Thomann (2008) geführten Tiefeninterviews kreisen um die Aspekte „Scheiterverständnis", „Erfahrungen von Scheitern" und „Bewältigungsstrategien". Drei Folgerungen für die Praxis werden gezogen: 1.) *Das Scheitern enttabuisieren*, 2.) *Starre und tradierte Organisationsbilder de-stabilisieren, Instabilität gestalten* und 3.) *Möglichkeiten und Gefäße schaffen für Umdeutungs- und Reflexionsprozesse.*

G. Thomann (✉)
ZHE - Zentrum für Hochschuldidaktik und Erwachsenenbildung, Pädagogische Hochschule Zürich, Lagerstrasse 2, 8090 Zürich, Schweiz
E-Mail: geri.thomann@phzh.ch

T. Wehner
ETH Zürich, Weinbergstrasse 56/58, 8092 Zürich, Schweiz
E-Mail: twehner@ethz.ch

C. Clases
AOC Unternehmensberatung, Bergstraße 134, 8032 Zürich, Schweiz
E-Mail: clases@aoc-consulting.com

© Springer-Verlag Berlin Heidelberg 2016
S. Kunert (Hrsg.), *Failure Management*, DOI 10.1007/978-3-662-47357-3_6

95

1   Einleitung

Fast täglich finden sich selbst in seriösen Tageszeitungen mehr oder weniger pikante Details von Abstürzen und Krisen sogenannter Top Shots. Der öffentliche Hunger nach entblössenden (Handy-)Videos und Nahaufnahmen von Mächtigen und Berühmten – teilweise in jämmerlicher Bildschärfe und ebensolchen Posen – scheint unersättlich. Vielleicht trösten uns Pannenberichte und Abstürze hochgelobter Führungskräfte, Politiker oder Stars im Sinne eines Ausgleiches: Man stürzt doch lieber von weiter unten – zumal dies weniger schmerzt.

Gerade Führungspersonen stehen in Bezug auf das Thema Scheitern im Fokus: Man fragt sich bspw., weshalb „90 % der Führungskräfte scheitern", woran sie dies tun und eruiert ganz nebenbei die „Top 5 der Gründe für das Scheitern"[1] oder leitet Führungskräfte an „gescheiter zu scheitern". All diese Abhandlungen und die Zuspitzung im öffentlichen, journalistischen Diskurs finden außerhalb der Lehrbücher zur Psychologie der Führung statt. Um an dieser Stelle nicht denunziatorisch zu wirken, sei, bezüglich der Prüfung dieser Verallgemeinerung, nur der empirische Befund, nicht aber die Quellen genannt: In 15 einschlägigen, sowohl englisch- als auch deutschsprachigen Lehrbüchern fand sich weder das Stichwort, geschweige denn gab es Kapitelabhandlungen hierzu; selbst in einem renommierten Lehrbuch der Sozialpsychologie (Jonas et al. 2014) sucht man das Stichwort vergebens: Tabuisierung? Zurückhaltung? Fehlende Evidenz bzw. Empirie?

Hingegen berichten uns Führungskräfte eindrücklich von Vorboten oder Begleiterscheinungen ihres persönlichen Scheiterns im Führungsalltag unter Verwendung von Metaphern aus der Welt des (Un-) Wetters und der Fortbewegungsmittel:

> … Und da steuerst du manchmal, steuerst und gestaltest und manchmal bist du auch getrieben. (FP 2008.1)
> Also ist die Chance gross, dass Du nicht mehr aus dem Strudel heraus kommst. (FP 2008.2)
> …Gerne wäre ich Abkürzungen geritten oder hätte die Zügel früher losgelassen. Es ging nicht. (FP 2008.1)
> …und irgendwo ist einfach von Anfang an… eine Atmosphäre, ein Klima da gewesen oder etwas in den Wolken gegangen oder in der Luft gewesen, was wir nicht recht fassen konnten. (FP 2008.3)

In den folgenden Ausführungen wird versucht, das Phänomen Scheitern begrifflich zu fassen und es in Bezug zu Führungssituationen und -personen im Kontext gesellschaftlicher Deutungsprozesse zu setzen sowie Strategien der Bewältigung von Scheitererfahrungen zu analysieren. Gerade die Einstiegspassagen dieses Textes werfen mehr Fragen auf, als Antworten durch die Rezeption der Sachbücher und journalistischen Quellen gegeben werden: Wer scheitert hier eigentlich, die Menschen oder ihre Projekte? Was ist mit Scheitern gemeint? Wo liegt der Unterschied zwischen Fehlern, Misslingen, Pech und Pannen und einem Scheitern (Kapitel „Scheitern und Identität: Das ungewisse Ich")? Weshalb sind Führungskräfte anfällig auf wahrgenommenes oder zugeschriebenes Scheitern? Was

---

[1] agitano.com/darum-scheitern-fuehrungskraefte-top-5/83682.

lässt sich in der spezifischen Managementliteratur darüber finden (Kapitel „Scheitern bei strategischen Entscheidungen")? Welche Perspektiven auf Scheitern sind deutungsrelevant (Kapitel „Scheitern im Spitzensport: Handlungsperspektiven für Führungspersonen in Sport und Wirtschaft"). Wie bewältigen Führungskräfte Erfahrungen des Scheiterns (Kapitel „Scheitern an Technik")? Dazwischen, kleingedruckt eingestreut, finden sich Zitate aus Interviews von Führungskräften zu Erfahrungen und Umschreibungen von persönlichem Scheitern; diese sind im Rahmen der Dissertationsarbeit „Produktives Scheitern" von Geri Thomann (2008) entstanden (s. Containerbox 1). Der Text schliesst mit Ergebnissen aus dieser Arbeit und einer Auswahl an Implikationen für die Professionalisierung der Führungspraxis (Kapitel „Scheitern in der Führung: Eine Option").

Containerbox 1: Projekt „Produktives Scheitern"

Ausgehend von einem interessegeleiteten Vorverständnis und groben Fragestellungen wurden 35 schriftliche Geschichten von Führungskräften zum Thema „Scheitern" eingeholt. Dies führte zu einer ersten Publikation (Thomann und Birri 2005). Die Analyse der Erzählungen erschloss modifizierte Fragestellungen sowie ein weiteres Literaturstudium. Danach wurden 9 Führungskräfte und 6 Organisationsberatungsfachleute aus dem Bildungsbereich (Hochschulen, private Weiterbildungsorganisationen, innerbetriebliche Weiterbildungsabteilungen, Berufsfachschulen, Volksschule) mittels episodischer Interviews (Leitfragen) befragt, um die kontextuelle Ausgangslage der individuell wahrgenommenen Scheitersituation, „Arten" und das jeweilige Verständnis von Scheitern zu eruieren. Zudem wurden die individuellen Bewältigungsstrategien auf Basis von theoretisch entwickelten Kategorien eruiert. Ein weiteres Ziel bestand darin, Unterschiede zwischen Führungspersonen und Organisationsberatungsfachleuten herauszuarbeiten. Die Ergebnisse wurden als Fallbeschreibungen sowie als Extrakt der erfolgten Textanalyse (thematische Kodierung als Modifikation der Grounded Theory) dargestellt (Thomann 2008).

Die im Text in Kästchen integrierten Zitate repräsentieren sozusagen das „(Führungs-) Fleisch am Knochen", sie entstammen aus neun mit verschiedenen Führungskräften (FP 2008.1-9) geführten Interviews zu Scheiterverständnis, Scheitererfahrungen und Scheiterbewältigungsstrategien.

---

2   Fehler, Misslingen oder Scheitern: Umschreibung und Abgrenzung

Scheitern ist nicht die Ausnahme, sondern nur eine der Optionen, die als potentieller Ausgang einer Handlung angelegt ist. (Backert 2004, S. 63)

Menschen sind erstens, handelnde und damit zielverfolgende Wesen. Ziele werden nicht reflexartig gesetzt, sondern antizipiert und sie können erreicht, aber auch verfehlt werden. Geschieht letzteres, obwohl entsprechende Fähigkeiten und Fertigkeiten zur Zielerreichung vorhanden gewesen sind, so sprechen wir von Irrtümern oder Fehlern[2], die uns begegnen. Fehler können nur jene machen, welche handeln; wobei Denken psychologisch als Probehandeln zu sehen ist. Fehler, im Sinne der Zielverfehlung, führen zu unerwarteten, letztlich unerwünschten Ereignissen, deren wir uns während der Handlungsausführungen keineswegs bewusst sind. Andere können unsere Fehler und Irrtümer u. U. beobachten, aber vom handelnden Subjekt lassen sie sich immer nur post hoc als solche identifizieren (vgl. hierzu auch die anschlussfähige Position von Elbe Kapitel „Das erklärte Ich" in diesem Buch).

Menschen sind, zweitens, auch unter bestimmten Bedingungen sich verhaltende Wesen. Wir haben – auch wenn sich der ein oder andere das gerne zuschreiben mag – nicht immer nur Ziele im Kopf. Wir verhalten uns sogar den größten Teil der Zeit unreflektiert, d. h. gewohnheitsmäßig, habituell, routinisiert. Die Psychologie kennt hierfür Begriffe wie Automatismus, Gewohnheitshandlung etc. und verweist darauf, dass diese Handlungsabläufe zwar bewusstseinspflichtig waren, es aber im Laufe der Automatisierung nicht mehr sind, wobei sie ihre Bewusstseinsfähigkeit nicht verlieren und im Falle eines eintretenden Fehlers auch unter Beweis stellen. Wird eine Gewohnheitshandlung durchbrochen, weil etwas Unerwartetes geschieht, so liegt eine Störung vor, die ein Misslingen impliziert. Misslingen kann uns nur etwas, wenn wir ein Verhalten realisieren, welches mit den konkreten Bedingungen desselben in Konflikt gerät. Das Verhalten wird unterbrochen und wir stellen fest, dass die Routine hier und jetzt nicht mehr trägt: Wir erleben eine Störung.

Menschen sind, drittens, tätige Wesen, welche Sinn generieren. Sinnvolle Tätigkeiten ermöglichen es uns, grundlegende Motive zu realisieren. Für das Einlösen dieser Motive muss der Mensch handeln und dieses Handeln über bestimmte Verhaltensweisen realisieren. Je mehr persönliche Sinnstiftung mit einer Tätigkeit verbunden ist, desto subjektiv bedeutsamer wird sie und wird Teil des Selbstkonzepts. Identifizieren wir uns in ausserordentlichem Masse mit einer Tätigkeit, so wird sie zu einem integralen, orientierungs- und handlungsleitenden Teil unseres Selbst. Wir haben das der Tätigkeit zugrunde liegende Motiv interiorisiert. Sinn stiftende Tätigkeiten stehen – psychologisch betrachtet – in einem viel längeren Zeithorizont als dies für Handlungen oder die diese in praktisches Tun umsetzende Verhaltensweisen gilt. Um die psychologisch der Tätigkeit zugrunde liegenden Motive zu realisieren, reihen wir Handlung an Handlung. Wir wollen ein erfolgreiches Unternehmen oder eventuell auch ein glückliches Leben führen, wir wollen sportliche Höchstleistungen erbringen, wir wollen unseren Nächsten Sorge tragen, wir wollen dies, wir wollen jenes. Was subjektiv als sinnstiftende Tätigkeit erlebt wird, kann nur das Subjekt benennen. Erleben wir, dass – über welche Handlung auch immer – ein von uns interiorisiertes Motiv, welches somit integraler Teil des Selbst geworden ist, nicht (mehr) realisiert werden kann, so können wir dies als Scheitern erleben.[3]

---

[2] Die Abgrenzung zu Irrtümern (Zielverfehlungen auf Grund fehlenden Wissens) oder Handlungsstörungen wird hier nicht vorgenommen und kann in Wehner (1992) verfolgt werden; sicher bieten hierfür aber auch andere Texte des Buches eine gute Gelegenheit zur Begriffsschärfung.

[3] Die soeben durchdeklinierten drei Ebenen – bedingungsbezogenes Verhalten, zielorientierte Handlung und Sinn stiftende Tätigkeit – basieren auf Grundkonzepten der kulturhistorischen Tätigkeits-

Scheitern ist also das Erleben der Unmöglichkeit, ein identitätsstiftendes Motiv zu realisieren: Scheitern verweist damit auf die Verunmöglichung der Zielerreichung, Fehler, Irrtümer und das Misslingen hingegen auf die Verfehlung eines antizipierten Ziels. Wer identitätsstiftende Motive nicht kennt, kann – in der Logik dieser Begriffsverwendung – nicht scheitern.

Diese etwas apodiktische Setzung dient der möglichst klaren, begrifflichen Positionierung zum Thema „Scheitern", welches wir leider in den meisten Publikationen zum Thema vermissen. Fehler, Misserfolg, Pleite, Pech und Pannen. Irgendwie kann der Mensch, in den derzeit modischen Abhandlungen, an allem und jedem scheitern. So sehen wir das nicht.

Die Autoren dieses Textes hingegen wollen, wenn schon, dann wenigstens mit Konzept scheitern. Daher reservieren wir das Konzept des Scheiterns für diesen Beitrag (und darüber hinaus) auf ein bestimmtes Phänomen an der Grenze zwischen Mensch (dem Psychischen) und Kontext (dem Kulturellen). Es ist das Erleben und die Antizipation einer auf Dauer gestellten (oder zumindest so wahrgenommenen) Unmöglichkeit, ein persönlich sinnstiftendes und daher zum integralen Teil des Selbstkonzepts gehörendes Motiv zu realisieren. Kürzer: Was scheitert, ist das Selbst (s. Rüdiger und Schütz 2014).

Ist das Selbst nur ephemer tangiert, und weit davon entfernt, in Trümmern zu liegen, so unterläuft uns vielleicht ein Fehler, uns misslingt etwas oder aber wir erleben etwas als Misserfolg; aber – selbst wenn der eine oder die andere inzwischen noch so gerne damit kokettiert – wir erleben sicher kein Scheitern. Scheitern ist damit immer eine Option. Vor allem für diejenigen, die Leidenschaften kennen, was immer auch intrinsische Motivation voraussetzt und nicht durch externe Anreize hervorgerufen werden kann. Leidenschaftlich Handelnde haben Kontakt zu sinnstiftenden Motiven und damit sowohl zu ihrem Kontext als auch zu ihrem Selbst.

3   Führen – zum Scheitern verurteilt?

Und eigentlich bin ich eine Art wie verurteilt zum grundsätzlichen Scheitern. (FP. 2008.2)

Führung ist der (sich auf Planung berufende) Versuch, steuernd und richtungsweisend auf das Handeln von sich selbst und von andern Menschen einzuwirken, um eine Zielvorstellung zu verwirklichen. Der Begriff Führen entstammt dem Althochdeutschen fuoran (oder fuaran und fôran), ist somit mit „fahren" verwandt, was auf den Bewegungs- und Richtungscharakter des Wortes hinweist. Der Bedeutungsraum von *führen* bezieht sich folglich auf:

---

theorie, wie sie von Leontjev (1982), Vygotsky (1978) oder auch Rubinstein (1976) entwickelt wurde.

- in eine Richtung geleiten,
- das Handeln von jemandem bestimmen,
- etwas handhaben, tragen.

Führung findet nicht im luftleeren Raum statt, sondern vollzieht sich im Dialog zwischen *Führenden* und *Geführten* sowie – vor dem Hintergrund der gegebenen Bedingungen des Umfeldes – innerhalb einer Führungssituation. Führen ist dabei immer eine Interaktion zur Erreichung der Ziele einer Gruppe oder einer Organisation.

So gesehen stellt sich die Frage, ob das Handlungsfeld Führung nicht speziell anfällig ist für sicherheitsgerichtete Rationalitätskonstruktionen sowie Wirkungsversprechen und dadurch auf Enttäuschungen. Viele einschlägige Büchertitel sprechen diesbezüglich Bände[4]. Manager – so wird in den genannten Büchern suggeriert – sollten zu Leadern oder Agenten des Wandels werden, wer dafür nicht über die geeignete Change-Vision verfügt, oder zumindest nicht diesen Eindruck hinterlassen kann, hat im Topmanagement nichts verloren.

Die radikale Auflösung von Sicherheit bietenden, aber schwerfälligen bürokratischen Organisationsstrukturen in Richtung flexibler Unternehmen bspw. lässt zwar Stabilisierungs- und Rationalisierungsversuche gut verstehen, hinterlässt jedoch etliche Paradoxien: Zentral initiierte Dezentralisierungstendenzen führen zur Zentralisierung von Entscheidungskompetenzen, selbstgesteuerte Mitarbeitende werden mit pedantischen Arbeitszeitkontrollen beauftragt, Profitcenter werden zu kleinen Fürstentümern, der Druck auf Mitarbeitende in teilautonomen Einheiten nimmt zu.

Die idealtypische Führungskraft wird so vordergründig zum Organisator, zur Organisatorin von verschiedenen selbstorganisierten Prozessen und ist gleichzeitig angehalten, die übergeordneten Rahmenbedingungen aufrechtzuerhalten, Visionen zu entwickeln sowie den Kopf hinzuhalten, wenn etwas nicht nach Plan läuft. Wenn die Vision sich nicht einstellt, war sie falsch; personifiziert mit dem Leader oder dem spezifischen Managementkonzept kann sie dann umgehend ausgetauscht oder gar entsorgt werden.

Führungspersonen handeln unumgänglich in Dilemmata, in Widersprüchen (vgl. Gebert 2002). Zwischen unverzichtbaren Alternativen führen keine eindeutigen Wege zu Kompromissen, eine Alternative zu vernachlässigen ist riskant. Im Führungsalltag können damit folgende Dilemmata gemeint sein: Konkrete Wahlmöglichkeiten im Feld zwischen Dezentralisierung und Zentralisierung, Fremdbestimmung und Selbstbestimmung, Nähe und Distanz, Kontinuität und Flexibilität, Autonomie und Abhängigkeit, Kooperation und Wettbewerb, Gleichbehandlung und Eingehen auf den Sonderfall, Vertrauen und Kontrolle, Aktivierung und Zurückhaltung, Zielorientierung und Verfahrensorientierung, kurzfristige und langfristige Perspektiven, Menschenführung und Prozesssteuerung, Rolle und Person (vgl. Neuberger 2002, S. 341 ff.): Hierbei kann man durchaus die Balance verlie-

---

[4] In der deutschsprachigen Managementliteratur zum Beispiel: „Führen ohne Leiden" (Saulus 2015), „Positive Leadership" (Seliger 2014), „Leading Simple" (Grundl und Schäfer 2007), „Führen ohne Drama" (Braun et al. 2005), u. v. m.

ren, Fehlentscheidungen treffen, Irrtümer begehen und u. U. auch die Unmöglichkeit der Motivverfolgung empfinden, also scheitern!

Wohl deshalb füllt sich die scheinbar sicherheitsproduzierende Werkzeugkiste für Managementtechniken zusehends, es existiert eine Flut von Führungsansätzen sowie eine offensichtliche Hochkonjunktur von erfolgreichen Einzelbiographien von Managern. Dabei drängt sich der Verdacht auf, dass die Angst vor dem Scheitern allgegenwärtig ist und eine Art von Unsicherheitsabsorption (s. Luhmann 2000, S. 183 ff.) im Gange ist.

> Der magische Glaube muss in Organisationen durch Mythen und Legenden des Erfolgs gefesselt werden... Die Akteure gehen auf dünnem Eis. Sie zittern und können es nicht zeigen (Ortmann 1999, S. 73).

Es wird offensichtlich, dass gerade für Führungskräfte eine Art von „Wildwasserkompetenz" (Vaill 1998, S. 12) im Umgang mit organisationalen Spannungen und Widersprüchen als Alltagesherausforderung unabdingbar ist. Führungspersonen bewegen sich, da sie ständig Wirkungen erzeugen wollen oder müssen, auf Glatteis, sie leben riskant. Unablässig erscheinende Medienberichte von rollenden CEO-Köpfen und hoffnungsträchtigen neuen Rettern auf der Führungsetage weisen daraufhin.

> Das Andere gehört eben einfach dazu, man muss es machen, du musst repräsentieren, du musst an die Öffentlichkeit, du musst deinen Betrieb vertreten, bist exponiert, da kann ich immer und überall scheitern. (FP 2008.4)

Scheitern in der Führung scheint (forschungs-)psychologisch trotzdem nicht beachtenswert. In der arbeits-, organisations- und sozialpsychologischen Forschung zum Führungsthema, ist vor allem Erfolg vorgesehen, welcher als Kriterium immer wieder neu und unterschiedlich operationalisiert wird (Avolio et al. 2009; Felfe 2012). Prominent sind dabei Leistung, Engagement, Mitarbeiterzufriedenheit, (affektives) Committment, Organizational Citizenship Behavior etc. Und es geht hier um die Identifikation von Prädiktoren für Effektivität, Effizienz bzw. Erfolg von Führung. Dazu gehören – wie in Zeiten des „Great Man Mythos" (Vaupel 2008) – auch Persönlichkeitsmerkmale der Führungskraft oder aber Verhaltensweisen wie sie z. B. im aktuell prominenten Modell der transformationalen Führung beschrieben sind (s. Achouri 2013, S. 188 ff.).

Der wissenschaftlich wohl älteste Erklärungsansatz von Führungskompetenz wird repräsentiert durch die so genannte Eigenschaftstheorie (Steinmann und Schreyögg 2005, S. 646 ff); hier werden und wurden Persönlichkeitsfaktoren wie Beliebtheit, Intelligenz etc. und deren Zusammenhang mit erfolgreicher Führung beschrieben. Spezielle Charaktereigenschaften lassen gemäß diesen Konzepten Menschen zu Führungspersonen werden.

Diese Konzepte – teilweise auch Trait-Theorien[5] (s. Weinert 2004, S. 467 ff.) genannt –, erfahren seit der Diskussion über die „emotionale Intelligenz" (s. Goleman et al. 2005) ein regelrechtes Comeback und dominieren die aktuelle Managementkompetenzliteratur: Konsistente und stabile Charakterzüge, angeborene und früh sozialisierte Eigenschaften (s. etwa Münchhausen 2004, S. 34) lassen dann die Begabten zu Charismatikern werden; eine Führungskraft solle reif, originell, innerlich unabhängig und seelisch kräftig sein (Affemann 1997, S. 48) oder aber grundsätzlich von „positiver Geisteshaltung" und in Krisen mit „gefestigter Mitte" (Carrel 2004, S. 247, 239). Emotional intelligente Führungspersonen schließlich schaffen emotional intelligente Organisationen (Goleman et al. 2005, S. 213). Noch funktionaler klingt es bei Malik: „Wirksame Menschen haben keine Gemeinsamkeit – außer, dass sie wirksam sind [...] sie entsprechen keinen Anforderungsprofilen" (Malik 2005, S. 21).

Dies würde bedeuten, dass Führungskräfte entweder gar nicht scheitern (dürfen) oder aber dies erfolgreich oder mindestens bedeutsam und öffentlich tun (sollten); womit wir wieder beim tosenden Untergang des mythischen Helden wären.

> ... nach außen erfolgreich und ich bin aber nur genau so lange dort gewesen bis eben das Bild von: „Du musst als Führer erfolgreich sein, wenn du leitest" sozusagen da gewesen ist. Weil es mir innerlich eigentlich ganz schlecht gegangen ist, wo ich wo ich gemerkt habe, das tut mir überhaupt nicht gut, der Management-rund-um-die-Uhr-Job mit dem depressiven Teil, als nicht veränderbares System, der das mindestens damals gewesen ist, 365 Tage 24 Stunden noch darin wohnen und all die Geschichten,... (FP 2008.1)

Auch die Wissenschaft folgt dem Dogma des Erfolgs und nicht dem (einst zentralen) Gebot des Zweifels; z. B. dem Zweifel daran, warum Führung nur den Erfolg kennen sollte. Radikale Positivität ist ein sich steigernder Trend der letzten Dekaden. Es geht in der Führung um Resilienz, Ausdauer, Mut, Glück, Optimismus etc., kaum mehr um Störungen, Unsicherheit, Dilemmata oder Paradoxien. Hinsichtlich sich verändernder Kontexte von Führung scheint das Gros der Führungsforschung einen blinden Fleck ausgebildet zu haben. Die Forschung beschäftigt sich nicht mit Scheitern, sondern allenfalls mit dem (relativen) Ausbleiben von Erfolg. Das nennt sich dann schlechte Führung. Einzig die aus dem anglo-amerikanischen Kontext angestoßene Debatte um das Thema Derailment (s. Containerbox 2) thematisiert explizit den Misserfolg von Führung. Damit aber eben noch lange nicht das Phänomen des Scheiterns im oben angedeuteten Sinne. Es finden sich

---

[5] Eine Persönlichkeitseigenschaft (engl. trait), auch „Persönlichkeitsmerkmal" genannt, stellt eine relativ zeitstabile Variable dar, welche Aspekte des Verhaltens einer Person in einer bestimmten Situation beschreiben und vorhersagen soll. So dient etwa die Persönlichkeitseigenschaft Extraversion der Beschreibung und Vorhersage des Verhaltensaspekts „extravertiert-introvertiert" in sozialen Situationen.

höchstens einzelne biographisch-literarisch verarbeitete Bekenntnisberichte über grundsätzliches Scheitern[6].

Containerbox 2 Derailment

Auch wenn seit den 1980er Jahren Managerversagen und Derailment (MvD), vor allem in Nordamerika, erforscht wird, lässt sich weder eine konsensfähige Definition oder Abgrenzung noch eine konsolidierte Forschungspraxis oder gar eine differenzierte Theorie finden; selbst die Auftretensrate wird bei Hogan et al. (2011) zwischen einem und zwei Dritteln (im Mittel 47 %) vermutet. Burke (2006, zitiert in Westermann und Dick 2014) hat eine Literaturauswertung von 25 Beiträgen (erschienen in Zeitschriften oder Arbeitspapieren bzw. Vorträgen, zwischen 1983 und 2004) vorgenommen und festgestellt, dass Aufzählungen von schadenverursachenden Eigenschaften („incompetent, rigid, intemperate, callous, corrupt", Westermann und Dick 2014, 92) oder Verhaltensweisen („arrogance, melodrama, volatility, excessive caution, habitual distrust") dominieren.

In einem von Westermann und Dick (2014), erstmalig für den deutschsprachigen Raum herausgegebenen Themenheft der Wirtschaftspsychologie mit 10 Einzelbeiträgen, umschreibt Birkhan (2014, S. 8) das Phänomen wie folgt: *„Eine Definition, auf die man sich einigen kann, stellt das wiederholte und systematische Handeln oder Nichthandeln in den Vordergrund, welches das Verursachen finanzieller Schäden, das Zerstören von Arbeitsstrukturen sowie das Untergraben der Motivation, des Wohlbefindens und der Arbeitszufriedenheit der Mitarbeiter umfasst."* Mitunter werden bei der Identifikation von MvD *harte* Kriterien, wie Entlassungen, Rücktritte, Herabstufungen aber auch das unfreiwillige Beenden von Karrieren bei ursprünglich vermuteten High-Potentials herangezogen.

Meist quantitativ untersucht werden Management-Fertigkeiten, der persönliche Führungsstil, soziale Kompetenzen, Verhaltensorientierungen und sog. subklinische Persönlichkeitsmerkmale (Narzissmus, Psychopathie, Machiavellismus). Nach Birkhan (2014, S. 8) sind es vorrangig drei Faktorenklassen und das Zusammenspiel dieser Ursachenkomplexe, die das Auftreten von Managerversagen „determinieren" und damit als Prädiktoren angesehen werden können: *„1. die persönlichen Dispositionen des Protagonisten einschließlich ihrer Genese, 2. die berufliche Anforderungssituation und 3. die Arbeitsumgebung."*

Laut Westermann und Dick (2014, S. 5) dokumentieren die Beiträge in dem erwähnten Themenheft *„eindrücklich, dass die Derailmentforschung ihre Impulse bislang vorwiegend aus gut etablierten Konstrukten und Modellen der Psychologie*

---

[6] Der französische ehemalige Automanager Goeudevert schrieb beispielsweise ein Buch mit dem Titel „Wie ein Vogel im Aquarium – aus dem Leben eines Managers" (1996).

*bezieht, also deduktiv vorgeht. Eine induktive Annäherung, die das Phänomen in
seinem alltäglichen Auftreten zum Ausgangspunkt nimmt und versucht, eigenstän-
dige Modellannahmen und Theorien zu entwickeln, mithin also explorative Forschung, fällt derzeit offenbar deutlich schwerer".*

Die Frage des Scheiterns von Führung steht in engem Zusammenhang mit dem Selbst
der Führungskraft. Ein Selbst, welches erlebt, dass die überhöhenden externen Ansprüche sowie seine internalisierten Wünsche und Motive nicht (mehr) realisierbar sind. Wir
schliessen uns den Ausführungen an, welche von Rüdiger und Schütz (2014, S. 267 ff.)
zum Scheitern generell formuliert worden sind:

> Kommt es in einem für die Person relevanten Bereich zu einer chronischen Zielblockade,
> sodass ein bislang mögliches Selbst unmöglich wird, wird sprichwörtlich ein Teil des Selbst
> „zerschlagen". […] Denn potenzielle Selbstbilder, deren Erreichung mit umfangreichen
> Investitionen verbunden war und ist, sind von zentraler Bedeutung für die Selbstdefinition.
> So steht der Betroffene letztlich vor der Wahl, die eigene Identität, also jene Selbstbilder, wel-
> che für die individuelle Selbstbeschreibung als zentral wahrgenommen werden, zumindest
> zum Teil aufzugeben oder beständig an ihr weiter zu leiden.

Führungsbiografien treffen somit mehr oder weniger günstig auf Bedarfssituationen und
Bedingungen in Organisationen. Dies kann auch bedeuten, dass veränderte gesellschaft-
lich-ökonomische Bedingungen das Profil von Führungskompetenz verändern. Scheitern
von Führungskräften wäre aus dieser Perspektive auch durch die Inkompatibilität zwischen Führungspersönlichkeit und Kontextsituationen bestimmt. Damit würde auch die
These der kontextabhängigen Perspektivität von Scheitern gestützt.

Bennis (1990, S. 143) zitiert eine Studie von Lombardo und McCall, welche durch
die Befragung von hundert Topmanagern zu dem Resultat gelangte, dass Erfolg genauso
zufällig und verbreitet ist wie Misserfolg und dass Aufstiege alles andere als geregelt und
nachvollziehbar verlaufen; zentrale Kompetenz von Führungskräften sei gerade deswegen
auch der Umgang mit Ambiguität. Noch grundsätzlicher wird der Autor in folgendem Ge-
dankengang:

> Früher oder später fällt jede Führungskraft vom Sockel. Entweder man wirft sie herunter,
> schiesst sie ab oder sie tun irgendeine Dummheit oder verschleißen sich einfach… (Bennis
> 1990, S. 143).

4   Graduelles und absolutes Scheitern – ein Deutungsfall?

Mögliches Scheitern ist immer Bestandteil einer Handlungsplanung und deren Interpretation. Nur wenn gehandelt wird, kann gescheitert werden. Dies vor allem dann, wenn
das erfolgsorientierte Handeln Normalfall sein soll und Handlungsspielräume erweitert

werden, was das Risiko des Scheiterns erhöht (Junge und Lechner 2004, S. 8 und Lechner in Junge und Lechner 2004, S. 33); gleichzeitig ist Handeln aber auch Vermeidung des Scheiterns, weil die Verfügbarkeit von Handlungsmöglichkeiten durch Handeln erweitert wird.

Vor diesem Hintergrund unterscheidet Junge (2004, S. 15–32) zwischen graduellem Scheitern und absolutem Scheitern, wobei das graduelle Scheitern eine Unterbrechung der Handlungsmöglichkeit darstellt, das absolute Scheitern dagegen die Autonomie eines handelnden Subjekts grundsätzlich in Zweifel zieht. In diesem Sinne bewirkt graduelles Scheitern temporäre Handlungsunfähigkeit, absolutes Scheitern lässt keinen Handlungsspielraum mehr zu und führt zu dauerhafter Handlungsunfähigkeit (Junge 2004, S. 16).

Handelndes Problemlösen ist somit nur bei der Bearbeitung von graduellem Scheitern möglich. Möglicherweise ließen sich dabei auch Zwischenformen oder Bewegungen eruieren: Aus scheinbar absolutem Scheitern (dem Konkurs eines Unternehmens) lassen sich zum Beispiel mit der Zeit wieder Freiheitsgrade zurückgewinnen (der Beteiligung an der Neugründung), womit aus der Retrospektive aus dem absoluten ein graduelles Scheitern wird. Die durchkreuzten Pläne, die verlorene Fassung können dann als Zwischenphase der Instabilität aus der Perspektive einer alten (und nunmehr unangemessenen) Ordnung verstanden werden: Fehlleistungen enthalten somit laut Kriz (2003, S. 176) immer die Keimzelle für eine der aktuellen Situation besser entsprechenden Ordnung. Vorerst absolut verstandenes Scheitern kann so durch die Eröffnung von Handlungsalternativen und neuen Perspektiven zu graduellem werden.

> Und da muss ich sagen, da habe ich sehr früh die Erfahrung gemacht, dass so eine, eine so genannte Niederlage eben nicht eine existentielle Niederlage sein muss, sondern nächstes Mal schlägst du sie halt wieder und nächstes Jahr bist du wieder an einem anderen Ort. Das hat mir sehr viel gegeben, dass ich mich auch habe lernen kennen, wie ich reagiere in Niederlagen, Scheitern ist nicht Scheitern. (FP. 2008.5)

Im absoluten Scheitern schrumpft die Zeit sozusagen zu einer absoluten Gegenwart (Junge 2004, S. 25) ohne Ausdehnung auf die Zukunft, kein Zukunftshorizont ist sichtbar, keine Differenzierung mehr zwischen Person und Situation, keine Reflexion als Distanznahme, sozialer Raum wird Körperraum. Solch absolutes Scheitern zeigt sich als Schock, Trauma oder akute Depression.

> … ich glaube das ist das Besondere am Wort, also das Wort hat bei mir schon zu tun mit Scheitern, als so quasi auf die Nase fallen und liegen bleiben. (FP 2008.6)

> Ja ja, das ist heavy gewesen. Also, ich habe einfach immer mehr gemerkt, da lässt sich nichts mehr machen. (FP 2008.7)

> Und ich zweifle selber noch an mir: Habe ich wirklich ein paar Sachen nicht erwischt, hätte ich die Weichen anders stellen können? Und ich bin ratlos. Also so die Kombination, also es gibt objektiv wenig Fortschritt, ich bin mit Beschuldigungen konfrontiert, ich zweifle, ob ich, ob ich nicht wirklich Kunstfehler gemacht habe, also ich nehme es dann auch ein Stück zu mir dann. Und ich bin dann in dieser Situation einfach ratlos: Wie soll es weitergehen. Oder, es fällt mir plötzlich nichts mehr ein, Schluss, fertig, bin blockiert, nachdem ich doch sonst ganz viele Ideen habe. (FP 2008.8)

Ein solches absolutes Scheitern könnte in der Retrospektive durch Reflexion wieder zum graduellen Scheitern werden und damit überwindbar sein.

Andere Autoren (Morgenroth & Schaller in Junge und Lechner 2004, S. 185) unterscheiden in ähnlicher Weise Scheitern von Misserfolg. Beim Scheitern wird ein angestrebtes Ziel endgültig nicht erreicht, die Handlungsfähigkeit ist in Frage gestellt (dies entspräche dem absoluten Scheitern). Beim Misserfolg ist das Erreichen eines Zieles erschwert, jedoch mit Handlungsanpassung und Ausdauer noch möglich (analog zum graduellen Scheitern). Die Unterscheidung bleibt auch hier nicht ganz präzise, weil weder die Zielklarheit noch die Zeiträume einer Zielsetzung geschweige denn die allfälligen (späteren) positiven Nebenwirkungen einer verfehlten Zielsetzung mitgedacht sind. Zudem: Des Einen Misserfolg kann des Anderen Scheitern sein – je nach subjektiver Gewichtung und Relevanz[7]. So bezeichnet Elgeti (in Schlösser und Gerlach, 2001, S. 54) ein schwerwiegendes Scheitern dann als „tragisch" (dies kann in Analogie zum „absoluten Scheitern" verstanden werden), wenn der Gegenstand der Intention für das eigene Leben unverzichtbar ist.

Viele Autoren sehen im Scheitern eine erschütternde Grenzerfahrung (z. B. Zschirnt 2005, S. 15 ff.), welche sich dadurch von anderen Phänomenen wie Malheur, Pech, Panne oder Irrtum unterscheidet und somit etwas „Absolutes" beinhaltet (s. auch Kapitel „Scheitern und Identität: Das ungewisse Ich"):

> Scheitern kann man als schwerwiegenden Misserfolg bezeichnen und es müssen zentrale Ziele oder Werte verfehlt worden sein. Wenn Scheitern durch eine Selbstdiagnose festgestellt wird, dann hat das Individuum offensichtlich die selbst gesetzten Ziele nicht erreicht – und zwar endgültig nicht erreicht. Allerdings kann es auch eine Fremddiagnose sein. Damit wird das Scheitern zum Deutungsfall. (Feldmann in Junge und Lechner 2004, S. 49)

> Und das ist vielleicht noch ein wichtiger Punkt gewesen, also im Prinzip, also eben, wenn man es auf das Scheitern fokussiert, das ist eigentlich schon von…, das ist eigentlich das Bemerkenswerte, dass man erst im Rückblick sagen kann: Es ist eigentlich von Anfang gescheitert gewesen. (FP 2008.7)

Scheitern ist eine Konstruktion, die erst auf der Grundlage der Dichotomisierung Erfolg vs. Versagen Konturen erhält, der Gescheiterte oder die Umwelt können Scheitern nur in der Differenz zum Gelingen oder eben zum Erfolg diagnostizieren (s. Zahlmann und Scholz 2005, S. 13, aber auch Elbe in diesem Buch).

Wenn wir Scheitern gleichsetzen mit bedeutsamen Fehlleistungen, gelten in der einen Kultur solche Phänomene als naturbedingt, während sie in der anderen Kultur als Schuld

---

[7] Strohschneider (2003, S. 129) beschreibt Vergleiche von Südpolexpeditionen zum Beginn des 19. Jahrhunderts und formuliert Thesen, weshalb der Expeditionsleiter Shackelton trotz einigen Fehlplanungen (im Vergleich zum Beispiel zu seinem gescheiterten ebenso schlampig geplant habenden Konkurrenten Scott) und eigentlicher Erfolglosigkeit es geschafft haben könnte, eine lebensbedrohende Krise nach der anderen zu meistern – obwohl er den Südpol dennoch nicht entdeckte.

oder Zeichen der Strafe Gottes (s. Von Moos 2001, S. 25) betrachtet werden. Dies kann immer auch soziale Diskriminierung zur Folge haben. Zentral ist für einen Fehlenden dabei wohl, ob die Fehlleistung gewollt oder ungewollt ist (Von Moos 2001, S. 28), Gesichtsverlust, Blamage und Lächerlichkeit können zu Schamgefühlen oder sogar zu traumatischen Selbstwerteinbußen führen, aber auch zu Umdeutung und Selbstbehauptung. Wahrscheinlich waren durch Angst antizipierte Schrecken eines Fehltrittes ein adäquates Mittel der Sozialkontrolle und des Konformitätsdruckes. Die Vermeidungsstrategien verhelfen dann Risiken zu verkleinern (von Moos S. 28). Hier erforderte und erfordert eine bessere soziale Position, ein höherer Status mehr Wachsamkeit, weil die Fallhöhe eine andere ist.

Oser und Spychiger (2005) weisen nach, dass „grosse Fehler" (hier bewegen wir uns nahe am Scheitern) auch den Charakter von kritischen Lebensereignissen aufweisen können und dadurch tief greifende Einsichten oder Verhaltensveränderungen bewirken können (Oser und Spychiger 2005, S. 215), dass Emotionen (wie etwa Schuld, Scham und Reue) ein wesentliches Element des Fehlerlernens sind und dass paradoxerweise – wie oben erwähnt – das Gefühl, etwas nicht getan zu haben, besonders stark und lange anhält (Oser und Spychiger 2005, S. 217). In einem Bericht über den Umgang mit Fehlern von Ärzten schildert ein Mediziner: „Tut man aktiv etwas und geht etwas schief, ist der Zwang zum Eingeständnis grösser, unterlässt man einfach etwas, ist er kleiner" (Czerwinski 2006, S. 25). Im gleichen Bericht wird eine Ärztin zitiert, die als Studentin in einer Praxis bei einer nahen Massenkarambolage um Hilfe gebeten wurde und diese mit der Ausrede eines dringenden Notfalles ausschlug; sie schildert, wie sie nach vielen Jahren immer noch schamvoll und mit schlechten Gefühlen das Befahren besagter Unfallstraße unterlässt (Czerwinski 2006, S. 24).

> [...] Das ist schon eine schwere Enttäuschung, wo ich heute noch ein wenig daran kaue, dass ich sagen muss, das ist nicht, nicht aufgegangen. Da überlege ich schon: Bist jetzt du schuld oder nicht? (FP 2008.9)

> Also, das habe ich ein Stück weit, nachher also ein Stück weit wie als, wenn ich be¬stimmte Leute wieder sehe, ich denke: ja, das ist also, habe ich ein Stück weit auch als Scheitern erlebt, als ein Stück Ohnmacht, und erlebe das immer noch etwas. (FP 2008.1)

Alles in Allem zeigen sich verschiedene Perspektiven (Normen und Zeit) der Bewertung von Handlungen und Situationen, die als Scheitern – auch im Führungshandeln – bezeichnet werden können:

* Perspektive der individuellen Norm
  Je nach Anspruchssetzung und Relevanz des Zieles, dessen Bedeutsamkeit und den jeweiligen vorhandenen Ressourcen für eine Zielerreichung kann von „Scheitern" (oder Erfolg, resp. Gelingen) gesprochen werden.
* Perspektive der kollektiven Norm

Die Bewertung eines Handelns oder einer Situation als Scheitern unterliegt kulturellen Normen, ebenso wie die gegebene oder genutzte Möglichkeit, aus dem „absoluten" Scheitern ein „graduelles" machen zu können/zu dürfen.

• Zeitliche Perspektive

Da individuelle sowie kollektive Normen in der zeitlichen Dimension einem Wandel unterliegen können, wird die Überführung von absolutem zu graduellem Scheitern unter bestimmten Bedingungen möglich; aus der Retrospektive werden Phänomene plötzlich anders bewertet und gedeutet.

Wie gelangt man aber nun zu einer eventuellen Umdeutung von absolutem zu graduellem Scheitern, wie werden letztlich Erfahrungen des Scheiterns bewältigt?

5   Bewältigung von Scheitern

Biografische Krisen von Kunstschaffenden, aber auch Innovationsprojekte (s. Bedenk & Mieg in diesem Buch) erscheinen für die Untersuchung von Scheiterbewältigung aufschlussreich[8]. Subjektiv wahrgenommenes absolutes Scheitern erweist sich parallel zur Entwicklung von neuer Produktivität im Rückblick als notwendiges graduelles Scheitern.

Die Arbeiten von Wentura (1995) und Brandstätter (2003) beschäftigen sich intensiv mit der Frage, auf welche Weise Menschen negative Lebenserfahrungen und Verluste überwinden oder aber auf sie reagieren. Explizit ist zwar nicht immer oder nicht nur von Scheitern die Rede, die Überlegungen lassen sich jedoch ohne Probleme auf Scheitererfahrungen in unserem Sinne beziehen.

Wentura (1995) beschäftigte sich mit der Frage, wie sich die Situationseinschätzung auf Grund einer Scheitererfahrung verändert. Seiner Einschätzung nach benötigt der Mensch eine hilfreiche Deutung, um negative Emotionen zu reduzieren, er nennt dieses Phänomen „entlastende Interpretation" oder „Entlastungskognition"; negative schwierige Ereignisse geben den Anstoss zur Veränderung von Einstellungen und Meinungen (Wentura 1995, S. 1), Emotionen der Enttäuschungen werden gedämpft. Dabei geht es meist um die Bewältigung von Ist-Soll-Diskrepanzen, den Unterschied von Gewünschtem und Erreichtem oder Erreichbarem. Der Autor unterscheidet zwei Modi der Bewältigung – im Sinne der Auflösung von Diskrepanzen – ausgehend von einem Zwei-Prozess-Modell (in Anlehnung an Piagets Aequilibrationsmodell). Nach Brandstätter (1989) und Brandstätter und Renner (1990) oder Brandstätter und Greve (1994) wird das Modell in einer Variante dargestellt, welche zusätzlich einen dritten Prozess – die „Immunisierung" – mit einschließt. Das Modell (s. Wentura 1995, S. 1) hebt zwei Prozesse hervor:

---

[8] S. etwa die Schilderungen Samuel Becketts Kreativität – „Künstler sein heißt scheitern" – von König (2001, S. 211–241) oder der Bericht der Ehefrau von Picasso, Francoise Gilot, über das morgendliche Ritual, mittels welchem der Künstler von ihr versichert werden musste, ein guter Maler zu sein, bevor der als arrogant und überheblich bekannte Maler sich nachmittags wieder an die Arbeit getraute (s. Kraft 2001, S. 149–159).

- *Assimilative Strategie*: Auf die Änderung der Situation gerichtete Bemühung
- *Akkommodative Strategie*: Auf die Änderung persönlicher Aspirationen und Einstellungen bezogene Prozesse

Mit Assimilation ist eine aktive Überwindung von Hindernissen gedacht, mit Akkommodation sind Prozesse des Ablösens, der Umstrukturierung von Zielvorstellungen, die Veränderung des Anspruchsniveaus, das Finden positiver Nebendeutungen, die Veränderung von Zielen, insgesamt eben die ganze Palette von Entlastungskognitionen (s. Wentura 1995, S. 5) gemeint. Somit geht es in dem Modell bei der Akkommodation um die Frage der Verfügbarkeit von entlastenden Kognitionen. Assimiliert wird hingegen im Sinne der Abfolge von Problemlöseschritten, welche aufrechterhalten werden können, solange die persönliche Einschätzung über Kontrollmöglichkeit und Selbstwirksamkeitsüberzeugung eine Zielerreichung als aussichtsreich erscheinen lassen (Wentura 1995, S. 6). Assimilative Aktivitäten nehmen präventiv, korrektiv oder optimierend Einfluss auf einen gegebenen Ist-Zustand (s. hierzu auch Voss 2004, S. 39).

Wenn der Verlust irreversibel wird, Zielblockaden unüberwindbar sind, die weitere Zielbindung sich als zunehmend problematisch erweist, Enttäuschung, Scham oder gar Trauer und Depression eintreten, ist die Intensität und die Persistenz dieses Gefühls abhängig von der Bedeutsamkeit des Verlorenen oder der Wichtigkeit des Zieles. Hinzu kommt, dass sich der Druck eines verlustreichen Handlungsablaufes kumuliert mit dem öffentlichen Druck, Scheitern oder Versagen einzugestehen und damit zugeben zu müssen, eine falsche Entscheidung getroffen zu haben (s. Morgenroth und Schaller 2004, S. 191). Die Perspektive der individuellen Norm kreuzt sich dabei mit derjenigen der kollektiven. Handelndes Problemlösen (Assimilation) wäre nach den Ausführungen von Junge (s. weiter oben) tendenziell eher die Bearbeitung graduellen Scheiterns.

> Also ich muss ehrlich sagen, mit der Zeit vergisst man die Komplexität, wenn man immer in einem Gebiet arbeitet und den Rest einfach muss ausblenden, sonst wird man verrückt. (FP 2008.5)

> Und für mich ist es klar gewesen, dass ich nicht einfach auf dem Papier das darf beurteilen, sondern dass man Schritt für Schritt reinkommen muss und das machen, was ich immer gemacht habe: eins nach dem anderen probieren zu lösen, nicht die ganze Komplexität als Ganzes lösen wollen, sondern versuchen in Teilschritten reinzugehen und mit Problemlösungen so vorzugehen, um zeitlich, auch lokal, Minimierung von Komplexität zu bekommen, sonst hat man keine Chance. (FP 2008.5)

Die Handlungskrise spitzt sich zu, wenn die Vorteile eines Zielabbruches nicht rechtzeitig erkannt werden, die Realität eines bevorstehenden Scheiterns rückt in die Nähe (s. Brandstätter 2003), die Handlungsfähigkeit ist eingeschränkt. Paradoxerweise hindert uns vorerst die Selbstverpflichtung gegenüber (unseren) Zielen am wirklichen Scheitern; Ziele sind immer Bestandteil von Identität (s. Ebel in diesem Buch), je höher die Zielrelevanz für das Selbst ist – und je höher der diesbezügliche externe Druck – desto eher und mehr führen Rückschläge zu einer Intensivierung der Zielverfolgung, damit zu einer

Behinderung der Zielablösung und schließlich zu nicht mehr abwendbarem Scheitern (s. Brunstein 1995).

Die Intensitätswahrnehmung des Scheiterns wird dann verringert, wenn durch akkommodative Mechanismen entlastende Umdeutung und Neubewertung der Situation eintreten, die Ist-Soll-Diskrepanz damit verringert oder aufgehoben wird. Akkommodative Prozesse wirken dabei – im Gegensatz zu assimilativen – nicht auf die Ist-, sondern auf die Soll-Komponente der wahrgenommenen Diskrepanz (Voss 2004, S. 40). Damit finden eine Zielablösung sowie eine Neuorientierung statt, Ressourcen werden freigegeben und für neue Projekte verwendet. Wentura (1995, S. 7–16) nennt einige solcher Mechanismen:

- Selbstwertdienliche Attributionen
- Tendenz zu günstigen Vergleichen
- Abwertungskognitionen
- Anspruchsregulationen
- Bilanzierungen
- Hervorheben positiver Nebendeutungen
- Begriffsumdeutungen

Akkommodative Prozesse haben dabei nicht-intentionalen Charakter und repräsentieren keine Entlastungskonstruktion im Sinne eines Problemlöseprozesses. Es geht somit nicht darum, ein Ziel willentlich nicht mehr so wichtig zu nehmen. Assimilative Anstrengungen sind hingegen als Strategien dem handlungstheoretischen Standardfall zuzurechnen, weil eben die Intentionalität ein zentrales Element der handlungstheoretischen Konzeption repräsentiert (Voss 2004, S. 38). Die Akkommodation ermöglicht somit einerseits eine Perspektivenerweiterung und repräsentiert gleichzeitig einen Schutzmechanismus, um bei negativen Erlebnissen, Verlusten etc. nicht depressiv und handlungsunfähig zu werden.

Von besonderem Interesse ist hier der empirisch bestätigte Befund, dass in fortschreitendem Alter akkommodative Strategien an Bedeutung gewinnen und assimilative zunehmend als dysfunktional erlebt werden (s. Voss 2004, S. 42).

Das alles kannst du machen und ausprobieren, das habe ich habe ich auch gemacht, aber gleichzeitig ist so etwas da wie eine Anerkennung von der Selbstorganisation, von den jeweiligen Systemen mit ihrer eigenen Dynamik, mit ihrer eigenen Geschichte und Kultur, oder, wo du, oder wo ich sozusagen vom Verständnis her, das eher halt entwick¬lungsorientiert ist, d. h. auch, das in einem Zeitlauf drin ist dann, wo Du vor allem mit den Leuten zusammen eigentlich in der Grundannahme die Veränderungsprozesse machen willst, du dann in eine Gesetzesmässigkeit hinein kommst, wo du ein Teil von diesem Spielchens bist und wo dann irgend die Vorstellung vom Käpt'n auf dem Deck oben sehr eine relative ist. (FP 2008.1)

Also vielleicht habe ich es mir auch so ein wenig angeeignet. Aber ich habe mir das so überlegt. Ich glaube, ich nehme mich und das Leben nur begrenzt ernst oder begrenzt so, oder ich habe nicht das Gefühl, ich bin der Mittelpunkt von der Welt und muss überall Einfluss nehmen und es muss alles nach mir gehen. Und es hat, glaube ich, wirklich damit zu tun, dass ich mich nur begrenzt ernst nehme, also nicht, dass ich nicht seriös bin oder so. Und, dass das allenfalls so ein wenig ein Schutzfaktor ist um mich herum, oder, dass ich dann wieder so ein wenig relativieren kann. (FP 2008.2)

Und dann ist das, dazu die Anfrage gekommen; so, aber dann habe ich gemerkt, so, jetzt kann ich eine Entscheidung treffen, bei der nach aussen man das gar nicht sieht, aber (wo) ich individuell mich entscheiden muss, weil ich die Gewichtung verschiebe. (FP 2008.1)

Menschen bewältigen Scheitern unterschiedlich: Sie trauern, machen nichts, schämen sich, kämpfen, produzieren. Manchmal tun sie dies auch in unerwarteter Art und Weise: Alexis Sorbas beginnt am Ende des berühmten Filmes „Zorba, the Greek" zu tanzen, kurz nachdem sein Traum geplatzt ist; das ehrgeizige Projekt der Seilbahn vom Berggipfel zum Meer fällt in sich zusammen.

6   Ergebnisse aus den Interviews im Rahmen des Projektes „Produktives Scheitern" – Implikationen für die Unterstützung der Professionalisierung von Führungskräften

Die im Rahmen des Dissertationsprojektes „Produktives Scheitern" (Thomann 2008, s. auch Containerbox 1) geführten Tiefeninterviews kreisten um die Aspekte „Scheiterverständnis", „Erfahrungen von Scheitern" und „Bewältigungsstrategien". Analysiert wurden die Interviewaussagen unter anderem mittels der in den Kapiteln 4 und 5 skizzierten theoretischen Modellen.

Die Auswertung der Tiefeninterviews mit Fokus auf die acht Führungspersonen (vorwiegend aus dem Schweizer Bildungsbereich: Vom Hochschulrektor bis zur Schulleiterin einer Volksschule), führte unter anderem zu folgenden Ergebnissen.

6.1   Ergebnisauswahl

• Scheitern hängt in seiner Deutung und seinem Erlebtwerden mehrperspektivisch von organisationalen Kontextbedingungen, wie auch von biografischen, berufsbiografischen und emotionalen Faktoren ab. Der Moment des Erzählens selber, die (zeitliche und emotionale) Nähe oder Distanz zum Erlebten beeinflussen diese Mixtur in deutlicher Weise.

Interessant war, dass ältere vergangene Scheitergeschichten eher umgedeutet und in ein eigenes (berufs-) biografisches Konzept sowie eine Vorstellung von Organisation integriert wurden – dies gelegentlich sogar im Sinne eines wegweisenden Schlüsselerlebnisses; (dem Gespräch) zeitlich näher liegende Scheitererfahrungen ließen mehrheitlich persönliche Emotionen von Schuld oder Scham spüren, aktuelle Ereignisse hinterließen hingegen Ratlosigkeit oder Ohnmacht. Eindrücklich war es, zu erfahren, dass die Angst vor dem Scheitern (meist heimlich) allgegenwärtig ist. Dies bestätigt die Glatteis-Hypothese (s. Kapitel 3).

- Führungskräfte fühlen sich in schwierigen Situationen nicht selten in ihrer Organisation „gefangen"; organisationale Differenzierungsprozesse, die Dynamik von Wandel und Umbau, steigender Erfolgsdruck und das damit verbundene Gefühl von zunehmender Ohnmacht und Selbstzweifel stehen bei Führenden in Bezug auf Scheiterängste oder die Verarbeitung von Scheitererfahrungen im Vordergrund.

Die von Führungskräften erwartete „Sicherheitsproduktion" im Kontext von Dynamik und Change, welche nicht von ihnen selber initiiert wurde, scheint in den Schilderungen von hoher Bedeutung und repräsentiert einen zentralen Anteil des wahrgenommenen Erfolgsdruckes. Das Gefühl des Ausgeliefert-Seins und der Ohnmacht sind als Vorboten offensichtlich emotionale Kennzeichen von Scheitersituationen. Die Vorstellung vom „Käpt'n an Deck" ist eine relative, wie ein Interviewpartner formulierte (s. oben).

- Die Gelingensorientierung und der Erfolgsdruck erlauben es Führungskräften schwer, reflexiv Scheitererfahrungen zu benennen, einzuordnen und zu deuten oder Scheitern überhaupt als Option in ein eigenes Führungskonzept aufzunehmen. Führungskräfte erleben solche Situationen, auch wenn sie darüber nicht direkt unter Verwendung des Begriffes Scheitern sprechen. Scheitern als allgegenwärtige Möglichkeit und die Angst davor führen dazu, dass es als Geist besser nicht gerufen werden sollte oder zumindest solange wie möglich als „graduell" zu verstehen versucht wird.

Erste spontane Reaktionen in den Gesprächen waren nicht selten etwa so: „Gescheitert bin ich bestimmt nie!". Im weiteren Verlaufe der Reflexion wurde deutlich, dass etliche Situationen in Führungsbiografien als „Beinahe-Scheitern" bezeichnet werden können oder aber als temporäres Scheitern, welches umgehend als „graduelles" und als bewältigbar definiert wurde. Die Fokussierung auf Erfolg ist für Führungskräfte offensichtlich überlebenswichtig. Eine Risikoanalyse im Sinne des Scheiterns als Option scheint die Handlungsfähigkeit einzuschränken. Zaudern ist nicht vorgesehen, Gesichtswahrung zentral.

- Erfahrene professionelle Führungskräfte sind in ihrer Selbsteinschätzung zur Bewältigung von vergangenen Scheitererfahrungen eher bilanzierend (akkommodativ), was dann auch zur retrospektiven Erkennung von Mustern führen kann, welche auf Grund der schwindenden Zeitressourcen der Zukunft nicht mehr so einfach zu verändern sind; eigene Grenzen zu akzeptieren, wird hier zentral. Junge und frische Führungskräfte sind in ihrem Führungsalltag existentiell wesentlich stärker herausgefordert.

Gerade die Geschichten der pensionierten Führungskräfte barsten sozusagen von geschilderten Vorboten des Scheiterns, von Scheitererfahrungen, von Schilderungen deren Bewältigung, von verarbeitetem Scheitern und von nach wie vor nachklingenden Emotionen wie Schuld und Scham. Teilweise erschien dies wie ein Dammbruch der Reflexion. Viele Erfahrungen konnten in berufsbiografische oder organisationale Kontexte eingeordnet werden, einige nach wie vor nicht. Bei den befragten Novizen schien das Scheitern eher tabuisiert, graduelle Bewältigung stand im Vordergrund, Rat- und Sprachlosigkeit schienen gelegentlich auf.

Ist nun Scheitern eine Option in der Führungsarbeit? Wir denken ja.

Die Einnahme der Scheiterperspektive als mögliche Grenzerfahrung, die Bewältigung von Scheitererfahrungen und deren Deutung zwischen gesellschaftlich-organisationalem Kontext und (berufs-) biografischen Bezügen gehören unserer Ansicht nach zur Professionalität von Führungskräften. Enttabuisierung und Unterstützung sind dabei unumgänglich.

6.2 Folgerungen für die Praxis: Drei Implikationen für die Unterstützung der Professionalisierung von Führungskräften

6.2.1 Das Scheitern enttabuisieren: Durch Analyse, Begriffsschärfung und Explikation

Das Nicht-Funktionieren, der Misserfolg, Fehler und Scheitererfahrungen könnten *kulturell* in Aus- und Weiterbildung sowie in der berufsbegleitenden Professionalisierung von Führungspersonen einen wichtigen Platz als Ausgangslage für Lernen und *Navigationskorrekturen* einnehmen. Ganz im Sinne des Weikschen Organisationsverständnisses (Weick 1995) ließe sich auch im Rahmen der institutionalisierten Professionalisierung das Scheitern als stetes Analysekriterium und als „Option" aufnehmen und damit enttabuisieren. Dieses Verständnis müsste zudem die vorherrschende Null-Fehlerkultur und das damit verbundene Primat der Fehlervermeidung (beispielsweise im Rahmen aktueller Qualitätsmanagementbestrebungen) zumindest ergänzen.

6.2.2 Starre und tradierte Organisationsbilder de-stabilisieren, Instabilität gestalten

Dem Verstehen von dynamischen Prozessen in sich wandelnden Organisationen muss im Rahmen von Aus- und Weiterbildung, aber auch in berufsbegleitenden Reflexionsgefäßen Zeit eingeräumt werden. Es ist anzunehmen, dass die impliziten Organisationsbilder von Führungspersonen – geprägt durch „alte" Erfahrungen – eher „stabil" sind, was unter anderem zur (Fehl-) Einschätzung in Bezug auf die Kontrollierbarkeit der Systeme führen kann. Gleichzeitig repräsentieren Dilemmata, Paradoxien und Ambivalenzen die alltägliche organisationale „Diabolik" (Bardmann 1994, S. 9 ff.).

Solche Verstehensprozesse können in Aus- Weiterbildungs- oder Supportgefäßen (Intervision, Praxisberatung) – zum Beispiel durch die Explikation impliziter Bilder und deren Kollisionen mit der alltäglichen Realität mittels Metaphernarbeit – angeregt werden. Schließlich ist nicht nur das Erzählen von „Scheitergeschichten" für die Erzählenden entlastend, die Geschichten sind zudem für die Zuhörenden interessant und spannend. Vielleicht ließen sich so absolute Scheitererfahrungen zu graduellen umbewerten und gestalten.

6.2.3 Möglichkeiten und Gefäße schaffen für Umdeutungs- und Reflexionsprozesse

Grundsätzlich sind Führungspersonen in ihrer Führungsarbeit „existentiell betroffen", was darauf hinweist, dass der berufsbegleitenden persönlichen Praxisverarbeitung viel Bedeutung beigemessen werden müsste. Der Umgang mit Brüchen beispielsweise als Scheitererfahrung (Kontrollverlust, Ohnmacht) und die in der emotionalen „Scheiterchronologie" auftretende Angst vor Scheitern sind für Führungskräfte relevant; bei beiden emotionalen Lagen taucht die Frage nach der eigenen Wirkungsbescheidenheit auf. Dieser Umstand wiederum bedingt den Zugang zu Möglichkeiten der Distanzierung zu Gunsten von Umdeutungsprozessen (Loslassen, Grenzen erkennen etc.). Hilfreich wären demnach „reflexive Unterstützungsinseln" (teilweise firmenintern, um organisationales Lernen zu ermöglichen, teilweise – wenn Annonymitätsschutz notwendig ist – außerhalb der eigenen Organisation, zum Beispiel durch Peer- oder Intervisionsstrukturen, aber durch individuelle Formen der persönlichen Begleitung wie Coaching), welche der emotionalen Verarbeitung von schwierigen Erfahrungen Platz schaffen und akkommodative Umdeutungsprozesse ermöglichen, dies bevor die Arbeitsstelle gewechselt wird, werden muss, oder die Pensionierung ansteht. Ein solcher Zugang benötigt Zeit, bietet keine schnellen Lösungen und ist nicht effizient zu „erledigen". Der vorgeschlagene Zugang deckt sich allerdings mit anderen Beiträgen in diesem Buch. So ziehen Bedenk und Mieg (S. 46), aus der Analyse von Biases in Innovationsvorhaben folgendes Fazit: „Die Tatsache, dass Urteils- und Entscheidungsfehler in fast allen Bereichen menschlichen Denkens und Handelns und mehr oder weniger ausgeprägt bei allen Menschen beobachtbar sind, zeigt nicht zuletzt, dass fehlerhaftes Urteilen und Entscheiden und in der Folge auch Scheitern bei Entscheidungen eine Tatsache menschlicher Realität darstellen. Biases lassen sich (manchem Ratgeber- und Beraterversprechen zum Trotz) nicht komplett ausschalten. Eine wichtige Aufgabe scheint daher nicht nur das Aufdecken, Populärmachen, Diskutieren und Aufzeigen solcher Urteils- und Entscheidungsfehler, sondern vor allem die Akzeptanz der „conditio humana" bei sich und bei Anderen."

Oder könnte doch auch eine radikale Umbewertung dessen, was moderne Führungskräfte (die eher eine Mentoren- als eine Steuerfunktion einnehmen) von ihren steuernden, lenkenden Eingriffen erwarten – das sie grundsätzlich zielführend sind – das Scheitern doch verhindern? Eine solche Umbewertung schlug der Komponist und Musiker Wolfgang Rihm in einem Interview vor. Er ist der Meinung: „Lehrer und Mentor kann nur einer sein, der alles erwartet und enttäuscht werden kann" (Rihm 1997, S. 115).

Literatur

Affemann, R. (1997). *Führen durch Persönlichkeit* (2. Aufl.). Leonberg: Rosenberger Fachverlag.

Anchouri, C. (2013). *Wenn Sie wollen, nennen Sie es Führung*. Offenbach a. M.: Gabal.

Avolio, B. J., Walumbwa, F., & Weber, T. J. (2009). Leadership: Current theories, research, and future directions. *Annual Review of Psychology, 60*, 421–449.

Backert, W. (2004). Kulturen des Scheiterns: Gesellschaftliche Bewertungsprozesse im internationalen Vergleich. In M. Junge & G. Lechner (Hrsg.), *Scheitern – Aspekte eines sozialen Phänomens* (S. 63–77). Wiesbaden: VS Verlag für Sozialwissenschaften.

Bardmann, T. M. (1994). *Wenn aus Arbeit Abfall wird – Aufbau und Abbau organisatorischer Realitäten.* Frankfurt a. M.: Suhrkamp.

Beckett, S. (1983). *Worstward Ho.* London: John Calder.

Bennis, W. (1990). *Führen lernen.* Frankfurt a. M.: Campus.

Birkhan, G. (2014). MvD: Anmerkungen zu Forschung und Methodik. *Wirtschaftspsychologie, 16*(3), 7–12.

Boothe, B., & Marx, W. (Hrsg.) (2003). *Panne – Irrtum – Missgeschick. Die Psychophatologie des Alltagslebens in interdisziplinärer Perspektive.* Bern: Hans Huber.

Brandstätter, J. (1989). Personal self-regulation of development: Cross-sequential analyses of development-relted contol beliefs and emotions. *Development Psychology, 25,* 96–108.

Brandstätter, V. (2003). *Persistenz und Zielablösung.* Göttingen: Hogrefe.

Brandstätter, V., & Greve, W. (1994). The aging self: Stabilizing and protective processes. *Development Review, 14,* 52–80.

Brandstätter, J., & Renner, G. (1990). Tenacious goal pursuit and flexible goal adjustment: Explication and age-related analysis of assimilative and accommodative strategies of coping. *Psychology and Aging, 5,* 58–67.

Braun, R., et al. (2005). *Führen ohne Drama.* Wien: Linde Verlag.

Brunstein, J. C. (1995). *Motivation und Misserfolg.* Göttingen: Hogrefe.

Burke, R. J. (2006). Why leaders fail: Exploring the darkside. *International Journal of Manpower, 27*(1), 91–100.

Carrel, L. F. (2004). *Leadership in Krisen.* Zürich: Verlag NZZ.

Czerwinski, R. (2006). Die ehrlichen Ärzte. *Das Magazin, 16,* 14–27.

Elgeti, R. (2001). Kreativität und Scheitern als Dimensionen der Freiheit. In A.-M. Schlösser & A. Gerlach (Hrsg.), *Kreativität und Scheitern* (S. 53–67). Giessen: Psychosozial-Verlag.

Felfe, J. (2012). *Arbeits- und Organisationspsychologie Bd. 2: Führung und Personalentwicklung.* Stuttgart: Kohlhammer.

Gebert, D. (2002). *Führung und Innovation.* Stuttgart: Kohlhammer.

Goeudevert, D. (1996). *Wie ein Vogel im Aquarium – aus dem Leben eines Managers.* Berlin: Rowohlt Taschenbuch Verlag.

Goleman, D., et al. (2005). *Emotionale Führung* (3. Aufl.). Berlin: Ullstein.

Grundl, B., & Schäfer, D. (2007). *Leading simple.* Offenbach: GABAL.

Hogan, J., Hogan, R., & Kaiser, R. (2011). Management Deraiment. In S. Zedeck (Hrsg.), *APA handbook of industrial and organizational psychology* (Vol. 3, S. 557–575). Washington: American Psychological Association.

Jonas, K., Stroebe, W., & Hewstone, M. (Hrsg.). (2014). *Sozialpsychologie.* Heidelberg: Springer.

Junge, M. (2004). Scheitern: ein unausgearbeitetes Konzept soziologischer Theoriebildung und ein Vorschlag zu seiner Konzeptualisierung. In M. Junge & G. Lechner (Hrsg.), *Scheitern – Aspekte eines sozialen Phänomens* (S. 15–32). Wiesbaden: VS Verlag für Sozialwissenschaften.

Junge, M., & Lechner, G. (Hrsg.). (2004). *Scheitern – Aspekte eines sozialen Phänomens.* Wiesbaden: VS Verlag für Sozialwissenschaften.

König, H.-D. (2001). Künstler sein, heisst scheitern. In A.-M. Schlösser & A. Gerlach (Hrsg.), *Kreativität und Scheitern* (S. 211–24). Giessen: Psychosozial-Verlag.

Kraft, H. (2001). Sich voran scheitern- zur Dialektik von Scheitern und Grössenphantasien im kreativen Prozess. In A.-M. Schlösser & A. Gerlach (Hrsg.), *Kreativität und Scheitern* (S. 149–159). Giessen: Psychosozial-Verlag.

Kriz, J. (2003). Versagen: Desaster oder Aufbruch. In B. Boothe & W. Marx (Hrsg.), *Panne – Irrtum – Missgeschick* (S. 163–176). Bern: Verlag Hans Huber.

Leontjev, A. N. (1982). *Tätigkeit, Bewusstsein, Persönlichkeit* (2. Aufl.). Berlin: Volk und Wissen.

Luhmann, N. (2000). *Organisation und Entscheidung*. Opladen: Westdeutscher Verlag.

Malik, F. (2005). *Führen – Leisten – Leben*. München: Heyne.

Morgenroth, O., & Schaller, J. (2004). Zwischen Akzeptanz und Abwehr: Psychologische Ansichten zum Scheitern. In M. Junge & G. Lechner (Hrsg.), *Scheitern – Aspekte eines sozialen Phänomens* (S. 181–197). Wiesbaden: VS Verlag für Sozialwissenschaften.

Münchhausen, G. (2004). Führung und Biografie. Ein Beitrag zur biografieorientierten Kompetenzentwicklung von Führungskräften in Organisationen. *Dissertation an der Fakultät für Pädagogik an der Universität Bielefeld*.

Neuberger, O. (2002). *Führen und Führen lassen* (6. Aufl.). Stuttgart: UTB.

Ortmann, G. (1999): Kalte Füsse. Zehn Facetten der Entstehung und Beschwichtigung von Angst in Organisationen. In J. Freimuth (Hrsg.), *Die Angst der Manager* (S. 69–96). Göttingen: Hofgrefe.

Oser, F., & Spychiger, M. (2005). *Lernen ist schmerzhaft. Zur Theorie des Negativen Wissens und zur Praxis der Fehlerkultur*. Weinheim: Beltz.

Rihm, W. (1997). Vertraue auf die Schwerkräfte. In H. v. Pierer & B. v. Oetinger (Hrsg.), *Wie kommt das Neue in die Welt?* München: Hanser.

Rubinstein, S. L. (1976). *Grundlagen der allgemeinen Psychologie*. Berlin: Volk und Wissen.

Rüdiger, M., & Schütz, A. (2014). Das Selbst, wenn es scheitert. In R. John & A. Langhof (Hrsg.), *Scheitern – ein Desiderat der Moderne?* (S. 263–278). Wiesbaden: Springer VS.

Saulus, P. (2015). *Führen ohne Leiden*. Berlin: Springer Gabler.

Schlösser, A.-M., & Gerlach, A. (Hrsg.). (2001). *Kreativität und Scheitern*. Giessen: Psychosozial-Verlag.

Schnell, R. (2000). Das Scheitern. *Zeitschrift für Literaturwissenschaft und Linguistik, 119*, 26–37. (Hrsg. Ralf Schnell).

Seliger, R. (2014). *Positive Leadership*. Stuttgart: Schäffer Poeschel.

Steinmann, H., & Schreyögg, G. (2005). *Management- Grundlagen der Unternehmensführung* (6. Aufl.). Wiesbaden: Gabler.

Strohschneider, S. (2003). Ja, mach nur einen Plan. In B. Boothe & W. Marx (Hrsg.), *Panne – Irrtum – Missgeschick* (S. 127–144). Bern: Hans Huber.

Thomann, G. (2008). *Produktives Scheitern – wie Führungskräfte und Systemberater/innen Komplexität bewältigen*. Bern: hep.

Thomann, G. (2011). Produktives Scheitern im Führungsalltag. In H. Buchen, L. Horster, & H.-G. Rolff (Hrsg.), *Schulleitung und Schulentwicklung 53*. Stuttgart: Raabe.

Thomann, G., & Birri, T. (2005). *Produktives Scheitern: Geschichten aus dem Führungsalltag*. Bern: hep.

Vaill, P. B. (1998). *Lernen als Lebensform*. Stuttgart: Klett Cotta.

Vaupel, M. (2008). *Der Leadership Asset Approach*. Wiesbaden: Gabler.

Von Moos, P. (Hrsg.). (2001). *Der Fehltritt – Vergehen und Versehen in der Vormoderne*. Köln: Böhlau.

Voss, A. (2004). Motivierte Wahrnehmung. *Unveröffentl*. Dissertation, FB I, Univ. Trier.

Vygotsky, L. (1978). *Mind in society. The development of higher psychological processes*. Cambridge: Harvard University Press.

Wehner, T. (Hrsg.). (1992). *Sicherheit als Fehlerfreundlichkeit*. Opladen: VS Verlag für Sozialwissenschaften.

Wehner, T., & Mehl, K. (2005). Gut gefehlt heisst was gewonnen? Psychologische Fehlerforschung Eine Antwort im Überblick. *Profile, Internationale Zeitschrift für Veränderung, Lernen, Dialog, 9*, 25–31.

Weick, K. E. (1995). *Der Prozess des Organisierens*. Frankfurt a. M.: Suhrkamp.

Weinert, A. B. (2004). *Organisations- und Personalpsychologie* (5. Aufl.). Weinheim: Beltz PVU.

Wentura, D. (1995). *Verfügbarkeit entlastender Kognitionen*. Weinheim: Beltz PVU.

Westermann, F., & Dick, M. (Hrsg.). (2014). Managerversagen/Derailment (MvD). *Wirtschaftspsychologie, 16*(5), 2–7.

Zahlmann, S., & Scholz, S. (Hrsg.). (2005). *Scheitern und Biographie.* Giessen: Psychosozial-Verlag.

Zschirnt, C. (2005). *Keine Sorge, wird schon schief gehen – Von der Erfahrung des Scheiterns – und der Kunst damit umzugehen.* München: Goldmann.

Prof. Dr. Geri Thomann studierte an der Universität Zürich Pädagogik und Psychologie, ist diplomierter Organisationsberater, leitete langjährig diverse Institutionen der Erwachsenenbildung. Seit 2009 Aufbau und Leitung des ZHE Zentrums für Hochschuldidaktik und Erwachsenenbildung der Pädagogischen Hochschule Zürich, Inhaber der gleichnamigen Professur, seit 2007 Lehrbeauftragter der Hochschule für Angewandte Psychologie der FHNW in Coaching, Team- und Organisationsentwicklung. Er berät seit 20 Jahren Führungskräfte.

Prof. Dr. Theo Wehner ist emeritierter Professor an der ETH Zürich und Gastprofessor am Institut „Technik + Bildung" der Universität Bremen. Er studierte nach einer Berufsausbildung Psychologie und Soziologie. Er promovierte an der Universität Bremen und habilitierte sich ebenfalls dort. Von 1989 bis 1997 war er Professor an der TUHH und seit 1997 Professor an der ETH für das Fach Arbeits- und Organisationspsychologie.

Prof. Dr. Christoph Clases ist gelernter Handwerker sowie Arbeits- und Organisationspsychologe. Er lehrte und forschte an der TU Hamburg, der Univ. Kiel, der ETH Zürich, der Univ. St. Gallen sowie der FHNW. Seit 2009 ist er Partner der AOC Unternehmensberatung in Zürich.

Scheitern in Teams

Warum erfolgreiche Teams nicht (so oft) scheitern

Petra Badke-Schaub und Gesine Hofinger

Zusammenfassung

In diesem Beitrag wird anhand unterschiedlicher Beispiele von Teamprozessen gezeigt, welchen Anforderungen Teams gegenüber stehen, die aufgrund der Dynamik und Komplexität kaum zufriedenstellend gelöst werden können. Sowohl die Zieldefinition als auch der Umgang – d. h. Analyse und Bewertung – von teilweise nicht vorhandenen oder gar widersprüchlichen Informationen, die Auswahl ‚richtiger' Entscheidungen, das fehlende oder nicht korrekte Wissen hinsichtlich weiterer Einflussfaktoren macht es schwierig zu bestimmen, was Teamerfolge sind, und was wir daraus lernen können.

Allerdings gibt es auch Teams, die – teilweise über Jahrzehnte hinweg – erfolgreich zusammenarbeiten und sehr gute Leistungen erbringen. Forschungsergebnisse weisen darauf hin, dass Teams erst dann wirklich erfolgreich sein können, wenn sie genügend Zeit haben, notwendige Phasen der Teamentwicklung zu durchlaufen. Natürlich ist die entscheidende Variable nicht die Zeit an sich, sondern die sich im Verlauf der Zeit annähernden mentalen Modelle der Teammitglieder – aber auch hier zeigt ein Beispiel, dass andererseits die Gefahr nicht übersehen werden darf, dass Teams, die sich sehr gut kennen, weniger problemorientiert sondern mehr teamorientiert kommunizieren.

P. Badke-Schaub (✉)
TU Delft, 2628 CE Delft, Landbergstraat 15, Netherlands
E-Mail: P.G.Badke-Schaub@tudelft.nl

G. Hofinger
Team HF, Hofinger, Künzer & Mähler PartG, Hohenheimer Str. 104, 71686 Remseck, Deutschland
E-Mail: gesine.hofinger@team-hf.de

© Springer-Verlag Berlin Heidelberg 2016
S. Kunert (Hrsg.), *Failure Management*, DOI 10.1007/978-3-662-47357-3_7

1 Einleitung

Jede Beschreibung von Anforderungen unserer gesellschaftlichen Realität stellt neben dem Aufruf zu ‚neuem Denken' die Notwendigkeit der Zusammenarbeit von Menschen als Beitrag zum adäquaten Umgang mit zunehmender Komplexität unserer Umwelt dar – oftmals wird konkretisierend die Relevanz interdisziplinärer und interkultureller Zusammenarbeit im Team herausgestellt. Auch wenn diese Forderungen alles andere als neu und überraschend sind, und eine unüberschaubare Menge an Forschungsprojekten seit über einem Jahrhundert das Thema Teamarbeit und deren spezifischen Einfluss auf die Teamleistung auf verschiedenen Ebenen analysiert, ist Teamarbeit immer noch mit vielen Fragezeichen versehen. Positiv ist die Tatsache, dass das Forschungsinteresse an Teamarbeit nie nachgelassen hat, aber durchaus auch jenseits der Kleingruppenforschung in der Sozialpsychologie in anderen Diziplinen zum Forschungsthema erkoren wurde. Das heißt aber auch, dass ein alle Disziplinen umfassender Überblick über den aktuellen Stand der Teamforschung kaum möglich ist.

Wissenschaftliche Literatur, die Prozesse des Scheiterns von Teams detailliert und in differenzierten Mehr-Ebenen-Analysen beschreibt, gibt es vergleichsweise wenig. Das ist auch kaum verwunderlich, denn Scheitern in der Teamarbeit beschreibt einen Prozess, der oftmals in kleinen Schritten erfolgt und aufgrund von ‚weak signals' (Ansoff 1980) kritische Situationen von den Beteiligten zeitnah nicht bemerkt werden. Im Nachhinein – wenn das Scheitern offensichtlich ist – sind diese kleinen Schritte kaum noch nachvollziehbar. Wer deshalb über Scheitern von Teams berichtet, beschreibt vorrangig die Geschehnisse, insbesondere wenn die berichtende Person selbst in den Prozess involviert ist (z. B. Krakauer 1997).

Insbesondere in den letzten zwei Jahrzehnten verstärkte die Forschung den Blick auf Hochzuverlässigkeitsteams, High Reliability Organisationen (Baker et al. 2006; Weick und Sutcliffe 2007) oder auch Hochleistungsteams (Pawlowsky und Steigenberger 2012), also Teams, die in **sehr schwierigen Umwelten sehr erfolgreich** sind. Aus der Umkehrung dieser Erkenntnisse zum Erfolg lassen sich aber nicht notwendigerweise „Anleitungen zum Scheitern" für Teams generieren. Hochleistungsteams sind erfolgreich in Prozessen und in dem Ergebnis. Es gibt aber auch Teams, die im Hinblick auf die Sachaufgabe erfolgreich sind und dennoch als Teams gescheitert. Und andererseits können schwierige Prozesse dennoch zum Erfolg führen, wie Untersuchungen zeigen, dass zum Beispiel eine bestimmte Art von Konflikten, sogenannte kognitive Konflikte in Teams kreativere Problemlösungen erzeugen als ein harmonisch konfliktfreies Team (Badke-Schaub et al. 2007a) erzielt.

Im Folgenden werden wir Merkmale erfolgreicher und weniger erfolgreicher Teamarbeit vorstellen und davon ausgehend anhand prototypischer Phasen von Problemlöseprozessen typische Schwachstellen von Teams bei der Bearbeitung komplexer Situationen aufzeigen, die zum Scheitern führen (können). Wir unterscheiden dabei die kritischen Situationen der Zieldefinition und Situationsanalyse, des Informationsmanagements, des Planens und Entscheidens sowie der Reflektion und des Lernens im Team. Hinzuzufügen sind des Weiteren kritische Situationen der Kommunikation, Koordination und Kooperation von Teams, z. B. die Zuweisung von Aufgaben und Verantwortlichkeiten im Kontext von Teamarbeit.

2 Anforderungen an erfolgreiche Teamarbeit: Was macht ein erfolgreiches Team anders?

Wie in Abb. 1 dargestellt ist Teamarbeit abhängig von einer Vielzahl von Faktoren: eingebettet in einen spezifischen Kontext und in eine Kultur (das kann die Kultur eines Landes, einer Organisation oder einer Berufsgruppe sein), im Rahmen der Bearbeitung des Problems oder des Projektes werden kritische Situationen relevant, die sich als Schritte im Problemlöseprozess beschreiben lassen. Diese **kritischen Situationen** sind deshalb ‚kritisch‘, weil ihre Bearbeitung das Endergebnis in positiver oder negativer Weise beeinflusst. Das heißt, es ist notwendig, diese Situationen im Prozess erfolgreich zu bearbeiten und vor allem abweichende oder unerwartete Entwicklungen rechtzeitig wahrzunehmen und anzupassen, um schließlich ein erfolgreiches Endergebnis erzielen zu können. Neben den inhaltlich definierten kritischen Situationen sind weiterhin diejenigen Situationen als kritisch zu betrachten, die den Teamprozess steuern und koordinieren. Dazu gehören entsprechende Situationen der Rollen- und Aufgabenzuweisung, und der damit verbundenen Anforderungen wie z. B. die Planung von Prozessen oder die Festlegung von Verantwortlichkeiten.

Abb. 1 Teams in der Auseinandersetzung mit Komplexität: zum Scheitern verurteilt?

2.1   Faktoren erfolgreicher Teamarbeit

Anhand vielfältiger Forschungsergebnisse (z. B. Salas et al. 2000, 2004) können folgende Merkmale benannt werden, die ein gutes – oder besser ein erfolgreiches – Team beschreiben: Ein erfolgreiches Team arbeitet aufgrund gemeinsamer Ziele, es kommuniziert klar innerhalb des Teams, es gibt eine eindeutige Rollenzuweisung und transparente Informationswege, Regeln werden eingehalten, emotionale Unterstützung sorgt für ein gutes Klima im Team, eine Teamführung gibt die Richtung vor, lässt aber individuelle Freiheiten, und wenn Konflikte auftreten, werden sie konstruktiv gelöst. Letztendlich entsteht während der Arbeit im Team im Individuum ein mentales Modell, also ein Modell der Situation, der Teammitglieder, des bisherigen Prozesses, der Zielorientierung und der Erwartung der zukünftigen Bewältigung der Situation, das Übereinstimmungen, aber auch Diskrepanzen mit den mentalen Modellen der anderen Teammitglieder hat. Für ein effektives gemeinsames Handeln ist demnach eine ausreichende Übereinstimmung der mentalen Modelle der Teammitglieder, also ein gemeinsames mentales Modell, hilfreich. Diese gemeinsamen mentalen Modelle sind teilweise statisch und bleibend, andererseits aber auch flexibel, weil relevante Veränderungen in der Umwelt im individualen mentalen Modell angepasst werden, aber nur dann gemeinsam oder in derselben Weise angepasst werden, wenn der Informationstransfer in beide Richtungen (also vom Empfänger zum Sender und umgekehrt) erfolgt, und wenn die Teammitglieder eine zumindest vereinbarte gemeinsame Zielorientierung haben.

Salas et al. (1997) nennen als Ergebnis einer Analyse der Literatur zu Teamarbeit fünf Kernelemente, die die Autoren als die „Big Five" der Teamarbeit bezeichnen: Teamführung, Teamorientierung, gegenseitiges Leistungsmonitoring und Anpassungsfähigkeit. Diese Komponenten werden durch gegenseitiges Vertrauen, die Bildung gemeinsamer mentaler Modelle und durch closed-loop Kommunikation positiv beeinflusst.

2.2   Faktoren erfolgreicher Teamprozesse

Ist ein guter Prozess Voraussetzung für ein gutes Ergebnis? Ist ein gutes Team Voraussetzung für einen guten Prozess?

Beispiel

Im Wettlauf um die Eroberung des Südpols erreicht das Team des Norwegers Ronald Amundsen in guter körperlicher Konstitution den Südpol am 14. Dezember 1911, 5 Wochen bevor der Brite Robert Falcon Scott mit seinem Team am Südpol ankommt. Nicht nur diese Niederlage kennzeichnet das Scheitern der britischen Expedition. Viel schwerer wiegt, dass im Gegensatz zu Amundsen, der sein Team sicher zum Ausgangspunkt der Reise zurückbringt, das Team um Scott dem Eis nicht entrinnen kann und alle Teammitglieder auf dem Rückweg an körperlicher Erschöpfung sterben.

Dieser tragische Ausgang ist in makabrer Weise ein Lehrstück unterschiedlicher Strategien bei der Planung eines komplexen Projektes, das von großer Ungewissheit geprägt ist. Beide Teams sind hinsichtlich vieler der oben genannten Merkmale unterschiedlich, jedoch kann ein zentraler Einflussfaktor für den unterschiedlichen Ausgang der beiden Expeditionen benannt werden. Dieser Faktor ist die unterschiedliche Planung, Gestaltung und ‚Probelauf‘ der entwickelten Problemlösungen, jedes Detail ist wichtig oder kann wichtig werden in einem Umfeld, das keine Fehler verzeiht. Eine konsequente Planung und auch Testung entsprechender Problemfelder, die für eine solche Expedition von Bedeutung sind, sei es Kleidung, Fortbewegungsmittel (Pferde, Hunde, Motor-/Schlitten, Ski), Auswahl von Lebensmitteln, und auch die Vorausplanung von Vorratsdepots, die einen sicheren Heimweg garantierten. Hier zeigen sich beeindruckende Unterschiede zwischen den beiden Führungspersonen Amundsen und Scott. Während Amundsen der erfahrenere Polfahrer war und dementsprechend von seinem Team als Expeditionsleiter akzeptiert, schien das Handeln von Scott oftmals von seiner aktuell dominanten Motivationslage bestimmt zu sein, was sich sehr deutlich bei der Auswahl der Teammitglieder zeigte, die für den zum Südpol von Scott ausgewählt wurden. Obwohl z. B. die gesamte Planung einschließlich der Vorratsdepots auf vier Personen ausgerichtet war, entschloss sich Scott im letzten Augenblick, mit fünf Personen zum Südpol aufzubrechen, was eine Reihe von Neben- und Fernwirkungen mit sich brachte, die Scott zum Zeitpunkt der Entscheidung nicht berücksichtigte. Dabei wäre nicht viel Analyse notwendig gewesen, um die Konsequenzen dieser Entscheidung vorherzusehen, wie z. B. dass die im Voraus in Depots gelagerten Benzin- und Essensvorräte – geplant für 4 Personen – nun wesentlich schwieriger handhabbar waren und natürlich darüber hinaus die Kochzeiten anstiegen, womit wiederum die ohnehin zu knapp kalkulierten Mengen Benzinvorräte nicht mehr ausreichend waren. So konnte auf dem Rückweg kein Eis für Wasser zum Trinken aufbereitet werden, ein Umstand der zur Dehydrierung der Männer und damit zur weiteren Schwächung beitrug.

Zusammenfassend können wir also feststellen, dass dasselbe Ziel mit sehr unterschiedlichen Mitteln geplant und durchgeführt wurde und die Zielverfolgung auch unterschiedlich erfolgreich endete. Dabei wurde die Teamleistung wesentlich von der Persönlichkeit der Führungspersonen determiniert. Dabei bleiben aber viele Fragen offen: Worin waren die Teams unterschiedlich? Wie war die Kommunikation? Wie war das Klima im Team? Wie wurden Entscheidungen getroffen? Was für ein Mensch war Amundsen? Antworten auf diese Fragen versuchten viele Autoren mit teilweise unterschiedlichen Schwerpunkten aber mit durchaus sehr ähnlichen Ergebnissen (siehe z. B. Scott 2011; Gurney 1997; Höfer 2011; Huntford 1985; MacPhee 2010; Venzke 2011).

Was lernen wir aus diesem Beispiel? Genau genommen verdeutlicht dieses Beispiel die Definition von Teamleistung als „potentielle Leistung minus Koordinationsverluste und Motivationsverluste" (Stroebe et al. 1992). Darüber hinaus zeigt sich aber auch, dass selbst eine extrem hohe Motivation des Teams eine mangelhafte Koordination nicht kompensieren kann.

2.3 Routineprozesse: der Feind von Innovation

Viele Teile der täglichen Arbeit – auch in kreativen Berufen – enthalten einen großen Teil Anforderungen, die immer wiederkehrend und damit sehr ähnlich sind. Nur einige wenige Teilaspekte verändern dann ein Problem oder eine Aufgabe so, dass sie eine andere Lösung verlangen. In solchen Situationen neigen Menschen zu einer Bevorzugung der Lösung, die sie schon kennen, da sie – neben der Zeitersparnis – glauben, aufgrund der Kenntnis der Lösung Schwachstellen besser in den Griff zu bekommen und Stärken besser nutzen zu können. Das heißt aber auch: „Routineaufgaben erzeugen Routineantworten". Wenn ein Standardverfahren zur Lösung des Problems existiert, wird dieses zuerst gewählt, auch wenn es nicht notwendigerweise die beste Lösung darstellt. Zudem ist eine dem Team oder in der Organisation bekannte Lösung einfacher durchzusetzen, nach dem Motto: „das haben wir immer schon so gemacht." Wenn jedoch Neuentwicklungen immer auf dieser Konservatismus-Schiene („never change a running system") bearbeitet werden, kann dieses Vorgehen nur zu inkrementellen Innovationen führen. Anstelle revolutionärer Entwicklungen müssen Routinisierung weichen.

Neben der Bevorzugung von Bekanntem lässt sich in vielen Projekten in Routinesituationen immer wieder die Vermeidung detaillierter Analysen beobachten. (Subjektiver) Zeitdruck, der in aller Regel in jedem Projekt eine dauerhafte Restriktion darstellt, lässt langwierige Analysen nicht zu. Damit werden nicht nur besonders kreative Lösungen vermieden, sondern wichtige Neuentwicklungen nicht wahrgenommen oder falsch bewertet.

Nicht nur bei Neuentwicklungen ist eine Mangelhafte Analyse ein wesentlicher Aspekt des Scheiterns – auch bei neu auftretenden Problemen kann das Ausbleiben von Analysen, v. a. in Kombination mit durch Routine erzeugter Sicherheit, fatal sein, wie das folgende Beispiel zeigt:

Beispiel

Am 31.8.1999 verunglückte die Boeing 737-204 beim Start in Buenos Aires: 67 Personen starben. Die Piloten hatten ein Alarmsignal ignoriert. Ein Warnsignal zeigte nach dem Start an, dass die Landeklappen nicht (korrekt) ausgefahren waren. Der Cockpit Voice Recorder übermittelt ruhige Stimmen der Crew („es ist alles in Ordnung!"): man wusste, dass die Alarmsignale öfters in alten Maschinen vorkamen. Pilot und Kopilot hatten beim Routine-Check vor dem Start die Landeklappen nicht erwähnt.

Als ein Erklärungsmodell sei hier auf das Konzept der ‚situation awareness' (Endsley 1995) verwiesen. Endsley beschreibt drei Prozesse als Elemente der situation awareness in der Interaktion zwischen Person und Umwelt, die jeder Entscheidung vorausgehen: Wahrnehmung, Verstehen und Vorhersage.

In dem oben skizzierten Fall ist offensichtlich die Wahrnehmung durch den Einfluss von Erfahrung limitiert, denn sie verhindert eine weitere Analyse der Ursachen für das Alarmsignal. Damit ist das Verstehen der konkreten Problemsituation nicht gegeben, und die Prognose, dass sich die Situation von allein klärt, ist falsch. Man kann hier sogar von einer fehlerhaften „shared situation awareness" sprechen, weil Pilot und Kopilot ohne weitere Kommunikation die Situation in gleicher Weise interpretieren und dementsprechend handeln.

3 Handlungsregulation von Teams in Kritischen Situationen

Wie oben dargestellt (siehe auch Abb. 1) kann das Handeln einzelner Personen als Handlungsregulation (Hacker 1973/2005; Oesterreich 1981; Volpert 1974) oder Handlungsorganisation beschrieben werden (Dörner 1976, 1989). Dabei werden „Stationen der Handlungsorganisation" oder auch Problemlöseschritte unterschieden, die die spezifischen Anforderungen – aufbauend auf einem Individuum-bezogenen deskriptiven Modell – genauer beschreiben. Eine Darstellung von Teamarbeit erfordert somit, den Prozess der Handlungsorganisation in den Gruppenkontext zu übertragen, und damit zusätzliche Anforderungen an die Tätigkeit von Teams zu beschreiben. Dies wird im Folgenden an ausgewählten Prozessen verdeutlicht.

> **Beispiel**
>
> „Nur eine Woche vor der möglichen Pleite Griechenlands sollen die Staats- und Regierungschefs der Eurozone den Schuldenstreit am Montag auf einem Sondergipfel lösen" (*Die Zeit*, 19.6.2015). Aber auch am Montag ist keine Lösung in Sicht, auch eine Woche später nicht. Während die eine Seite beteuert, alles Mögliche zu einer Lösung beigetragen zu haben, klagt die andere Seite, dass zu wenig überzeugende Vorschläge für Maßnahmen auf den Tisch gelegt wurden, die verlässlich und ernsthaft genug seien. Dieser Prozess zieht sich über Wochen ohne erkennbaren Fortschritt – und das obwohl alle Mitgliedsstaaten der Euro-Gruppe eigentlich dasselbe Ziel verfolgen. Obwohl das übergreifende Ziel von allen Seiten akzeptiert wird, sehen die Lösungsvorschläge sehr unterschiedlich aus, und es ist offensichtlich, dass eine Einigung immer Gewinner und Verlierer mit sich bringt. Besonders wenn Zielformulierungen zu abstrakt sind, ist eine Einigung hinsichtlich adäquater Maßnahmen umso schwieriger.

Man kann hier zwar die Frage stellen, inwieweit Mitgliedsstaaten der EU als Team bezeichnet werden können, jedoch sollte im Sinne einer Zielorientierung die Runde der Staats- und Regierungschefs oder auch die Euro-Finanzminister durchaus als ein Team agieren – in dem zwar jedes Individuum immer die eigenen landesspezifischen Ziele mit im Gepäck hat, aber dennoch bestrebt ist, gemeinsamen Zielen höchste Bedeutung beizumessen.

3.1 Informationssuche, -analyse und -transfer

Wenn wir einen Faktor als die wesentliche Ursache für das Scheitern von Teams benennen müssten, wäre es „Kommunikation" (Badke-Schaub et al. 2007b; Hofinger 2012). So konnte Kemmler (2000) mittels Befragungen von Cockpitbesatzungen zeigen, dass Kommunikation in 47 % aller erfassten kritischen Ereignisse beteiligt war. Sie ist jedoch in zweierlei Hinsicht zu interpretieren, als Fehlerquelle und positiv als Sicherheitsressource.

Auch wenn wir aufgrund überwältigender technischer Möglichkeiten so gut wie jede Information irgendwie beschaffen können, stellen sich trotzdem Fragen wie: Welche Information ist überhaupt wichtig, welche Information muss weitergegeben werden, welche Information darf augenblicklich auf gar keinen Fall weitergegeben werden? Welche Information ist zuverlässig?

Beispiel

Im Krisenstab einer Verwaltung gab es in einer Großübung eine Diskussion darüber, was Verletzte „Kategorie 1" seien. Diese Diskussion kam zustande, weil die Leitstelle drehbuchgemäß angefragt hatte, was nach einer Explosion mit ca. 30 Kategorie-1-Verletzten geschehen solle. Im Stab wusste niemand genau, was „Kategorie 1" bedeutet. Die roten Ordner mit der relevanten Information standen im Regal im Raum, außerdem gab es ein funktionierendes Telefon und Internetzugang. Aber die anwesenden Mitglieder des übenden Stabs diskutierten ca. 10 min, bis man zu dem Ergebnis kam, dass Kategorie 1 die Leichtverletzten seien. Es wurde die Information herausgegeben, dass man einen Bus bestellen könne, um die Verletzten zur Betreuungsstelle zu bringen. Die Leitstelle klärte den Irrtum auf und der Stab konnte sich endlich um die (zum Glück nur in der Übung) Schwerstverletzten kümmern. – Ein Ergebnis, das in der Übungsnachbereitung für Erheiterung sorgte, aber eindrücklich zeigt, wie Teams lieber interne „Informationserzeugung" betreiben, als sich für die Informationssuche nach außen zu wenden.

Forschungsarbeiten, die den Ablauf von Denk- und Handlungsprozessen in Teams detailliert erfassen und hinsichtlich der inhaltlichen und prozessualen Gestaltung analysieren, arbeiten häufig mit Videoprotokollen aus Laboruntersuchungen oder mit Übungen in Form von Simulationen oder Fallbeispielen, die dann anhand vorgegebener Kategorien ausgewertet werden (Protokollanalyse). Somit können Forschungsfragen weitgehend ohne äußere Störeinflüsse untersucht werden. Stempfle und Badke-Schaub (2002) gaben beispielsweise Studentengruppen des Maschinenbaus ein komplexes Konstruktionsproblem, welches die Teams in 3 h bearbeiten mussten. Die Videoprotokolle wurden im Hinblick auf Kommunikationsmuster in Abhängigkeit von den Phasen im Problemlöseprozess untersucht. Darüber hinaus wurden auf einer mikroanalytischen Ebene Interaktionssequenzen erfasst (Stempfle und Badke-Schaub 2002). Ein interessantes Ergebnis dieser Studie ist die Identifikation zweier grundsätzlich verschiedener Arten, mit Lösungsvorschlägen im Team umzugehen: 1. Lösungsvorschläge werden zunächst analysiert und dann bewertet. 2. Es wird sofort auf den Lösungsvorschlag ohne weitere Analyse mit einer Bewertung reagiert: ‚das kann doch gar nicht gehen', ‚so was wird der Chef nie genehmigen'. usw. Dieses Vorgehen ist als problematisch anzusehen: Sofortige Bewertungen stören den Gedankenfluss und können auch die Motivation des jeweiligen Teammitgliedes deutlich reduzieren, so dass dessen Beiträge in der Zukunft nicht mehr unkontrolliert in die Diskussion eingebracht werden.

Davor warnte schon Osborn (1957), als er ‚Brainstorming' vorschlug als eine Methode zur Erzeugung von neuen, ungewöhnlichen Ideen in einer Gruppe von Menschen. Und zwar erfolgt nach der Analyse und Präzisierung des Problems die Ideenfindung in Phase 1 in 4 Schritten, wobei die Nichtbewertung von Lösungsideen als eine der vier klassischen Grundregeln gilt. Erst in Phase 2 erfolgt dann die Analyse und Bewertung der notierten Ideen.

Obwohl Brainstorming als die am meisten verbreitete Methode gilt, liefert der Einsatz nicht den versprochenen Leistungsvorteil von Teams, im Gegensatz, Personen, die individuell brainstormen, (und deren Ergebnisse dann als nominelle Gruppe zusammengefügt werden), produzieren mehr und mehr kreative Ideen als ein reales Team (siehe z. B. Taylor et al. 1958). Allerdings kann schon die gemeinsame Aktivität einer brainstorming Sitzung positiv zum Teamklima beitragen, was mitunter schwerer wiegt als die Produktion von zwei weiteren Ideen

3.2 Planen und Entscheiden

Wenn wir von Entscheidungsprozessen sprechen, wird oftmals auf zwei unterschiedliche Mechanismen verwiesen. Und zwar auf der einen Seite das unwillkürliche intuitive Vorgehen, das uns zu falschen Entscheidungen führt, während andererseits das rationale Vorgehen uns erfolgreich Entscheidungen treffen lässt. Doch so einfach ist es leider nicht. Intuitive und sogenannte rationale Entscheidungsprozesse sind nur in einem Kontext zu beurteilen und zu verstehen, wie das folgende Beispiel zeigt.

Beispiel

„Die neue A-Klasse ist mehr als ein wichtiger Bestandteil der erfolgreichen Mercedes-Produktoffensive. Sie ist ein Meilenstein in der Geschichte unseres Unternehmens und ein Trendsetter für die gesamte PKW-Entwicklung." (1997, Jürgen Hubbert, Vorstandsmitglied der Daimler-Benz AG, Geschäftsfeld Personenwagen).

Mit dieser Zielsetzung wurde Ende des letzten Jahrhunderts der Start für die Entwicklung eines Produktes beschlossen, das eine zentrale Rolle im Portfolio von Mercedes PKW einnehmen sollte – der Vorstoß in die Kompaktwagenklasse sollte gelingen mit der Konstruktion eines Kompaktwagens und der Crash-Sicherheit einer Limousine. Tabelle 1 zeigt einige Stationen dieser Entwicklung, die man als zunächst gescheitert bezeichnen kann.

Tab. 1 Chronologie einiger Stationen in der Entwicklung der Mercedes A-Klasse. (Quelle SPIEGEL)

Frühjahr 1993	Start der Entwicklung der neuen A-Klasse
Sommer 1996	Beginn der Werbekampagne für die neue A-Klasse
Juni 1997	Produktpräsentation: positive Kritiken der Fachwelt 100.000 Vorbestellungen
September 1997	A-Klasse gerät bei Testfahrten der Jury zum „Auto des Jahres" in Tännishus/Dänemark bei Lenkmanövern außer Kontrolle
18. Oktober 1997	Markteinführung der A-Klasse
21. Oktober 1997	3 Tage später: A-Klasse überschlägt sich bei einem von Testfahrer Robert Collin durchgeführten Ausweichmanöver, dem berühmten „Elch-Test"
1 Woche später	Eigene Verantwortung wird zunächst abgelehnt und die Goodyear-Reifen werden für die Probleme verantwortlich gemacht: „Wir haben da eine Schwäche…"
Anfang November 1997	Entscheidung, dass alle Fahrzeuge der A-Klasse mit dem Elektronischen Stabilitätsprogramm ESP nachgerüstet werden (Kosten ca. 100 Mio. DM/Jahr)
Ende November 1997	Beginn einer grundlegenden Überarbeitung des Fahrwerks
Dezember 1997	Neue Werbekampagne von Mercedes-Benz
Februar 1998	Nach technischen Änderungen am Fahrwerk, Rädern und Fahrdynamikprogrammen Wiederaufnahme der Produktion

Dieser Fall ist ein instruktives Beispiel, was aufzeigt, dass ein Team – erfolgreich wie erfolglos – immer in einen Kontext eingebunden ist, der ebenfalls zum Scheitern beitragen kann. Zum Beispiel wurde die Ziel- und Zeitvorgabe von der Chefetage auf 3 Jahre Entwicklungszeit festgesetzt, was im Vergleich zu früheren Entwicklungen eine Kürzung von mindestens 25 % bedeutete. D. h. man kann davon ausgehen, dass von Beginn an hoher Zeitdruck für das Projektteam bestand. Viele Dinge sollten gleichzeitig geändert werden mit dem Ziel, das neue Produkt zu etwas ‚revolutionär Neuem' zu entwickeln. Zu hoher Zeitdruck kann jedoch unerwünschte Folgen für den Gesamtprozess des Teams haben: Konkrete defizitäre Handlungsmuster unter Stress sind beispielsweise die Reduktion von Informationssammlung und Lösungssuche, d. h. die Informationssuche wird zu früh abgebrochen, und es werden im wesentlichen bestätigende Informationen gesucht.

3.3 Reflexion und Lernen

Reflexion kann auf verschiedene Art und Weise erfolgen. Ein wichtiger Ansatz ist die Reflexion über das eigene Denken, um aus diesen Informationen Veränderungen für das eigene Denken ableiten zu können (Tisdale 1998).

Können Teams reflektieren und können Teams lernen, durch Reflexion dem Scheitern zu entgehen oder wenigstens vorzubeugen?

In einem gemeinsamen Forschungsprojekt von Psychologen und Produktenwicklern wurde der Frage nachgegangen, wie ein Trainingskonzept zur Förderung technischer und nichttechnischer Kompetenzen gestaltet werden könnte (Bierhals et al. 2010). In einem integrierten Gesamtmodell wurden die Bereiche Methodenkompetenz, Kommunikation und Reflexion in einem Coaching basierten Trainingsansatz trainiert mit dem Ziel, eine situationsangepasste und flexible Steuerung des individuellen und gemeinsamen Handelns im Team zu erreichen.

Die Forscher konnten zeigen, dass eine Studentenstichprobe nach dem Training Fortschritte in Hinblick auf strukturierteres Vorgehen, intensivere Informationssammlung und Situationsanalyse sowie eine effektivere gemeinsame Reflexion zeigte. Darüber hinaus sollte das Team auch eine gewisse Zeit der Bearbeitung zur Verfügung haben, um gemeinsame Routinen und gemeinsame mentale Modelle zu entwickeln, um damit zumindest Koordinationsverluste zu verringern bzw. gering zu halten. Natürlich sollten auch Motivationsverluste nicht übersehen werden.

Bedenk & Mieg (in diesem Band) betonen, dass die Analyse gescheiterter Situationen notwendig ist, um in einem offenen Austausch mit den betroffenen Teammitgliedern die Situation zu verstehen, und ihre Fehler einzuordnen. Ein offener Umgang mit solchen Fehleranalysen wird allerdings nur dann gegeben sein, wenn die Organisation eine entsprechende Fehler- und Vertrauenskultur pflegt, die Fehler nicht bestraft sondern als Ausgangspunkt für Lernen begreift, und damit die Motivation der Teammitglieder erhöht, ihr Lernen selbst zu verbessern.

4 Können aus erfolglosen Teams erfolgreiche Teams werden?

Eine Bewertung in ‚erfolgreiches' und ‚erfolgloses' Teams geht häufig von der arbiträren Annahme aus, dass es erstens eine klare Unterscheidung zwischen Erfolg und Scheitern gibt, und dass zweitens Teams, die Erfolg haben, auch gut zusammenarbeiten.

Ein erfolgreiches Team ist nicht unbedingt in jeder Hinsicht ein gutes Team – dem äußeren Erfolg kann eine gescheiterte Zusammenarbeit gegenüber stehen. Und andersherum können Teams trotz guter Prozesse aufgrund externer Einflüsse oder inhaltlicher Fehler erfolglos bleiben (vgl. hierzu den Beitrag zu Startups in diesem Band) – sind sie deshalb als Team gescheitert?

Ein wichtiger Bestandteil erfolgreicher Teams ist nach Tuckman (1965) die Teamentwicklung. Und obwohl dieses Entwicklungsmodell nun schon 50 Jahre zurückliegt, kann es als eines der wenigen allgemein gesicherten Erkenntnisse der Kleingruppenforschung genannt werden kann. Tuckman (1965) beschreibt in seinem Modell vier aufeinander folgende Phasen, die von einem Team durchlaufen werden müssen, um gemeinsam erfolgreich arbeiten zu können. Zu Beginn der Zusammenarbeit („Forming") besteht bei den einzelnen Teammitgliedern noch Unsicherheit, wie und ob sie in dem Team akzeptiert werden. Eine Antwort auf diese erste Unsicherheit erfolgt in der zweiten Phase („Storming"), in der Aufgaben übernommen und Rollen gegenüber anderen Teammitgliedern verteidigt werden. Festlegen von Regeln und Definition von Rollen („Norming") verringern dann Koordinations- und Motivationsverluste im Team und ermöglichen die eigentliche Arbeitsphase („Performing"). Dieses Phasenmodell wurde von Tuckman und Jensen (1977) mit einer fünften Phase („Adjourning") ergänzt, die als Reflexionsphase angesehen werden kann. Nachdem ein Team seine Aufgabe abgeschlossen hat, sollte eine gemeinsame Abschlussreflexion stattfinden, die dazu beitragen kann, Erfahrungen bewusst zu machen und damit für folgende Projekte und Teamarbeiten anwenden zu können.

Die wichtigste Botschaft dieses Modells besteht darin, dass ein Team nicht nur Zeit für die Bearbeitung der Aufgabe einplanen muss sondern ebenso Zeit muss für die Steuerung der Teamprozesse eingeräumt werden.

Demzufolge erscheint es auch zwingend, für die Bewertung der Teamleistung die jeweiligen Teamprozesse zu betrachten und zu verstehen. Es lassen sich spezifische förderliche und hinderliche Strategien beschreiben und analysieren, beispielsweise unter welchen Bedingungen Teams besonders häufig die Analyse reduzieren, unterschiedliche mentale Modelle nicht oder nur eingeschränkt kommunizieren oder Konflikte dysfunktional austragen. Aus solchen Analysen lässt sich nicht direkt ein Rezept für Erfolg ableiten, aber in Zusammenschau mit Erkenntnissen über Hochleistungsteams, die es schaffen, erfolgreichen Outcome und gute Prozesse zu verbinden, lassen sich Anregungen für gelingende Teamarbeit auch für „normale" Teams ableiten.

Literatur

Ansoff, I. (1980). Strategic issue management. *Strategic Management Journal, 1*(2), 131–148.

Badke-Schaub, P., Goldschmidt, G., & Meijer, M. (2007a). Cognitive conflict in design teams: Competing or collaborating? International Conference on Engineering Design. Paris 2007.

Badke-Schaub, P., Neumann, A., Lauche, K., & Mohammed, S. (2007b). Mental models in design teams: A valid approach to performance in design collaboration. *CoDesign, 3*(1), 5–20.

Baker, D. P., Day, R., & Salas, E. (2006). Teamwork as essential component of high-reliability organizations. *Health Services Research, 41*(4), 1576–1598.

Bierhals, R., Weixelbaum, I., & Badke-Schaub, P. (2010). Kritische Situationen meistern, Prozesskompetenz aufbauen – Entwicklung eines anforderungsbasierten Trainings für erfolgreiche Projektarbeit in Produktentwicklungsteams. *Psychologie des Alltagshandelns, 2*(3), 11–26.

Dörner, D. (1976). *Problemlösen als Informationsverarbeitung*. Stuttgart: Kohlhammer.

Dörner, D. (1989). *Die Logik des Mißlingens*. Reinbek: Rowohlt.

Endsley, M. (1995). Measurement of situation awareness in dynamic systems. *Human Factors, 37*(1), 65–84.

Gurney, A. (1997). *Der weiße Kontinent. Die Geschichte der Antarktis und ihrer Entdecker*. München: Diana Verlag.

Hacker, W. (1973/2005). *Allgemeine Arbeitspsychologie: Psychische Regulation von Wissens-, Denk- und körperlicher Arbeit* (2. Aufl.). Bern: Huber.

Höfer, S. (2011). *In den eisigen Tod: Robert F. Scotts Expeditsion zum Südpol*. München: DVA.

Hofinger, G. (2012). Kommunikation. In P. Badke-Schaub, G. Hofinger, & K. Lauche (Hrsg.), *Human Factors. Psychologie sicheren Handelns in Risikobranchen* (2. Aufl., S. 131–151). Heidelberg: Springer.

Huntford, R. (1985). *The last place on Earth*. London: Pan Books.

Kemmler, R. (2000). Sicherheitsrelevante Flugsituationen. Vortrag im Rahmen des Psychologischen Kolloquiums am Institut für Theoretische Psychologie der Universität Bamberg.

Krakauer, J. (1997). *In eisige Höhen. Das Drama am Mount Everest*. München: Piper.

MacPhee, R. D. E. (2010). *Race to the end: Amundsen, Scott and the Attainment of the South Pole*. New York: Sterling Innovation.

Oesterreich, R. (1981). *Handlungsregulation und Kontrolle*. München: Urban & Schwarzenberg.

Osborn, A. F. (1957). *Applied imagination*. New York: Charles Scriber's Sons.

Pawlowsky, P., & Steigenberger, N. (Hrsg.). (2012). *Die HIPE-Formel. Empirische Analysen von Hochleistungsteams*. Frankfurt a. M.: Verlag für Polizeiwissenschaft.

Salas, E., Prince, C., Baker, D. P., & Shrestha, L. (1995). Situation awareness in team performance: Implications for measurement and training. *Human Factors, 37*, 123–136.

Salas, E., Sims, D. E., & Burke, C. S. (1997). Is there a „big five" in teamwork? *Small Group Research, 36*(5), 555–599.

Salas, E., Burke, C., & Cannon-Bowers, J. (2000). Teamwork: Emerging principles. *International Journal of Management Reviews, 2*(4), 339–356.

Salas, E., Sims, D. E., & Klein, C. (2004). Cooperation and teamwork at work. In C. D. Spielberger (Hrsg.), *Encyclopedia of applied psychology* (Bd. 1, S. 497–505). San Diego: Academic Press.

Scott, R. F. (2011). *Letzte Fahrt: Kapitän Scotts Tagebuch – Tragödie am Südpol. 1910–1912. Herausgegeben von Ernst Bartsch*. Wiesbaden: Edition Erdmann.

Stempfle, J., & Badke-Schaub, P. (2002). Kommunikation und Problemlösen in Gruppen: eine Prozessanalyse. *Gruppendynamik und Organisationsberatung, 33*, 57–81.

Stroebe, W., Diehl, M., & Abakoumkin, G. (1992). The illusion of group effectivity. *Personality and Social Psychological Bulletin, 18*, 643–650.

Taylor, D. W., Berry, P. C., & Block, C. H. (1958). Does group participation when using brainstorming facilitate or inhibit creative thinking? *Administrative Science Quarterly, 3*, 23–47.

Tisdale, T. (1998). *Selbstreflexion, Bewußtsein und Handlungsregulation*. Weinheim: Beltz PVU.

Tuckman, B. W. (1965). Developmental sequences in small groups. *Psychological Bulletin, 63*, 384–399.

Tuckman, B. W., & Jensen, M. A. C. (1977). Stages of small-group development revisited. *Group & Organization Studies, 2*(4), 419–427.

Venzke, A. (2011). *Scott, Amundsen und der Preis des Ruhms – Die Eroberung des Südpols*. Würzburg: Arena.

Volpert, W. (1974). *Handlungsstrukturanalyse als Beitrag zur Qualifikationsforschung*. Köln: Pahl-Rugenstein.

Weick, K., & Sutcliffe, K. (2007). *Managing the unexpected: Resilient performance in an age of uncertainty*. San Francisco: Jossey Bass.

West, A. M. (1996). Reflexivity and work group effectiveness: A conceptual integration. In A. M. West (Hrsg.), *Handbook of work group psychology* (S. 555–579). Chichester: Wiley.

Internetquellen

http://www.zeit.de/wirtschaft/2015-06/griechenland-schuldenkrise-eurogruppe-keine-einigung. Zugegriffen: 19. Juni 2015.

Prof. Dr. Petra Badke-Schaub ist seit 2004 Inhaberin des Lehrstuhls für Design Theorie und Methodologie an der TU Delft in den Niederlanden. Zuvor arbeitete sie an dem Institut für Theoretische Psychologie an der Universität Bamberg in Deutschland und in Berlin in der Max-Planck-Projektgruppe Kognitive Anthropologie, beides unter der Leitung von em. Prof. Dietrich Dörner. In ihrer Dissertation, die 1993 im Verlag Lang mit dem Titel ‚Gruppen und komplexe Probleme' erschien, untersuchte sie die Handlungsorganisation von Kleingruppen bei der Bearbeitung komplexer Probleme in simulierten komplexen und dynamischen Situationen. In der Folge wurde diese Fragestellung in weiteren Forschungsprojekten auf reale Gruppen im Arbeitsalltag ausgedehnt. In mehreren interdisziplinären Projekten, die zusammen mit Ingenieuren der Technischen Universität Darmstadt und TU München stattfanden, stand das Denken und Handeln von Gruppen von Ingenieuren beim Konstruieren im Mittelpunkt der Forschung.

Zusammen mit ihrer Forschungsgruppe Gruppe (DTM) Design Theorie und Methodologie an der Fakultät ‚Industrial Design Engineering' an der TU Delft, NL, wurden diese Fragen in den letzten 10 Jahren teilweise erweitert und präzisiert, mit dem Ziel, eine Designer-orientierte Methodik zu forcieren. Dazu gehören Forschungsthemen wie die Frage der Entwicklung von gemeinsamen mentalen Modellen in Designgruppen wie auch die Erfassung des Einflusses verschiedener Stimuli auf die Inspiration, Kreativität oder gedankliche Fixierung im Designprozess.

Ihre Publikationsliste umfasst mehr als 1 00 peer-reviewte Veröffentlichungen in Zeitschriften und Konferenzbeiträgen. Des Weiteren ist sie Herausgeberin zusammen mit Kollegen verschiedener Bücher zu Themen wie Human Factors, Kritische Situationen im Designprozess, und der Designer als Schlüssel für den Erfolg in der Produktentwicklung.

Dr. Gesine Hofinger (Dipl.-Psych.), forscht und berät zu Human Factors und sicherem Handeln. Sie ist Partnerin von „Team HF – Human Factors Forschung Beratung Training" sowie wissenschaftliche Mitarbeiterin an der an der Friedrich-Schiller-Universität Jena. Ihre Themengebiete umfassen insbesondere die Bereiche Human Factors, Sicherheit und Fehlermanagement, Handeln in kritischen Situationen aus psychologischer Sicht. Anwendungsfelder sind Stabsarbeit, Patientensicherheit und Besuchersicherheit. Gesine Hofinger ist Vorsitzende des Vereins „Plattform für Menschen in komplexen Arbeitswelten e. V.". Langjährige Lehr- und Dozententätigkeit an verschiedenen Universitäten und Ausbildungsinstituten.

Scheitern in der Beratung

Kann Beratung scheitern?

Karin Lackner

Zusammenfassung

Prozessberatung, sei es Coaching, Supervision oder Organisationsberatung, ist eine Profession, die mit Beziehungen arbeitet. Es ist ein fließendes Geschäft, denn Beziehungen ändern sich im Zuge eines Beratungsprozesses. Die Beziehungen in einem Beratungsprozess sind widersprüchlich und ambivalent. Beratung (Wenn in diesem Text von Beratung die Rede ist, so bezieht sich diese auf Prozessberatungen. Fachberatung, Komplementärberatung, Ratgeberei wird hier ausgenommen.) besteht darin, Balancen herzustellen und zu halten. In dem folgenden Artikel werden einige der Beratungswidersprüche und –balancen beschrieben. Widersprüche sind immer und überall. Beratung setzt in diesem Kontinuum Anfänge und Enden, wissend, dass der Prozess dort nicht angefangen hat und da auch nicht endet.

Beratung basiert auf Reflexion; der Analyse von Situationen, Ereignissen und Entwicklungen. Reflexion kann nicht angehalten, wohl aber durch eine Beratung professionalisiert werden.

Die in diesem Text dargestellten Aporien betreffen die beschränkte Wirksamkeit von methodischen Haltegriffen, das Verhältnis von Distanz und Nähe zwischen Klient/-innen und Berater/-innen, die Dependenzumkehr in der Beratungsbeziehung von Kund/-innen zu Klient/-innen, von Anbieter/-innen zu Berater/-innen. Das Spannungsfeld zu ‚managen', in welchem die Person der Berater/-innen die eigene Potenz dazu zu nutzen, um andere – die Klient/-innen – potent zu machen und sich am Höhepunkt des Beratungsengagements überflüssig gemacht zu haben und sich zu verabschieden, gehören zu den Herausforderungen dieser Profession.

K. Lackner (✉)
Fachbereich 01 Humanwissenschaften, Institut für Psychologie,
Arnold Bode Straße 10, 34109 Kassel, Deutschland
E-Mail: karin.lackner@uni-kassel.de

© Springer-Verlag Berlin Heidelberg 2016
S. Kunert (Hrsg.), *Failure Management,* DOI 10.1007/978-3-662-47357-3_8

Balancieren bedeutet in diesem Kontext auch, die Möglichkeit des Beratungsflows in einem sicheren räumlichen und zeitlichen Rahmen, die Appetenzspannung im Suchen und Finden von Lösungen, das Wissen und die Aufrechterhaltung der Neugier in einem Angst – Lust Milieu des Unbekannten einer Beratungssituation zu entdecken und zu nutzen, und dabei die Balance von Beratungsüberschuss und Beratungsmangel als Maß für eine erfolgreiche Intervention zu finden.

Beratung kann nicht scheitern, weil in einem Widerspruch immer beide Positionen ‚richtig' sind, weil Reflexion niemals ‚falsch' ist, wenngleich die Ergebnisse der Reflexion nicht immer nachvollziehbar sind.

1 Präambel

Kann Beratung scheitern? Zugegeben, eine Frage, die ich aus einem ersten Impuls heraus sofort mit „ja" beantworten möchte. Spontan fallen mir Beratungen ein, die ich als ‚gescheitert' in Erinnerung habe. Jedoch, bei genauerem Hinsehen – woran bin ich eigentlich gescheitert, was genau ist denn gescheitert, warum bewerte ich diese erinnerte Beratung als gescheitert? Sind diese Beratungen tatsächlich gescheitert oder sind sie nur ‚schlecht gelaufen', wie man landläufig sagt. Und, wenn Beratung schlecht oder auch gut gelaufen ist, aus wessen Perspektive betrachtet? Aus der der Klient/-innen oder aus der der Berater/-innen? Auch die Frage nach dem „Wann" ist im Rahmen dieses Themas zu stellen. Traten Schwierigkeiten schon am Beginn der Beratung auf oder während des Beratungsprozesses oder war das Ende verpatzt?

Ich werde entlang dieser Fragen versuchen, den Text zu strukturieren. Chronologisch vorgehend, werden die drei schon genannten groben Etappen eines Beratungsprozesses: der Anfang, das Während und das Ende eines Beratungsprozesses zu den Kernbausteinen des Artikels. Innerhalb dieser Bausteine sind jeweils die Perspektiven der Berater/-innen und der Klient/-innen zu berücksichtigen. Diese Perspektiven sind nicht unabhängig voneinander beschreibbar, denn die jeweiligen Sichtweisen bedingen sich wechselseitig. Klient/-in und Berater/-in sind in einem Beratungsprozess keine voneinander unabhängigen Einheiten, sie sind durch eine Beziehung miteinander verknüpft. Diese Beziehung ist nicht ein für alle Mal festgelegt – auch nicht durch ethische Grundsätze und professionelle Haltungen seitens der Berater/-innen. Diese Beziehung ist beweglich und verändert sich im Laufe des Beratungsprozesses. Die Instabilität der Beratungsbeziehung kann nur dadurch stabilisiert werden, indem eine Reihe von Widersprüchen in Balance gehalten werden. Auch auf diese ‚Beratungsbalancen' wird in dem folgenden Text eingegangen werden.

Die Behauptung ‚Beratung kann nicht scheitern' gilt allerdings nur unter der Bedingung, dass beide Parteien, vor allem aber die Klient/-innen mit einer Beratung einverstanden sind. Wird die Beratung dem Klientensystem gegen dessen Willen aufgezwungen, so ist ein Scheitern quasi vorprogrammiert, sollte die Beratung allen Widerständen zum Trotz durchgezogen werden. In diesem Fall würde ich jedoch nicht von Beratung sprechen, sondern von einer Zwangsmaßnahme, die ich nicht Beratung nennen würde. Man könnte nun meinen, solche Fälle gäbe es in der Praxis nicht und Gedankenspielereien solcher Art sind nur theoretischen Überlegungen geschuldet. Sind sie nicht. Beispielsweise stellen – durchaus gut gemeint – Soziale Organisationen, NGOs, Organisationen, deren Mitarbeiter/-innen in ihrer Arbeit mit aufreibenden, stressigen und persönlich belastenden Situationen konfrontiert sind, Supervision, Coaching und andere belastungsreduzierende Maßnahmen zur Verfügung. Nicht immer beruht eine Teilnahme an solchen Veranstaltungen auf freiwilliger Basis. Die Leute werden geschickt, Supervision gehört zum Job ob sie das wollen oder nicht. Oder, – ein Fall auf den ich später noch zurückkommen werde – neu eingestellten Führungskräften wird automatisch ein Coaching zu teil – eine Unterstützung, die nicht abgelehnt werden kann.

Eine Beratung, die auf einem zumindest minimalen gemeinsamen Einverständnis beruht, kann nicht scheitern, weil beide Teilen Überlegungen zur Beratung anstellen. Selbst wenn Berater/-innen noch vor Ende ihres vereinbarten Vertrages ‚entlassen‘ werden, hat die Beratung etwas bewirkt. Das Klientensystem hat darüber nachgedacht, reflektiert, ob es Sinn macht, die Beratung weiterzuführen oder diese zu beenden. Diese Entscheidung, oder besser gesagt, dieser Entscheidungsfindungsprozess war möglicherweise eine Intervention in das Klientensystem, die wirksamer war als weitere Workshops gemeinsam mit den Berater/-innen.

> **Beispiel**
>
> Eine Kollegin berichtete jüngst von einem eindrucksvollen Fall. Sie suchte ein kollegiales Gespräch mit mir, weil sie der festen Überzeugung war, gescheitert zu sein und wollte reflektierend herausfinden, woran die Beratung gescheitert sei. Die Klientin erklärte nach einigen Sitzungen, dass sie die Beratung nicht fortzusetzen wünsche, da sie mit der Art der Beratung nicht zurecht käme. Sie vermisste Kerzen, Blumen, die richtigen Farben, Düfte – eine „kuschelige" Atmosphäre also. Die Beraterin hingegen war von einem ganz anderen Schlag. Analytisch einfühlsam, aber auch sachlich distanziert und versuchte auf das Problem zu fokussieren. Die Atmosphäre des Beratungsraumes war eher nüchtern aber nicht kalt; keine sinnlichen Ablenkungen, die den Beratungsprozess beeinflussen könnten. Hier prallten fremde Welten und Kulturen aufeinander. Für die Beraterin war der Ausstieg der Klientin einerseits entlastend und daher willkommen; andererseits löste dieses Ende einer Beratung Zweifel an der Professionalität der Beraterin aus. „Habe ich etwas falsch gemacht? Hätte ich dies oder das anders machen können?" Diese und ähnliche Fragen gingen ihr durch den Kopf.

An diesem Beispiel kann man folgende Unterscheidung gut nachvollziehen. Nicht die *Beratung* ist gescheitert. Denn die Klientin hat sicherlich lange und intensiv über ihren Ausstieg nachgedacht. Sie konnte sich auf die Inkompatibilität der Kulturen nicht einlassen. Was immer die Gründe für diese Unvereinbarkeit waren, konnte nicht mehr ergründet werden. Ob es nun Widerstand war mit dem Ziel, an der gegenwärtigen Situation der Klientin nicht wirklich und ernsthaft etwas ändern zu wollen, oder ob aufgrund der hohen

Irritationen zu viele Ängste im Spiel waren – wir wissen es nicht. Zu dieser Klärung kam es in dieser Beratung nicht. Ausschlaggebend jedoch ist die Tatsache, dass die Klientin (und auch die Beraterin, wie sich in der gemeinsamen Reflexion herausstellte) über ihre Situation, ihre Bedürfnisse und über ihre Zumutbarkeit nachgedacht hat. Sie hat reflektiert. Das Ergebnis dieses Reflexionsprozesses war eine Entscheidung, die sie willentlich getroffen hat. Die Erkenntnisse, die sie dabei gewonnen hat, werden in diesem Fall verborgen bleiben. Dennoch, die Beratung ist nicht gescheitert, denn ein ganz wesentliches Element der Beratung, nämlich *Reflexion* hat stattgefunden. Gescheitert ist die Beziehung. Vermutlich waren die Unterschiede zu groß und aus der Sicht der Klientin unüberwindbar.

In der Organisationsberatung global aufgestellter Unternehmen (egal ob Forprofit oder Nonprofit) ist das Aufeinandertreffen unterschiedlicher Herkunfts- und Organisationskulturen eine der zentralen Herausforderungen (vgl. Lackner 2014). Bevor die eigentliche Beratung beginnen kann, müssen Klient/-innen und Berater/-innen erst eine gemeinsame Kultur „erschaffen", um eine gemeinsame Verständigungsbasis entwickeln zu können.

2   Der Anfang

2.1   Anfänge

Wann beginnt die Beratung? Mit der erfolgreichen Auftragsklärung? Der unterschriebene Beratungsvertrag oder die wie auch immer gestaltete offizielle Beratungsvereinbarung ist nur ein Meilenstein, eine Setzung in einer Reihe von Anfängen, die vor diesem Akt gelaufen sind und einer Reihe weiterer Anfänge, die sich danach aneinander reihen. Möglicherweise beginnt ja die Beratung dort, wo der/die Klient/-in erkannt hat, dass es Themen, Fragen, Probleme gibt, die das Klientensystem mit dem ihm zur Verfügung stehenden Mitteln nicht bewältigen kann. Oder, Beratung beginnt dort, wo der/die Klient/-in noch gar kein Problem identifiziert hat, aber vorbeugend Maßnahmen einleiten möchte, damit Probleme gar nicht erst auftreten. Bzw. wenn doch, dafür von vornherein gerüstet zu sein. Für andere wiederum beginnt Beratung erst im Akutfall: wenn „der Kittel bereits brennt".

Aus der Perspektive der Mitarbeiter/-innen, die nur in seltenen Fällen gleichzeitig die Auftraggeber/-innen für Beratung sind, beginnt der Beratungsprozess meist mit der Verkündigung der Unternehmensleitung, dass es eine Beratung geben wird, bestenfalls mit der Zusatzinformation wer die Berater/-innen sein werden und wann diese Beratung mit einem Kick Off Meeting startet. Kick Off – auch ein Anfang. Oder hat Beratung erst angefangen, nachdem eine Organisationsdiagnose, eine Problemidentifizierung vorgenommen wurde? Ab wann also arbeiten Berater/-innen beratend?

Meine Antwort auf diese Frage lautet: Immer! Denn jeder Kontakt mit den Berater/-innen ist bereits eine Intervention in das System. Das gilt auch für Kontakte, die noch gar nicht stattgefunden haben, also nur angekündigt wurden. Solch eine Ankündigung löst unweigerlich Gespräche unter den betroffenen Mitarbeiter/-innen aus und bewirkt zumindest Nachdenkprozesse und einen mehr oder weniger regen informellen kommunikativen Austausch über dieselben. Man könnte sagen, das Wort ‚Beratung', ‚Supervision' oder ‚Coaching' allein ist eine Intervention, deren Wirkung vorerst noch unbekannt bleibt. Jeder Anfang in dieser Reihe von Anfängen birgt eine nicht einschätzbare Anzahl an Fehlermöglichkeiten. Wobei ich als Berater/-in nie wissen kann, ob ein vermeintlicher Fehler (aus meiner Sicht) beim Klientensystem als hilfreiche Intervention ankommt und umgekehrt. So könnte beispielsweise eine (aus meiner Sicht) geniale Intervention im Klientensystem auf Unverständnis, Ablehnung oder Widerstand treffen. Oder: Eine nicht als Intervention intendierte Äußerung erzeugt im Klientensystem unvorhersehbare Resonanzen, die den Beratungsprozess fördern.

2.2 Die Abhängigkeitsumkehr

Ich steige bei folgendem Anfang ein: Ich gehe (aus der Perspektive der Berater/-in betrachtet), davon aus, dass ich mich nicht um einen Auftrag ‚bewerben', also nicht ‚pitchen' musste. Ich wurde angefragt und hatte bereits zugesagt. Selbst bei dieser Entscheidung lauerten gewisse ‚Gefahren'. Ich wusste zwar, dass ich einen Auftrag hatte, aber ich wusste nicht, wie sich dieser entwickeln würde. Möglicherweise hatte ich den Auftrag falsch eingeschätzt; hatte mich von den Auftraggeber/-innen oder einem spannenden, herausfordernden Sujet verführen lassen. Oder die Prominenz des Klientensystems schmeichelte meiner Eitelkeit und in meiner vorauseilenden Phantasie brächte der zu erwartende Ruhm weitere attraktive und lukrative Folgeaufträge. In der Beratungssituation stellte sich dann heraus, dass der Auftrag weit größere Dimensionen hatte und weiter in die Organisation hineinstreute als ursprünglich angenommen. (Ohne Netzwerk an Kolleg/-innen im Hintergrund wäre ich buchstäblich aufgeschmissen gewesen). Man könnte auch vermuten, dass bei der Auftragsklärung geschlampt wurde. Eine intensivere Investition in den Prozess der Auftragsklärung hätte möglicherweise Überraschungseffekte vermieden.

Vor der Unterzeichnung einer Beratungsvereinbarung mit dem Klientensystem, ohne offizielle Beauftragung also, sind Klient/-innen für mich Kund/-innen. In solchen Akquisitionsphasen sind Berater/-innen Anbieter. Als Anbieter sind Berater/-innen abhängig von den potentiellen Klient/-innen. Der Professionelle, der sich heute am Markt angesichts der unendlichen Konkurrenz etablieren will, ist darauf angewiesen, Aufmerksamkeit zu erregen. Und da die Kompetenz des Anbieters einer personenbezogenen Dienstleistung erst im Vollzug spürbar festgestellt werden kann, müssen vor dem Kauf Zeichen gesetzt werden, an denen der Kunde die Haltbarkeit des Qualitätsversprechens glaubwürdig ablesen kann. Diesem Zwang zur Selbstinszenierung unterliegen gerade heute all diese professionellen Beziehungsberufe (Buer 2004, S. 163). Ist der Kontrakt dann unterschrieben, werden Kund/-innen zu Klient/-innen. Das Abhängigkeitsverhältnis dreht sich, denn der nunmehr Klient begibt sich mitsamt seines Problems in Abhängigkeit von seinem Berater, hoffend, dass er oder sie die richtige Wahl getroffen hat. Als Klient/-innen sollen sie dann nicht mehr weiterhin das Angebot kritisch prüfen und Alternativen abwägen. Sie sollen jetzt ein Arbeitsbündnis eingehen und sich vertrauensvoll auf dieses einlassen (Buer 2004, S. 176).

Beratung beginnt demnach mit einem Vertrauensvorschuss in eine Beziehung, die sich erst im Laufe des Beratungsprozesses gestalten wird – oder nicht. Tatsächlich handelt es sich also bei Beratungsbeziehungen um wechselnde asymmetrische Verhältnisse, deren ausgeglichene Balance im Zuge des Beratungsprozesses erst hergestellt werden muss. Mit der Akzeptanz der Beratungssituation geben Klient/-innen Autonomie auf. Sie sind nicht mehr die alleinig Zuständigen für ihr Problem, sondern delegieren dieses an die Beratung. Manchen Klient/-innen wäre es überhaupt am liebsten, wenn die Berater/-innen das Problem übernähmen, dieses lösten und die Klient/-innen problemfrei aus der Beratung entließen. Einen solchen Beratungserfolg kauft man sich nicht ohne Nebenwirkungen. Diese erfolgreiche Hilfe hat nämlich zugleich, wenn keine Gegensteuer erfolgt, die Abhängigkeit des Klienten von der Expertise erhöht und festgeschrieben, ja verführt tendenziell den Klienten dazu, solche Hilfe in Zukunft verstärkt in Anspruch zu nehmen und seine Eigeninitiative entsprechend einzuschläfern (Oevermann 2009, S. 117). Ein partizipatives Arbeitsbündnis zwischen Klient/-innen und Berater/-innen bewegt sich daher dialektisch im Widerspruch von Freiheit/Unabhängigkeit und Freiheitsverlust/Abhängigkeit. Und, um die Sache zusätzlich kompliziert zu machen, wechselseitig in der Bewegung vom Kunden zum Klienten. Autonomie, wenn man unter dem Begriff Selbstgesetzgebung oder Selbststeuerung versteht, wäre dann ein Zustand, der durch die Bewältigung wechselseitiger Abhängigkeiten erst durch den Beratungsprozess hergestellt werden muss (vgl. Buer 2004).

3 Das Während

Ich möchte an dieser Stelle nicht weiter darüber sinnieren, an welchem Anfang wir in das Während eines Beratungsprozesses einsteigen, sondern gehe von folgender Situation aus: Die Beratung wurde erfolgreich vereinbart, ein Beratungsdesign (bei größeren Organisationsberatungsaufträgen sprächen wir dann von einer Beratungsarchitektur) wurde gemeinsam mit den Auftraggebern verabschiedet. Die Struktur des Beratungsprozesses ist aufgesetzt. Möglicherweise haben dazu schon mehrere Workshops mit den Auftraggebern stattgefunden, aber jetzt steht das Programm. Mit den betroffenen Personen etabliert sich ein Beratersystem (Königswieser und Exner 2008).

3.1 Balancen

3.1.1 Die zweifelhafte Verlässlichkeit methodischer Haltegriffe

Meist haben Berater/-innen für ihre nun folgenden Aufgaben einen Plan und ein Repertoire an Methoden und Standardinterventionen. So etwas lernt man in diversen einschlägigen Aus- und Weiterbildungen. Mein Bücherregal ist voll von methodischen Anleitungen, diagnostischen Instrumenten und spiegelstrichartigen Schrittfolgen. Alle diese gelernten und gesammelten Requisiten meines Beratertuns brauche ich; sie sind Haltegriffe in einer unbekannten Situation mit unbekannten Menschen in unbekannten Umgebungen. Und dennoch ist es gerade diese unbekannte Situation, die mehr von mir erfordert, als nur Vollzieherin von gelernten Methoden zu sein. Jede Beratung ist einzigartig; jede Klient/-in ist einzigartig; jede Berater/-in ist einzigartig. Nicht jede individuelle, kreative, situationsangepasste Intervention entspricht einem sauberen, professionellen und methodischen Vorgehen, wie es in den Lehrbüchern steht. Wir haben also einerseits Techniken, Methoden, Tools, Skills für Beratung. Wir brauchen diese wie Haltegriffe für unser professionelles Handeln in der Beratung. Gleichzeitig behindern die Haltegriffe professionelles Handeln, wenn dadurch der Blick auf die Beziehungsgeschichte zwischen Berater/-innen und Klient/-innen verloren geht. Lasse ich zu sehr los, verliere ich den Halt. Greife ich zu fest zu, verliere ich den Kontakt zu meinem Gegenüber. Je mehr Routine und Praxis ich mir aneigne, je professioneller ich also werde, umso weniger muss ich mich meiner Haltegriffe bedienen: Ich werde im Sinne der Lehrbücher unprofessionell.

3.1.2 Distanz und Nähe

Die Professionalität eines Beratungsprozesses besteht unter anderem darin, eine Balance von Nähe und Distanz zwischen den Berater/-innen und den Klient/-innen herzustellen und zu ,pflegen'. Mit ,pflegen' meine ich, dass ich dafür Sorge tragen muss, die jeweils schwächelnde Seite dieser Balance aufzupäppeln. Eine einseitige Schräglage wirkt sich kontraproduktiv auf den Beratungsprozess aus. Heruntergebrochen auf die Beziehungsebene besteht die Kunst von Beratung meines Erachtens darin, sich einerseits auf die Beziehung einzulassen und andererseits genügend Distanz aufrecht erhalten zu können, um diese Beziehung nicht aus dem Auge zu verlieren. Ich bin quasi ganz authentisch dabei und gleichzeitig auch nicht. In diesem Sinne sind Beratungstools Distanzmittel, die verhindern sollen, dass die beteiligten Personen sich so sehr in eine Beziehung hineinziehen lassen, dass sie miteinander konfluieren. Die Leidenschaft des gemeinsamen Denkens, auf das man sich einlässt ohne miteinander zu verschmelzen, gibt der Beratung eine bestimmte Güte, wie kein Tool es vermag.

Zu viel Distanz macht mich nicht anschlussfähig an das Klientensystem. Ich bin dann nicht in der Lage, die emotionalen Aspekte der Klient/-innen nach zu empfinden. Als Berater/-in bin ich Seismograph für Schwingungen aller Art. Ob es die Gestimmtheit, die Betroffenheit, die Gereiztheit einer einzelnen Person betrifft, die Atmosphäre des gesamten sozialen Gefüges, mit dem ich gerade zugange bin oder die Kultur des organisationalen Kontextes – als Berater/-in muss ich in der Lage sein, diese Stimmungen zu identifizieren. Des Weiteren muss ich in der Lage sein, unterscheiden zu können, ob diese Stimmungen jene des Klientensystems sind oder ob es meine Stimmungen sind, die biographisch mit meiner Lebensgeschichte zusammen hängen. Ich muss also wissen, ob ich Resonanzkörper für die Klient/-innen bin oder ob ich gerade von meiner eigenen Vergangenheit eingeholt werde und diese auf die Klient/-innen übertrage.

Umgekehrt kann es auch vorkommen, dass Klient/-innen mich benützen, um ihre eigenen unangenehmen Gefühle und Unannehmlichkeiten bei mir abzulagern. Mich, die Berater/-in dann an ihrer Stelle unmöglich finden und beschimpfen. Die Psychohistorie (deMausse 1989) spricht von ,Poison Container'; die psychodynamischen Theorien von Projektionen. Nicht persönlich nehmen, heißt die Devise für Berater/-innen. Während meiner Ausbildung hat einer meiner ‚Meister' gemeint: „Für Klient/-innen darfst du alles sein", als ich mich darüber beklagt hatte, dass mich die Klient/-innen wie eine Prostituierte behandeln würden. Und in einem Nachsatz sagte er dann noch: „Überlege dir, was das über die Klient/-innen aussagt, wenn sie dich so behandeln; vielleicht fühlen sie sich ja selbst so, wie du jetzt". Ich habe mir dann vorgestellt ich sei ein Spiegel, in dem sich die Klient/-innen selbst sähen.

Wird zu viel Nähe zum Klientensystem entwickelt, könnte diese Affiliation die Beratung behindern. Ich, die Beraterin, verliere meine Beobachtungsperspektive: Sowohl auf mich selbst als auch auf das Klientensystem. Ich laufe Gefahr, ein Teil des Klientensystems zu werden. Die Verführungen sind groß. Gerade dort, wo Sympathien entstehen, wo beide Parteien das Gefühl haben, auf einer gleichen Wellenlänge zu surfen, möchte keiner der beteiligten Personen diese Welle verlassen. Diese scheinbar harmonische Übereinstimmung würde allerdings sofort gestört werden, wenn ich als Beraterin wieder andere Sichtweisen ins Spiel bringe oder gar kritische Fragen stelle. Ich wäre dann in diesem Hin- und Her-Gerissensein in meiner Rolle als Beraterin nicht mehr klar und würde bei meinen Klient/-innen mehr Irritationen auslösen als notwendig wären. Wenn allerdings Klient/-innen die Wahl hätten, so würden sie emotional lieber mit einer Berater/-in arbeiten, die ihnen Recht gibt, auch wenn sie rational wissen, dass sie das genau nicht weiter bringt. Plötzlich fühlen sich Berater/-innen mitverantwortlich für die Entscheidungen, die in der Organisation getroffen werden und beginnen dann, sich in diese Entscheidungsprozesse aktiv einzumischen. Damit geht ein ganzes Stück notwendige Distanz verloren.

Während eines Beratungsprozesses und unmittelbar danach bleibt das Bedürfnis nach Nähe auf Seiten der Berater/-innen unbefriedigt. Es gibt keine primäre Bedürfnisbefriedigung. Berater/-innen haben sich mit einer „Sekundärzufriedenheit" zu begnügen, wissend oder ahnend, dass sie gut gearbeitet haben, den Klient/-innen geholfen haben. Ich erinnere mich an eine Begebenheit nach einem schwierigen Workshop mit einem schwierigen Klienten. Der Workshop endete an einem Samstag zu Mittag. Wie üblich wollten wir (mein Kollege und ich) uns nach der Abschlussbesprechung bei einem gemeinsamen Mittagessen auf den Heimweg machen. Es hat dann mit der Abreise noch ca. drei Stunden gedauert. Die Klient/-innen hatten uns beim Abschlussfeedback keine wirklich positiven Dinge zurück gemeldet. Eher neutral und nichtssagend. Wir fanden das unangemessen – nein, wir waren gekränkt, unsere Erwartungen und Bedürfnisse nach Anerkennung wurden enttäuscht.

Möglicherweise sind ja ein primäres Hilfebedürfnis, narzistische Bestätigung, Erkenntnisgewinn oder die Sehnsucht nach Applaus Motiv für Berater/-innen. Unkontrolliert freigesetzt können diese Bedürfnisse dem Beratungsprozess schaden. Klient/-innen sind dann Mittel zum Zweck der eigenen Bedürfnisbefriedigung. Deren Probleme stehen nicht wirklich im Zentrum solcherart aus der Balance geratener Berater/-innen. Andererseits muss man zugestehen, dass ohne ein gewisses Maß an gerade diesen „selbstverliebten" Eigenschaften eine beratende Profession undenkbar wäre. Berater/-innen sind exponierte Gestalten, die gerne im Mittelpunkt stehen (sonst würde ihnen keiner zuhören); ihr Hilfe-

bedürfnis sollte gerade groß genug sein, um sich nach Beendigung der Beratung zurückziehen zu können; zuversichtlich, dass die Klient/-innen nun in der Lage sind, ihre jeweiligen Situationen selbst zu bewerkstelligen. Berater/-innen machen ihre Klient/-innen nicht
nur arbeitsfähig – sie machen ihre Klient/-innen potent. Die Potenz der Berater/-innen
besteht also darin, andere, die Klient/-innen, potent zu machen. Für diesen Rückzug aus
dem ‚Scheinwerferlicht' (denn da stehen und strahlen die Klient/-innen) brauchen Bera-
ter/-innen Selbstsicherheit.

Selbstbewusstsein und ein gewisses Maß an Selbstbezogenheit gehören zur professionellen Grundausstattung. Als Berater/-in sollte man seine eigene Bedürfnislandschaft,
seine inneren Ansprüche gut kennen und im Griff haben – und das gelingt nur mittels
permanenter Selbstreflexion. Zu wissen, wo man verführbar ist, wo man ein persönliches (missionarisches) Anliegen verfolgt, wo man selbst Widerstände aufbaut, hilft, um
in einer Beratungssituation die nötige Distanz zu sich selbst herzustellen und sich gleichzeitig ganz auf die Klient/-innen einlassen und konzentrieren zu können.

3.1.3   Flow und Setting

Das Setting regelt in der Beratung Zeit und Raum. Ein transparenter, geordneter Ablauf
vermittelt Sicherheit in einem unsicheren Sujet auf einem unsicheren Terrain. Das Einhalten solcher Rahmenbedingungen ermöglicht einen angemessenen Tiefgang der Interventionen, die gerade so viel irritieren dürfen, dass das System aus der eigenen Systemlogik
gerüttelt wird, ohne auseinanderzufallen. Beratungen sind für alle Beteiligten Situationen
außerhalb der ‚normalen' Routine und Abläufe. Und weil niemand weiß, was genau jetzt
bei einer Beratung herauskommen wird, ist die Situation diffus. Diffuse Situationen machen Angst, aber auch Lust, sich auf das Abenteuer einzulassen. In diesem Spannungsfeld
von Angst-Lust (Balint 1972) sollte Veränderung und Entwicklung möglich sein. Zuviel
Angst blockiert, zu viel Lust verliert den Bezug zur Realität.

Meine größten Beratungserfolge hatte ich dann, wenn es gelungen ist, beide Seiten des
Widerspruchs zu integrieren: innerhalb eines vorgegebenen Rahmens einen ‚Beratungs-
flow' zu erleben. Der Flow beschreibt eine Seite von Beratung, über die nicht geschrieben
wird, die nicht messbar ist, die nicht mit den herkömmlichen Paradigmen von Wissenschaft kompatibel ist. Es sind die Schattenseiten einer systematisch aufbereiteten Profession, die Begleitmusik, die Einzigartigkeit eines Beratungsprozesses, der nicht wiederholbar ist. Das, was in einem Beratungsprozess „schwingt", was fasziniert, ist nicht wirklich
beschreibbar und auch nicht in Aufzählungen wiederzugeben. Dafür gibt es keine Kern-,
Leit- und Merksätze. Es sind Momente des Augenblicks, in denen man „sinnlos glücklich" (Sternstunde Philosophie 2010) sein kann. Manche dieser unsagbaren und in einer
Wissenschaftssprache unbeschreibbaren Phänomene finden ihren Niederschlag außerhalb
standardisierter und anerkannter Beratungstätigkeiten, wie zum Beispiel in einem philosophischen Gespräch, in einer philosophischen Praxis.

Eine ehemalige Olympiasiegerin im Dressurreiten, die ich über ihre Erfolge und ihre
Erfolgsrezepte befragen durfte, hat diesen Flow folgendermaßen beschrieben:

Im obersten Segment unter den letzten zehn Prozent der Besten kann man die Leistung technisch und methodisch kaum mehr unterscheiden. Oder, anders gesagt, die besten Zehn haben die Technik alle ‚drauf'. Beim Dressurreiten ist neben anderen relevanten Faktoren die Beziehung der Reiter zu den Pferden entscheidend: Aufeinander ein- und abgestimmt zu sein. Entscheidend für den Sieg ist ein Moment – meine Interviewpartnerin nannte es ein Gefühl -, wo es ‚stimmt'. Warum und wieso, kann nicht beschrieben werden, denn es ist eben nur ein Gefühl. Der Versuch, durch Training dieses Gefühl wieder herzustellen, ist nicht möglich. Jeder Versuch in diese Richtung verhindert das Gefühl. Dafür würden eher Praktiken passen, wie die des sich Hingebens, des darauf Vertrauens, dass sich das Gefühl einstellen wird. Entspannen, statt bemühen, loslassen statt an der Technik festhalten. Dazu braucht es zunächst die Sicherheit, das Handwerk zu beherrschen. Jemand, der nicht reiten kann, wird vergeblich nach dem Gefühl der Perfektion suchen, sondern eher bemüht sein, einigermaßen im Sattel zu bleiben. Erst wenn ich die Haltegriffe nicht mehr brauche, weil ich sie beherrsche, kann ich sie loslassen.

Csikszentmihalyi (vgl. in Allmer und Schulz 1998; Gebauer 1986) hat diesem Phänomen 1992 einen Namen gegeben: Er nennt es „Flow". Es handelt sich um Momente, wo die Anstrengung aufhört, anstrengend zu sein, wo es wie von selbst läuft, Raum, Zeit und Bewegung verschmelzen. Es ist hinterher nicht nachvollziehbar, wie es letztlich gelungen ist, es war einfach so. Für viele ein Grund, immer wieder zu versuchen, dieses Glücksmoment zu erleben. Der Flow setzt die Zeit außer Kraft. Er gönnt uns das Verweilen im Augenblick des Glücksgefühls, das wir erleben, wenn wir uns ganz auf eine Sache konzentrieren, das Schweben in einem Zustand, wo alle anderen Wahrnehmungen und Empfindungen ausgeblendet werden. Von Allmer (1998) wird er beschrieben als die Absorbtion durch das Tun, als Verschmelzung zwischen Handeln und Bewußtsein. Der Zustand des gänzlichen Aufgehens im Handeln geht mit dem Erleben einher, daß alles von selbst geschehe und ohne Beeinträchtigung negativer Gedanken in Fluß ist und bleibt. Durch die völlige Konzentration auf das Handeln verlieren die alltäglichen Sorgen und Selbstzweifel an Bedeutung und wird ein Zustand der Selbstvergessenheit erreicht, der keinen Raum läßt für selbstquälerische Reflexionen (Allmer 1998, S 85 f.).

In einer Beratung, die sich nicht mehr an methodischen Haltegriffen entlang hangelt, erleben Klient/-innen und Berater/-innen manchmal diesen Flow. Die Klient-Berater-Beziehung ist so aufeinander abgestimmt, so aufeinander einkalibriert, dass dieses gemeinsame Erleben spürbar wird. Der Raum, das Setting und die Struktur blenden sich in einen unwichtig gewordenen Hintergrund aus, die Zeit scheint ihren eigenen Lauf zu nehmen. Am Ende der Beratungseinheit taucht man wie aus einer fernen Entität wieder in die Alltagsrealität ein – manchmal mit Bedauern, dass die Zeit dem Gefühl ein Ende gesetzt hat. Es sind die glücklichen Momente eines Berater/-innendaseins. Ein Erfolg, der nicht messbar ist. Unterstützt wird dieser Erkenntnisprozess durch sogenannte analoge Interventionsmethoden, die mehr die kreative und emotionale Seite der betroffenen Personen ansprechen.

3.1.4 Wissen und Neugier

Keine Berater/-in wird gänzlich unvorbereitet in eine Erstbesprechung mit den Klient/-innen gehen. Informationen über die Branche, die Organisationsstruktur, das Produkt oder die Dienstleistung liegen im Netz bereit, werden dort abgerufen und studiert. Manchmal hilft Branchenerfahrung, als Berater/-in weiß man Bescheid. Branchenerfahrung ist aber ebenso hinderlich. Das Wissen um die Produkte und Strukturen einer Organisation oder eines Unternehmens suggerieren den Eindruck, dass man sich ohnehin auskennt und verstellen den neugierigen Blick auf das Besondere der zu beratenden Klient/-innen. Auch hier gilt es, eine Balance zu finden. Ich kann während eines Beratungsprozesses nicht ständig nach Informationen fragen – irgendwann werden Klient/-innen ungeduldig und zweifeln an meiner Beratungskompetenz. Stellen Berater/-innen jedoch keine Fragen mehr, so könnte das beim Gegenüber als Interesselosigkeit interpretiert werden. Neugierde ist demnach ein notwendiges, ständig den Prozess begleitendes Element. Berater/-innen, die aufgrund ihrer Erfahrung, ihrer Routine die Neugierde verloren haben, enthalten sich und ihren Klient/-innen wichtige Erlebnis- und Erkenntnisprozesse vor.

Aus verhaltensbiologischer Sicht ist Neugierde ein triebgesteuertes Verhalten, das unsere Vorfahren (menschheitsgeschichtlich betrachtet befinden wir uns ca. 3 ½ Mio. Jahre zurückversetzt) dabei unterstützt hat, ihr Überleben zu sichern. Nomadisierende Stammesgesellschaften mussten ständig ihre Umgebung erkunden, um mögliche Gefahrenpotentiale rechtzeitig zu identifizieren. Wurden die relevanten Informationen ermittelt, war der Neugiertrieb befriedigt und das nach Informationen suchende Verhalten vorbei.

Vermutlich war es auch für unsere Vorfahren nicht selbstverständlich, sich freiwillig einer gefährlichen Situation auszusetzen. Daher spricht die Verhaltensbiologie von einer vorprogrammierten Verhaltensdisposition. Insofern ist der Mensch ein Produkt der Evolution mit einem ausgeprägten Trieb- und Instinktsystem. Gleichzeitig ist der Mensch aber auch ein Produkt der Sichtweisen, Gedanken und Schlussfolgerungen, die er über sich selbst anstellen kann. Menschen können reflektieren und darüber entscheiden, ob sie ihren Dispositionen folgen oder nicht.

Ein gut funktionierendes Zusammenspiel von zu befriedigenden Trieben (Triebstärke), Reizen (Auslösemechanismus) und Appetenzverhalten sollte das Überlebensrisiko minimieren (vgl. von Cube 1997; Lorenz 1978). Das Gesetz der doppelten Qualifizierung besagt, dass eine Triebhandlung – für Beratung wäre das in unserem Fall der Neugiertrieb – dann erfolgt, wenn die Triebstärke hoch ist. Das Bedürfnis der Organisation nach Veränderung ist dringend und unabwendbar. Die Organisation muss sich auf das Risiko eines Changeprozesses mit unsicherem Ausgang einlassen. Dann genügt ein niedriger Reiz, um das Verhalten auszulösen. Die Organisation entscheidet sich beispielsweise für eine Beratung.

Wenn der Reiz allerdings hoch ist (z. B. veränderte Marktbedingungen, Konkurrenzanbieter, die mit ihrem Produkt schneller am Markt sein könnten, Umsatzrückgang, politische Entscheidungen, die Handlungsdruck erzeugen), dann genügt auch eine niedrige Triebstärke (*„Wir wollen jetzt zwar keine Veränderungen in unserer Organisation, aber die äußeren Zwänge machen diese notwendig"*).

Bei einem Ungleichgewicht von Reiz- und Triebstärke kann es zu ungewollten Lerneffekten in der Organisation kommen. Wenn beispielsweise weder Reiz noch Trieb stark sind, die Organisation dennoch eine Veränderung nach der anderen inszeniert, weil es halt gerade opportun ist, so stumpft möglicherweise die Sensibilität für organisationale Aktionen und Operationen ab. Bei meiner langjährigen Beratungstätigkeit in Finanzdienstleistungsunternehmen habe ich mehrere Wellen von IT unterstützen Programmen zur Risikoeinschätzung und -minimierung einer Finanztransaktion erlebt. Mitarbeiter/-innen wurde die Entscheidung über eine Kreditvergabe aus der Hand genommen. Die Reaktionen waren ambivalent. Einerseits bot das IT System Sicherheit. Die Mitarbeiter/-innen selbst mussten keinerlei Anstrengungen, keine Verantwortung mehr auf sich nehmen, um über einen Kredit zu entscheiden. Andererseits fühlten sie sich in ihrer Expertise herabgewürdigt. Es wurde ihnen quasi das Vergnügen entzogen, sich in einen Fall hineinzufuchsen, mit ihrem Wissen und ihren Erfahrungen zur Lösung des Problems beizutragen. Eine aufregende Herausforderung mutiert zur langweiligen Routine. Die Gefahr bei dieser Konstellation besteht in der Abstumpfung, in einem gewissen Gewöhnungseffekt an das Risiko.

Ein weiteres Ergebnis der Verhaltensforschung schließt unmittelbar an das Gesetz der doppelten Quantifizierung an, es betrifft das so genannte Appetenzverhalten. Dieses Verhalten besteht darin, dass bei steigender Triebstärke die auslösenden Reize aktiv aufgesucht werden (also nicht erst warten, bis das Kind in den Brunnen gefallen ist). Entscheidend ist, dass das Appetenzverhalten mit Anstrengung verbunden ist. Das Suchen nach Informationen, das Bedürfnis nach Risikominimierung und Orientierung steht dann in einem Beratungsprozess ganz oben auf der Agenda.

Überträgt man diese Gesetzmäßigkeit auf Beratungsprozesse, so ergeben sich daraus bestimmte beraterische Haltungen. Klient/-innen brauchen ein gewisses Maß an Problembewusstsein und eine Akzeptanz ihres Beratungsbedarfes. Das Problem bzw. das Thema der Beratung sollte für die Organisation relevant sein. (Ich erwähne dies deshalb, weil Kunden nicht immer mit dem eigentlichen Problem an die Beratung herantreten, sondern mit stellvertretenden Fragestellungen. Erst im Zuge des Beratungsprozesses selbst stellt sich dann heraus, dass die ‚Baustelle' eine ganz andere ist.)

Zu meinen Beratungsaufgaben gehört – wenn ich in dem Denkschema der Verhaltensbiologie verweile – die ‚Pflege' eines ausreichenden Appetenzverhaltens. Ich darf also Lösungen nicht vorweg nehmen bzw. darf ich es den Klient/-Innen nicht zu leicht machen, Lösungen zu entwickeln. Sie, die Klient/-innen, müssen den Erfolg, den Triumph spüren können, die Problemlage bewältigt zu haben. Die Anstrengungen, die sie dabei unternehmen müssen, werde ich ihnen nicht ersparen.

Leistung als Anstrengung mit explorativer Komponente, als Bewältigung von Aufgaben, als Lösen von Problemen, als Meistern von Risiken, als Verwandeln von Unsicherheit in Sicherheit, als Flow, wird mit Lust belohnt: mit der Lust des Sicherheitstriebes. Die Evolution hat uns auf Anstrengung programmiert, nicht auf das Schlaraffenland. Aber sie belohnt uns auch für Anstrengung: durch die Lust der Triebbefriedigung (von Cube 2001, S. 5).

In meiner Rolle als Beraterin muss ich mir diese Erkenntnis immer wieder vergegenwärtigen. Nach so vielen Jahren Organisationsberatungs- und Coachingpraxis neige ich manchmal zu (vor)schnellen Schlussfolgerungen. Ich meine, das Spezielle einer Situation, sei es ein Problem, ein anderer Sachverhalt oder ein Zusammenspiel verschiedener Komponenten früher zu erkennen, als meine Klient/-innen. Zu früh rückgemeldet, zu schnell gesagt, würde das Appetenzverhalten zwar abkürzen, den Neugiertrieb meiner Klient/-innen jedoch unbefriedigt lassen. Natürlich könnte ich mich auf die Methodik der lösungsorientierten Beratung zurückziehen und mir einreden, dass mich das Problem gar nicht zu interessieren habe. Dann aber braucht es seitens der Klient/-innen starke Neugiertriebe, hohe Reize, oder ein ausgeprägtes Appetenzverhalten, um das Suchen nach einer Lösung aufrecht zu erhalten. Überhaupt wäre Appetenzverhalten (das aktive Aufsuchen von Informationen zwecks Unsicherheitsminimierung) für Beratungsprozesse zu empfehlen. Beratung würde dann nicht erst in Anspruch genommen werden, wenn sich das Problem bereits im Akutzustand befände, sondern präventiv vorausschauend proaktiv wirksam werden. Auch in diesem Fall entscheide ich mich für eine Balance zwischen irritieren, explorieren und unterstützen.

3.1.5 Beratungsüberschuss und/oder Beratungsmangel: Wenn Beratung an Beratung scheitert

In einer großen sozialen Organisation werden die Mitarbeiter/-innen, die in ihrer Berufspraxis belastenden Situationen ausgesetzt sind, durch regelmäßig stattfindende Einzelsupervisionen unterstützt. Führungskräfte, die neu eingestellt werden bekommen zusätzlich Einzelcoachings. In dieser Organisation gab es zwei Beratungsanfragen: Die erste betraf eines der Teams. Dort gab es eine ‚Unruhe‘, wie es die Auftraggeber meinem Kollegen, der die Maßnahme durchführen sollte, beschrieben haben. Die zweite Anfrage betraf das Leitungsteam. Fragen über Fragen, die die Organisation betrafen sollten dort geklärt und entschieden werden, aber es passierte nichts. Die wichtigen organisationsrelevanten Dinge wurden nicht besprochen. Vielmehr hat sich ein sehr wertschätzender Umgang miteinander etabliert und eine harmlose, ‚scheinheilige‘ Gesprächskultur.

Eine Analyse der Situationen ergab folgendes Bild: Alle wichtigen Themen, die entweder das Team oder die Organisation betrafen, wurden in den Einzelsupervisionen bzw. in den Einzelcoachings besprochen. Was in den Teamsitzungen bzw., in den Sitzungen des Führungskreises zur Sprache kam, war die bereits durchreflektierte Sicht der Ergebnisse der Einzelberatung. In dieser verklärten Darstellung fehlten jegliche Energien und Emotionen. Die ernste Lage, in der sich die Organisation und das Team befanden, erschien plötzlich ganz harmlos; so dass ich mich fragte, was ich denn eigentlich hier als Beraterin verloren hätte. Statt fünf Führungskräften saßen de facto zehn Leute am Tisch. Unsichtbar im Hintergrund waren die jeweiligen Coaches mit dabei. Eine produktive Arbeit gelang erst dann, als vereinbart wurde, dass für den Zeitraum der Beratung Einzelsupervision und Einzelcoaching ausgesetzt wird. Erst dann kamen die eigentlichen Konflikte und Missverständnisse, die unterschiedlichen Interessen und Widersprüche auf den Tisch und konnten bearbeitet werden.

Ein anderes Beispiel zeigt den Widerstand einer Organisation, die bei einem erfolgreich gelaufenen Organisationsberatungsprozess erzielten Ergebnisse und Maßnahmen umzusetzen. Auf die zusammenfassende Frage der Beraterin, was nun die nächsten Schritte wären, wer von den anwesenden Personen die Verantwortung für welche Themen übernähme, wann, zu welchem Termin dies erfolgen würde, meinten die Klient/-innen in vollkommener Übereinstimmung: „Jetzt gehen wir erst mal in Supervision und dort reflektieren wir dann unsere Ergebnisse". Auch eine Möglichkeit, notwendige organisatorische Entscheidungen abzuwehren. In diesem Fall empfahl ich dem Klientensystem, Supervision und Beratung auszusetzten, zu ‚arbeiten' und erst wieder nach erfolgter Umsetzung über das Resultat zu resümieren und zu reflektieren. Die Beendigung dieser Beratung war nicht nur ein gesetztes Ende, sondern gleichzeitig eine letzte Intervention.

Ein Zuviel an Beratung (Beratungsüberschuss) ist meines Erachtens genauso unproduktiv wie keine Beratung (Beratungsmangel). Auch hier gilt es, die Balance zu finden. Das führt uns auch zu der Frage – und damit in das nächste Kapitel – wie lange denn ein Beratungsengagement dauern sollte. Ab wann macht es Sinn, eine Beratung zu beenden?

4   Das Ende

In seiner Masterarbeit geht André Schröter (2014) der Verweildauer von Supervisor/-innen in einer Organisationseinrichtung nach. Einrichtungen arbeiten über lange Zeiträume mit den gleichen Supervisor/-innen zusammen. Die Dauer von Supervisionsbeziehungen liegt in einem Spektrum von zwei bis sechs Jahren. Bezüglich der Verweildauer von Supervisor/-innen in einer Organisation konnten Zeiträume bis zu 14 Jahren ermittelt werden. Diese langfristigen Zusammenarbeitsbeziehungen haben mich in ihrer Häufigkeit überrascht.

Auch in meiner eigenen Organisationsberatungspraxis gab und gibt es langfristige Klientenbeziehungen. In einigen Unternehmen bin ich mehrere Jahre lang tätig gewesen. Das hatte Vorteile. Die Organisation und ihre Kultur, die Eigenarten, die Abläufe, die Entscheidungsträger – alles war bekannt, da musste man nicht lange nachfragen. Führungskräfte wechselten jedenfalls wesentlich häufiger als die Berater/-innen – das verschaffte der Beratung sogar einen Vorsprung, wenn man mehr über das Unternehmen wusste, als die neu engagierte Führungskraft. Ich habe mich oft gefragt, ab wann ich eigentlich nicht mehr nur beratend tätig war, sondern kurz davor war, ein Teil der Organisation zu werden. Mein Blick hatte sich getrübt. Die sorgfältig etablierte Balance von Distanz und Nähe drohte aus dem Gleichgewicht zu geraten. Ganz im Sinne von Max Pagès' (1974) Theorie der Entwicklung eines gemeinsamen, von allen hergestellten und geteilten Gruppengefühls entwickelten sich Affiliationsgefühle zu den Klient/-innen. Man mochte sie einfach gern. Damit lief ich Gefahr, mich zu sehr in das Klientensystem hineinziehen zu lassen und die für die Beratung notwendige Distanziertheit zu verlassen. Außerdem wurde es immer schwieriger, an Entscheidungsprozessen *nicht* teilzunehmen.

Gleichzeitig wurde das Klientensystem durch die zunehmende Affiliation abhängig von meiner Beratungsleistung. Dieser schleichende Prozess der stärker werdenden gegenseitigen Abhängigkeit wurde unterstützt durch ein gewisses wirtschaftliches Interesse als Berater/-innen, eine sichere Verdienstquelle nicht freiwillig beenden zu wollen. Auch hier half Reflexion dabei, diesen Prozess zu erkennen und gemeinsam mit den Klient/-innen einen Ausstieg aus der Beratung zu finden.

Mit dem Ende verhält es sich also ähnlich wie mit dem Anfang. Wann ist eine Beratung zu Ende? Beim Contracting, wo eine bestimmte Zeitspanne vereinbart wurde? Oft sind solche Terminierungen nur Zwischenetappen und nach Erreichen einer solchen wird der Beratungsvertrag verlängert. Oder endet die Beratung, weil den Auftraggeber/-innen die Mittel ausgegangen sind? Oder weil Konkurrent/-innen in der Zwischenzeit ein besseres Angebot gemacht haben?

Manchmal hängt das Ende einer Beratung mit dem Ende eines Managementengagements der Auftraggeber zusammen. Extern eingekaufte Führungskräfte bringen ihre eigenen Berater/-innen mit, zu denen schon davor ein vertrauensvolles Verhältnis aufgebaut werden konnte. Umgekehrt bin ich als Berater/-in auch schon mit Klient/-innen in eine neue Organisation mit gewandert. Manchmal enden Beratungen auch, weil eine große Umstrukturierung der Organisation den Bereich wegrationalisiert hat, den man erfolgreich zwei Jahre lang beraten hat. Für mich als Beraterin sind das die frustrierendsten Beratungserfahrungen und die unangenehmsten Beendigungen. Beratung ist immer eine Investition in ein fremdes System. Beraten tut man mit Leib, Seele, Professionalität und Verstand. Das Ende betrifft dann immer auch die Person als Gesamtes und nicht nur einen Teil, wie beispielsweise die Vernunft (die ja meist am schnellsten ist, wenn es um Abschiede geht). Beziehungen müssen gelöst werden. Gefühle müssen losgelassen werden. Der Umgang mit Affiliation, Einfühlungsvermögen und Trennung ist m. E. ein wichtiger Teil der Beraterausbildung.

Berater/-innen haben die Aufgabe, die Stärken und Potentiale ihrer Klient/-innen zu erkennen, zu fördern und zu entwickeln. „Hinter jedem erfolgreichen Manager steht ein starker Berater" – so könnte man einen bekannten Spruch abwandeln. Wenn ich dann meine Klient/-innen ‚potent‘ gemacht habe, bin ich überflüssig geworden, muss die Klient/-innen – die dann keine Klient/-innen mehr sind – loslassen. Dieses sich zurückziehen können fällt Berater/-innen nicht leicht. Wir haben in diesem Text ja schon einmal festgestellt, dass Berater/-innen vor allem in den Anfangsphasen ein gesundes Selbstbewusstsein, einen guten Bezug zur eigenen Person und ein gewisses Maß an Selbstdarstellungsfähigkeit brauchen, um als Berater von potentiellen Kunden wahrgenommen zu werden. Sie müssen den Kunden das Gefühl vermitteln, dass diese bei mir, der Beraterin, gut aufgehoben sind, dass ich als Beraterin nicht gleich beim ersten Gegenwind umkippe. Gerade solchen Persönlichkeiten fällt es nicht leicht ihre Abkömmlichkeit trotz erfolgreich erfolgter Beratung hinzunehmen. Berater/-innen müssen sich gut verabschieden können! – Und damit diese Qualität nicht auch im privaten Umfeld wirksam wird, brauchen Berater ab und an selbst Beratung.

5   Fazit

Beratung ist ein widersprüchliches Geschäft. In allen Etappen von Beratung sind Berater/-innen mit notwendigen, logisch nicht auflösbaren Widersprüchen konfrontiert. Die unterschiedlichen Interessen verbergen sich in der Person des Beraters, in der Beziehung zum Klienten, im organisationalen Kontext und nicht zuletzt in einer ambivalenten Kunde/Klient – Beraterbeziehung. Mehrere einander widersprechende Bedürfnisse, Interessen, Sachverhalte, die alle gleichermaßen berechtigt sind, die nicht ohne einander, sondern nur miteinander zu bewältigen sind. Abhängigkeit und Unabhängigkeit (Entscheidungsfreiheit), Distanz und Nähe, Orientierung und unsichere, diffuse Situationen, Irritation und Sicherheit, Setting, Struktur und Offenheit in der Sache, Appetenz, Neugierde und angemessener Tiefgang, Beratungen, die sich gegenseitig neutralisieren und behindern.

Beratung ist ein Beziehungsgeschehen. Beziehungen können scheitern. Berater/-innen und Klient/-innen finden keine gemeinsame Basis, kein emotionales und kulturelles Fundament auf dessen Basis sich eine Beratung entwickeln könnte. Wenn hingegen Prozessberatung die Organisation von Reflexion ist, dann gibt es dort kein Richtig und kein Falsch. Daher kann Beratung auch nicht scheitern, denn das würde bedeuten, dass Beratung grundsätzlich falsch gewesen wäre. Es gibt allerdings bessere und schlechtere Beratungen. Wenn in einem Beratungsprozess die Balance innerhalb der zahlreichen Widersprüchen verloren gegangen ist, wäre dies ein Indikator für einen nicht so gut verlaufenden Prozess.

Literatur

Allmer, H. (1998). „No risk – no fun" – zur psychologischen Erklärung von Extrem- und Risikosportarten. In H. Allmer & N. Schulz (Hrsg.), *Erlebnissport – Erlebnis Sport. Brennpunkte der Sportwissenschaft*. St. Augustin: Academia Verlag.

Allmer, H., & Schulz, N. (Hrsg.). (1998). *Erlebnissport – Erlebnis Sport. Brennpunkte der Sportwissenschaft*. St. Augustin: Academia Verlag.

Balint, M. (1972). *Angstlust und Regression*. Reinbeck: Rohwolt.

Buer, F. (2004). Über die professionelle Kompetenz, Professionalität kompetent darzustellen. Und welche Rolle die Supervision heute dabei spielt. In F. Buer & G. Siller (Hrsg.), *Die flexible Supervision. Herausforderungen – Konzepte – Perspektiven. Eine kritische Bestandsaufnahme*. Wiesbaden: VS Verlag für Sozialwissenschaften.

von Cube, F. (1997). *Fordern statt verwöhnen* (9. Aufl.). München: Piper.

von Cube, F. (2001). Fordern statt verwöhnen – Lust an Leistung. In: Beruf Schulleitung. Zeitschrift des Allgemeinen Schulleitungsverbandes Deutschlands. www.zfi-gruenberg.beepworld.de/files/fordernstattverwoehnen.pdf. Zugegriffen: 5. Juni 2015.

Gebauer, G. (1986). *Sport – Eros – Tod*. Frankfurt a. M.: Suhrkamp.

Königswieser, R., & Exner, A. (2008). *Systemische Intervention* (9. Aufl.). Stuttgart: Schäffer – Poeschl.

Lackner, K. (2014). Cross culture pace. The interplay of cultural dimensions in global organizations. In Challenging Organization and Society 3(1), 446–458. Vienna.

Lorenz, K. (1978). *Vergleichende Verhaltensforschung. Grundlagen der Ethnologie*. Wien: Springer.

deMausse, L. (1989). *Grundlagen der Psychohistorie.* Frankfurt a. M.: Suhrkamp.

Oevermann, U. (2009). Die Problematik der Strukturlogik des Arbeitsbündnisses und der Dynamik von Übertragungen und Gegenübertragung in einer professionalisierten Praxis von Sozialarbeit. In R. Becker-Lenz, S. Busse, G. Ehlert, & S. Müller (Hrsg.), *Professionalität in der Sozialen Arbeit* (2. Aufl.). Wiesbaden: VS Verlag für Sozialwissenschaften.

Pagès, M. (1974). *Das affektive Leben der Gruppen.* Stuttgart: Ernst Klett Verlag.

Schröter, A. (2014). *Wann ist es Zeit für einen Supervisionswechsel? Unveröffentlichte Masterarbeit.* Kassel: Universität Kassel.

Weitere Quellen

Sternstunde Philosophie. (2010). Denken fürs Leben – Philosophische Praxis. Martina Bernasconi und Roland Neyerlin im Gespräch mit Norbert Bischofberger. 3 sat TV 27.06. 2010, 11:00 Uh.

Prof. Dr. Karin Lackner bekleidet den Lehrstuhl für Organisationsberatung Supervision und Coaching am Institut für Psychologie an der Universität Kassel und ist als wissenschaftliche Leitung hauptverantwortlich für den Masterstudiengang MDOb Mehrdimensionale Organisationsberatung. Sie lehrt und forscht zu folgenden Themen: Gruppen- und Organisationsdynamik, Organisationsberatung, Supervision und Coaching, soziale Kompetenz, interkulturelle Kompetenz, Konfliktmanagement und Mediation, soziale Nachhaltigkeit, soziale Formate, qualitativ empirische Methodik, Wissenschaftstheorie.

Fr. Lackner darüber hinaus Lehrberaterin und Lehrtrainerin für Gruppendynamik und Organisationsberatung bei der ÖGGO (Österreichische Gesellschaft für Gruppendynamik und Organisationsberatung), Mitglied der DGSV, Internationale Mediationstrainerin in der D.A.C.H., Mitglied des Herausgeberboards der Reihe „Schriften zur Gruppen- und Organisationsdynamik" und der Zeitschrift Gruppe – Interaktion – Organisation. Zeitschrift für Angewandte Organisationspsychologie bei Springer. Als Gründerin und Leiterin des Instituts für Organisationsdynamik für internationale Beratungs- Trainings- und Forschungstätigkeit ist sie fokussiert auf Beratungsprojekte im interkulturellen Kontext globaler und regionaler Organisationen in Forprofit und Nonprofit Bereichen.

Scheitern im Coaching

Zwischen Handwerk und Beziehungskunst

Thomas Bachmann

Zusammenfassung

Die eingehende Betrachtung von Coaching als modernes, personenorientiertes Beratungsformat im Kontext von Beruf und Organisationen macht deutlich, dass Coaching weder als Tool oder Methode noch als Dienstleistung zur Lösung von Problemen oder Beförderung von Entwicklungen von Personen im Arbeitskontext zufriedenstellend beschrieben werden kann. Es wird vielmehr gezeigt, wie bedeutsam der Aufbau und die Gestaltung der Beziehung zwischen Coach und Klient für den Erfolg oder das Scheitern von Coachingprozessen sind. Daher wird Coaching in diesem Beitrag als Beziehungskunst verortet, für die es natürlich handwerklicher Grundlagen und Fähigkeiten bedarf. Scheitern im Coaching wird dementsprechend als Scheitern in einer Beziehung im Kontext von Erwartungen verschiedener Stakeholder aus dem organisationalen und privaten Umfeld des Klienten betrachtet. Der Beitrag beleuchtet weiterhin die Besonderheit der Coachingbeziehung sowie die Multiperspektivität auf Coaching und Coachingerfolg im Organisationskontext. Abschließend wird ein Leitfaden zur Reflexion von Beratungsbeziehungen vorgestellt, der professionell arbeitenden Coachs helfen kann, Störungen und Irritationen im Coachingprozessen frühzeitig zu erkennen und entsprechend zu klären.

T. Bachmann (✉)
artop GmbH – Institut an der Humboldt-Universität zu Berlin,
Christburger Str. 4, 10405 Berlin, Deutschland
E-Mail: bachmann@artop.de

© Springer-Verlag Berlin Heidelberg 2016
S. Kunert (Hrsg.), *Failure Management,* DOI 10.1007/978-3-662-47357-3_9

1 Einleitung

Der folgende Beitrag beschäftigt sich mit dem Scheitern von und in Coachingprozessen. Schon gleich zu Beginn tun sich dabei die ersten Schwierigkeiten auf: Der Begriff des Scheiterns wird im Kontext von Coaching und anderen Formen der Prozessberatung (Schein 2000) kaum verwendet und löst daher zunächst Befremden aus. Natürlich kann man sagen, dass auch Coachingprozesse scheitern können. Der Klient kann das Coaching abbrechen, die gewünschten Ziele können nicht erreicht werden oder der Coachingprozess nimmt einen ganz anderen Verlauf, als zunächst geplant. Der schmerzliche Begriff des Scheiterns, der einen absoluten und finalen sowie unumkehrbaren Schlusspunkt markiert, nämlich das „in Trümmer auseinanderbrechen" (DWDS 2015) oder das Schicksal des angeklagten und für schuldig befundenen Sünders im Mittelalter, der elendig auf dem Scheiterhaufen endet, passt nicht zur Grundanlage von Coaching. Trotzdem möchte ich im Folgenden versuchen, Coaching unter der Perspektive des Scheiterns zu betrachten. Dazu wird zunächst Coaching als Beratungsformat im beruflichen Kontext definiert und in seiner spezifischen Anlage zwischen Handwerk und Beziehungskunst (Buer 2012) verortet. Dabei wird vor allem der Beziehung zwischen Coach und Klient als Voraussetzung und Ergebnis eines guten Coachings sowie als Basis und Quelle von Lernen und Veränderung besondere Beachtung geschenkt. Natürlich spielt auch hier, wenn man so will, das Scheitern als Lern- und Reflexionsanlass eine besondere Rolle. Schließlich werden in dem Beitrag die Erwartungen, Auftragskonstellationen und unterschiedlichen Perspektiven verschiedener Stakeholder auf Coaching, vor allem in Kontext von Organisationen, betrachtet. Denn was für den einen nach Scheitern aussieht, kann ein anderer durchaus als Erfolg betrachten.

2 Professionelles Coaching in Organisationen

Seit in den 1990er Jahren die ersten Veröffentlichungen über Coaching für Manager und Führungskräfte erschienen (für den deutschsprachigen Raum vgl. hierzu u. a. Hauser 1987; Böning 1989; Looss 1991) hat sich Coaching rasant verbreitet und ist aus dem Kontext von Arbeit und Beruf nicht mehr wegzudenken. Kaum ein Unternehmen, kaum eine Organisation, die nicht mit externen Coaches zusammenarbeitet bzw. interne etabliert hat. Trotz der enormen Verbreitung und der vielen Anbieter und Nachfrager zeichnet sich erst heute, also nach etwa 20 Jahren, eine gewisse Homogenisierung des professionellen Coachingmarktes ab, die sich jüngst darin äußert, dass sich die führenden Coachingverbände in Deutschland auf gemeinsame Standards geeinigt haben (managerSeminare 2015). Trotzdem ist die Vielfalt immer noch groß und es bleibt schwer, Coaching einzugrenzen, denn zu rasant verläuft die Kreation neuer schillernder Bindestrich-Coachings (z. B. Gesundheits-Coaching, Eltern-Coaching, Wohn-Coaching usw.) durch die Marktteilnehmer. Für das Feld des professionellen Coachings vor allem im Kontext von Beruf und Organisationen kann Coaching relativ klar als Prozessberatung für Personen mit überwiegend

Führungs- und Managementaufgaben zur Klärung und Ausgestaltung der beruflichen Rolle und der Positionierung zu und in der Organisation durch einen professionellen Coach auf Basis einer vertrauensvollen Beziehung und mithilfe spezifischer und elaborierter Methoden beschrieben werden (andere Definitionen z. B. bei Rauen 1999 oder vom Deutschen Bundesverband Coaching, DBVC 2012). Dabei bedeutet Prozessberatung im Gegensatz zur Expertenberatung, Klienten nicht auf Basis einer Diagnose ein Handlungskonzept bzw. Expertenwissen zu „verkaufen", sondern einen beziehungsbasierten Unterstützungs-, Klärungs- und Begleitungsprozess zu initiieren und methodisch zu gestalten, mit dem Ziel, Hilfe zur Selbsthilfe zu geben (Schein 2000). Die Prozessverantwortung, d. h. die Art und Weise der Begleitung und deren methodische Ausgestaltung, liegt demnach beim Coach, die Strukturverantwortung, z. B. räumlich-zeitliche und finanzielle Rahmenbedingungen beim Coach und vor allem beim Auftraggeber, wenn das Coaching im Kontext einer Organisation beauftragt wird. Die Inhalts- bzw. Ergebnisverantwortung jedoch liegt allein in der Hand des Klienten (Schein 2000; Bachmann 2012b). Coaching hat damit die Funktion, die Selbststeuerungsfähigkeit des Klienten auf Basis einer tragfähigen und vertrauensvollen Beziehung durch geeignete Interventionen, die z. B. kathartisch, katalytisch, unterstützend, vorschreibend, informierend oder konfrontierend sein können (vgl. Looss 1991), zu stärken und zu erweitern, damit dieser neue Handlungsmöglichkeiten entwickeln kann. Die Hauptfunktion von Coaching ist es somit, dem Klienten Beobachtungen zweiter Ordnung darüber zur Verfügung gestellt, wie er sich selbst beschreibt.

In Abgrenzung zu anderen Beratungsformaten wird Coaching ausdrücklich nicht als Einzeltraining, Schattenmanagement, Konfliktmediation, Expertenberatung, Organisationsberatung, Paarberatung, Lebensberatung, Therapie etc. verstanden (DBVC 2012), kann aber Elemente von all diesen Formaten enthalten bzw. einzelne Sequenzen in einem Coachingprozess können diesen Formaten sehr ähnlich sein. Ob es sich also um Coaching handelt, ergibt sich daraus, welches Format hauptsächlich verwendet wird und worauf der inhaltliche Fokus liegt. Weiterhin ist es wichtig zu erwähnen, dass Coaching nicht zwangsläufig im 1:1-Setting stattfinden muss. Auch Mehrpersonensettings mit z. B. zwei Geschäftsführern, einer Gruppe von Führungskräften oder einem Team sind dem Coaching zuzurechnen. Vorallem der Übergang zur Organisationsberatung ist fließend und oft kaum wahrnehmbar. So kann man sich vorstellen, dass beim Coaching mit einem Geschäftsführer in der einen Sitzung dessen Rolle als Manager im Fokus steht und in der nächsten Sitzung über strategische Fragen des Unternehmens nachgedacht wird (weiterführend hierzu Bachmann 2012a).

Aus wirtschaftswissenschaftlicher Perspektive kann man Coaching dem sogenannten „Dritten Sektor", also neben erstens der Rohstofferzeugung und zweitens der Verarbeitung, den Dienstleistungen zuordnen. Greif (2014) beschreibt Coaching als eine schwer quantifizierbare Dienstleistung und setzt sich mit der Problematik auseinander, den Dienstleistungsbegriff auf Coaching anzuwenden. Im Gegensatz zu „herkömmlichen Dienstleistungen" wie etwa dem Fensterputzen oder Haareschneiden beim Friseur, handelt es sich beim Coaching und seinen verwandten Formaten, wie etwa Therapie, Beratung usw., um ko-kreierte intangible Leistungen, die nur unter aktiver Mitwirkung des Klienten entstehen können. Es geht also nicht nur darum, den Fensterputzer ins Haus zu lassen und die Fensterbänke leer zu räumen bzw. sich auf den Friseurstuhl zu setzen und den Kopf still zu halten, sondern um aktives Mitwirken von Seiten des Leistungsempfängers. Das Ergebnis bzw. die Leistung entsteht erst im Miteinander. Dies ist ein sehr wichtiger Aspekt, was das Thema „Scheitern im Coaching" betrifft, weil deutlich wird, dass die Verantwortung für die Voraussetzungen und das Erreichen eines wie auch immer definierten Ergebnisses oder Coachingziels letztendlich auf alle Beteiligten beim Coaching verteilt ist. Dies betrifft beim Coaching im Kontext von Organisationen also den Klienten, den Coach, den Auftraggeber resp. die Führungskraft des Klienten und ggf. noch beteiligte Personalverantwortliche sowie die Organisation als soziales System mit ihren spezifischen Entscheidungsprämissen (Luhmann 2012) und ihrer Kultur (Schein 2010).

Der Begriff des Dienstleistens impliziert weiterhin, dass ein Dienstleister für einen Kunden eine Leistung erbringt. Dadurch entsteht eine für die Coachingbeziehung ungünstige Beziehungsdefinition, die bei den Beteiligten, die Coaching in diesem Rahmen verorten, Assoziationen von „Aktivität und Passivität", „Liefern und Erhalten", „Beauftragen und Abnehmen" usw. weckt. Im schlimmsten Fall lässt der Klient geschehen, verhält sich als „Besucher" (de Shazer 1998) und der Coach gerät in die Rolle eines „Anturners", der den Klienten „knacken", „überzeugen" oder sonst wie, vielleicht durch den Einsatz von ausgeklügelten Methoden, für sich und das Coaching einnehmen muss (Bachmann 2011). Diese mit dem Dienstleistungsbegriff einhergehende Beziehungsumkehr beeinträchtigt den Coachingkontext, und verlagert die Hauptaktivität, das Interesse an der Veränderung, zumindest was die Interaktionsebene zwischen Coaching und Klient betrifft, auf die falsche Seite. Denn die Veränderungsmotivation muss klientenseitig verortet sein. Dieser Zustand verstärkt sich oft noch dann, wenn das Coaching von übergeordneten Führungskräften oder im Ergebnis von Beurteilungsverfahren wie Management-Audits oder 360-Grad-Feedbacks empfohlen resp. angeordnet wird. Der Klient wird dabei durch die zweckrationale Brille der Organisationslogik als Objekt betrachtet, an dem etwas verbessert werden soll, und damit zumindest auf der Ebene des beobachtbaren Verhaltens seiner Autonomie als handelndes Subjekt beraubt. Fehlendes Vertrauen, Sich-nicht-einlassen, Prüfen, Austesten und In-Frage-stellen sind typische Formen der Kontaktgestaltung (Bachmann 2015b) in derartigen Situationen.

Interessanterweise ist für den „Erfolg" von Coaching jedoch genau das Gegenteil gefordert: Man kann sogar sagen, der Klient muss die eigentlichen „Leistungen" erbringen, nämlich sich einer anderen Person gegenüber öffnen, sich selbst reflektieren, erforschen und neu erfinden. Es geht darum, die berühmte Komfort-Zone zu verlassen, manchmal auch unangenehme Erkenntnisse und Emotionen zuzulassen, sich Verdrängtem zu stellen und neuen, oftmals noch unbekannten oder sogar risikoreichen Möglichkeiten zuzuwenden und damit die eigene Rolle, die eigene Karriere und die damit in Zusammenhang stehenden sozialen Beziehungen neu zu gestalten. Diese oftmals sehr intensiven Prozesse des Lernens, Erkennens und Fühlens können durchaus als Leistungen angesehen werden. Daher wird der wirtschaftswissenschaftliche Dienstleistungsbegriff dem, was im Coaching passiert, nicht gerecht, egal wie differenziert er dargestellt wird (siehe auch Looss 2014).

3   Beziehung, Multiperspektivität und Kontext im Coaching

In der Entwicklung von Coaching sind derzeit zwei Hauptströmungen festzustellen (Bachmann 2015a). Einerseits wird Coaching eher als Methode oder Werkzeug betrachtet, was bedeutet, dass praktisch jeder unter Einsatz der entsprechenden Werkzeuge andere Personen coachen kann. Dieses Verständnis von Coaching findet man im anglo-amerikanischen Raum, aber auch in den eher technologisch orientierten Strömungen von Trainern und Beratern in Deutschland. Die NLP-Szene sei hier stellvertretend genannt. Die Analogie zum Hobbyhandwerker drängt sich hier auf: Alle nötigen Tools und die entsprechenden Anleitungen dazu können im Baumarkt gekauft werden. Jeder kann prinzipiell alles „hinkriegen", ob Fliesen legen, Tischlern oder Malern. Wie die Erfahrung lehrt, klappt das mehr oder weniger gut und meistens lässt man die Arbeiten, bei denen es darauf ankommt, dann doch lieber von Profis ausführen. Vergleichbar mit diesem Vorgehen ist es, wenn Führungskräfte, Lehrer, Kollegen oder andere Personen Coachingmethoden einsetzen. Einige Sachen funktionieren dann auch ganz gut, anderes nicht. Zu komplex sind die Personeneigenschaften, die zwischenmenschlichen Interaktionen und die Kontexteinflüsse, als dass nur der Einsatz eines Tools allein schon Coaching ergibt. Allein durch den Kauf von Pinsel und Farbe wird man eben noch nicht zum Malermeister (hierzu ausführlicher Eidenschink und Horn-Heine 2007). Professionelles Coaching bedeutet daher nicht den Einsatz des Tools „Coaching", sondern das Handeln auf einer professionellen Basis aus elaboriertem Wissen, ausgewerteten Erfahrungen, bewährten Methoden und Techniken, einer Professionsethik und entsprechenden Professions- und Qualitätsstandards (vgl. Schmidt-Lellek 2012). Dass es beim Coaching noch einmal komplizierter ist als bei einfachen Dienstleistungen, wurde bereits weiter oben thematisiert und hebt gleichzeitig noch einmal die Bedeutung der professionellen Rolle im Coaching hervor, deren wichtigste Aufgabe und Herausforderung zugleich es ist, eine Beziehung zu einer anderen Person aufzubauen und zu gestalten, die Lernen und Entwicklung ermöglicht. Die Coachingbeziehung weist, wie auch andere Beziehungen unmöglicher Berufe (Freud 1937), mehrere Besonderheiten auf:

1. Coaching basiert auf einer Zweckbeziehung, d. h. die Klärung eines Anliegens, die Begleitung bei einem Vorhaben oder das Erreichen eines Ziels stehen im Vordergrund und nicht die Intersubjektivität zwischen Coach und Klient, die aber wiederum für ein gutes Coaching nötig ist.
2. Die Coachingbeziehung ist zeitlich begrenzt und von vornherein darauf ausgelegt, innerhalb einer bestimmten Zeit und zu abzählbaren Interaktionenzeitfenstern resp. Sitzungen zu funktionieren, weshalb relativ schnell Intimität entsteht bzw. entstehen muss und nur einige Themen fokussiert werden können bzw. dürfen.
3. Die Coachingbeziehung wird bezahlt, wobei es sich nicht um eine Leistungsvergütung handelt, denn im Ergebnis eines Coachings kann sich bei gleichem Honorar gar nichts oder sehr viel verändern. Das Honorar ist als „Ehrengeschenk" eine Gabe an die Professionalität, Qualifikation und Erfahrung des Coaches und wird unabhängig vom Ergebnis gezahlt.

4. Bei der Coachingbeziehung handelt es sich um eine Solitärbeziehung, d. h. Coach und Klient haben in keinem weiteren Kontext eine Beziehung miteinander. Dieser Punkt ist besonders wichtig, da vor allem in Organisationen Kontextüberlagerungen das Coaching massiv beeinflussen können, wenn z. B. Informationen aus anderen Kontexten in das Coaching einfließen oder Bewertungen aus Sicht des Auftraggebers mit dem Coaching verbunden sind. Dies ist z. B. dann der Fall, wenn sich Führungskräfte am Coaching ihrer Mitarbeiter versuchen oder interne Coachs immer auch die konkreten Interessen der Organisation verfolgen müssen. Ebenso können Beziehungsverwechslungen das Coaching beeinflussen, weil es z. B. mit einer Freundschaftsbeziehung, einer Lehrer Schüler-Beziehung oder einer Lieferantenbeziehung verwechselt wird.
5. Coaching braucht Intimität und Vertrauen, was bedeutet, dass die Coachingbeziehung nach außen abgeschirmt ist, also vertraulich ist. Nur so kann im Ergebnis des Miteinanders von Coach und Klient Vertrauen als wichtigste Beziehungsqualität entstehen, was konkret bedeutet, dass der Klient den Coach als kompetent, integer und wohlwollend erlebt (Mayer et al. 1995)
6. Im Coachingprozess entsteht eine mehrfach reziproke Rollenverteilung zwischen Coach und Klient. Die unterschiedlichen Verantwortungsbereiche und Interaktionsebenen im Coaching sind dazu unterschiedlich zwischen Coach und Klient verteilt, d. h. der Klient erzählt, der Coach hört zu, der Klient antwortet, der Coach fragt, der Klient bestimmt den Inhalt, der Coach gestaltet den Prozess und wählt die Methoden aus, der Coach ist empathisch und mitfühlend, der Klient kann seine Emotionen zeigen bzw. ausdrücken, der Klient steht im Mittelpunkt und wird trotzdem gefordert, der Coach wird bezahlt, ist aber trotzdem nicht abhängig, der Klient bekommt Wertschätzung und wird konfrontiert. Damit besteht die Coachingbeziehung aus etlichen Beziehungsparadoxien (vgl. auch Schmidt-Lellek 2006), bzw. komplementären Interaktionen (Bateson 1985), die eine für das Coaching spezifische Rollenverteilung ergeben.
7. Auf Basis dieser mehrfach reziproken Rollenverteilung kann passieren, was man als Ko-Kreation bezeichnet: Beide Interaktionspartner bringen gemeinsam etwas neues Drittes hervor, was Luhmann (2012) als „Kommunikationssystem" oder Buber (1995) als das „Zwischen" oder die Gestalttheoretiker (vgl. Staemmler 2009; Bachmann 2015b) als „Kontakt" bezeichnen würden. Eine gemeinsam geteilte und von beiden kreierte Wirklichkeitskonstruktion in der neue Beschreibungen, Erklärungen und Bewertungen (Simon 2006) entstehen und zu neuen Handlungsmöglichkeiten führen.

Sicher können noch viel mehr Aspekte der Coachingbeziehung angeführt werden. Das vorangegangene soll verdeutlichen, dass Coaching irgendwo zwischen gutem, sorgfältigem Handwerk auf der einen Seite und der Kunst eine bestimmte Art von Beziehungen zu gestalten verortet werden kann (Buer 2012). Die Bedeutsamkeit der Beziehung ist für Coaching und andere, verwandte Konzepte von „Helfenden Beziehungen" (Schmidt-Lellek 2006) bereits in zahlreichen Studien belegt bzw. herausgearbeitet worden: Für die Psychotherapie von Grawe (2000), für das Coaching von Jansen et al. (2004) sowie von Alvery und Barcley (2007), für das Lernen von Hattie (2012) oder Bauer (2008).

Wenn wir also Coaching unter dem Aspekt des Scheiterns betrachten wollen, handelt es sich also vor allem um das Scheitern von Beziehung. Der alte Satz der Systemiker: „Ko-Evolution oder Abbruch" beschreibt die Möglichkeit des Scheiterns im Coaching sicherlich am besten. Entweder man entwickelt sich miteinander oder die Beziehung wird nicht weitergeführt. Hierzu gibt es einen interessanten Befund: In der Studie von Jansen et al. (2004) wurden Klienten und ihre dazugehörigen Coaches hinsichtlich Wirkfaktoren, Zufriedenheit und Zielerreichung bezüglich der stattgefundenen Coachingprozesse befragt. Alle Klienten gaben eine hohe Zufriedenheit und Zielerreichung durch das Coaching an. Kein Klient war unzufrieden. Die einzige Erklärung dafür, wenn man eine verzerrte Stichprobe von Glückseligen ausschließt, kann nur sein, dass Coachingprozesse bei denen Unzufriedenheit herrschte oder die nicht in die „richtige" Richtung gingen, wo also eine Beziehungsstörung vorlag, bereits vorher abgebrochen wurden. Man kann also sagen, wenn ein Coaching stattfindet, sich also ein Prozess des Miteinanders entwickelt, dann ist es auch erfolgreich.

Natürlich gibt es eine Vielzahl von Faktoren, die auf das Coaching und damit auf die Beziehung zwischen Coach und Klient einwirken. Und die Beziehung ist natürlich nicht alles, worauf Coaching basiert. Der handwerkliche Anteil, also das Wissen, die Erfahrung, die Kompetenz des Coaches, die sorgfältige Auftrags- und Anliegensklärung sowie die professionelle Steuerung des Coachingprozesses spielen genauso wie die Erwartungen, Vorerfahrungen und Personeneigenschaften des Klienten eine große Rolle. Darüber hinaus ist es von entscheidender Bedeutung, wie Coaching in der jeweiligen Organisation implementiert ist. Clutterbuck und Megginson (2005) haben hierzu ein Stufenmodell entwickelt, welches den Reifegrad der Implementierung von Coaching, also inwieweit Coaching in der Organisation bzw. Organisationskultur verankert ist, beschreibt. Auf der ersten Stufe wird Coaching nur sporadisch in Problemfällen genutzt, auf der obersten, vierten Stufe ist es fest in den Personalentwicklungsprozessen verankert und in der Organisation mit positiver Konnotation auf verschiedenen Ebenen etabliert. Man kann sich leicht denken, wie sich die unterschiedlichen Implementierungsgrade von Coaching auf dessen Ansehen, die Auswahl der Coachs, die Freiwilligkeit, die Zielgruppen, aber auch das Verständnis über die Funktion und Grenzen von Coaching auswirken.

Ein weiterer Aspekt ist die nicht-linearkausale Wirkungsweise von Coaching sowie die unterschiedlichen Perspektiven aller direkt und indirekt Beteiligten an einem Coachingprozess auf das „Problem". Schein (2000) beschreibt dies anhand des Konzepts des Klienten in der Prozessberatung. So werden Kontaktklienten, mittelbare Klienten, Primärklienten, ahnungslose Klienten, ultimative Klienten und involvierte Nicht-Klienten unterschieden, je nach dem, inwieweit die Beteiligten in den Beratungsprozess einbezogen werden, davon wissen bzw. darauf Einfluss nehmen wollen. Und für alle Beteiligten gilt eine andere Definition von Erfolg bzw. von Scheitern, was den jeweils konkreten Coachingprozess betrifft. So kann der nächste Karriereschritt, der im Coaching erarbeitet wurde, aus Sicht des Auftraggebers genau richtig sein, hingegen die Familie des Klienten diesen als negativ bewertet, da sie dadurch z. B. durch einen erneuten Umzug nachteilig betroffen ist. Ein anderer Fall könnte sein, dass ein Klient im Verlauf des Coachings beginnt, die Beziehung zu seiner übergeordneten Führungskraft zu strapazieren, weil er im Coaching für sich herausgefunden hat, mehr für seine eigenen Bedürfnisse und Interessen zu sorgen. Oder ein Klient beschließt im Verlauf des Coachings, seine Organisation zu verlassen, weshalb der Auftraggeber das Coaching als nicht erfolgreich ansieht. Viele andere Fälle sind denkbar. Wem also das Coaching nützt und was Erfolg und was Scheitern ist, ist allein eine Frage der Perspektive (Hauser 2003; Bachmann 2015c). Probleme und damit deren erfolgreiche Bearbeitung oder das Scheitern an ihnen, können als soziale Konstruktionen verstanden werden, die perspektivenabhängig „bestehen" oder „verschwinden" können, nach ihrer „Lösung" an anderer Stelle fortbestehen, sich nicht linear-kausal steuern, sondern sich bestenfalls durch Impulse beeinflussen lassen (von Schlippe und Schweitzer 2012). Es geht also darum, vorhandene Muster des Erlebens und Verhaltens des Klienten, die aufgrund „kreativer" Anpassung (Staemmler 2009) nützlicherweise entstanden sind, mit Impulsen zu irritieren und damit Veränderung dahingehend anzuregen, dass der Klient seinerseits neues Verhalten in seinem Heimatsystem zeigt, welches wiederum vorhandene Muster irritieren soll. Die Veränderung passiert also vor allem beim Klienten, der dann durch sein Verhalten die sozialen Systeme, deren relevante Umwelt er ist, beeinflussen und zur Musterveränderung anregen kann.

Inwieweit Klienten Veränderungsimpulse, die im Coaching entstehen, dann auch umsetzen (können), ist ein weiterer interessanter Aspekt. Dieser wurde weiter oben schon bei der Unterscheidung zwischen passivem Objekt und autonomem Subjekt angerissen. Bei allem „Hinein-geworfen-sein" in die Welt, bleibt uns Menschen immer die Freiheit der Wahl, d. h. wie wir uns in einer Situation entscheiden, welche innere Haltung wir entwickeln, was wir von anderen annehmen, übernehmen oder lernen (Staemmler 2009). Letztendlich ist damit auch die neueste, beste und vielleicht sogar „evidenzbasierte" Coachingmethode nur ein Kommunikationsangebot, dessen Wirkung sich erst im Kopf und manchmal auch im Körper des Klienten (in Form von Emotionen) entfalten kann, aber nicht muss. Es ist also streng genommen kaum möglich, von Wirkungen durch das Coaching zu sprechen. Vielmehr entstehen die Veränderungen im Verlauf des Coachingprozesses nach und nach, vielleicht zunächst als Emotionen und Irritationen beim Klienten, aus denen sich neue Beschreibungen, Erklärungen und Bewertungen ergeben, die wiederum die Basis für neue, andere Verhaltensweisen sind. Es ist also nicht das Coaching, was wirkt, sondern der Coachingkontext und die Coachingbeziehung, die wie Katalysatoren das Entstehen von Wirkungen ermöglichen und dem Klienten als psychisches System neue Beobachtungen zweiter Ordnung zur Verfügung stellt. Dies kann z. B. durch Feedback, das heißt durch das „Zur-Verfügung-Stellen" von Beschreibungen, Erklärungen und Bewertungen von Seiten des Coachs, neue Landkarten, Perspektiven oder ausgewertete Erfahrungen erfolgen. Immer geht es darum, die Selbstbeobachtung des Klienten anzureichern und damit zu verändern, so dass daraus neue Impulse für die Selbststeuerung entstehen können.

Die Beschreibung von Beziehung zwischen Menschen ist ohne den sozialen Kontext, in dem diese entstehen bzw. durch den sie gerahmt werden, kaum möglich. Bateson (1985) führte den Begriff der Kontextmarkierungen ein und beschrieb damit raum-zeitliche Konfigurationen und Schlüsselreize, welche unterschiedliche Kontexte markieren und damit bestimmte Verhaltensweisen wahrscheinlicher machen. Dies trifft in besonderem Maße auch auf Beziehungen zu, die in sozialen Gemeinschaften kulturell tradiert durch Kontexte bzw. Symbole gerahmt sind (Mead 1934; Hall 1976). Betrachtet man den Kontext einer Beziehung, bestimmt dieser, welche Beziehungskonventionen gelten bzw. welche Erwartungs-Erwartungen (von Schlippe und Schweitzer 2012) das Erleben und Verhalten der beteiligten Personen bestimmen. Im Kontext „Frisörbesuch" darf also eine Person die Kopfhaut der anderen untersuchen, was im Kontext „Straßenbahnfahren" nicht empfehlenswert ist. Im Kontext „Führung" darf eine Person einer anderen Anweisungen geben, aber nicht umgekehrt. Im Kontext „Therapie" erzählt eine Person viel von sich und vom anderen wird das nicht erwartet bzw. wenn es passiert, als verstörend wahrgenommen. Verwandte Konzepte sind die Schema bzw. Frametheorien (Rumelhart und Ortony 1977; Schank 1982), welche davon ausgehen, dass unser Erleben und Verhalten ganz wesentlich durch prototypische Ereignisbegriffe in Form von erworbenen kognitiven Strukturen (Klix 1992; Klix und Bachmann 1998) determiniert wird. Der kulturell tradierte Kontext für Coaching als recht modernes Beratungsformat ist – wie sich leicht erkennen lässt – noch nicht besonders klar umrissen und vor allem sehr unterschiedlich im heterogenen Coachingmarkt bei Anbietern und Nachfragern repräsentiert. Eine gelingende Beziehung setzt jedoch einen Kontext voraus, in dem die Erwartungs-Erwartungen der beteiligten aufeinander abgestimmt sind: Was passiert im Coaching? Welche Anliegen kann man im Coaching bearbeiten? Wer ist wofür verantwortlich, dass das Coaching gelingt? Was sind Grenzen und Tabus? Welche Erwartungen habe ich an den Coach? Wie muss ich mich als Klient verhalten? usw. Damit das Coaching nicht an enttäuschten Erwartungen scheitert, ist eine bewusste und sorgfältige Kontextgestaltung demnach von großer Bedeutung. Das betrifft – wie bereits oben beschrieben – die Vermeidung von Kontextvermischungen sowie die Gestaltung des Settings und der Rahmenbedingungen und letztlich den konkreten Aufbau der Coachingbeziehung.

4 Klären, Klären, Klären

Professionelles Coaching beginnt mit einer sorgfältigen Auftragsklärung in der alle wichtigen Einflussfaktoren, die auf die Beziehung zwischen Coach und Klient einwirken, angesprochen und untersucht werden müssen. Die Auftragsklärung hat damit vor allem die Funktion der Kontext- und Beziehungsgestaltung und klärt außerdem die inhaltlichen und methodischen Aspekte im Coaching. Im Verlauf dieses Prozesses müssen Coach und Klient entscheiden, ob und wie eine Zusammenarbeit möglich und erfolgversprechend ist. Für alle nicht erfolgreichen bzw. schwierig verlaufenden Coachingprozesse können im Nachhinein als ungünstige Einflussfaktoren fast in jedem Fall fehlende oder unklare Aspekte in der Auftragsklärung identifiziert werden. Zum Thema Auftragsklärung gibt es viel Literatur. Stellvertretend sein hier auf Billmeier et al. (1992) verwiesen. Hilfreich ist weiterhin die angefügte Checkliste im Überblick.

Checkliste Auftragsklärung

1. Anliegensklärung

Ziel: Ein Anliegen herauszuarbeiten, für welches Coaching geeignet ist und ich als Coach kompetent bin.

- Ist das Anliegen realistisch? Ist es operationalisierbar (konkret)?
- Kann ich Veränderungsmotivation beim Klienten erkennen?
- Sind beim Klienten die Ressourcen für einen Veränderungsprozess vorhanden?
- Bin ich dafür kompetent?
- Ist es ein Anliegen für Coaching oder eher Therapie, Ersatz für schlechte Führung, Schattenmanagement etc.?
- Was ist möglicherweise die Frage hinter der Frage? (Bsp. Helfe ich bei der Vorbereitung der Prüfung oder setzen wir uns mit der Versagensangst auseinander?)

2. Beziehungsklärung

Ziel: Zu klären, was die wechselseitigen Erwartungen an das Coaching sind und wer welche Verantwortung im Prozess übernimmt.

- Erfragen von Vorerfahrungen, Wissen über Coaching beim Klienten
- Erwartungen des Klienten an das Coaching abgleichen mit dem Coachingverständnis des Coaches
- Vertrauen, Vertraulichkeit, Loyalität
- Transparenz - > Rolle des Coachs (Verhältnis zum Auftraggeber/Unternehmen)
- Grober Fahrplan zum Ablauf des Coachings
- Spielregeln - > Verantwortlichkeiten
- Grenzen und Tabus (wenn Hinweise auf Grenzbereiche gegeben sind)

3. Kontextklärung

Ziel: Zu Klären und zu entscheiden, in welchem Kontext der Auftrag entstanden ist und inwieweit er für Coaching geeignet ist bzw. welche Fallen für die Beteiligten damit verbunden sein können.

- Wie sind sie zu mir gekommen? Wer hatte die Idee zum Coaching?
- Sind Sie freiwillig hier oder wurden Sie geschickt?
- Wie ist Coaching in Ihrer Organisation angesehen?
- Wer darf von dem Coaching erfahren und wer nicht?
- Was passiert, wenn sich die Zielstellung im Coaching ändert?
- Welche Ziele möchte ihre Führungskraft durch das Coaching erreichen?
- Wie ist Coaching in ihrer Organisation angesehen?

Organisatorisches: Honorar, Ort, Zeit, Dauer, Häufigkeit, Storno-Regelung

Die professionelle Beziehungsgestaltung bleibt auch im Verlauf jedes Coachingprozesses die Hauptaufgabe des Coachs. Denn ohne eine tragfähige Beziehung wiederum bleiben alle Methoden und Tools im Coaching kraftlos und leer. Wenn dies der Fall ist, d. h. die Coachingmethoden nicht greifen, der Prozess schleppend verläuft, der Klient sich nicht einlassen oder öffnen kann, das Anliegen schwer greifbar ist, sich keine konkreten Coachingziele ableiten lassen, der Coach sich unsicher fühlt, der Klient den Coach in eine Lieferantenrolle drängt usw. das Coaching also zu scheitern droht, gilt es, die Coachingbeziehung und deren Kontext sowie das Anliegen zu klären, um durch dieses sogenannte „re-contracting" d. h. durch aktive Beziehungsgestaltung, die Arbeitsgrundlage für das Coaching wieder oder überhaupt erst herzustellen. Dabei gilt es, den Kontext, in dem das Coaching entstanden ist bzw. in dem es stattfindet, bezüglich aller Stakeholder und möglicher Konsequenzen bezogen auf das Coachingergebnis, die Beziehung zwischen Coach und Klient bzgl. der wechselseitigen Erwartungen sowie das Coachinganliegen hinsichtlich seiner Passung zum Kontext von Coaching und der Kompetenz, Erfahrung und Ethik des Coachs (neu) zu thematisieren und zu klären.

Oftmals ist es in solchen Fällen gar nicht so einfach, herauszufinden, was in der Arbeitsbeziehung nicht stimmt. Ein „ungutes" Gefühl, Unzufriedenheit oder Unsicherheit im eigenen Handeln können Hinweise darauf geben, die Beziehung näher zu untersuchen. Für die Navigation in und die Reflexion über die Coachingbeziehung im Verlauf von Coachingprozessen können dazu die folgenden Punkte für Coachs und Berater sinnvoll sein:

1. *Ist der andere in seinem Sein und Tun für mich erfahrbar?* Eine tragfähige Beziehung kann durch das Konstrukt von Kontakt aus der Gestalttherapie gekennzeichnet werden. Der andere ist in seiner Ganzheit als Person erkennbar und bringt sich in den gemeinsamen Prozess ein. Fehlender oder schwacher Kontakt ist gekennzeichnet durch Distanziertheit (Egotismus) bzw. Verschlossenheit (Retroflektion), aber auch durch vereinnahmendes (Projektion) oder angepasstes (Konfluenz) Verhalten (Perls et al. 1951).
2. *Fühle ich mich sicher in der Kommunikation mit dem anderen?* Unsicherheit in der Beziehung bedeutet, dass sich keine gemeinsam gestalteten Kommunikationsmuster im Verlauf der Interaktion herausgebildet haben (Luhmann 2012). Wie der andere reagieren wird, was möglich ist und was nicht, was der andere von mir erwartet usw. hat sich noch nicht stabil genug herausgebildet. Dies führt dazu, dass die Interaktionspartner unsicher und tastend das Miteinander gestalten und sich kaum natürlich und damit auch nicht sicher und souverän in den Coachingprozess einbringen können.
3. *Hat unsere Beziehung eine eigene Qualität?* Eine Beziehung, in der Kontakt entstanden oder möglich ist, zeichnet sich durch eine besondere, ganz eigene Qualität aus. „Das Zwischen" (Buber 1995), „Kommunikationssystem" (Luhmann 2012) oder „Kontakt" (Staemmler 2009; Bachmann 2015b) wurden bereits als Beschreibungskonzepte dafür vorgestellt. Dieses Dritte, Neue, welches im Dialog zwischen Coach und Klient entsteht ist der „Raum" in dem Lernen und Veränderung ermöglicht wird. Weist dieser Raum, also die Art der Interaktionsbeziehungen, Ähnlichkeiten mit anderen, klientenseitig schon bekannten Beziehungsmustern, wie z. B. Chef-Mitarbeiter, Besteller-Lieferant, Lehrer-Schüler, Vater-Sohn etc. auf, kann das als schwierig für die Coachingbeziehung angesehen werden.
4. *Sind wir emotional, inhaltlich und zeitlich zueinander stimmig?* Luhmann (2012) beschreibt drei Grunddimensionen der Kommunikation. Die Sache bzw. das Thema,

die Sozialdimension, also die individuellen Bedürfnisse und Emotionen der Beteiligten und die Zeitdimension, also die Lokalisierung des Themas in Vergangenheit, Gegenwart oder der Zukunft. Für ein gelungenes Gespräch und damit für eine funktionierende Beziehung sollten die drei Dimensionen zwischen den Interaktionspartnern passend, komplementär bzw. synchronisiert sein.

5. *Arbeiten wir fokussiert und aufmerksam miteinander?* Eine intensive, kontaktreiche Begegnung ist gekennzeichnet durch Präsenz und Fokussierung der Beteiligten. Es entsteht „Feldqualität" (Staemmler 2009). Fern von Störungen und äußeren und inneren Ablenkungen entsteht eine „dichte" Gesprächsatmosphäre durch die Beteiligten, in der die „Außenwelt" ausgeblendet werden kann.

6. *Kann ich meine und der andere seine Bedürfnisse einbringen?* Die Grundanlage von Ko-Kreation bedeutet, dass sich alle Beteiligten in den Kommunikationsprozess einbringen und damit zur Beziehungsgestaltung beitragen. Die Beteiligten gehen die Coachingbeziehung ein, um bestimmte Bedürfnisse erfüllt zu bekommen. Nimmt man das Bedürfnissystem von Max-Neef (1989) als Orientierung könnten das beim Coaching z. B. Dasein, Schutz, Emotionalität, Verstehen, Teilhabe, Kreativität, Erholung, Identität, Freiheit oder auch Transzendenz sein. Die Bedürfniserfüllung ist wesentlicher Bestandteil der Motivation, sich in die Beziehung einzubringen, sie zu gestalten und aufrechtzuerhalten und sollte daher für Klient und Coach gleichermaßen gewährleistet sein.

7. *Ist eine dem Kontext entsprechende Rollenverteilung entstanden?* Die Rollenverteilung entsteht zu Beginn des Coachings klientenseitig auf Basis von Vorinformationen oder Erfahrungen aus ähnlichen Kontexten und wird von Seiten des Coachs aktiv gestaltet und zusammen mit dem Klienten besprochen. Eine für das Coaching förderliche und wirksame Rollenverteilung im Sinne einer mehrfach wechselseitigen Komplementärbeziehung resp. reziproken Beziehung kann sich jedoch erst durch die Interkationen in der Zeit herausbilden. Diesen Prozess gilt es zu beobachten und zu gestalten.

8. *Zeigen wir uns gegenseitig, wie wir staunen, nachdenken oder mitfühlen?* Vor allem auf der Sozialdimension (Luhmann 2012) entsteht Zusammenhalt in einem Interaktionssystem, wenn die Beteiligen einander im Verhalten des Gegenüber erkennen (Ego, Alter und Alter-Ego). Der sprachunabhängige „schnelle" und direkte Kanal der Emotionen vermittelt durch den nonverbalen Ausdruck lässt damit Qualitäten der inneren Beteiligung und Empathie entstehen.

9. *Entwickelt sich unsere Beziehung?* Beziehungen existieren in der Zeit. Die Zeitdimension hat eine besondere Bedeutung im Coaching, denn es besteht die Herausforderung innerhalb vergleichsweise weniger Sitzungen eine intensive Beziehung herzustellen, die nicht selten sehr persönliche Lebensthemen zum Gegenstand hat. Dies kann nur erfolgen, wenn sich die Beziehung in jeder Sitzung und von Sitzung zu Sitzung entsprechend entwickelt. Bleibt diese Entwicklung aus oder stagniert, d. h. die Beziehung ist nach einigen Sitzung immer noch wie am Anfang, sollte der Coachs dies als ein Hinweis für die Notwendigkeit eines „re-contracting" deuten.

10. *Nehmen wir beide etwas aus der Begegnung mit?* Intensive und kontaktreiche Begegnungen zeichnen sich dadurch aus, dass sich das handelnde Selbst der Beteiligten verändert. Erkenntnis, emotionales „Berührt-werden", Lernen im Dialog d. h. die im weitesten Sinne Assimilation von etwas Neuem im Kontakt (Perls et al. 1951) führen dazu, dass in den psychischen Systemen Veränderungen passieren. „Der Mensch wird am Du zum Ich." (Buber 1995, Seite 28). Beide, Coach und Klient, machen daher in der Begegnung Erfahrungen im Miteinander und lernen. Es kann also kein einseitiger, sondern muss ein beiderseitiger Prozess des miteinander Driftens, d. h. der Ko-Evolution sein.

11. *Können wir über unsere Kommunikation sprechen?* Metakommunikation (Bateson 1985) also die Kommunikation über die Kommunikation ist ein wichtiges Mittel Beziehungen zu gestalten. Dieses re-entry (Luhmann 2012) bedeutet, die sprachliche Wiedereinführung des Systems in sich selbst, also das Kommunizieren über die Muster des Kommunikationssystems. Dies ist nicht immer möglich und kann risikoreich sein, also beispielsweise zu Irritationen oder Beziehungsabbrüchen führen, besonders dann, wenn die Interaktionsmuster eben genau diese Kommunikation ausschließen. Eine tragfähige Coachingbeziehung zeichnet sich daher durch die Möglichkeit für Coach und Klient aus, die Beziehung und etwaige Störungen konstruktiv thematisieren zu können.

5 Ausblick

Im Verlauf dieses Beitrags wurde das Scheitern im Coaching als Scheitern in Beziehung identifiziert. Dies ist sicher eine sehr zugespitze Sichtweise, die jedoch nach Meinung des Autors den Kern von Coaching trifft. Viele andere Gründe für das Scheitern von Coachingprozessen, die hier keine Erwähnung finden konnten, sind vorstellbar. Die Personenzentriertheit des Formats Coaching macht es zwingend nötig, die Beziehung von Coach und Klient in den Mittelpunkt zu rücken und damit die Implementierung von Coaching in Organisationen, die Auswahl von Coaches und die Gestaltung der Rahmenbedingungen auf das Gelingen der Coachingbeziehung auszurichten. Wenn sich Coaching weiterhin etablieren und nutzendstiftend für die Unterstützung und Begleitung von Menschen im Kontext von Organisationen entwickeln soll, ist dieser Aspekt besonders wichtig, denn noch allzu oft wird Coaching als Allheilmittel oder „Wunderdroge" angesehen und für alle möglichen Fragestellungen in Organisationen – leider oft völlig unreflektiert – angewendet. Damit ist auch das Scheitern von Coachingprozessen vorprogrammiert, denn wenn Coaching als letztes Mittel eingesetzt wird, um unliebsame Führungskräfte oder Mitarbeiter auf Spur zu bringen oder loszuwerden („Nicht einmal Coaching hat geholfen"), als Ersatz für fehlende oder schlechte Führung oder ausbleibendes Konfliktmanagement angesehen wird, als „Incentive" angeboten, nur bei schweren „Problemfällen" zum Einsatz kommt, Führungskräfte sich als Coaches ihrer Mitarbeiter versuchen usw. wird auch Coaching als Beratungsformat langfristig scheitern. Zum Glück ist diese Interpretation von Coaching in der überwiegenden Zahl der Organisationen, die Coaching etabliert haben, nicht der Fall (Grunenberg und Bachmann 2015). So finden sich in Organisationen, die Coaching professionell implementiert haben, oftmals kompetente Personalentwickler, die meist selbst eine Coachingweiterbildung absolviert haben und als Coachingberater potenzielle Klienten beraten, Coaches auswählen und Coachingprozesse initiieren.

Literatur

Alvery, C. P., & Barcley, K. (2007). The characteristics of dyadic trust in executive coaching. *Journal of Leadership Studies, 1*(1), 18–27.

Bachmann, T. (2011). Warum Coaches lieber nicht werben sollten. *Wirtschaft und Weiterbildung, 3*, 42–45.

Bachmann, T. (2012a). Coaching? Training? Organisationsentwicklung? *Wirtschaft und Weiterbildung, 3*, 38–40.

Bachmann, T. (2012b). Coachingprozesse. In Deutscher Bundesverband Coaching e. V. (Hrsg.), *Leitlinien und Empfehlungen für die Entwicklung von Coaching als Profession. Kompendium mit den Professionsstandards des DBVC* (4., erw. Aufl., S. 65–78). Osnabrück: DBVC Geschäftsstelle.

Bachmann, T. (2014). Coaching als Pille mit „Nebenwirkungen"? *Wirtschaft und Weiterbildung, 9*, 46–48.

Bachmann, T. (2015a). Coaching: Schnelle Reparatur oder gründliche Reflexion? *Wirtschaft und Weiterbildung, 4*, 44–47.

Bachmann, T. (2015b). System und Kontakt. Ideen für eine Theorie des Kontakts. (In Vorbereitung).

Bachmann, T. (2015c). Der Coach, der Forscher, die Pille und ihre Nebenwirkungen. Anregungen aus der Praxis für die Coachingforschung? *Organisationsberatung, Supervision, Coaching, 22*(1), 87–100.

Bateson, G. (1985). *Die Ökologie des Geistes*. Frankfurt a. M: Suhrkamp Verlag.

Bauer, J. (2008). *Lob der Schule – Sieben Perspektiven für Schüler, Lehrer und Eltern*. München: Wilhelm Heyne Verlag.

Billmeier, R., Kaul, C., Kramer, M., Krapoth, S., Lauterbach, M., & Rappe-Giesecke, K. (1992). *Der Beginn von Coachingprozessen*. Köln: EHP.

Böning, U. (1989). Coaching: Zur Rezeption eines Führungsinstrumentes…. *Personalführung, 12*, 1149–1151.

Buber, M. (1995). *Ich und Du*. Stuttgart: Reclam.

Buer, F. (2012). Die Supervision und das Glück. In W. Weigand (Hrsg.), *Philosophie und Handwerk der Supervision* (S. 237–245). Gießen: Psychsozial-Verlag.

Clutterbuck, D., & Megginson, D. (2005). *Making Coaching Work. Creating a Coaching Culture*. London:.CIPD.

Deutscher Bundesverband Coaching e. V. (Hrsg.). (2012). *Leitlinien und Empfehlungen für die Entwicklung von Coaching als Profession. Kompendium mit den Professionsstandards des DBVC* (4., erw. Aufl.). Osnabrück: DBVC Geschäftsstelle.

DWDS. (2015). Digitales Wörterbuch der deutschen Sprache. Berlin-Brandenburgische Akademie der Wissenschaften (Hrsg.). http://www.dwds.de/?qu=scheitern. Zugegriffen: 30. Mai 2015.

Eidenschink, K., & Horn-Heine, K. (2007). Der professionelle Einsatz von Coaching-Tools. In C. Rauen (Hrsg.), *Coachingtools 2* (S. 11–22). Bonn: managerSeminare Verlag.

Freud, S. (1937). *Die endliche und unendliche Analyse*.

Grawe, K. (2000). *Psychologische Therapie*. Göttingen: Hogrefe.

Greif, S. (2014). Evaluation von Coaching: Eine schwer zu bewertende Dienstleistung. In A. Schreyögg & C. Schmidt-Lellek (Hrsg.), *Die Professionalisierung von Coaching. Ein Lesebuch für den Coach*. Wiesbaden: Springer VS.

Grunenberg, E., & Bachmann, T. (2015). Die Implementierung von Coaching in Organisationen. (in Vorbereitung).

Hall, E. T. (1976). *Beyond culture*. New York: Anchor Books.

Hattie, J. (2012). *Visible learning for teachers*. London: Routledge.

Hauser, E. (1987). *Grundlagen des Coaching*. München: DECollege.

Hauser, E. (2003). Die stillschweigende Allianz – Coaching als Vermeidungsstrategie? In S. Schmitz-Buhl et al. (Hrsg.), *Coaching: Zukunft der Branche – Branche der Zukunft* (S. 61–66). Heidelberg: v. Decker.

Jansen, A., Mäthner, E., & Bachmann, T. (2004). *Erfolgreiches Coaching. Wirkfaktoren im Einzel-Coaching*. Kröning: Asanger.

Klix, F. (1992). *Die Natur des Verstandes*. Göttingen: Hogrefe.

Klix, F., & Bachmann, T. (1998). Analogy detection – analogy construction: An approach to similarity in higher order reasoning. *Zeitschrift für Psychologie, 206*(2), 125–143.

Looss, W. (1991). *Coaching für Manager: Problembewältigung unter vier Augen*. Landsberg: Verlag Moderne Industrie.

Looss, W. (2014). *Die Irrwege der Coaching-Könige: Warum Coaches keine Dienstleister sind. Kongress Coaching heute: Zwischen Königsweg und Irrweg*. Erding: Hochschule für angewandtes Management.

Luhmann, N. (2012). *Soziale Systeme*. Frankfurt a. M: Suhrkamp Verlag.

ManagerSeminare. (2015). *Für mehr Durchblick im Anbieterdschungel. Professionalisierung der Coachingbranche*. Bonn. manager Seminare (207).

Max-Neef, M. A. (1989). *Human Scale Development*. London: Zed Books Ltd.

Mayer, R. C., Davis, J. H., & Schoorman, F. D. (1995). An integrative model of organizational trust. *Academy of Management Review, 20*, 709–734.

Mead, G. H. (1934, 2015). *Mind, self, and society*. Chicago: The University of Chicago Press.

Perls, F., Hefferline, R., & Goodman, P. (1951, 1994). *Gestalt therapy—excitement and growth in human personality*. Gouldsboro: The Gestalt Journal Press.

Rauen, C. (1999). *Coaching. Innovative Konzepte im Vergleich*. Göttingen: Verlag für Angewandte Psychologie.

Rumelhart, D. E., & Ortony, A. (1977). The representation of knowledge in memory. In R. C. Anderson, J. J. Spiro, & W. E. Montague (Hrsg.), *Similarity and analogical reasoning* (S 298–312). Cambridge: Cambridge University Press.

Schank, R. C. (1882). *Dynamic memory*. Cambridge: Cambridge University Press.

Schein, E. H. (2000). *Prozessberatung für die Organisation der Zukunft*. Bergisch Gladbach: EHP Verlag.

Schein, E. H. (2010). *Organisationskultur*. Köln: EHP Verlag.

von Schlippe A., & Schweitzer, J. (2012). *Lehrbuch der systemischen Therapie und Beratung*. Göttingen: Vandenhoeck & Ruprecht.

Schmidt-Lellek, C. (2006). *Ressourcen der helfenden Beziehung. Modelle dialogischer Praxis und ihre Deformationen*. Bergisch Gladbach: EHP-Verlag.

Schmidt-Lellek, C. (2012). Die Entwicklung von Coaching als Profession. In Deutscher Bundesverband Coaching e. V. (Hrsg.), *Leitlinien und Empfehlungen für die Entwicklung von Coaching als Profession. Kompendium mit den Professionsstandards des DBVC* (4., erw. Aufl., S. 11–17.). Osnabrück: DBVC Geschäftsstelle.

De Shazer S. (1998). *Worte waren ursprünglich Zauber – Lösungsorientierte Therapie in Theorie und Praxis*. Dortmund: Verlag Modernes Lernen.

Simon, F. (2006). *Einführung in Systemtheorie und Konstruktivismus*. Heidelberg: Carl-Auer Verlag.

Staemmler, F. M. (2009). *Was ist eigentlich Gestalttherapie? – Eine Einführung für Neugierige*. Bergisch Glattbach: EHP-Verlag.

Dr. Thomas Bachmann Diplom-Psychologe, Dr. rer. nat., Jahr-
gang 1964, ist Gründungsmitglied und Seniorpartner der artop
GmbH, dem renommierten Beratungs-, Ausbildungs- und For-
schungsinstitut an der Humboldt-Universität zu Berlin auf dem
Gebiet der Personal- und Organisationsentwicklung und Usability.
Seit 1993 arbeitet er als Berater und Coach für Organisationen, Füh-
rungskräfte und Teams. 1994 schloss er sein Psychologiestudium
mit den Schwerpunkten Arbeits- und Organisationspsychologie,
Klinische Psychologie und Informatik ab. Er promovierte bei Prof.
Friedhart Klix in der kognitiven Psychologie über „Erkenntnispro-
zesse durch Analogiebildung" und arbeitete von 1994–1999 am
Lehrstuhl für Methodenlehre und Statistik mit den Schwerpunkten
„Simulation von Lernprozessen durch neuronale Netzwerke",
„Testentwicklung und Testtheorie", „Befragungs- und Forschungs-
methodik". Thomas Bachmann ist ausgebildeter Kommunikations- und Verhaltenstrainer, Organisa-
tionsberater und Coach. Seit 2004 ist er SeniorCoach beim Deutschen Bundesverband Coaching
(DBVC) und war von 2008–2010 Leiter des Fachausschuss „Profession" und Mitglied des Präsi-
diums des DBVC. Er ist Mitglied weiterer Institutionen und Verbände und Lehrbeauftragter an der
Humboldt-Universität zu Berlin. Seit 2001 arbeitet er als Ausbilder und Lehrtrainer für Coaches und
Berater. Thomas Bachmann lebt seit 2005 im Land Brandenburg nördlich von Berlin, ist verheiratet
und hat drei Kinder.

Scheitern in der Mediation

Walter H. Letzel

Zusammenfassung

Nach der einführenden Klärung zum Begriff Mediation wird der Frage nachgegangen, wo (und eben auch: wo nicht) Mediation und Scheitern in Zusammenhang gebracht werden.

Das Scheitern (in) der Mediation wird zuerst mit einem eher mikrosoziologischen Fokus betrachtet. Hier geht es um Determinanten für Scheitern in der einzelnen Mediation. Scheitern durch das Handeln des Mediators vor, während und nach der Mediation: Pfusch, Fehlverhalten, übersehene Kontraindikationen. Es geht hier insbesondere um die Frage des professionellen Handelns zum Verhindern von Scheitern. Auch Medianden können zum Scheitern der Mediation beitragen, manchmal ist das sogar ihr Ziel. Bereits in der Begriffsdefinition von Mediation ist Gelingen und Scheitern vorbestimmt: Wenn es zu keiner Abschlussvereinbarung kommt, ist die Mediation dann gescheitert?

In der zweiten Hälfte wird dann aus eher makrosoziologischer Sicht das mögliche Scheitern der Mediation auf dem Weg zur Profession behandelt. Mediation als Dienstleistung auf einem Markt von Anbietern und Nachfragern sollte im Sinne eines wirksamen Verbraucherschutzes berufsförmig ausgeführt werden. Woher aber soll die Klarheit über professionelles Mediatorenhandeln kommen ohne eine Profession? Die noch junge Profession Mediation hat es schwer, sich gegen den Trend einer allgemeinen Deprofessionalisierung als neuer Beruf zu behaupten. Beispiele anderer Professionen zeigen, wie Professionalisierung auch scheitern kann. Das Kräftespiel der um Marktanteile ringenden (mehr oder weniger etablierten) Berufe, die sich mit Konfliktlösung befassen, wird das Gelingen oder Scheitern der Berufswerdung von Mediation entscheidend mit bestimmen. Welche Rolle dabei die Mediationsfachverbände spielen und wie diese zum Gelingen beitragen könnten, wird an einem aktuellen Beispiel dargestellt.

W. H. Letzel (✉)
Am Erlengrund 18, 15711 Königs Wusterhausen, Deutschland
E-Mail: wl@letzel-consult.de

© Springer-Verlag Berlin Heidelberg 2016

S. Kunert (Hrsg.), *Failure Management,* DOI 10.1007/978-3-662-47357-3_10

Abkürzungsverzeichnis

BAFM   Bundes-Arbeitsgemeinschaft für Familien-Mediation e. V.
BM   Bundesverband Mediation e. V. – Fachverband zur Förderung der Verständigung
        in Konflikten
BMWA   Bundesverband Mediation in Wirtschaft und Arbeitswelt e. V.
BORA   Berufsordnung der Rechtsanwälte
DFfM   Deutsches Forum für Mediation e. V.
DGM   Deutsche Gesellschaft für Mediation e. V.
GPZM   Gemeinsame Prüfstelle „Zertifizierter Mediator"
GAMA   Gemeinsame Akkreditierungsstelle für Mediations-Ausbildungen
QVM   Qualitäts-Verbund Mediation

1   Mediation als Verfahren und Dienstleistung

Was ist Mediation? Diese Frage wurde in den letzten Jahren schon auf vielfältige Weise beantwortet. Kürzlich fragte man mich das als Berater für ein Mediations-Implementierungs-Projekt. Wer heutzutage in Deutschland diese Frage beantwortet, kommt nicht umhin, sich auf das Mediationsgesetz (BMJ 2012) zu beziehen. Dort heißt es in § 1: „Mediation ist ein vertrauliches und strukturiertes Verfahren, bei dem (Konflikt-)Parteien mithilfe eines oder mehrerer Mediatoren freiwillig und eigenverantwortlich eine einvernehmliche Beilegung ihres Konflikts anstreben." Mediation wird als *Verfahren* definiert, welches durch die fachgerechte Tätigkeit von Mediatoren maßgeblich gestaltet wird.

Eine weitere gesellschaftlich beachtliche Quelle zur Definition von Mediation sind die Mediations-Fachverbände. Der Bundesverband Mediation e. V. (www.BMev.de) definiert:

> Mediation ist eine hochwertige *Dienstleistung* von Mediatorinnen und Mediatoren aus verschiedenen Berufs- und Tätigkeitsfeldern.
> Sie befähigt Konfliktparteien zu einem gemeinsamen Umgang mit Konflikten, führt zu Klärung von Beziehungen und entwickelt die Konfliktkompetenz der Medianden.
> Mediation ist gekennzeichnet durch Ergebnisoffenheit, Vertraulichkeit und Freiwilligkeit.
> Mediatorinnen und Mediatoren handeln allparteilich, sind frei von Kontextverantwortung und verfügen über ein professionelles Konfliktverständnis.

Ein weiter Zugang zur Beschreibung der Mediation ist die Benennung von Phasen des Mediations-Verfahrens:

1. Arbeitsbündnis (Rahmen/Regeln)
2. Gemeinsamer Auftrag an den Mediator (Ziel der Mediation)
3. Themensammlung
4. Konflikterhellung (von den Positionen zu den Interessen)
5. Finden von Lösungsideen
6. Abschlussvereinbarung

Einen guten Überblick zur historischen Entwicklung der Mediation in den Jahren 1981 bis 2012 im deutschsprachigen Raum findet man im aktuellen Standardwerk über Mediation bei Thomas Trenczek (2013). Das gesamte Handbuch „Mediation und Konfliktmanagement" ist hier besonders erwähnenswert, da es in Kooperation mit den drei Fachverbände BAFM, BM und BMWA zeitgleich mit dem ersten gemeinsamen Mediationskongress dieser drei Verbände erschien.

Unverzichtbar bei der Beschreibung der Mediation ist die für mediatorisches Handeln erforderliche *Haltung* des Mediators: Es ist wichtig, dass der Mediator das Verfahren leitet indem er die Interessen und Bedürfnisse der Medianden im Focus hat, angemessen mit Emotionen umgeht, und keine inhaltliche Verantwortung für die Lösung des Konflikts übernimmt. Die Achtung der Autonomie der Konfliktparteien bei der Lösungsfindung erfordert vom Mediator eine konsequente Zurückhaltung beim Unterbreiten möglicher Lösungs-„Vorschlägen". Diese Haltung zu entwickeln ist eine der großen Herausforderungen in der Ausbildung von zukünftigen Mediatoren. Es ist nicht selten, dass zur Beschreibung dieser Haltung sogar von einer gewissen „Demut" gesprochen wird.

Im Weiteren wird sich zeigen, wie wichtig solche Beschreibungen der Mediation für das Erkennen von Scheitern bzw. Gelingen von Mediationen sind.

2   Scheitern kommt nicht vor?

Bis auf wenige Ausnahmen (auf die hier später eingegangen wird) kommt in der Mediationsszene der Begriff *Scheitern* eher selten vor. Woran könnte das liegen? Scheitern im Sinne von „schief gegangen", „nicht zum Erfolg geführt", „nachher schlimmer als vorher" oder „Ziel nicht erreicht" ist wirklich selten zu hören/lesen.

Einige aufschlussreiche Erklärungsversuche zu dieser *Leerstelle des Misslingens* findet man bei Kirsten Schroeter (2007). So könnte es ihrer Meinung nach sein, dass dieses Ausblenden des Scheiterns darauf zurückzuführen ist, dass Mediation ihren Ausgangspunkt in einem (realen oder auch nur erwarteten) Scheitern hat, und zwar dem der Medianden, ihren Konflikt ohne Mediation lösen zu können. Ein weiterer Grund für die Abwesenheit der Blickrichtung *Scheitern* in der Selbstbeschreibung von Mediation könnte sein, dass diese Defizitorientierung des Nicht-Gelingens dem Grundverständnis von Mediation als ressourcenorientiertes Verfahren entgegensteht. Die Frage nach einem Fehler des Mediators (etwa wie der „Kunstfehler" eines Arztes), der zum Scheitern führte, kann erst dann sicher beantwortet werden, wenn allgemeingültige Kriterien zu professionellem mediatorischem Handeln existieren. Vielfältige Qualitätsstandards der Mediationsverbände gibt es zwar schon seit mehr als zwei Jahrzehnten, eine m. E. hilfreiche, verbindliche Klärung von Kriterien für fachgerechtes Mediatorenhandeln erfolgte durch das noch relativ junge Mediationsgesetz erst vor drei Jahren (BMJ 2012).

Dass Mediation wirklich gar nichts gebracht hat, ist auch in meiner eigenen jahrelangen Mediationspraxis tatsächlich noch nicht vorgekommen. Wohingegen ich das Gefühl eines möglichen Scheiterns sehr wohl kenne. Das soll hier an einem persönlich erlebten Fall

geschildert werden: Es ging um die Klärung der Arbeitsbeziehung zwischen einer Führungskraft und einem Mitarbeiter eines großen Industrieunternehmens. Diese war durch
Mehrfachzuordnung äußerst konflikthaft. Als nach siebenstündiger Mediation (die eher
typisch verlaufen war) die Fortsetzung an einem weiteren Termin vereinbart werden sollte,
fiel vom Mitarbeiter der Satz: „Das bringt doch nichts!". In diesem Moment dachte ich
tatsächlich, wenn es keine Fortsetzung gibt, dann ist diese Mediation gescheitert! Hilfreich
in dieser Mediation war, auf das bereits Erreichte zu schauen, den Erschöpfungszustand
zu erkennen und die Zuversicht auf eine hilfreiche Fortsetzung zu stärken. Es mag banal
erscheinen (und ist auch kein Rezept gegen Scheitern) dass die gemeinsame Vorbereitung
des nächsten Termins durch die Vergabe von „Hausaufgaben" die Mitwirkungsverantwor-
tung der Konfliktparteien nochmals bewusst machte und die Bereitschaft zur Fortsetzung
entstehen ließ. Handwerklich wichtig aus der Sicht auf das Handeln des Mediators ist,
dass diese Frage thematisiert wurde, als gerade noch genügend Zeit und Energie zur Verfügung stand, sie gemeinsam zu bearbeiten.

Dass eine Mediation gescheitert sei, hört man größtenteils aus Kreisen, wo diese eher
als *Verhandlung* verstanden wird, die -wenn ergebnislos beendet- eben als *gescheitert* bezeichnet wird. Die „gescheiterte Verhandlung" ist eine in unserer Alltagssprache oft vor-
kommende Formulierung. Bei der Mediation ist das wohl anders.

Mit Blick auf die obige Mediations-Definition, hat Mediation immer auch die Aufgabe,
die Konflikt-Kompetenz der Medianden weiter zu entwickeln. Das findet auch bei Mediationen statt, die ohne Abschlussvereinbarung enden oder vorzeitig abgebrochen werden.
Auch ist nach scheinbar ergebnislos verlaufenen Mediationen mitunter später von den
Medianden zu hören, dass sich die Beziehung seit der Mediation merklich verbessert habe.

3   Sicht auf die (einzelne) Mediation

3.1   Porzellan statt Gold

Der Legende nach soll Johan Friedrich Böttger von sich behauptet haben, Gold herstellen
zu können. Er wurde von August dem Starken in der Festung Königstein eingesperrt, um
Gold herzustellen. Beim Scheitern dieses Vorhabens sollte er hingerichtet werden. Doch
beim Experimentieren soll es ihm gelungen sein, anstelle von Gold Porzellan herzustellen.
Die Metapher *Porzellan statt Gold* kam mir in den Sinn bei der supervisorischen Reflexion einer meiner ersten Familienmediationen. Sie war im engeren Sinne gescheitert. Das
Paar beauftragte mich gemeinsam und übereinstimmend, ich möge ihnen dabei helfen,
„Die Trennung im Guten zu bewerkstelligen". Das ist gründlich misslungen: In einer sehr
verfahrenen Kommunikationssituation fragte ich das Paar, ob es ihnen möglich wäre, an
die Zeit zu denken, als sie verliebt ineinander waren. Das taten beide dann sehr viel hefti-
ger als ich beabsichtigt hatte (ich wollte sie ja nur in einen Ressourcen-volleren Zustand
bringen). Hier stark verkürzt dargestellt ereignete sich folgendes: Im weiteren Verlauf der
Mediation gestanden sich beide unter Tränen ihre noch spürbare Liebe und regelten mit

meiner Hilfe, wie ein behutsamer Neustart zur Fortsetzung ihrer Ehe gelingen könnte. Dieses Ergebnis der Mediation entspricht weder dem zu Beginn erteilten Auftrag noch meinen Intentionen bei der Wahl der Intervention. Auch wenn dieser Ausgang der Mediation sehr positiv klingt und von allen, denen ich davon bisher berichtete, schmunzelnd und anerkennend als Erfolg gewertet wird, hat er mich von einer zuweilen monokausalen Betrachtung (kaum macht man es richtig, schon klappt es) zu einer gewissen Demut in Bezug auf die eigene Wirkung als Mediator gebracht, was meinen Anteil am Gelingen oder Scheitern der Mediation betrifft.

3.2 Wenn das Handeln des Mediators zum Scheitern führt

Notwendige, wenn auch nicht hinreichende, Voraussetzung zum Verhindern von Scheitern ist das *Vermeiden von „typischen" Fehlern*. Einige sind zu finden in „12 (fast) todsichere Tipps für Mediatoren, um Mediation zum Scheitern zu bringen" (Döbler und Neujahr 2009).

Eine grundlegende Vorgehensweise zum Verhindern von Scheitern in der Mediation durch Handlungen oder Unterlassungen des Mediators ist, sich am Mediationsgesetz zu orientieren (BMJ 2012). Dort sind im § 2 u. a. die Aufgaben des Mediators genannt:

„Die Parteien wählen den Mediator aus. Der Mediator vergewissert sich, dass die Parteien… freiwillig an der Mediation teilnehmen. Der Mediator ist allen Parteien gleichermaßen verpflichtet. Dritte können nur mit Zustimmung aller Parteien in die Mediation einbezogen werden. Die Parteien können die Mediation jederzeit beenden. Der Mediator kann die Mediation beenden, wenn er der Auffassung ist, dass eine eigenverantwortliche Kommunikation oder Einigung der Parteien nicht zu erwarten ist. … Mit Zustimmung der Parteien kann die erzielte Einigung in einer Abschlussvereinbarung dokumentiert werden."

Auch die Missachtung von Tätigkeitsbeschränkungen könnte als Grund für das Scheitern einer Mediation verantwortlich gemacht werden. So wird in § 3 u. a. gefordert, dass der Mediator beim Vorliegen von Umständen, die seine Unabhängigkeit und Neutralität beeinträchtigen können nur dann tätig werden darf, wenn die Parteien dem ausdrücklich zustimmen. Auch darf als Mediator nicht tätig werden, wer vor der Mediation in derselben Sache für eine Partei tätig war.

Im Folgenden seien vier Literatur-Beispiele der Befassung mit dem Scheitern von Mediationen dargestellt:

Ein sehr prominentes Beispiel von Scheitern in einem Konfliktfall beschreibt Doris Morawe (2011). Auch wenn es sich hier eher um eine Nicht-Mediation handelt, wird die „Schlichtung" zu *Stuttgart 21* allzu oft in einem Atemzug mit Mediation genannt. Im Artikel wird der Frage nachgegangen, was MediatorInnen daraus lernen können. Anhand von fünf Problemfeldern wird durch dekliniert, wie das Scheitern möglicherweise zu vermeiden gewesen wäre; es beginnt schon beim Start: In einem „richtigen" Mediationsverfahren wäre ein *Arbeitsbündnis* geschlossen worden…

In einem *Erfahrungsbericht aus der Mediatonspraxis* (Neidhardt und Hegeler-Lüttgau 2007) werden Problemkonstellationen vorgestellt, die den erfolgreichen Abschluss von Mediationen verhindert haben: So wünschen sich manche MediandInnen eher einen Schiedsrichter um ihrer Eigenverantwortlichkeit aus dem Wege zu gehen (diese Erwartung muss in einer Mediation wohl enttäuscht werden). Eine andere Problemkonstellation besteht darin, dass die Medianden auf verhärteten Rechtspositionen beharren, die sie aus intensiv begleitender einseitiger Rechtsberatung mitbringen. Als weitere Probleme werden beschrieben: die Nutzung der Mediation als Paartherapie, psychische Erkrankung und Sucht; sowie die Fixierung der Lösungssuche durch einen Medianden ausschließlich auf die Sachebene, um nicht über Emotionen reden zu müssen. Als wichtige Voraussetzungen für gelingende Mediationen werden Achtsamkeit und Aufmerksamkeit im Umgang mit den Konfliktparteien betont. Auch hier wird ein ursächlicher Zusammenhang zwischen dem Misslingen von Mediationen und der Haltung der MediatorIn in Frage gestellt, jedoch bliebe immer der Zweifel, ob man nicht doch etwas hätte tun können, um zu einem besseren Ergebnis zu gelangen. Reflexion und Supervision können den MediatorInnen helfen, diese Zweifel ein wenig zu reduzieren.

Zu den wenigen, die sich seit vielen Jahren mit dem Scheitern in der Mediation beschäftigen, gehören Regina Harms und Kirsten Schroeter. So ist in (Harms und Schroeter 2010, S. 44) zu finden, welche Fragen in *Workshops für MediatorInnen zum Thema Scheitern* bearbeitet wurden. Maßstäbe für den Erfolg bzw. das Scheitern von Mediationen wurden im kollektiven Austausch zusammengetragen. Eine Auswahl dieser Fragen sei hier genannt: Ist ein Verständniszuwachs, ein Lernen der Beteiligten gelungen? Hat die Mediation eine Entspannung und Entlastung für die Beteiligten bewirkt oder eher eine Verhärtung? Ist die Mediatorin in der Balance geblieben oder hat sie sich in den Konflikt verstricken lassen? War die Mediation für diesen Fall das geeignete Verfahren? Ist das Verfahren abgebrochen worden, ohne dass es zu einer Klärung kam? Besonders aufschlussreich für den Umgang der Mediatorenschaft mit dem Thema Scheitern erscheint die Schilderung einer in den Workshops stattgefundenen Polarisierung und deren Reflexion. Da sind einerseits die, die zwar gescheiterte Mediationen einräumen (z. B. vorzeitiger Abbruch, keine Abschlussvereinbarung, usw.) aber meinen, dass man als MediatorIn im engeren Sinne gar nicht scheitern könne. Sie führen das Scheitern eher auf die Grenzen der Konflikt-Parteien zurück, als kausal auf das Handeln der Mediatoren. Die anderen hingegen berichteten „sehr offen" über die Erfahrung des Scheiterns in der Mediation. Die implizite Reflexion zu den Gründen dieser Polarisierung kann von mir allerdings nicht ganz nachvollzogen werden. Ob den ersteren tatsächlich die Offenheit fehlt oder gar der nötige Mut zur Selbstkritik darf bezweifelt werden.

Für ihren *Umgang mit gescheiterten Mediationen* hat die sehr erfahrene Mediatorin Birgit Keydel ein Verfahren entwickelt, das ihr selbst und den Medianten hilft. Unter dem Titel „...vom Scheiten einer Mediation" (Keydel 2010) wird das Prozedere beschrieben und zur Diskussion gestellt: Sie führt mit jeder Konfliktpartei separate Nachgespräche, in denen der Mediationsprozess nochmals reflektiert, das eigene Konfliktverhalten thematisiert und die Perspektiven für die Zukunft besprochen werden.

3.3 Scheitern der Mediation als Ziel von Medianden

Manchmal ist das Scheitern der Mediation ein mehr oder weniger verdecktes Ziel (mindestens) eines Medianden. So gibt es Mediationen, deren Scheitern für mindestens eine Konfliktpartei als Erfolg empfunden wird, nämlich um dann (wegen einer vermuteten stärkeren Rechtsposition) den Rechtsweg gehen oder fortzusetzen zu können. Es mag auch Gründe geben, aus denen sich Konfliktparteien zur Mediation (z. B. moralisch) verpflichtet fühlen. Das ganze wird dann mitunter zu einer Art „Alibi-Veranstaltung", man nimmt an der Mediation teil, nur um behaupten zu können, man habe es ja versucht. Für Mediatoren ist es besonders wichtig, so eine Konstellation vorher zu durchschauen und den Einsatz als Mediator ggf. abzulehnen. Das ist jedoch gar nicht so einfach, denn es schwingt immer die Hoffnung mit und es besteht ja auch die reale Chance, dass die Mediation doch etwas Positives bewirkt, wenn sie denn stattfindet. Das Nicht-Tätig-Werden als MediatorIn könnte sich dann wie eine unterlassene Hilfeleistung anfühlen. Um dieser Unsicherheit begegnen zu können sind Supervision bzw. Intervision ein probates Mittel.

Unter Mediatoren wird auch von sog. „geschickten" Mediationen gesprochen (also mit Medianten, die von einer Autorität geschickt wurden). Gemeint sind Mediationen, die auf Anordnung oder zumindest auf unausweichliche Empfehlung zustande kommen. Auch hier ist das Scheitern keinesfalls vorprogrammiert, gleichwohl geht man als Mediator mit gemischten Gefühlen in so eine Mediation, wenn man sie denn übernimmt. Als erstes muss sich der Mediator davon überzeugen, dass alle Konfliktparteien tatsächlich freiwillig an der Mediation teilnehmen, denn die Mediation kann durchaus an der Stelle scheitern, wo eine Seite zugibt, unter Zwang da zu sein und die Mediation eigentlich nicht gewollt zu haben.

4 Sicht auf Mediation als Profession

4.1 Gescheiterte Professionalisierungen

Bevor wir uns dem Gelingen oder Scheitern der Mediation auf dem Weg zur Profession zuwenden, soll auf benachbarte Tätigkeitsfelder geschaut werden. Während Supervision und Coaching auf dem Weg zu Profession sind (Bruns und Stern 2014) und auch (DVBC 2012), wird bei den Beratungsformen Organisationsberatung, systemische Beratung und Managementberatung von *gescheiterer Professionalisierung* gesprochen (Bohn und Kühl 2010). Diese Geschichte der Professionalisierungsversuche las sich für mich wie ein Teil meiner Berufsbiografie. Als Absolvent der „Wiener Schule" (der Organisationsberatung) und als langjährig praktizierender systemischer Berater ist diese retrograde Bewertung sehr erhellend. So wird dort (Bohn und Kühn 2010, S. 75) ausgeführt: „Die Akteure der systemischen Organisationsberatung verfolgen insgesamt keine Professionalisierungsstrategie: Es fehlt an den formellen Strukturen wie zum Beispiel einer verbindlichen, zertifizierten Ausbildung, einem geschützten Berufsbegriff und einer Interessenvertretung, die

die Aktionen der einzelnen Berater bündelt." Sehr aufschlussreich ist die Beantwortung
der Frage, weswegen die Professionalisierung der Organisationsberatung gescheitert ist
(Bohn und Kühn 2010, S. 80): „Eine zentrale Ursache scheint darin zu liegen, dass die Beratung sich an Organisationen richtet…, dass der Effekt von Beratungsleistungen gegenüber Organisationen schwerer (dem Berater) zuzurechnen ist als gegenüber Personen."

Hier scheint es zumindest eine Ähnlichkeit in der Zurechenbarkeit des Ergebnisses
einer Mediation zum Mediator zu geben. Kai-Olaf Maiwald benennt diese Probleme der
Ausweisung beruflicher Leistung von Mediatoren in der Familienmediation als den „un-
sichtbaren Mediator" (Maiwald 2004, S. 151).

4.2   Professions-Werdung der Mediation

Ist Mediation denn eine Profession, ist sie auf dem Weg dahin? Ist eine Professionalisierung der Mediation (im Sinne von „Verberuflichung" bzw. *Professions-Werdung*) überhaupt erforderlich? In Selbstbeschreibungen aus der Mediatorenschaft (z. B. Letzel 2012)
wird die Professionalisierung der Mediation als erstrebenswert dargestellt. Im Zusammenhang mit einem quälenden „Scharlatanerie-Problem" bei Coaching und Supervision, das
sich in erster Linie weniger als ein Qualitätsproblem, sondern vielmehr als ein Defini-
tionsproblem entpuppt (Kunert und Bedenk 2013), wird festgestellt, dass sich die Mediation auf einem (z. B. mit Wirtschaftsprüfern vergleichbaren) Weg der Professionalisierung
befindet. Als Zeichen dafür werden die durch Berufsverbände zunehmend standardisierte
und durch Hochschulen akademisierte Ausbildung sowie die gesetzliche Regelung der
Berufsausübung durch das Mediationsgesetz genannt.

Als aktuelle Arbeit zur Professionalisierung der Mediation, die im Kontext der rechts-
wissenschaftlichen Mediationsforschung anzusiedeln ist, sei hier (Leder 2014) genannt.
Besonders erwähnenswert scheint das im Kapitel „Entwicklungschancen der Mediation"
zu findende *Entwicklungsquadrat* (Abb. 1). Eine ausführliche Rezension des Werkes ist
im *Spektrum der Mediation* 58/2015 S. 64 zu finden.

Und was sagt die Professionssoziologie dazu?
Der Soziologe Kai-Olaf Maiwald (s. Rafi und Letzel 2015) sieht aktuell mögliche Gründe
für die *gebremste Professionalisierung* der Mediation darin, dass mediatorisches Handel
u. U. nicht professionalisierungsbedürftig sei oder dass „äußere Gründe" eine Professionalisierung trotz sachlicher Anforderungen verhindern. Auf diese möglichen äußeren Gründe wird später eingegangen.

Das kritische infrage stellen der *Professionalisierungsbedürftigkeit* ist auch in einem
Working Paper zur Professionalisierung von Coaching und Supervision (Kühl 2006) zu
finden. Dort wird davon ausgegangen, dass praktisch in jeder Berufsgruppe (wie etwa
Klempner und Hausmeister) Selbstbeschreibungen auf eine Professionalisierungsbedürftigkeit hinweisen könnten. Somit ist eine eventuelle Notwendigkeit zur Professionalisierung statt von Anbieterseite eher von der Nachfrageseite zu begründen. Kühl wertet es

Abb. 1 Entwicklungsquadrat nach (Leder 2014, S. 204)

als ein Indiz für die Professionalisierungsbedürftigkeit einer Dienstleistung, wenn auf der Nachfrageseite nach Surrogaten für eine fehlende Professionalität gesucht wird. Also wenn es Bestrebungen auf der Nachfrageseite gibt, mit denen versucht wird, ein Professionalisierungsdefizit zu kompensieren. Und genau das hat sich in der Mediationslandschaft ereignet:

Die Versicherungswirtschaft in Deutschland kann als ein bedeutender Vertreter der Nachfrageseite für Mediation angesehen werden (Tögel und Rohloff 2011). Sie beklagt das Fehlen verbindlicher einheitlicher Standards für die Ausbildung von Mediatoren. Rainer Tögel selbst Vorstands-Sprecher der D.A.S.-Rechtsschutzversicherung, betont: „Der Verbraucher muss sich darauf verlassen können, dass derjenige, der ihm als Mediator seine Dienste anbietet, hinreichend qualifiziert ist (Tögel und Rohloff 2011, S. 209)." Wird die Mediation von Anwälten angeboten, so sind durch deren geltendes Berufsrecht (u. a. BORA) Minimalstandards sichergestellt (Horn 2006). Die Versicherungswirtschaft hat aber großes Interesse daran auch „nichtanwaltliche" Mediatoren einzusetzen, u. a. wegen der hohen Kompetenzzuschreibung, die Mediatoren aus passenden Herkunftsberufen erhalten. Dies könnte möglicherweise auch durch sog. *Fachmediatoren* (Letzel und Kramer 2015) noch verstärkt werden. Mit dem Ziel, auch aus Gründen des Verbraucherschutzes eine Instanz zur öffentlich wirksamen Qualitätssicherung der Mediation zu schaffen, schlug Tögel eine „Stiftung Qualität in der Mediation" vor. Er initiierte, dass sich Vertreter der Berufs-, Fach- und Mediationsverbände zum Thema gemeinsamer Mindeststandards treffen. Über mehrere Jahre hinweg verlief die Arbeit dieses Gremiums (mit wechselnden Namen: Stiftung, Plattform, GPZM, GAMA und Label; wechselnder Besetzung sowie wechselndem Selbstverständnis) aus unterschiedlichen Gründen bisher ergebnislos. Ein Hoffnungsschimmer auf dem Weg zu *einem* einheitlichen *Basisstandard* für Mediation, der Qualität für die Kunden verstehbar werden lässt, ist die beabsichtigte Bildung eines „Qualitätsverbundes Mediation (QVM)" durch die fünf Mediationsverbände BMWA,

BM, BAFM, DFfM und DGM. In einem Rundschreiben vom 4. Mai 2015 an die insgesamt über 6000 Mitglieder informieren die Vorstände dieser fünf Mediationsverbände übereinstimmend darüber, dass der Basisstandard genau die Elemente enthalten soll, die sich über die letzten 20 Jahre bewährt haben: die Ausbildung im Umfang von mindestens 200 Zeitstunden durch qualifizierte Lehrende, ein angemessener Anteil davon Selbstreflexion und direkter Praxisbezug durch echte Mediations-Fälle.

4.3 Kompetitives Kräftespiel der Berufe

Im Folgenden soll über die von Maiwald vermuteten möglichen „äußern Gründe" für eine gebremste Professionalisierung der Mediation nachgedacht werden. Welche könnten das sein?

Schaut man sich in der Mediatorenschaft um, so fallen sofort zwei sehr unterschiedliche Reifegrade von Berufsrecht auf: So gibt es einerseits die gut mit Berufsrecht ausgestattete Gruppe der Anwälte (die als Mediatoren tätig sind) und andererseits die nichtjuristischen Mediatoren aus sehr unterschiedlichen Herkunftsberufen mit lediglich einer Andeutung von speziellem Mediatoren-Berufsrecht im Mediationsgesetz. Während letztere überwiegend nach Professions-Werdung der Mediation rufen, sind die als Mediatoren tätigen Anwälte eher in entgegengesetzter Richtung unterwegs. Im Zusammenhang mit den Bemühungen um eine „Stiftung Qualität in der Mediation" zeigte sich, dass der Deutsche Anwaltsverein eher dafür war, so wenige Anforderungen (an Mediatoren) wie möglich zu normieren und das Berufsbild offen zu halten (Tögel und Rohloff 2011). Möglicherweise ist dies auf unterschiedliche Interessen und Bedürfnisse der beiden Berufsgruppen im kompetitiven Feld der Berufe zurückzuführen. Der Ausgang dieses Ringens ist offen. Es ist durchaus möglich, dass Mediation überwiegend als Neben- oder Zweitbeschäftigung von Anwälten (und auch Richtern) ausgeübt wird und so keiner weiteren Professions-Werdung bedarf. Das könnte man dann wohl als Scheitern der Professionalisierung von Mediation (im Sinne der Entstehung einer neuen Profession) bezeichnen. Andererseits gibt es die Chance, dass die Professions-Werdung der Mediation gelingt und eine neue Profession entsteht, für die es am Markt (genannt seien hier speziell die Rechtsschutzversicherungen) eine spürbare Nachfrage gibt.

Ein weiterer äußerer Grund für die gefühlte gebremste Profession-Werdung der Mediation mag in einer Besonderheit der Mediation (und ihres speziellen Ausbildungsmarktes) liegen. In zahlreichen Mediationsausbildungen (auf dem freien Markt wie auch an Hochschulen) setzt sich der Kreis der TeilnehmerInnen zusammen aus denen, die zukünftig als Mediatorin oder Mediator einer Einkommen generierenden beruflichen Erwerbstätigkeit durch das Praktizieren der Dienstleistung Mediation nachgehen wollen; und aus denen die eben das überhaupt nicht anstreben, weil sie z. B. die neu erworbene Sozial- und Konfliktkompetenz in ihrer bisherigen beruflichen Funktion (z. B. als Führungskraft) anwenden wollen. Währen die Ersteren sehr vernehmlich nach Professions-Werdung der Mediation verlangen, äußert der andere Teil, dass so etwas eher entbehrlich sei, denn sie haben ihren beruflichen Status ja schon durch ihren ausgeübten Beruf bzw. ihre berufliche Position.

Und es ist eine weitere Gruppe MediatorInnen sichtbar, die Mediation sehr wohl professionell (im Sinne von hoher Kunst) ausüben will, aber explizit (da für sie mit dem Wesen der Mediation kaum vereinbar) eine Einkommenserzielung durch Mediatoren-Tätigkeit ablehnt. Das könnte man dann wohl als inneren Grund einer gebremsten Professions-Werdung der Mediation ansehen.

Die Signale aus der Mediationsszene sind also höchst unterschiedlich. Dies macht es den Akteuren wahrlich nicht leicht, die Kräfte für einen gelingenden Professionalisierungsprozess der Mediation zu bündeln.

5   Fazit und Ausblick

Sollte sich in der weiteren Entwicklung zeigen, dass die Professions-Werdung der Mediation scheitert, so wird die Mediation sich dennoch fortentwickeln durch die individuelle Professionalisierung der Mediatorinnen und Mediatoren. Abschließen möchte ich meine Ausführungen zur Professionalisierung der Mediation mit einem Stück „Lebensweisheit": Mitunter hängt der Erfolg mehr vom Ausbleiben widriger Umstände ab, als von der eigen Leistung. In diesem Sinne hoffe ich, dass der Mediation auf ihrem Weg zur Profession ein Scheitern erspart bleibt.

Dargestellt wurden Gelingen und Scheitern (in) der Mediation im Kleinen (Sicht auf die einzelne Mediation) und im Großen (Sicht auf die Mediation als Profession). Nicht weiter eingegangen wurde hier auf eine Ebene dazwischen. Gemeint ist die Implementierung von Konfliktmanagement-Systemen in die Unternehmenskultur von großen Firmen als Verbindung von Mediation und Organisationsentwicklung. Beratungsleistungen hierzu werden unter dem Namen „Systemdesign" beschrieben (Faller 2013). Gelingen und Scheitern solcher Organisationsentwicklungsprojekte zur Etablierung innerbetrieblicher Mediation (z. B. durch interne Mediatoren-Pools) wären ein interessanter Fokus weiterführender Betrachtung zum Thema Scheitern in der Mediation.

Literatur

Bohn, U., & Kühl, S. (2010). Beratung, Organisation und Profession. Die gescheiterte Professionalisierung in der Organisationsentwicklung, systemischen Beratung und Managementberatung. In S. Kühl & M. Moldaschl (Hrsg.), *Organisation und Intervention* (S. 63–84). München: Hampp.

Bruns, H., & Stern, U. (2014). *Supervision auf dem Weg zur Profession.* Kassel: university press GmbH.

Bundesministerium der Justiz und für Verbraucherschutz (BMJ). (2012). Mediationsgesetz vom 21. Juli 2012. BGBl, I, S. 1577.

Deutscher Bundesverband Coaching e. V. (Hrsg.). (2012). *Coaching-Kompendium „Coaching als Profession".* Osnabrück: DVBC Geschäftsstelle.

Döbler, F., & Neujahr, P. (2009). *„Wie versemmle ich eine Mediation?" Ein Duzend (fast) todsichere Tipps für Mediatoren, um eine Mediation zum Scheitern zu bringen. Praktische Handreichung für misslingende Mediation.* Halle (Saale): facultas-medien.

Faller, K. (2013). Systemdesign – Die Entwicklung von Konfliktmanagementsystemen. In T. Trenczek, D. Berning, & C. Lenz (Hrsg.), *Mediation und Konfliktmanagement* (S. 197–215). Baden-Baden: Nomos Verlagsgesellschaft.

Harms, R., & Schroeter, K. (2010). Scheitern in der Mediation – Eine Herausforderung für die Mediationspraxis. In B. Gans, S. Hornung, & A. Köstler (Hrsg.), *Wie managen MediatorInnen sich selbst?* (S. 37–50). Stuttgart: Concadora Verlag.

Horn, C. H. (2006). *Anwaltliche Werbung mit Mediator und Mediation.* Frankfurt a. M.: Peter Lang GmbH.

Keydel, B. (2010). Nachgespräche in der Mediation oder vom Scheitern einer Mediation. *Perspektive Mediation, 20,* 11–13.

Kühl, S. (2006). Die Professionalisierung der Professionalisierer? Das Scharlatanerieproblem im Coaching und der Supervision und die Konflikte um die Professionalisierung.

Kunert, S., & Bedenk, S. (2013). Die Professionalisierung der Organisationsberatung und die Rolle der Wissenschaft. *Organisationsberatung, Supervision. Coaching, 20*(1), 17–22.

Leder, C. J. (2014). *Professionalisierung der Mediation.* Hamburg: Verlag Dr. Kovač.

Letzel, W. H. (2012). Mediation als Profession – Vom Glaubensbekenntnis zur Marktstrategie. *Spektrum der Mediation, 48*(4), 4–6.

Letzel, W. H., & Kramer, M. (2015). Soll es in Zukunft Fachmediatoren geben? Pro und Contra aus dem Diskurs der Standard-AG des Bundesverbandes Mediation. *Spektrum der Mediation, 58*(2), 5.

Maiwald, K.-O. (2004). *Professionalisierung im modernen Berufssystem. Das Beispiel der Familienmediation.* Wiesbaden: VS Verlag für Sozialwissenschaften.

Morawe, D. (2011). Warum musste die „Schlichtung" Stuttgart 21 scheitern? *Spektrum der Mediation, 42*(2), 16–18.

Neidhardt, B., & Hegeler-Lüttgau, S. (2007). Abbruch der Mediation! *Spektrum der Mediation, 27*(3), 37–39.

Rafi, A., & Letzel, W. H. (2015). Der soziologische Blick auf die Mediation. *Spektrum der Mediation, 57*(1), 41–42.

Schroeter, K. (2007). Erfolg und Scheitern der Mediation oder: Darf das Glas nicht leer sein? In R. Lange, P. Kaeding, M. Lehmuhl, & H. Pfingsten-Wismer (Hrsg.), *Frischer Wind für Mediation, Konzepte, Methoden, Praxisfelder und Perspektiven der Konfliktberatung* (S. 59–67). Kassel: Bundesverband Mediation e. V. (BM).

Tögel, R., & Rohloff, D. (2011). Mediation: Sicherstellung der Qualität durch eine private Stiftung. *Zeitschrift für Konfliktmanagement, 14*(4), 108–110.

Trenczek, T. (2013). Mediation in Deutschland, Österreich und der Schweiz, Stand und Standards. In T. Trenczek, D. Berning, & C. Lenz (Hrsg.), *Mediation und Konfliktmanagement* (S. 52–66). Baden-Baden: Nomos Verlagsgesellschaft.

Walter H. Letzel arbeitet als freiberuflicher Trainer, Coach und Mediator in eigener Praxis im Süden Berlins und bei seinen Kundinnen und Kunden überall in Deutschland.

Als systemischer Berater („Wiener Schule" der Organisationsberatung) begleitet er Veränderungsprozesse in großen Unternehmen durch Teamentwicklung, Coaching von Führungsteams und durch spezielle Kommunikations- und Konfliktmanagement-Trainings.

Er ist lizensiert als MediatorBM® und arbeitet vor allem als Wirtschaftsmediator in der IT- und Telekommunikations-Branche. Seine Qualifikation auch als Familienmediator(BAFM) macht ihn zum gefragten Berater und Mediator z. B. bei der Nachfolgeregelung in Familienunternehmen. Als lizensierter AusbilderBM® gibt er seine langjährigen Mediationserfahrungen an zukünftige Mediatorinnen und Mediatoren weiter.

Er ist seit 8 Jahren Vorstand im Bundesverband MEDIATION e.V. (BM). In dieser Zeit galt seine besondere Aufmerksamkeit der Entwicklung der Mediation zur Profession. In letzter Zeit widmete er seine Aktivitäten als 2. Vorsitzender des BM vor allem der Weiterentwicklung des Marktes der berufsförmig ausgeführten Mediation und der Intensivierung der Hochschulkooperation.

Teil IV

Scheitern auf der organisationalen Ebene

Scheitern in organisationalen Veränderungen

Sebastian Kunert

Zusammenfassung

Wenn Organisationen mit Neuem konfrontiert sind, gefährdet dies stets den aktuellen Status Quo. Ihn zu verlassen, bedeutet, liebgewonnene Strukturen und gewohnte Handlungsroutinen aufzugeben. Wenn an die Stelle des Alten das Neue tritt, ist ein Erfolg nicht garantiert und Scheitern ein möglicher Handlungsausgang. Sowohl Faktoren auf der Struktur- wie auf der Prozessebene spielen hier eine entscheidende Rolle. Missglückte Veränderungen können zu existenziellen Gefährdungen führen. Da jedoch ein ausreichendes Maß der Anpassung ebenso überlebensnotwendig ist, unternehmen Organisationen allerlei Anstrengungen, den Wandel zu institutionalisieren, um dem Scheitern entgegenzuwirken.

1 Das Neue in Organisationen

Das Neue ist stets unbekannt! Egal, ob Organisationen eine Idee zur Marktreife bringen, längst überfällige Strukturreformen durchführen oder Wertschöpfungsprozesse ändern – immer verlassen sie die gewohnten Gefilde und betreten unbekanntes Land. Dies erfordert ein Mindestmaß an Notwendigkeit, da man mit der Aufgabe des Altbekannten auch dessen Vorzüge preisgibt in der Hoffnung, das Neue biete mehr Vorteile, minimiere die bisherigen Unzulänglichkeiten und rechtfertige die Kosten der Veränderung.

In der deutschen Wirtschaftsgeschichte finden sich zahlreiche Beispiele für Unternehmen, die nicht rechtzeitig auf Veränderungen in ihrer Umwelt reagiert haben. Die Olym-

S. Kunert (✉)
artop GmbH – Institut an der Humboldt-Universität zu Berlin, Christburger Str. 4,
10405 Berlin, Deutschland
E-Mail: kunert@artop.de

© Springer-Verlag Berlin Heidelberg 2016
S. Kunert (Hrsg.), *Failure Management*, DOI 10.1007/978-3-662-47357-3_11

pia Werke in Roffhausen sind ein markantes Beispiel dafür. Die einstige Ausgründung der Allgemeinen Elektricitäts-Gesellschaft (AEG) entwickelte und vertrieb seit 1903 Typenhebelschreibmaschinen und wurde weltbekannt. Als in den 1960er Jahren die Mikroelektronik aufkam, verloren die eigenen Produkte schnell an Marktwert gegenüber den effizienteren japanischen Konkurrenten. 1992 endete dieses Kapitel deutscher Industriegeschichte. Ganz ähnlich erging es auch der 1873 in Berlin gegründeten Actien-Gesellschaft für Anilin-Fabrication (AGFA), laut Warenzeichen-Eintrag spezialisiert auf die Herstellung chemischer Präparate für photographische Zwecke. Die spätere AgfaPhoto GmbH musste 2005 Insolvenz anmelden, man hatte der Digitalfotographie nichts mehr entgegenzusetzen.

Wie notwendig es ist, sich verändernden Umwelten anzupassen, konnten die beiden Marketing-Professoren Gaia Rubera und Ahmet H. Kirca (2012) in einer Aufsehen erregenden Meta-Analyse nachweisen. Dazu werteten sie 159 einschlägige Studien aus. Zwar betonte der österreichische Nationalökonom Joseph Schumpeter bereits 1942 die Bedeutung organisationaler Veränderung für das wirtschaftliche Überleben, den beiden Autoren gelang es jedoch erstmalig, einen Zusammenhang zwischen den Innovationsaktivitäten eines Unternehmens und dessen Marktposition bzw. Firmenwert im großen Stil empirisch nachzuweisen. Die berechneten Korrelationen sind zwar durchgängig relativ klein ($r = 0{,}14$–$0{,}16$), jedoch signifikant und äußerst robust[1].

Nicht nur der Stillstand birgt ein Risiko in sich, wirtschaftlich zu scheitern. Auch Veränderungen sind nicht frei von Gefahren. Organisationaler Wandel kann verschiedenste Anlässe haben. Die ‚Change Management Studie' – eine wiederkehrende Befragung der Beratungsgesellschaft CapGemini unter Führungskräften und Consultants – gibt klare Auskunft darüber. Demnach sind Umstrukturierungen & Reorganisationen seit 2003 stabil in über der Hälfte aller Veränderungsprojekte die Ursache. Dahinter folgen Kostensenkungsprogramme, Wachstumsinitiativen, Strategiewechsel, Zusammenschlüsse & Übernahmen, Anpassung an neue gesetzliche Regularien sowie IT-Projekte (CapGemini 2015). Die Quote der gescheiterten Vorhaben ist durchgängig hoch. So bringen bspw. Firmenzusammenschlüsse in weniger als der Hälfte aller Fälle die gewünschten Ergebnisse (Cartwright und Schoenberg 2006).

Für IT-Projekte bietet die Beratungsgesellschaft Standish Group einen detaillierten Einblick. Seit 1994 schätzt sie alle ein bis zwei Jahre mit ihrem CHAOS Report das Verhältnis von geglückten zu gescheiterten Einführungen von digitalen Informationssystemen. Sie differenzieren erfolgreiche Projekte (gewünschtes Ergebnis innerhalb der gesetzten Budget- und Zeitgrenzen) von teil-erfolgreichen (unvollständige Ergebnisse und/oder überschrittene Zeit- und Budgetgrenzen) sowie erfolglosen Vorhaben (aufgegeben oder versandet). Basierend auf der Auswertung von über 50.000 dokumentierten Fällen kommen die Analysten zu dem Ergebnis, dass das Scheitern eher der Normalfall ist, nur

---

[1] fail safe N = 1220–2560. Diese Kennzahl sagt aus, wie viele Die Zahl der Studien mit einem 0-Effekt, die man hinzunehmen müsste, damit die berechneten Zusammenhänge unter die Signifikanzgrenze fallen.

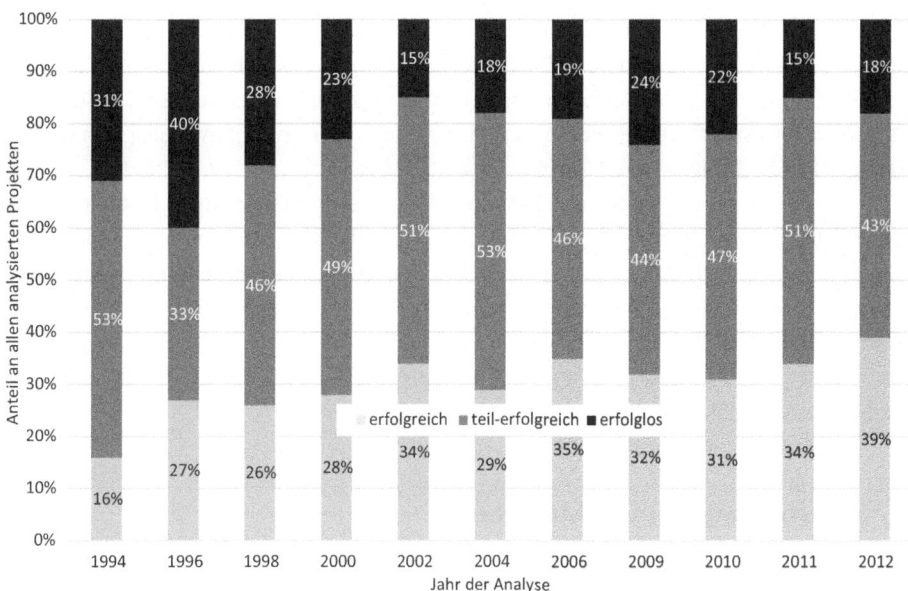

Abb. 1 Anteile erfolgreicher, teil-erfolgreicher und erfolgloser Projekte zwischen 1994 und 2012. (Quelle: Standish Group 2013)

die Minderheit gilt als vollständig gelungen (siehe Abb. 1). Über die Jahre hinweg ändern sich zwar die Anteile, das Gesamtverhältnis ist jedoch stabil (Standish Group 2013; zur Kritik siehe Eveleens und Verhoef 2010).

Die Palette gescheiterter Innovationen ist groß. In ihr finden sich neuartige Antriebskonzepte (Stirlingmotor), anspruchsvolle Energiegewinnungsmethoden (Schneller Brüter) und weiterentwickelte Transportkonzepte (CargoLifter). Die Historie fehlgeschlagener Projekte ist so ergiebig, dass sich in den Geschichtswissenschaften ein eigener Zweig etabliert hat. Zu den bekanntesten Vertretern in Deutschland gehören die Technikhistoriker Hans-Joachim Braun und Reinhold Bauer. Letztgenannter attestiert eine verfälschte Geschichtsschreibung, die von den wenigen erfolgreichen Innovationen dominiert wird. Bauer beschreibt Innovationsprojekte als einen steten Prozess von *trial and error*, wobei der *error* bei weitem überwiegt: Knapp 85 % aller technischen Entwicklungen erlangen nie die Marktreife (Bauer 2003). Als Gründe führt der Autor u. a. auf:

- die spezifische Konkurrenzsituation
- Anschaffungs- & Nutzungskosten
- innertechnische Schwierigkeiten
- hohe Anpassungserfordernisse an das Nutzerumfeld
- Kommunikationsprobleme zwischen den Akteuren
- Zielverschiebungen während des Entwicklungsprozesses
- Fehlprognosen in Bezug auf das Marktumfeld.

Er kommt zu dem Schluss: Bei innovatorischen Fehlschlägen handelt es sich ganz offenbar um außerordentlich komplexe Phänomene, bei denen das Scheitern auf ein kompliziertes Zusammenspiel verschiedenartiger Probleme zurückzuführen ist. [...] Scheitern ist aus der retrospektiven Perspektive erklärbar, nicht aber prospektiv sicher vermeidbar (Bauer 2003, S. 312).

In einem ersten Fazit lässt sich festhalten, dass es für Organisationen einer ausgewogenen Balance zwischen Beharren und Verändern bedarf. In Zeiten von Veränderungen ist dieser Gleichgewichtszustand naturgegeben zur letztgenannten Seite hin verschoben. Daher wird auf vielfältige Weise versucht, den Wandel zu institutionalisieren, um in stürmischen Zeiten Stabilitätsanker zu setzen. Im Folgenden soll ein Überblick zu Merkmalen von Veränderungen auf der Struktur- und der Prozessebene hinsichtlich ihrer Relevanz für das Scheitern gegeben werden.[2]

2   Scheitern auf der Struktur-Ebene

Welche strukturellen Ursachen das Scheitern organisationaler Veränderungen maßgeblich beeinflussen, beschreibt der Soziologe Talcott Parsons mit seiner struktur-funktionalistischen Systemtheorie. Er übertrug Konzeptionen zu Ökosystemen aus der Biologie auf soziale Zusammenschlüsse. Mit dem Gleichnis eines Waldsees lässt sich dies gut verdeutlichen. Dort nimmt jedes pflanzliche und tierische Lebewesen (Entität) seinen spezifischen Platz ein (ökologische Nische). Durch die stete Interaktion der Mitglieder des Systems bildet sich ohne äußeres Zutun (autopoietisch) eine spezifische innere Ordnung heraus. Zudem steht der See im Austausch mit dem ihn umgebenden Wald, in dem Wasser, Nährstoffe und Organismen die Grenzen des Systems durchschreiten (Input & Output). Auf Grund des damit resultierenden Gleichgewichtszustands (Equilibrium) bleibt das Gewässer als Ganzes über die Zeit und verschiedene Situationen (Jahreszeiten) hinweg stabil.

Laut Parsons lassen sich diese Beobachtungen auf soziale Systeme übertragen (Parsons et al. 1961a). Demnach nehmen Personen eine spezifische Rolle wahr, indem sie sich kulturell in die Gemeinschaft eingliedern, an die bestehenden Prozesse anpassen und eine ihnen zugewiesene Aufgabe erfüllen. Zudem steht die Organisation im Austausch mit ihrer Umwelt in Form von Material, Energie und Information. Auf diese Weise gewinnt sie ebenfalls einen inneren Gleichgewichtszustand, der es ihr grundsätzlich ermöglicht, über die Zeit und verschiedene Situationen hinweg fortwährend zu existieren (vgl. Lewin 1947). Dabei ist es zunächst nachrangig, ob das System auf diese Weise reibungslos agiert, die Zusammenarbeit widerspruchsfrei organisiert ist und das Ergebnis des gemeinsamen Wirkens allen Ansprüchen genügt. Zunächst einmal hat es sich bewährt und ist funktional (Viabilität).

---

[2] An dieser Stelle wird nicht weiter auf das Basiswissen zum Change Management eingegangen. Die Grundlagen finden sich in prägnanter Form bei Kunert (2014a), eine beispielhafte Methodensammlung bei Werther und Jacobs (2014), aktuelle Praxisbeispiele bei von Rosenstiel(2012).

Hier liegt eine wichtige Quelle für das Scheitern in organisationalen Veränderungen. Das Aufbrechen dieses homöostatischen Zustandes ist eine Grundvoraussetzung, damit Wandel überhaupt stattfinden kann. Die individuellen Beharrungstendenzen innerhalb sozialer Systeme resultieren aus der Tatsache, dass für dessen Mitglieder im aktuellen Zustand die Organisation bekannt ist und in der Vergangenheit bereits viel Energie in die eigene Anpassung geflossen ist. Dadurch wurde ein Set an verlässlichen Handlungsoptionen aufgebaut: man hat Erfahrungen gesammelt, kennt sich aus und weiß sich innerhalb des Systems zu bewegen. Die organisationale Zugehörigkeit ist mit der Zeit zu einem Bestandteil der eigenen Identität geworden. All dies droht verloren zu gehen, sollte sich etwas ändern.

Der Antagonist zur *Beharrungstendenz* (*resistance to change*) ist die Bereitschaft, sich auf Neues einzulassen. Auf individuelle Ebene wird dies mit dem Konzept der *Offenheit* (Fahrenberg et al. 2001; Ostendorf und Angleitner 2004) umschrieben. In der Organisationsforschung hat sich der Begriff *Veränderungsbereitschaft* (*readiness for change*) durchgesetzt. Er beschreibt den Glauben, die Einstellung und Intentionen der Organisationsmitglieder in Bezug auf das Ausmaß des Veränderungsbedarfes sowie der organisationalen Fähigkeiten, diesen erfolgreich umzusetzen (Armenakis et al. 1993, S. 681; eigene Übersetzung). Die Wirtschaftswissenschaftler Inta Cinit untersetzte 2009 den Begriff mit Verhaltensweisen von Organisationsmitgliedern. Sie verdichteten die Aussagen von über 700 Befragten zu drei übergeordneten Punkten, in denen sich die Wandelbereitschaft zeigt: Unterstützung des Top Managements, Unterstützung der Führungskräfte sowie die Kompetenz des Change Managers. Ein Mangel an Veränderungswillen lässt sich laut der Autoren ablesen an schlechter Kommunikation sowie nachteiligen Auswirkungen auf die Arbeit.

Für Parsons (1951) spiegelt sich die Balance zwischen Verharren und Verändern in den vier Grundfunktionen wider, die ein System beherrschen muss, um zu überleben. Das AGIL-Schema enthält:

- Adaptation, die Fähigkeit eines Systems, auf die sich verändernden äußeren Bedingungen zu reagieren
- Goal Attainment, die Fähigkeit, Ziele zu definieren und zu verfolgen
- Integration, die Fähigkeit, neue Mitglieder aufzunehmen und zu halten
- Latency, die Fähigkeit, nachhaltig Strukturen und Prozesse zu etablieren.

Die Wirtschaftswissenschaftler Daniel R. Denison und Aneil K. Mishra (1995) sowie Robert Hooijberg (1996) adaptierten dieses Modell und ordneten den vier Grundfunktionen Facetten von Organisationskultur und Führungsstil zu. Zwei Arbeitsgruppen rund um die Berliner Organisationspsychologen Wolfgang Scholl und Sebastian Kunert übertrugen das Instrumentarium in den deutsch-sprachigen Raum (Scholl et al. 2014). Darin ist Parsons' *Adaptation* mit der Skala *Anpassung* (Sub-Skalen Kundenorientierung und Veränderungsbereitschaft) abgebildet, *Integration* mit *Einbindung* (Sub-Skalen Autonomie und Befähigung), *Latency* mit *Vertrauen* (Sub-Skalen Vertrauen in Kollegen, in Führungskräfte und in die Organisation) sowie *Goal Attainment* mit *Richtung* (Sub-Skalen Ziele und Strate-

Abb. 2 Facetten der Organisationskultur inklusive Führungsstile. (In Anlehnung an Scholl et al. 2014)

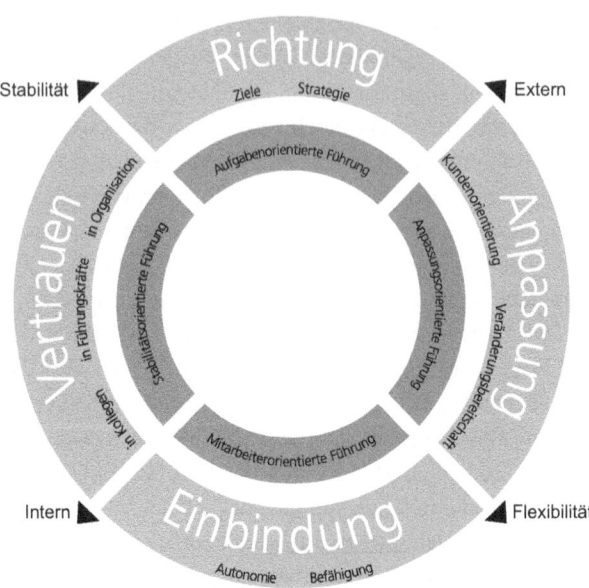

gie). Diese lassen sich auf den zwei Dimensionen Stabilität vs. Flexibilität sowie Interner vs. Externer Fokus anordnen. In Abb. 2 ist das Gesamtmodell dargestellt.

In empirischen Erhebungen bei über 50 Unternehmen konnte Scholl (2014) nachweisen, dass die Ausprägungen auf allen Facetten der Organisationskultur hoch mit subjektiv eingeschätzten Unternehmens- & Innovationserfolg korrelierten ($r=0,29$ bis $r=0,44$). Diese Daten bestätigen Studien mit objektiven Ergebniswerten (Denison und Mishra 1995), welche zudem interkulturell stabil sind (Denison et al. 2003). Hier zeigt sich, wie bedeutend es für Organisationen ist, stabilitätsfördernde und flexibilitätsunterstützende Merkmale zugleich auszubilden.

Gleiches gilt für die Führungskräfte einer Organisation. Idealerweise gelingt es ihnen, auf unterschiedliche situationale Gegebenheiten stets adäquat zu reagieren und so das Unternehmen in Balance zu halten. Hooijberg (1996) konnte einen Zusammenhang zwischen dem Gesamt-Repertoire an Führungsstilen und dem fremdeingeschätzten Führungserfolg ermitteln, sowohl in den Einschätzungen der Untergebenen ($r=0,64$), der Kollegen ($r=0,46$) als auch der Vorgesetzten ($r=0,58$). Die Ergebnisse werden untermauert mit eigenen Studien, in denen das Führungsstilrepertoire zu $r=0,45$ mit Unternehmenserfolg korreliert (Freitag et al. in print; vgl. Rosing et al. 2011).

An dieser Stelle lässt sich festhalten, dass der Kultur eine enorme Bedeutung zukommt für organisationale Veränderungen. Auf der strukturellen Ebene dient sie als sozial geteiltes mind-set und ist Ausgangsbasis für sämtliche beobachtbaren Kommunikations- und Kooperationsprozesse in ihrem Inneren als auch mit der Umwelt (vgl. Schein 1985)[3]. Sie

---

[3] Eine Übersicht empirischer Arbeiten findet sich bei Brown et al. 2002, S. 77.

zu ändern ist schwer und braucht viel Geduld[4]. Eine Unternehmensstrategie, die dem Normen- & Wertekanon der Mitarbeiter entgegensteht, ist weitestgehend chancenlos[5]. Zugleich spiegelt sich die Organisationskultur in der Art der Umsetzung von Veränderungen wieder. Im Folgenden soll jene Ebene der Interaktion näher beleuchtet werden.

3 Scheitern auf der Prozess-Ebene

Dieser Abschnitt widmet sich der Frage, wie organisationale Veränderungen angegangen werden müssen. Das besondere Augenmerk liegt dabei auf jenen Faktoren, die mit Scheitern in Verbindung gebracht werden können[6].

Der Sozialpsychologe Kurt Lewin formulierte bereits vor über einem halben Jahrhundert das klassische Modell eines Veränderungsprozesses. In seiner Kräftefeldtheorie wirken Energien auf eine Personengruppe ein, die sie zu Veränderungen drängt (*driving forces*) sowie solche, die dem Wandel entgegenstehen (*restraining forces*). Ähnlich den Überlegungen von Parsons kommt es für Lewin darauf an, ein dynamisches Gleichgewicht zwischen diesen beiden Kräften herzustellen, damit die Gruppe weder erstarrt und noch an permanentem Wandel zerbricht.

Damit ein soziales System Änderungen vollzieht, bedarf es dreier Stadien[7]: Auftauen des aktuellen Stands, Bewegung auf einen neuen Stand und Einfrieren des Gruppenlebens auf dem neuen Stand (Lewin 1947, S. 35; eigene Übersetzung). Jede der drei Phasen hat für ihn eine besondere Funktion in der Gestaltung eines Wandelprozesses, ohne den das Scheitern droht. Die erste Phase des *un-freezing* dient der Herstellung von Wandelbereitschaft. Hier sollen die *driving forces* unterstützt werden, damit das bisherige Equilibrium aufgelöst und die Veränderung vollzogen werden kann. Das soziale System wird darauf vorbereitet, etwas Neuem zu begegnen. Lewin konnte in eigenen Forschungen zeigen, dass in dieser Phase Kommunikation, Partizipation und das Erzeugen von Dringlichkeit entscheidend sind für die spätere Akzeptanz der Veränderung (vgl. Armenakis und Harris 2002). Als eine der wirksamsten Methoden hat sich das Survey Feedback (Heller 1969) herausgestellt. Kaum eine andere Methode schafft in gleichem Maße Wandelbereitschaft wie das Rückspiegeln von Analyseergebnissen (Bowers 1973).

Die zweite Phase des *moving* ist fokussiert auf das Erlernen bzw. Einführen neuer Standards, die dazu dienen sollen, die Gruppenleistung zu erhöhen. Hier spielen laut Lewin

---

[4] Eine Anleitung findet sich bspw. bei Kobi und Wüthrich (1986).

[5] Der österreichische Ökonom Peter F. Drucker fasste es zusammen in dem Satz: Culture eats strategy for breakfast.

[6] Eine aktuelle Übersicht mit Studien zu Erfolgsfaktoren findet sich bei Werther und Jacobs (2014, S. 146).

[7] Interessanterweise findet sich ein ähnlicher Drei-Schritt auch in der Beratung (vgl. Lackner in diesem Band) sowie im Projektmanagement (vgl. der Beitrag von Marinkovic und Behrendt in diesem Band). Zudem existieren Ansätze, diese Konzeptionen ineinander zu überführen (bspw. Noé 2014).

v. a. Führungsaktivitäten (vgl. Eberhardt 2012) sowie Methoden der Personal- und Team-entwicklung eine Rolle (vgl. Ryschka et al. 2011). In Meta-Analysen haben sich Trainings, Zielvereinbarungen (Guzzo et al. 1985) und Rollenklärung innerhalb eines Teams (Salas et al. 1999) als besonders zielführend herausgestellt.

In der dritten Phase des *re-freezing* gilt es, die *restraining forces* zu stärken, damit sich der veränderte Status Quo festigt und die Gruppe nicht in alte Verhaltensmuster zurück-fällt. So wird der Zustand eines neuen Equilibriums wiederhergestellt. Dies gelingt, indem man der Gruppe Zeit gibt, neue Verhaltensweisen in Routinen zu überführen, die negati-ven Folgen des Wandels zu verarbeiten, den Nutzen der Veränderung zu erkennen und An-zeichen für Rückfälligkeit frühzeitig zu adressieren (vgl. Cummings und Worley 2008).

An dieser Stelle werden Studien interessant, die jene Faktoren zusammengetragen ha-ben, welche dem Prozess des Übergangs von einem Equilibrium zum anderen entgegen-stehen. Zunächst soll die Phase des *un-freezing* in den Blick genommen werden.

Noch einmal sei an dieser Stelle auf die Befragung der Beratungsgesellschaft CapGe-mini verwiesen. In der Ausgabe von 2005 wurden die 114 teilnehmenden Geschäftsführer und Führungskräfte nach den schwerwiegendsten Problemen bei der Umsetzung von Ver-änderungsprozessen gefragt. Zu den meistgenannten Angaben gehörten

- Zu viele Aktivitäten ohne Priorisierung
- Interessen-/Zielkonflikte der Beteiligten bzw. keine klare Zielsetzung
- Fehlende oder mangelnde Unterstützung aus dem Linienmanagement bzw. Kein Com-mitment des Vorstands
- Lähmung der Organisation durch andauernde Reorganisationen

Wirft man einen Blick auf die angrenzende Beratungswissenschaft, lassen sich ganz ähn-liche Aussagen entdecken. In einer Befragung durch die Meta-Consultingagentur Cardea (2010) gaben 106 Führungskräfte an, dass Veränderungsprojekte v. a. scheitern an:

- sich ändernden bzw. unklaren Projektzielen
- fehlender Qualifikation der eingesetzten Berater
- fehlender Unterstützung durch das Top-Management
- unklarer Projektorganisation.

Die Forschung zum Projektmanagement kommt zu gleichen Aussagen. Zwischen 2004 und 2013 führte die Gesellschaft für Projektmanagement mehrfach Befragungen unter Projektmanagern und Führungskräften durch. In der aktuellsten Ausgabe (Rietiker et al. 2013) gaben die 150 Befragten an, dass ihre Vorhaben in erster Linie scheitern an

- Unklaren Projektzielen bzw. mangelnder Dokumentation der Projektziele
- Änderungen in der Aufgabenstellung
- mangelhafter Kommunikation innerhalb des Projektteams.

Augenscheinlich spielen vorrangig zwei Faktoren eine entscheidende Rolle beim Scheitern in der Phase des *un-freezing*, die in allen genannten Studien auftauchen: Ziele und Führung. Diese Erkenntnis deckt sich mit einer Vielzahl anderer Erhebungen aus dem Projektmanagement (eine Übersicht findet sich bei Belassi und Tukel 1996) als auch dem Innovationsmanagement (Brown et al. 2002; van der Panne et al. 2003).

In der Umsetzungsphase des *moving* ist vor allem die Größe eines Veränderungsprojektes von Bedeutung. Mit zunehmenden Aufwand steigen auch die Komplexität und der Einfluss äußerer Faktoren. Dies zeigt sich auch in empirischen Studien. In der Befragung von Kunert (2014b) korreliert der Projekterfolg negativ mit der Dauer des Vorhabens ($r=-0,28$) sowie der Länge von Verzögerungen im Verhältnis zur Gesamtprojektdauer ($r=-0,56$) (vgl. Henard und Szymanski 2001; Pattikawa et al. 2006). In den Befragungen der Standish Group (2013) entpuppte sich die Erfolgschance von kleinen Projekten (bis zu \$1 Mio. Personalkosten) mit 76 % als deutlich höher im Vergleich zu großen Vorhaben (über \$10 Mio. Personalkosten). Deren Erfolgsrate lag bei lediglich 10 %.

Neben den zeitlichen Aspekten spielen kommunikative Faktoren eine gewichtige Rolle beim Scheitern von Veränderungsprojekten. Besonders in Zeiten des Wandels treten oft Interessensgegensätze zu Tage, die zu Konflikten führen können. Dies äußert sich dann in Widerstand, deren Bearbeitung eine der kritischsten Kommunikationsanforderungen ist. Um die Bedeutung verschiedener Strategien im Umgang mit Widersachern herauszustellen, benutzte Scholl (2014) in seinen Analysen das Konzept der Konfliktlösestile nach Thomas (1976). Diese unterscheiden sich darin, ob der Fokus der handelnden Person bei der Lösungssuche eher auf den eigenen Interessen oder den Bedürfnissen des Anderen liegt. Alternativ dazu kann sich der Protagonist auch zurückziehen, verdeckt handeln oder versuchen, beiden Parteien zu genügen. Das resultierende Modell ist in Abb. 3 dargestellt.

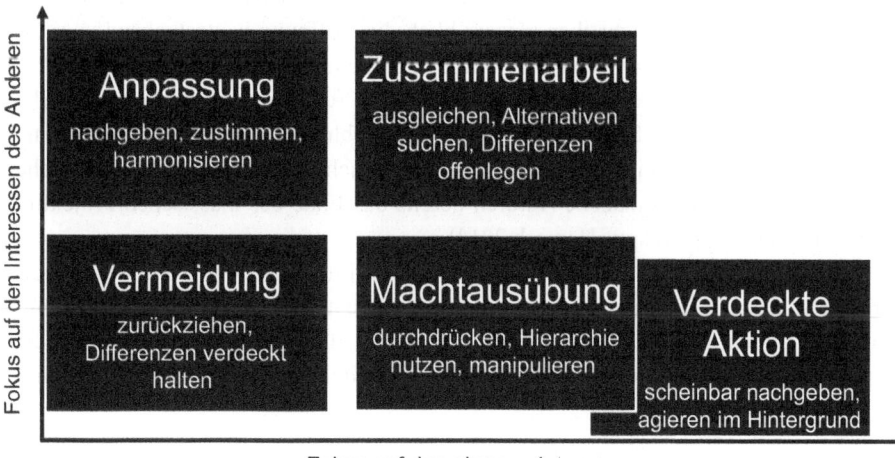

Abb. 3 Konfliktlösestile nach Thomas (1976, adaptiert von Scholl 2014, S. 88)

Scholl konnte nachweisen, dass allein der Stil der Zusammenarbeit mit Projekterfolg signifikant positiv assoziiert ist (r = 0,45). Alle anderen Stile sind in gleicher Höhe negativ korreliert. Sie beschädigen das Vorhaben und führen allzu oft zum Scheitern.

Für die abschließende Phase des re-freezing existiert erstaunlich wenig empirische Forschung. Dies kann u. a. damit zusammenhängen, dass die Bereitschaft von Unternehmen, sich in Wandelprozessen wissenschaftlich begleiten zu lassen, über die drei Phasen enorm abnimmt[8]. In der Studie von Kunert (2014b) ließ sich ermitteln, dass eine abschließende Evaluation zu r = 0,36 mit Erfolg assoziiert ist (vgl. Pinto und Slevin 1989). In einer abschließenden Bewertung des Vorhabens lassen sich die Vorteile der Wandels darstellen. Zugleich ist es eine gern genutzte Gelegenheit, die Mühen der Veränderung zu artikulieren, wodurch Nachsteuerungsbedarfe besser bearbeitet werden können.

Im Rückblick lässt sich an dieser Stelle festhalten, dass organisationale Veränderungsprozesse vielschichtig und komplex sind. In ihrer Umsetzung spielen Ziele, Führung, Kommunikation und die Zeit eine entscheidende Rolle. Wie Unternehmen versuchen, diesen Faktoren Herr zu werden, soll im folgenden Abschnitt beleuchtet werden.

4 Umgang mit organisationalen Veränderungen

Zur planvollen, zielgerichteten und kontrollierten Gestaltung von organisationalen Veränderungen haben sich im Laufe der Moderne besondere Methoden herausgebildet. Zu ihnen gehören das Projektmanagement, das Innovationsmanagement sowie das Qualitätsmanagement.

Die Methoden des Projektmanagements sind eine der ältesten Versuche, Veränderungsprozesse in Organisationen kontrolliert durchzuführen. Sie entstammen ursprünglich den Techniken der Fabriksteuerung und wurden früh auf das Führen von zeitlich befristeten Vorhaben übertragen (Gantt 1903). Inzwischen sind sie in der DIN 69901 standardisiert. Wie die oben genannten Statistiken zeigen, blieb die Hoffnung weitestgehend unerfüllt, dass das Scheitern hierdurch gebändigt werden könnte (siehe auch der Beitrag von Marinkovic & Behrendt in diesem Band). Heute ist das Projektmanagement einem starken Wandel unterzogen. Es entfernt sich zusehends vom etablierten Drei-Schritt aus Planung – Umsetzung – Evaluation hin zu einem agilen, auf Versuch & Irrtum beruhenden Vorgehen (Preußig 2015), wodurch manche Autoren bereits das Ende des klassischen Projektmanagements propagieren (bspw. Hanisch 2013).

Das Innovationsmanagement kann ebenfalls als institutionalisierte Form des Wandels betrachtet werden. Wie der Name schon suggeriert, dient es dazu, das Neue in die Organisation zu führen. Es ist in der DIN CEN/TS 16555-1 jüngst standardisiert worden. Zudem existiert mit dem Gesetz über Arbeitnehmererfindungen ein staatliches Regelwerk,

---

[8] Im Forschungsprojekt von Scholl et al. (2014) ließen sich bspw. lediglich 12 % der bereits analysierten Unternehmen in ihren Interventionen begleiten, nur 2 % unterzogen sich abschließend einer Evaluation.

denen ein Innovationsmanagementsystem genügen muss. Es finden sich vielfältige Ansätze in der Literatur, wie im Unternehmen mit Ideen umgegangen werden sollte. Sie sind in einschlägigen Handbüchern (bspw. Stern und Jaberg 2007; Tidd und Bessant 2013) und Methodensammlungen (bspw. Hüttner und Träder 2014; Carleton et al. 2013) dargestellt.

Leider existiert kein Idealvorgehen bei der Realisierung von Ideen (Kunert 2014b). Vielmehr sind Organisationen darauf angewiesen, ein innovationsförderliches Umfeld zu schaffen, das die Wahrscheinlichkeit für eine Idee erhöht, bekannt, selektiert, realisiert und etabliert zu werden. Die geläufigen Instrumente, ein solches Setting zu schaffen, lassen sich auf zwei Dimensionen unterscheiden:

1. ob sie primär ein konkretes Ergebnis zum Ziel haben oder eher der generellen Gestaltung des Kontextes dienen.
2. ob sie singulären Charakter haben oder kontinuierlich wirken sollen.

Die vier Typen von Methoden und einige Beispiele sind in Abb. 4 dargestellt.

Professionalisierte Unternehmen nutzen mehrere Instrumente aus den unterschiedlichen Quadranten des Modells und verknüpfen das Innovationsmanagement mit den anderen Managementfunktionen (Unternehmensstrategie, Entwicklung, Controlling). Auf diese Weise schaffen sie ein ganzheitliches Öko-System für Innovationen (Adner 2006)[9]. Die

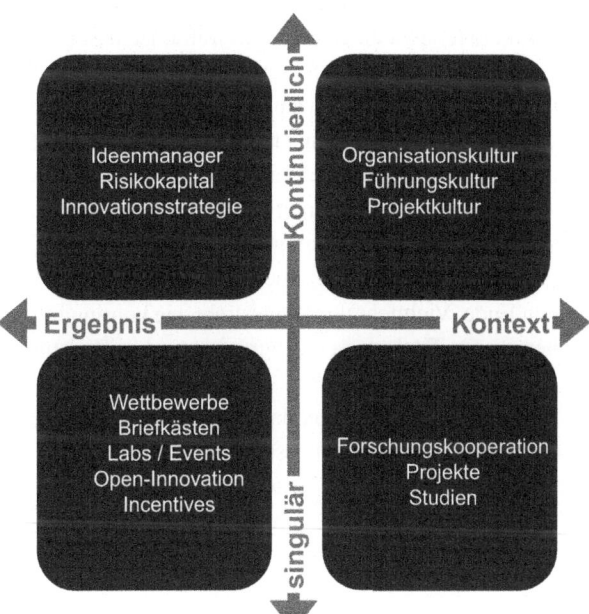

Abb. 4 Methoden des Innovationsmanagements

---

[9] innovation-ecosystems.org.

Global Innovation 1000-Studie der Beratungsgesellschaft Booz & Company von 2011 bestätigt diesen Ansatz mit empirischen Daten (Jaruzelski et al. 2011). Unter dem Titel ‚Why Culture Is Key' wiesen sie anhand von rund 600 Befragungen nach, dass Unternehmen mit einem integrierten Innovationsmanagement im Durchschnitt einen um 30 % höheren Firmenwert besitzen und 17 % höheres Wachstum zeigten im Vergleich der letzten 5 Jahre.

Auch das Innovationsmanagement ist Veränderungen unterworfen. Der Trend geht zu aktiven Methoden der Ideengenerierung (Kunert 2014c) und zum Einbeziehen von Personen außerhalb der Organisationsgrenzen (Huff et al. 2013). Zudem ist der Trend zur Vernetzung mit anderen Institutionen ungebrochen, wie bspw. die kontinuierlich steigenden Drittmitteleinnahmen deutscher Hochschulen zeigen (Statistisches Bundesamt[10]).

Weniger offensichtlich, aber mindestens genauso wirkungsvoll sind Ansätze des Qualitätsmanagements, die ebenfalls als institutionalisierte Form des organisatorischen Wandels betrachtet werden können. Sie sind in noch stärkerem Ausmaß reguliert als das vorangegangene Innovationsmanagement. Mit der DIN EN ISO 9000-Familie und den dazugehörigen Zertifizierungen hat sich dieses Element der Unternehmenssteuerung im Wirtschaftsleben etabliert und wird fortlaufend aktualisiert (vgl. Hinsch 2014). Neben Standardwerken zu den Grundlagen (bspw. Brüggemann 2012) diversifizierte sich das Qualitätsmanagement in vielen Teilbereichen. Die Palette reicht von der klassischen Produktion (bspw. Kirchner et al. 2013) über den Dienstleistungssektor (bspw. Bruhn 2013) und die Sozialarbeit (bspw. Merchel 2013) bis hin zur Bildung (bspw. DGQ 2014).

Mit SixSigma bildete sich 1987 eine spezielle Konzeption heraus, die auf statistischen Fehlererhebungen beruht (Meran et al. 2014). Die Grundidee besagt, dass ein Wertschöpfungsprozess im Unternehmen so wenig fehlerbehaftet sein soll, dass die resultierende Normalverteilungskurve der Qualitätskennzahlen mit ihrem Mittelwert sechs Standardabweichungen (griech. = Sigma) von den kritischen Grenzwerten entfernt liegt. Dies entspricht 3,4 Fehler pro einer Million Fehlermöglichkeiten. Das Gerüst dieses Ansatzes bildet der DMAIC-Zyklus, eine Abwandlung des Demingkreises[11] (siehe Abb. 5). Die Visualisierung als Kreis ist in dem Fall elementar: Durch das beständige Erheben statistischer Daten und dauerhafte Verbessern bestehender Prozesse haben die Qualitätsinitiativen grundsätzlich kein Ende. Vielmehr wird angestrebt, sie kontinuierlich weiterzuführen. Dies spiegelt sich bereits am Titel, dessen programmatisches Ziel für viele Wirtschaftsbereiche unrealistisch ist.

Seit geraumer Zeit gibt es Bestrebungen, das Innovationsmanagement mit dem Qualitätsmanagement zu fusionieren. So folgen bspw. die Normen der beiden Ansätze dem PDCA-Zyklus (Demingkreis) und führen in letzter Konsequenz zu dauerhaftem Wandel in der Organisation. Auf diese Weise wird eine Organisation in der *moving*-Phase gehalten. In der Folge bleibt eine Konsolidierung des Wandels (*re-freezing*) aus. Die eingangs

---

[10] destatis.de.

[11] Dieser besteht aus den vier Phasen eines Regelkreises: Planung (plan) – Umsetzung (do) – Kontrolle (check) – Steuerung (act).

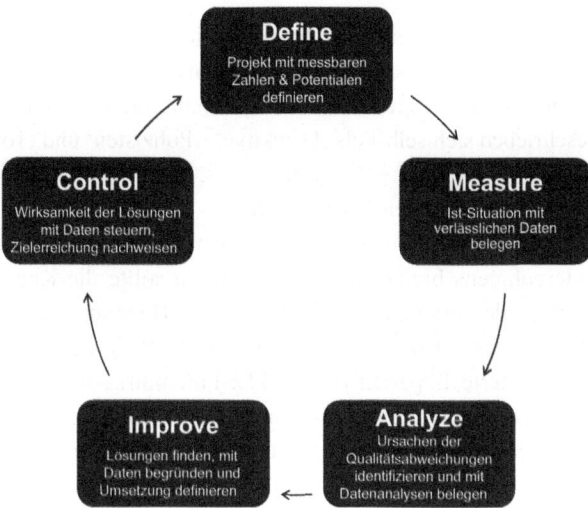

Abb. 5 DMAIC-Zyklus im Qualitätsmanagementansatz SixSigma. (In Anlehnung an Meran et al. 2006, S. 9)

beschriebene Balance aus Stabilität und Flexibilität verschiebt sich dauerhaft zu Gunsten der letzt genannten.

Wie schwer es sein kann, unter dem Einfluss der Organisationskultur das Verhältnis von Stabilität und Flexibilität innerhalb eines Unternehmens neu auszutarieren, zeigt das nachfolgende Fallbeispiel aus einem IT-Betrieb[12].

4.1 Fallbeispiel

Steckbrief
Das Fallbeispiel handelt in einem IT-Unternehmen mit Sitz in Deutschland. Am Standort arbeiten ca. 2000 Mitarbeiter, die einen Umsatz im mittleren dreistelligen Millionenbereich erwirtschaften. Die Produktpalette dreht sich rund um digitale wie auch physische Personenverwaltung und Sicherheitsarchitekturen. Auftraggeber sind öffentliche wie auch private Institutionen aus dem In- und Ausland. Der Unternehmensaufbau folgt einer klassischen Linienorganisation mit Abteilungen für Produktion, Vertrieb, Forschung & Entwicklung, Technik, Marketing und Personal.

Hinzu kommt ein Team zur Qualitätssicherung. Es hat eine Art Querschnittsfunktion und ist direkt dem Geschäftsführer unterstellt. Ihm kommt eine sehr große Bedeutung zu. Da es sich um sicherheitsrelevante Produkte handelt, deren Fehlerfreiheit und Zuverlässigkeit für die Kunden die höchste Priorität haben. Um dem 0-Fehler-Anspruch zu genügen, führte

---

[12] Weitere passende Fallstudien des Autors finden sich bei Alexander et al. (2015) sowie Schmelzer und Kunert (2013).

das Qualitätsmanagement lange Zeit seine Arbeit in einem traditionellen Sinne des reinen Kontrollierens aus. Die Aufgaben bestanden vor allem in der Freigabe von Produkten sowie der Krisenintervention. In der Folge waren die Mitarbeiter dieses Teams primär pro-aktiv eingestellt. Sie beschrieben sich selbst als ‚Detektive', ‚Polizisten' und ‚Torwächter'.

Das Anliegen der organisationalen Veränderung
Vor ca. fünf Jahren entstand die Idee, das Qualitätsmanagement zu modernisieren und innerhalb des Unternehmens breiter aufzustellen. Dazu sollte die Kontrollfunktion der Abteilung erweitert werden um eine Entwicklungs- und Beratungsfunktion. Die Leitung entwickelte die Vision eines ‚Kompetenz-Centers Qualität', in dem die Teammitglieder als technisch hoch versierte Experten (Entwickler-Funktion) sowie als Multiplikatoren mit besten Verbindungen in die gesamte Organisation (Promotoren-Funktion) fungieren. Auf diese Weise sollte ein Hilfsangebot an die anderen Abteilungen aufgebaut werden, um ihnen Entlastung zu verschaffen und Qualitätsmängeln präventiv entgegenzuwirken.

Die Problemlage der organisationalen Veränderung
Eine sehr umfangreiche Stakeholder-Analyse untersuchte, wie vernetzt das Team in der Organisation ist. Es wurden Kontaktpersonen, Kommunikationsmuster, Aufgaben und Wirksamkeit erhoben. Es stellte sich heraus, dass die anderen Abteilungen vor allem im Rahmen von Kontrollen und Kriseninterventionen mit dem Qualitätsmanagement zusammenarbeiteten, die Beratungs- und Hilfsangebote jedoch kaum wahrnahmen. Den Teammitgliedern wurde unverändert mit viel Skepsis und Furcht begegnet.

Hier zeigt sich, wie stark die traditionell verankerte Kontrollfunktion wirkt. Sie hat den deutlich größeren Einfluss. Auf diese Weise erfüllt das Qualitätsmanagement eine Stabilitätsfunktion für die Organisation, indem es sicherstellt, dass die Produkte eine konstant hohe Fehlerfreiheit besitzen. Die Erweiterung des Aufgabenportfolios beschreibt einen Wechsel hin zur Flexibilitätsfunktion. Die Bildungs- und Beratungsangebote eines ‚Kompetenz-Centers Qualität' setzen voraus, dass die anderen Abteilungen bereit sind, sich selbst zu hinterfragen, interne Prozesse auf den Prüfstand zu stellen, Wissenslücken zu schließen, Einstellungen zu überdenken und sich mit Hilfe des Qualitätsmanagements zu verändern. Sich selbst zu reflektieren, seine Entwicklungsbedarfe zu kommunizieren und gewohnte Routinen aufzugeben, bedeutet, Bekanntes zu verwerfen und Neuem zu begegnen. Ein solcher Wandel erzeugt anfänglich stets Inkompetenzerleben, Kontrollverlust und Angst. Daher braucht es ein geschütztes Setting, in dem ein Gefühl von Sicherheit in Zeiten der Verunsicherung aufgebaut wird. Dieser Bedarf nach Vertrauen steht in krassem Widerspruch zu der Kontrollfunktion des Qualitätsmanagements, die archetypisch Missstände aufdecken, abstellen und an höhere Institutionen berichten soll.

Die Umsetzung der organisationalen Veränderung
Um sowohl der Kontroll- als auch der Entwicklungsaufgabe gerecht zu werden, hat die Unternehmensführung beschlossen, die Mitarbeiter des Qualitätsmanagement von der Doppelrolle zu befreien und für mehr Klarheit zu sorgen. Dazu teilte man das Team in zwei Gruppen auf, welche jeweils einen separaten Aufgabenbereich – Qualitätskontrolle und Qualitätsentwicklung – verantworteten. Zusammengeschlossen im ‚Kompetenz-Center Qualität' bündelte die

Organisation nachwievor das gesamte Wissen in einer Abteilung und sorgte somit für einen konstanten Wissenstransfer unter den Teammitgliedern. Stabilitäts- und Flexibilitätsfunktion finden sich auf diese Weise ausbalanciert unter einem Dach wieder.

5 Lehren aus dem Scheitern

In der Rückschau lässt sich festhalten, dass organisationale Veränderungen nötig sind, um sich ändernden Umweltbedingungen anzupassen. Sowohl das starrköpfige Beharren als auch der vorschnelle Wandel bergen Gefahren in sich und müssen in Balance gehalten werden. Dies spiegelt sich auch auf der Ebene der Organisationskultur wieder. Sowohl Merkmale der Stabilität als auch der Flexibilität tragen zum Erfolg bei. Auf der Prozessebene gilt es, dieses Gleichgewicht zu Beginn in der *un-freezing* Phase zeitlich begrenzt in Richtung der Veränderung zu verschieben, um genügend Wandelbereitschaft herzustellen. In der *re-freezing* Phase verdienen die Stabilitätsmechanismen mehr Aufmerksamkeit, um am Ende ein neues Equilibrium zu generieren.

Was bedeutet all dies für das Scheitern in organisationalen Wandelprozessen?

Scheitern ist nicht vermeidbar Trotz des Wissens um die erforschten Einflussfaktoren, lassen sich Fehlschläge nicht vermeiden. Es kommt weniger darauf an, sie zu verhindern als vielmehr von Beginn an einzuplanen, vom Stigma der Schuld zu befreien und als Wissensquelle zu betrachten. Gerade kleinere Fehler in Bereichen, wo bereits Erfahrungen im Umgang mit dem Scheitern bestehen, eignen sich bestens, um die Mechanismen hinter dem Versagen zu analysieren und ein Risikobewusstsein in der Belegschaft zu erzeugen (Sitkin 1995)[13].

Scheitern ist facettenreich Fehlgeschlagene Veränderungsprozesse in Organisationen haben viele, ineinandergreifende Ursachen. Ein guter Umgang damit muss sowohl bei strukturellen Gegebenheiten als auch bei der Umsetzung ansetzen.

Scheitern wird normaler In der Statistik zeigt sich bereits, dass Fehlschläge in Veränderungsprozessen eher die Regel als die Ausnahme sind. Die Trends im Projektmanagement (hin zum agilen Führen) und Innovationsmanagements (hin zum aktiven, vernetzten und grenzüberschreitenden Agieren) binden das Scheitern in ihren Konzeptionen bereits ein und sorgen so für einen konstruktiveren Umgang damit.

Die große Kunst besteht also nicht darin, das Scheitern in organisationalen Veränderungen zu verhindern, sondern es anzunehmen, zuzulassen und daraus zu lernen. Wichtiger als die absolute Zahl gescheiterter Veränderungen ist die relative. Ein zu seltenes wie auch ein zu häufiges Scheitern sollte als Zeichen gedeutet werden, dass eine Organisation aus dem Gleichgewicht geraten ist.

---

[13] Zahlreiche Hilfsmittel (u. a. für eine Scheiter-Messe, einen Scheiter-Report und zum Storytelling) finden sich bei failforward.org/resources.

Literatur

Adner, R. (2006). Match your innovation strategy to your innovation ecosystem. *Harvard Business Review, 84*(4), 98–107.

Alexander, A., Berthod, O., Kunert, S., Salge, O., & Washington, A. (2015). *Failure-driven innovation*. Berlin: artop.

Armenakis, A. A., & Harris, S. G. (2002). Crafting a change message to create transformational readiness. *Journal of Organizational Change management, 15*(2), 169–183.

Armenakis, A. A., Harris, S. G., & Mossholder, K. W. (1993). Creating readiness for organizational change. *Human Relations, 46,* 681–703.

Bauer, R. (2003). *Gescheiterte Innovationen. Fehlschläge und technologischer Wandel*. Frankfurt a. M.: Campus Verlag.

Belassi, W., & Tukel, A. I. (1996). A new framework for determining critical success/failure factors in projects. *International Journal of Project Management, 14*(3), 141–151.

Bowers, D. G. (1973). OD techniques and their results in 23 organizations: The Michigan ICL study. *Journal of Applied Behavioral Science, 9*(1), 21–43.

Brown, K., Schmied, H., & Tarondeau, J.-C. (2002). Success factors in R & D: A meta-analysis of the empirical literature and derived implications for design management. *Design Management Journal Academic Review, 2*(1), 72–87.

Brüggemann, H. (2012). *Grundlagen Qualitätsmanagement: Von den Werkzeugen über Methoden zum TQM*. Heidelberg: Springer.

Bruhn, M. (2013). *Qualitätsmanagement für Dienstleistungen: Handbuch für ein erfolgreiches Qualitätsmanagement. Grundlagen – Konzepte – Methoden*. Heidelberg: Springer.

CapGemini. (2005). *Change Management Studie 2005*. Frankfurt a. M.: CapGemini.

CapGemini. (2015). *Change Management Studie 2015*. Frankfurt a. M.: CapGemini.

Cardea Meta-Consulting. (2010). RoC – Return on Consulting Best Practice Studie 2010.

Carleton, T., Cockayne, W., & Tahvanainen, J. (2013). Playbook for strategic foresight and innovation: A hands-on guide for modeling, designing, and leading your company's next radical innovation. Innovation Leadership Board.

Cartwright, S., & Schoenberg, R. (2006). Thirty years of mergers and acquisitions research: Recent advances and future opportunities. *British Journal of Management, 17,* S1–S5.

Cinite, I., Duxbury, L. E., & Higgins, C. (2009). Measurement of perceived organizational readiness for change in the public sector. *British Journal of Management, 20,* 265–277.

Cummings, T. G., & Worley, C. G. (2008). *Organization development and change*. Cincinnati: South-Western College.

Denison, D. R., & Mishra, A. K. (1995). Toward a theory of organizational culture and effectiveness. *Organization Science, 6*(2), 204–223.

Denison, D. R., Haaland, S., & Goelzer, P. (2003). Corporate culture and organizational effectiveness: Is there a similar pattern around the world? *Advances in Global Leadership, 3,* 205–227.

DGQ Deutsche Gesellschaft für Qualität. (2014). *Qualitätsmanagement für Hochschulen*. München: Hanser.

Eberhardt, D. (Hrsg.). (2012). *Like it – Lead it – Change it – Führung im Veränderungsprozess*. Heidelberg: Springer.

Eveleens, J., & Verhoef, C. (2010). The rise and fall of the chaos report figures. *IEEE Software, 27*(1), 30–36.

Fahrenberg, J., Hampel, R., & Selg, H. (2001). *Das Freiburger Persönlichkeitsinventar FPI-R*. Göttingen: Hogrefe.

Freitag, A., Kunert, S., Waack, K., & Tiede, A. (in print). Passungsmaße als Prädiktor in Zusammenhangsanalysen. ZeE-Publikationen. Reihe Empirische Evaluationsmethoden.

Gantt, H. L. (1903). A graphical daily balance in manufacture. *Transactions of the American Society of Mechanical Engineers, 24,* 1322–1336.

Guzzo, R. A., Jette, R. D., & Katzell, R. A. (1985). The effects of psychologically based intervention programs on worker productivity: A meta-analysis. *Personnel Psychology, 38,* 275–291.

Hanisch, R. (2013). *Das Ende des Projektmanagements: Wie die Digital Natives die Führung übernehmen und Unternehmen verändern.* Wien: Linde.

Heller, F. A. (1969). Group feedback analysis: A method of field research. *Psychological Bulletin, 72*(2), 108–117.

Henard, D. H., & Szymanski, D. M. (2001). *Why some new products are more successful than others. Journal of Marketing Research, 38*(3), 362–375.

Hinsch, M. (2014). *Die neue ISO 9001:2015- Status, Neuerungen und Perspektiven.* Heidelberg: Springer.

Hooijberg, R. (1996). A multidirectional approach toward leadership: An extension of the concept of behavioral complexity. *Human Relations, 49*(7), 917–946.

Huff, A. S., Möslein, K. M., & Reichwald, R. (Hrsg.). (2013). *Leading open innovation.* Cambridge: MIT Press.

Hüttner, J., & Träder, R. (Hrsg.). (2014). *Toolbox Schrittmacher für Innovationen.* Berlin: artop.

Jaruzelski, B., Loehr, J., & Holman, R. (2011). *The global innovation 1000: Why culture is key.* New York: Booz & Company.

Kirchner, A., Kugel, U., Maier, M., Robens, G., Rohde, G., & Schmid, D. (2013). *Produktionsorganisation: Qualitätsmanagement und Produktpolitik.* Haan: Europa Lehrmittel.

Kobi, J.-M., & Wüthrich, H. A. (1986). *Unternehmenskultur verstehen, erfassen und gestalten.* Landsberg: Verlag Moderne Industrie.

Kunert, S. (2014a). Health Change Management – gesundheitsorientierten Wandel gestalten. In J. Zinner, M. Elbe & D. Lange (Hrsg.), *Handbuch Gesundheitscoaching* (S. 135–149). Berlin: Hochschule für Gesundheit & Sport, Technik & Kunst.

Kunert, S. (2014b). Innovationsprojektgestaltung. In W. Scholl, F. Schmelzer, S. Kunert, S. Bedenk, J. Hüttner, J. Pullen & S. Tirre (Hrsg.). *Mut zu Innovationen – Impulse aus Forschung, Beratung und Ausbildung* (S. 41–51). Berlin: Springer.

Kunert, S. (2014c). Open Innovation im Ideenmanagement. In W. Scholl, F. Schmelzer, S. Kunert, S. Bedenk, J. Hüttner, J. Pullen, & S. Tirre (Hrsg.). *Mut zu Innovationen – Impulse aus Forschung, Beratung und Ausbildung* (S. 191–199). Berlin: Springer.

Lewin, K. (1947). Frontiers in group dynamics. *Human Relations, 1,* 5–41.

Meran, R., John, A., Roenpage, O., & Staudter C. (2006/2014). In S. Lunau (Hrsg.), *Six Sigma + lean Toolset.* Heidelberg: Springer.

Merchel, J. (2013). *Qualitätsmanagement in der Sozialen Arbeit: Eine Einführung.* Weinheim: Beltz.

Noé, M. (2014). *Change-Prozesse effizient durchführen – Mit Projektmanagement den Unternehmenswandel gestalten.* Wiesbaden: Springer-Gabler.

Ostendorf, F., & Angleitner, A. (2004). *NEO Persönlichkeitsinventar nach Costa & McCrae – Revidierte Fassung.* Göttingen: Hogrefe.

van der Panne, G., van Beers, C., & Kleinknecht, A. (2003). Success and failure of innovation: A literature review. *International Journal of Innovation Management, 7*(3), 1–30.

Parsons, T. (1951). *The social system.* London: Routledge.

Parsons, T., Shils, E., Naegele, K. D., & Pitts, J. (1961a). *Theories of society. Foundations of modern sociological theory* (Bd. I). New York: Free Press.

Pattikawa, L. H., Verwaal, E., & Commandeur, H. R. (2006). Understanding new product project performance. *European Journal of Marketing, 40*(11/12), 1178–1193.

Pinto, J. K., & Slevin, D. P. (1989). Critical success factors in R & D projects. *Research Technology Management, 32*(1), 31–35.

Preußig, J. (2015). *Agiles Projektmanagement: Scrum, Use Cases, Task Boards & Co.* Freiburg: Haufe-Lexware.

Rietiker, S., Scheurer, S., & Wald, A. (2013). Mal andersrum gefragt: Ergebnisse einer Studie zu Misserfolgsfaktoren in der Projektarbeit. *Projektmanagement Aktuell, 4,* 33–39.

von Rosenstiel, L., von Hornstein, E., & Augustin, S. (Hrsg.). (2012). *Change Management Praxisfälle: Veränderungsschwerpunkte Organisation, Team, Individuum.* Heidelberg: Springer.

Rosing, K., Frese, M., & Bausch, A. (2011). Explaining the heterogeneity of the leadership-innovation relationship: Ambidextrous leadership. *The Leadership Quarterly, 22,* 956–974.

Rubera, G., & Kirca, A. H. (2012). Firm Innovativeness and its performance outcomes: A meta-analytic review and theoretical integration. *Journal of Marketing, 76*(3), 130–147.

Ryschka, J., Solga, M., & Mattenklott, A. (Hrsg.). (2011). *Praxishandbuch Personalentwicklung – Instrumente, Konzepte, Beispiele.* Wiesbaden: Gabler.

Salas, E., Rozell, D., Mullen, B., & Driskell, J. E. (1999). The effect of team building on performance – An integration. *Small Group Research, 30*(3), 309–329.

Schein, E. H. (1985). *Organizational culture and leadership.* San Francisco: Jossey-Bass.

Schmelzer, F., & Kunert, S. (2013). Fallstudie Advoservice: Erklärungen oder Verklärungen. In G. Becke, C. Funken, S. Klinke, W. Scholl, & M. Schweer (Hrsg.), *Innovationsfähigkeit durch Vertrauensgestaltung? Befunde und Instrumente zur nachhaltigen Organisations- und Netzwerkentwicklung* (S. 43–51). Frankfurt a. M.: Lang.

Scholl, W. (2014). Innovationskultur, Innovationsprozesse und Innovationserfolge. In W. Scholl, F. Schmelzer, S. Kunert, S. Bedenk, J. Hüttner, J. Pullen, & S. Tirre (Hrsg.). *Mut zu Innovationen – Impulse aus Forschung, Beratung und Ausbildung* (S. 77–99). Berlin: Springer.

Scholl, W., Schmelzer, F., Kunert, S., Bedenk, S., Hüttner, J., Pullen, J., & Tirre, S. (2014). *Mut zu Innovationen – Impulse aus Forschung, Beratung und Ausbildung.* Berlin: Springer.

Schumpeter, J. A. (1942). *Capitalism, socialism and democracy.* New York: Harper.

Sitkin, S. B. (1995). Learning through failure: The strategy of small losses. In: M. D. Cohen & L. S. Sproull (Hrsg.), *Organizational learning* (S. 541–577). Thousand Oaks: Sage.

Standish Group. (2013). *The chaos manifesto.* West Yarmouth: Standish Group.

Stern, T., & Jaberg, H. (2007). *Erfolgreiches Innovationsmanagement: Erfolgsfaktoren – Grundmuster – Fallbeispiele.* Wiesbaden: Gabler.

Thomas, K. W. (1976). Conflict and conflict management. In M. D. Dunnette (Hrsg.), *Handbook in industrial and organizational psychology* (S. 889–935). Chicago: Rand McNally.

Tidd, J., & Bessant, J. (2013). *Managing innovation: Integrating technological, market and organizational change* (5. Aufl.). Weinheim: Wiley.

Werther, S., & Jacobs, C. (2014). *Organisationsentwicklung – Freude am Change.* Heidelberg: Springer.

Prof. Dr. Sebastian Kunert Diplompsychologe, zertifizierter Trainer und Projektmanager. Studium und Promotion an der Humboldt-Universität zu Berlin und an der University of Port Elizabeth (Süd Afrika). Zwischen 2007 und 2013 Wissenschaftlicher Mitarbeiter an der Humboldt-Universität zu Berlin. Von 2012 bis 2014 Professor für Sozial- & Gesundheitspsychologie an der Hochschule für Gesundheit & Sport Berlin. Seit 2014 Professor für Personal & Organisation im Fachbereich Wirtschaftswissenschaften an der Business and Information Technology School BiTS Iserlohn, Campus Berlin. Seine Forschungsschwerpunkte liegen in den Bereichen Innovation, Organisationskultur und Führung sowie in der Entwicklung von wirtschaftspsychologischen Methoden. Mehr Informationen auf bits-hochschule.de.

Parallel dazu Assoziierter Partner bei artop – Institut an der Humboldt-Universität zu Berlin. Die Themenschwerpunkte verorten sich in der Beratung von Organisationen zu Innovationsmanagement, Projektmanagement, Change Management und Strategie, der Unterstützung und Begleitung von Teamentwicklungsprozessen, dem Coaching von Einzelpersonen sowie der Evaluation von Bildungsprogrammen, Projekten und Interventionsverfahren. Mehr Informationen auf artop.de.

Scheitern in der Weiterbildung

Iris Friederici

Zusammenfassung

Man kann nicht nicht lernen. Frei adaptiert nach Watzlawicks ersten Axiom (Watzlawick et al., Menschliche Kommunikation. Formen, Störungen, Paradoxien, 1969) ist eine innerbetriebliche Weiterbildung ohne Lernerfolg nicht möglich. Kann sie trotzdem scheitern? Der Beitrag nähert sich dem Thema Erfolg und Scheitern von Weiterbildungsmaßnahmen auf 2 Ebenen. Es werden die praktischen Erfahrungen der Autorin auf der Mikro-Ebene des eigentlichen Lernfeldes und auf der Makro-Ebene der Organisation an wissenschaftlichen Studien gespiegelt. Die Auswirkungen der allgemeinen Phänomene wie ‚cost cuttig' und zunehmende Komplexität auf Weiterbildung werden dargestellt. Der Rolle des Transfermanagements und hier insbesondere der nötigen, oft unterlassenen Verantwortung der Führungskräfte wird aufgezeigt.

1 Einstieg

Wenn man, wie ich, viele Jahre im Kontext der Weiterbildung unterwegs ist, dann ist man dabei auch immer wieder implizit mit dem Thema Scheitern in oder/und mit Weiterbildung konfrontiert. Der Fakt, dass ich jedoch keine expliziten Beispiele für gescheiterte Weiterbildungen finden konnten, ließ mich aufmerken.

Bereits zu Beginn meiner Recherche stellte ich fest, dass Scheitern unter Weiterbildnern ein wenig geliebtes, wenn nicht sogar Tabuthema ist, über das nur hinter vorgehaltener Hand diskutiert wird. Meine Einschätzung gründet sich auf Gespräche mit Trainern,

I. Friederici (✉)
IF Organisationsberatung, Am Erlengrund 18, 15711 Königs Wusterhausen, Deutschland
E-Mail: iris.friederici@t-online.de

© Springer-Verlag Berlin Heidelberg 2016
S. Kunert (Hrsg.), *Failure Management,* DOI 10.1007/978-3-662-47357-3_12

Coaches, Trainingsanbietern und Auftraggebern im Weiterbildungsumfeld, mit denen ich mich zu Beginn der Arbeit an diesem Beitrag austauschte.

Zweifelsfrei gibt es eine Vielzahl von Weiterbildungen, die aus meiner Erfahrung heraus, das gesteckte, bzw. postulierte Weiterbildungsziel nicht oder nur ungenau erreichten. Auch Staudt (2002) stellt nach der Analyse der wenigen verwertbaren empirischen Befunde zu diesem Thema fest, dass angestrebte Effekte von Weiterbildungen oft verfehlt werden. Es bestehe keinesfalls ein Zusammenhang zwischen Entwicklungsproblemen und der gewählten Lösung durch Weiterbildung. Daher werden hochgesteckte Erwartungen an die Weiterbildung häufig nicht erfüllt.

Sind diese institutionalisierten Weiterbildungen somit gescheitert? Ich bin der Überzeugung, dass man nicht nicht lernen kann (frei nach Watzlawick et al. 1969, S. 53). Unabhängig davon, ob die Teilnehmer in einem Seminar, einem E-Learning oder jedweder Form von Weiterbildung eher aktiv im Sinne von engagiert/interessiert oder eher passiv im Sinne von erdulden, teilgenommen haben: am Ende wird immer ein persönliches Lernen stehen. Ob dieses Lernen auch den gewünschten Zielen des Unternehmens entspricht und sich in Handlungsfähigkeit niederschlägt, ist die Frage, der nachgegangen werden soll.

Dafür ist eine Unterscheidung in manifeste und latente Ziele hilfreich, wie sie von Klieme und Tippelt (2008) vorgeschlagen wird. Als manifest gilt hierbei die Maßgabe, die Teilnehmer einer Weiterbildung für konkrete bestehende oder kommende Aufgaben zu qualifizieren. Latent, im Prinzip unter der Wasseroberfläche, sind mitunter ganz andere Zielsetzungen ausschlaggebend […], so etwa die demonstrative Belohnung oder Bestrafung der von der Bildungsmaßnahme Betroffenen, der Versuch des Leiters der Personalentwicklung sein eigenes Ansehen durch ein von ihm konzipiertes Seminar, das „gut ankommt", zu verbessern, die Nutzung der Maßnahmen als „Parkplatz" für Führungskräfte, die nach einem mehrjährigen Auslandseinsatz zurückkehren und für die man zunächst keine adäquaten Positionen findet, die Wahl des Plenums zur Präsentation bestimmter Projekte, Ideen oder Personen, die Verformung der Weiterbildung zu einem heiteren Event mit Unterhaltungs- und Erholungscharakter, etc. (Klieme und Tippelt 2008, S. 124).

2 Weiterbildung in Organisationen

Mit dem folgenden Praxisbeispiel soll gezeigt werden, dass es auf der Mikroebene viele gut gestaltet Einflussfaktoren gab und trotzdem die Weitebildung als sogar mehrfach gescheitert eingeschätzt werden kann.

Die Falldarstellung bezieht sich auf eine neue Weiterbildungsmaßnahme, die während eines Changeprozesses im Jahr 2010 in der Weiterbildungseinheit eines börsennotierten Konzerns eingesetzt wurde. Ziel des Programms war es, die vorgegebenen neuen Prozesse auf Grundlage der Erfahrungen aus der Weiterbildung weiterzuentwickeln, Verbesserungspotenziale aufzuzeigen und die Mitarbeiter aktiv in diesen Prozess einzubeziehen.

Die zweitägige Simulation war ein Teil einer 3 teiligen, modularen Weiterbildungsreihe, die von mehreren hundert Teilnehmern durchlaufen werden sollte. In der Simulation ging es darum, die neu zu etablierenden Prozesse zu testen und mit dem Feedback der Teilnehmer umzugestalten. Bis zu 36 Teilnehmer in unterschiedlichen Rollen z. B. Servicemanager, Entwickler und Berater, Trainer, Einkäufer, Auftragsmanager etc. bearbeiteten gleichzeitig in einem Raum eine Vielzahl von Kundenaufträgen. Unruhe, Stress und Anspannung waren geplante Teile des Settings.

Kurz nach der Simulation äußerten die meisten Teilnehmer sich noch euphorisch. „Die (Kollegen und Führungskräfte) sind viel weniger steif als ich dachte", „das hat richtig Spaß gemacht", „jetzt kann ich gleich(mit den Prozessen) loslegen", „ich kenne jetzt diese komischen Prozesse.", „da hab ich ganz viele (Kollegen) zum ersten Mal gesprochen" (Valks 2012, S. 119–125). Sowohl fachlich als auch überfachlich hatten die meisten Teilnehmer offenbar positive Erfahrungen gesammelt und auf der individuellen Ebene gelernt. Sie waren mit dem Wunsch, die Veränderung zu gestalten an ihren Arbeitsplatz zurückgekehrt.

Neben der kurzfristigen Euphorie und Motivation wurde von den Teilnehmern der dringende Wunsch nach mehr Kommunikation mit Führungskräften und zwischen unterschiedlichen Bereichen laut. „(wir) haben immer in der Gruppe miteinander geredet", „da versteht man viel besser was die (Anderen) überhaupt machen" (Valks 2012, S. 119–125).

Als mehrere Wochen ohne Ergebniskommunikation und ohne sichtbare Änderungen der Prozesse vergangen waren, entstand ein neuer Tenor in den Antworten. Bei der follow-up Befragung wurde offenbar, in welchem Umfang das Scheitern aufgetreten ist. Teilnehmer antworteten jetzt, „die hätten den Schub von innen nutzen müssen", „das war doch wie immer geändert hat sich nichts für mich", „mir war schon klar, da kommt nix rum", „wieso mache ich dann den ganzen Kram…" „Das machen die immer so mit uns…" (Valks 2012, S. 119–126).

Ein unerwünschter Lerneffekt war eingetreten. Die Organisation hatte es unterlassen Führungskräfte, in ihrer Rolle als Prozessbegleiter über die Simulation hinaus zu unterstützen. Die von den Teilnehmern erwartete Kommunikation und „wirkliche" Veränderung der Prozesse war unterblieben. Die geforderte Verschlankung der Hierarchien und der Abbau von Teilschritten hatten nicht stattgefunden.

Der methodische Ansatz in dieser Weiterbildung verband erfahrungsbasiertes Lernen mit Prozesssimulation. Die Prozesssimulation hat ihren Ursprung in der Optimierung und Entwicklung technischer Prozesse. Erfahrungsbasiertes Lernen geht davon aus, das ein Sinn bringendes Lernen dann entsteht, wenn es zu einer direkten Auseinandersetzung mit den Lernobjekten kommt. Das Lernen aus der Erfahrung bedingt Verarbeitung und Reflexion und gelingt besonders dann, wenn es direkt auf das Arbeitsumfeld des Probanden einzahlt (vgl. Kolb 1984). Die Lernenden durchleben Situationen, bewerten und/oder ergänzen diese und setzen sich aktiv mit dem Lernobjekt auseinander. Dieser Ansatz erleichtert den meisten Teilnehmern das Lernen, vermittelt ein Glücksgefühl (vgl. Arns 2011) und zeigt zumindest kurzfristig Lernerfolge.

Für die Organisation ist die Weiterbildung im Sinne der **Organisationsentwicklung** als gescheitert anzusehen. Der Veränderungsanschub verpuffte ohne Effekt, die Mitarbeiter und Führungskräfte lernten sich zwar in der Simulation kurz kennen, das Ziel, miteinander in Kontakt (Kommunikation) zu bleiben, wurde jedoch nicht erreicht.

Darüber hinaus wurden die Prozesse nicht oder nur unzureichend angepasst. In der Praxis geschah das Gegenteil. Die als „überflüssig" erkannten Schritte wurden sogar noch erweitert. Neben der Glaubwürdigkeit blieb auch die Kommunikation auf der Strecke, der Flurfunk bekam aufgrund fehlender „offizieller" Kommunikation neuen Schub und führte im Endeffekt dazu, dass die Teilnahme an der Simulation zunehmend unattraktiv wurde und deutlich weniger Mitarbeiter als geplant an der Weiterbildung partizipierten.

Der Fall illustriert in beeindruckender Weise, wie eine gut konzipierte und umgesetzte Weiterbildung aus verschiedenen Gründen und in unterschiedlichen Ebenen nicht im gewünschten (?) Erfolg mündet. Das manifeste Ziel wurde zweifelsfrei nicht erfüllt. Die Auswirkung von latenten Zielen lässt sich entsprechend ihrem Charakter lediglich vermuten. Die Weiterbildungsmaßnahme könnte von vornherein eine Alibifunktion erfüllt haben. Die Personalabteilung könnte großes Interesse am Einsatz der Methode (Prozesssimulation) gehabt haben. Das wären jeweils Erklärungen, warum ein Transfer vom Lernfeld in das Anwendungsfeld nicht oder nur unzureichend stattfand.

In meinen Augen liegt hier sogar ein mehrfaches Scheitern vor.

- Die Chance auf Präzisierung und Entwicklung der realen Prozesse wurde nicht genutzt. Die generierten Erkenntnisse und Ideen in der Weiterbildung erhöhten zwar die Handlungsfähigkeit, allerdings wurde die Einbindung in den institutionellen Kontext versäumt.
- Engagement und Motivation der Mitarbeiter wurde (von Führungskräften) nicht honoriert. Die Führungskräfte verloren an Akzeptanz.
- Die Mitarbeiter „lernten", dass es sich nicht lohnt, an der Weiterbildung teilzunehmen, sie sind „verbrannt" für weitere Weiterbildungen. Es ist zu vermuten, dass ihre zukünftige Handlungsbereitschaft gesunken ist.

Die Chance auf Einbettung der Weitebildung in den Organisationskontext wurde versäumt, oder eventuell gar nicht gewollt. Diese Einbindung des Lernfeldes in das Arbeitsfeld ist ein immer wieder kehrender kritischer Faktor in der Transferdiskussion, der im Kap. 4.2 näher beleuchtet wird.

3 Mikroebene: Scheitern im Kleinen – Bedingungen für den Lernerfolg

3.1 Voraussetzungen

Weiterbildung ist die [...] Gesamtheit der Maßnahmen und Aktivitäten, die die Unternehmen zur kontinuierlichen Qualifizierung ihrer Mitarbeiter im Anschluss an die Erstausbildung vorsehen (Arnold 2006). Ich möchte meine Gedanken einleitend am Beispiel des Fahrradfahrens beschreiben. Als Voraussetzung ist gegeben, dass die Mitarbeiter die Grundkompetenz für ihren Job haben, also Fahrradfahren können. Weiterbildung könnte in diesem Beispiel bedeuten, dass Mitarbeiter ihre Kompetenz erweitern und exzellente Mountainbiker werden.

In fast allen einschlägigen Publikationen beziehen sich die Autoren auf das von Baldwin und Ford 1988 entwickelte „integrative Transfermodell". Dem bestechenden Grundgedanken, dass sowohl Bedingungen und Kriterien vor, während und nach der Weiterbildungsmaßnahme Einfluss auf den Erfolg/Misserfolg haben, folge auch ich gern. Besonders häufig stoße ich in der Praxis auf die nachstehenden kritischen Aspekte, welche bereits vor und während einer Weiterbildungsmaßnahme Einfluss auf den Lernerfolg nehmen:

Die **Teilnehmervoraussetzungen (Motivation, Vorwissen, kognitive Fähigkeiten)** sind unzureichend berücksichtigt. In dem Beispiel des Erlernens des Mountainbikens könnte es heißen: die Teilnehmer haben nicht die konstitutionellen Voraussetzungen. Sie sind nicht motiviert, schließlich sind sie jahrelang Fahrrad gefahren und kennen sich damit bestens aus. Es ist unterlassen worden, die Notwendigkeit der Kompetenzerweiterung, Mountainbike zu fahren, zu klären.

Die **Rahmenbedingungen** sind nicht optimal. Damit es zum Lernen und zum Lerntransfer kommt, ist mit Mandl und Reinmann-Rothmeier (1995) zu fordern:

- Authentizität, d. h. die Lernumgebung sollte die reale Situation widerspiegeln.
- Situiertheit, d. h. der Lernende wird in Situationen versetzt, die ihm den Anwendungskontext anschaulich vor Augen führen.
- Multiple Kontexte, d. h. es wird vermieden, dass das Wissen nur auf eine Situation bezogen wird, sondern dass es auf verschiedene Kontexte angewandt wird.
- Multiple Perspektiven, d. h. die Inhalte und Probleme sollten aus unterschiedlichen Standpunkten heraus reflektiert werden, sowie
- Sozialer Kontext, d. h. das neue Wissen sollte zumindest zum Teil gemeinsam und in kooperativer Weise erworben werden (Klieme und Tippelt 2008, S. 127).

In dem geschilderten Fall in der Weiterbildungsorganisation wurden diese Punkte durchaus berücksichtigt, da authentisch simuliert, mehrere Perspektiven eingenommen werden konnten, kooperativ gearbeitet wurde und die Teilnehmenden motiviert in diese Maßnahme kamen. Diese kritischen Faktoren wurden also eingelöst. Die Gründe für das Scheitern lagen offensichtlich nicht hier.

Das Lern-**Ziel ist unkonkret** formuliert und oder losgelöst von einer umfassenden Bedarfsanalyse mit den Elementen: Organisationsanalyse, Aufgabenanalyse, Personen-analyse (s. Teilnehmervoraussetzungen) entstanden (vgl. Wittke 2007, S. 74–76). Klieme und Tippelt (2008) unterscheiden die betriebliche Weiterbildung von der Kompetenzent-wicklung, bei der in der Regel ergebnisoffen vorgegangen wird. Bei der Bestimmung der Lernziele ist nun darauf zu achten, dass sie sich schlüssig aus dem zuvor erhobenen Bil-dungsbedarf ergeben, transparent für die Lernenden sind und deren Akzeptanz haben, und so formuliert werden, dass der Grad ihrer Realisierung im Zuge der Evaluation empirisch überprüft werden kann (Klieme und Tippelt 2008, S. 128–129).

Es erfolgte eine **ungenügende Vorbereitung durch die Führungskräfte.** Im Durch-schnitt ergibt sich nach meiner Erfahrung bei den Erwartungsabfragen zum Seminarbe-ginn folgendes Bild: Ein Drittel der Teilnehmer fühlt sich geschickt und erwartet nichts. Das zweite Drittel erwartet auch nichts ist aber „offen für alles" und lediglich ein Drittel kommt mit konkreten Erwartungen, Fragen und Absichten. Die zielgerichtete Einbindung des Lernens durch die Führungskräfte ist sowohl im Vorfeld einer Weiterbildungsmaßnah-me als auch im Nachhinein, wie weiter unten zeigen werden soll, oft nicht gegeben. Die Führungskräfte entsenden ihre Mitarbeiter zur Weiterbildung oft in der Hoffnung, „es wird schon nützen". Sie sorgen allerdings dann auch wenig für einen gelungenen Transfer, wie im Abschn. 4.2 dargelegt wird.

Auf einen weiteren Aspekt der **unpassenden Lernmethode** wird ebenfalls weiter un-ten mit einem Beispiel eingegangen.

3.2 Ökonomisierung

Unbestritten wirkt sich eine Tendenz in der Weiterbildung aus, die mit Ökonomisierung benannt werden kann. Weiterbildung ist laut den Aussagen vieler Manager und Personal-entwickler, sehr wichtig. Die Losung „Lebenslanges Lernen" ist in aller Munde. Der hohe Kostendruck aber bewirkt, dass für die Weiterbildung in Unternehmen zunehmend weni-ger Geld und Zeit investiert werden.

In einer Online-Befragung im November 2014 konnten 1018 Weiterbildungsanbieter zu Themen und Trends in Training, Beratung und Coaching ihre Erfahrungen und Ein-schätzungen einbringen. Graf (2015) bereitete die Ergebnisse auf und kommentierte diese. Eine seiner Prognosen und Anforderung für die Weiterbildung der Zukunft lautet: dem all-gegenwärtigen Zeitdruck auch in der Weiterbildung zu trotzen. Diese Forderung teile ich voll, denn die Studie zeigt auf, das jedes zweite Seminar/Training maximal 1 Tag (31,2 %) beträgt. Kürzer als einen Tag sind 16,9 %. Nur noch jedes 5. Seminar/Training dauert drei oder mehr Tage. Vor 15 Jahren lag dieser Anteil bei rund 40 %, also doppelt so hoch.

Es stellt sich die Frage nach den Konsequenzen von diesen gekürzten Weiterbildungs-maßnahmen. Allzu oft wird der zu vermittelnde Inhalt komprimiert. Weiterbildner reagie-ren, indem „Lernhäppchen" angeboten werden, kleine kurze Lerneinheiten. Das mag für die Vermittlung von Spezialwissen im Sinne von explizitem Wissen geeignet sein. Dieses macht jedoch nur lediglich 20 % der individuellen Handlungsfähigkeit aus. Ihre tatsächliche Wirksamkeit hängt sowohl von der individuellen Bereitschaft, als auch von der organisatorisch-technologischen Einbindung in den jeweiligen institutionellen Kontext ab (Staudt 2002). Genau diese beiden Bedingungen sind oft nur unzureichend gegebenen.

Eine große Zahl von Weiterbildung-Maßnahmen soll auch der Verhaltensänderung dienen und dies kann mit dem Erwerb von expliziten Wissen allein nicht erreicht werden. Soziales Lernen mit den Etappen Sensibilisierung für das bisherige eigene Verhalten, Erkennen der Notwendigkeit des neuen Verhaltens, Ausprobieren des Neuen und Austausch mit den Kollegen kann nicht so radikal verkürzt werden. Nicht nur meine Erfahrung besagt, dass das in einem halber Tag nicht zu bewerkstelligen ist. Plath (2002) betont in diesem Zusammenhang den Unterschied zwischen Handlungsfähigkeit und Handlungsbereitschaft. Während sich erstere durch Qualifizierung (bspw. Schulungen, Kurse, Trainings) herausbilden lassen, gilt dies nicht für die Motivation. Die Handlungsbereitschaft bezeichnet die aktuelle Gerichtetheit (zielbezogene Ausrichtung oder Orientierung), Einstellung und Motiviertheit von Personen. Zudem sind Orientierungen, Einstellungen und Motive bzw. Motivstrukturen sind wegen ihrer ausgeprägten Persönlichkeitsspezifik nicht frei konvertierbar und kommunizierbar sowie auch nicht kurzfristig und beliebig generierbar und transferierbar. Sie entstehen langfristig im Laufe der lebens- und berufsbiographischen Entwicklung der Persönlichkeit durch vor allem sozialisatorisches Lernen. Sie sind daher in ihren aktuellen Ausprägungen und Wirkungen immer auch sehr stark beeinflusst sowohl von ihren habituellen bzw. überdauernden Komponenten als auch von den je individuellen Persönlichkeitseigenschaften, die sich gleichfalls über längere Zeiträume in der Ontogenese formieren. Daher dürften wohl auch Wochenendveranstaltungen, die vorgeblich zur „Generierung", „Stärkung" oder „Umstrukturierung" der Motivation von Mitarbeitern dienen sollen, als höchst fragwürdig gelten (Plath 2002, S. 517–529).

Es wird an vielen Stellen im Weiterbildungsprozess, angefangen von der gründlichen Bedarfsanalyse über die Honorare für externe Anbieter bis hin zur Evaluationsauswertung, an Zeit und Geld gespart. Neben dem ‚Cost cutting' beschreibt Staudt eine Spätfolge des Leanmanagements so: „Geleante" Fachabteilungen oder Unternehmensbereiche können nicht lernen, wenn sie nach ihrer Verschlankung zu 120 % mit dem Tagesgeschäft ausgelastet sind und den Mitarbeitern zeitliche Freiräume zur Reflexion fehlen (Staudt 2002, S. 39).

Aber auch beim Einsatz der Methoden wird gespart. Eine sehr beliebte Methode, um „ökonomisierte" Weiterbildung zu betreiben ist E-Learning. Die Vorteile scheinen auf der Hand zu liegen: überall verfügbar, geringe Kosten(keine Reisen, geringe Trainerhonorare), jederzeit wiederholbar, schnell, keine große Ausfallzeiten. Es ist nicht mein Anliegen E-Learning grundsätzlich abzulehnen, sondern „nur" den unreflektierten Einsatz. Wie beispielsweise auch Spitzner im Interview mit Arns ausführt E-Learning allein funktioniert gar nicht. Beim „Blended Learning", also der Kombination von Unterrichtseinheiten und computergestütztem Lernen, muss weiterhin der Lehrer dem Lernenden in jeder Phase beistehen (Arns 2011, S. 24).

Nehmen wir noch einmal das Beispiel des Fahrradfahren Lernens. Nehmen wir an, es gibt dazu einen gut konzipierten E-Learning-Kurs. Mit Modulen zum Aufbau und Funktionsweise des Fahrrades, zum optimalen Bewegungsablauf. Können die E-Learning-Kursteilnehmer nach erfolgreicher Absolvierung des Kurses und Abfragen des Wissens in einem Multiple-Choice- Test Fahrrad fahren? Sicher nicht! Wie eingangs erwähnt, vertrete ich die Ansicht „Man kann nicht nicht lernen!" Also was ist hier gelernt worden? Wissen ist aufgenommen! Welche Fähigkeiten sind erworben? Die Teilnehmer können nun mit E-Learning-Tools umgehen. Tatsächlich Fahrradfahren können sie sicher nicht. Gescheitert ist also in diesem Fall die angewendete Lernmethode, um dieses Ziel zu erreichen.

4   Makroebene: Scheitern im Großen – Einbindung der Weiterbildung in den Unternehmenskontext

Da innerbetriebliche Weiterbildung immer auch zum „Überleben" des Unternehmens beitragen sollte, gilt es auf jeden Fall die Ebene der Organisation zu betrachten.

Die Seminarziele dienen einem „höheren" Ziel. Oder mit anderen Worten ausgedrückt: Innerbetriebliche Weiterbildung muss einen Beitrag zur Unternehmensstrategie leisten und in diese Strategie sichtbar für alle eingebunden sein. Es gibt quasi eine Zielkette. Allerdings scheint diese Zielhierarchie oft nicht konsequent abgeleitet zu sein. Oft sind Weiterbildungsbereiche nicht in die Strategiebildung involviert, nicht nah genug an strategischer Stelle im Unternehmen angesiedelt oder sie werden nicht so ernst genommen wie z. B. der Finanzbereich. Wenn die Zielhierarchie nicht abgestimmt ist, Weiterbildung nicht in die Unternehmensstrategie einzahlt, dann scheitert die Weiterbildung – im Großen auf der Makroebene.

Knapp drei Viertel der Befragten Weiterbildungsanbieter stimmen folgender These zu: „Die Weiterbildung im Unternehmen gleicht eher einem kurzsichtigen Reparaturbetrieb als einer auf Nachhaltigkeit orientierten, langfristigen Mitarbeiter-Förderung" (Graf 2015).

Graf bezeichnet diesen Effekt als „Hinterherqualifizieren" und fragt, ob das nicht in Zeiten der rasanten und stetigen Veränderung eine kluge Strategie ist. Eine kluge sicher nicht, aber eine fast unvermeidliche. Schon bei der statistischen Ermittlung des Weiterbildungsbedarfs (Vergleich der Qualifikationsvoraussetzungen der Mitarbeiter und der Qualifikationsanforderungen) stößt man auf grundsätzliche Probleme (Staudt 2002, S. 88). Staudt beschreibt eine Vielzahl von Faktoren, die die Grenzen der Anforderungsbeschreibung bereits in der Weiterbildungsbedarfsanalyse aufzeigen. Dazu gehören u. a. die Schwierigkeit, den Anteil des impliziten Wissens oder die Operationalisierbarkeit von Schlüsselqualifikationen zu erfassen. Darüber hinaus betont er die wachsende Komplexität und die Kompliziertheit in den sich dynamisch entwickelnden Märkten sowie die damit verbundenen Schwierigkeiten für die Prognose von Weiterbildungsbedarfen. Er nennt das „strukturelle Verspätung" (Staudt 2002, S. 88–89).

Das Phänomen des „Hinterherqualifizierens" bzw. der „strukturellen Verspätung" stimmt mit meinen Erfahrungen überein. Weiterbildungsbedarfserfassung, Planung und Umsetzung in großen Unternehmen kosten Zeit. Inzwischen haben sich der Markt und möglicherweise die Firmenstrategie geändert. Die Wege sind lang und der Beteiligten zu viele. Konfrontiert man aber die Elemente der Kompetenz, -nämlich Handlungsfähigkeit, Handlungsbereitschaft und organisatorisch-technologische Einbindung – mit den Maßnahmenkanon der Personalentwicklung, wird deutlich, dass dieser die Handlungsfähigkeit, also einen Teilausschnitt der Kompetenz fokussiert (Staudt 2002, S. 49). Personalentwickler haben *ihren* Fokus. Andere Beteiligte am Geschehen der innerbetrieblichen Weiterbildung haben ebenfalls entsprechend ihrer Funktionalität in der Organisation ihre Sicht.

4.1 Komplexität

Der Aspekt, dass in einer großen Firma viele Abteilungen und Menschen am Vorgang Weiterbildung beteiligt sind, birgt die Gefahr des Scheiterns auf der Organisationsebene. Die Abb. 1 gibt einen Eindruck von der Gemengelage und ist längst nicht vollständig. Die **Komplexität** ist schon auf Grund der Vielzahl der ‚Elemente' augenfällig, obwohl nicht

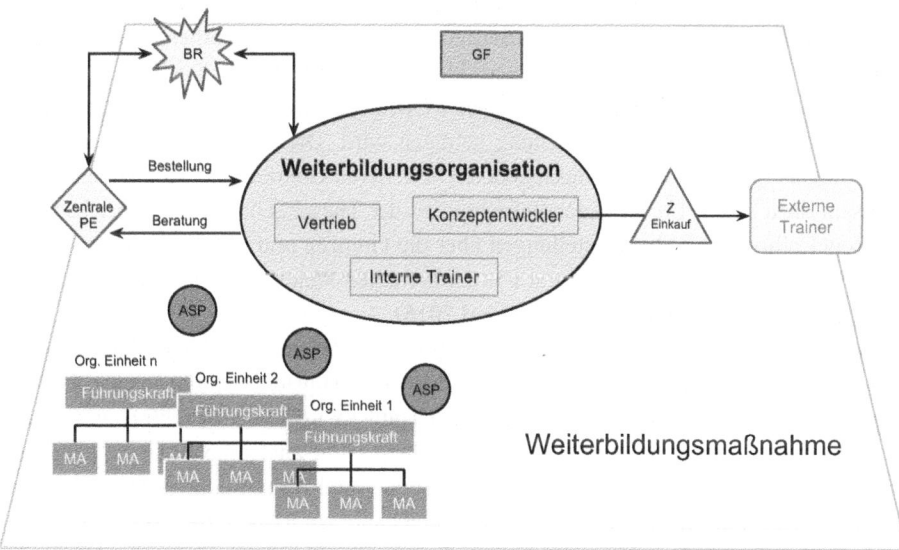

Abb. 1 Komplexität innerbetrieblicher Weiterbildung. (Legende: *BR*=Betriebsrat (Mitbestimmungsrechte), *GF*=Geschäftsführung (oft ohne direkten Bezug zur Weitebildungsplanung und -durchführung), *Z-Einkauf*=Zentraler Einkauf (Bewertet externe Anbieter ausschließlich nach ökonomischener Eignung für die Maßnahme), *ASP*=Ansprechpartner für Weiterbildungsmaßnahmen in den Organisationseinheiten (oft keine qualifizierten Personalentwickler) Führungskräfte oft ebenfalls ohne Austausch zu der Weiterbildungseinrichtung)

alle und schon gar nicht die verschiedenen Beziehungsmöglichkeiten dargestellt wurden. Nach Luhmann wird eine Menge von Elementen als komplex bezeichnen, wenn auf Grund immanenter Beschränkung der Verknüpfungskapazität der Elemente nicht mehr jedes Element jederzeit mit jedem anderen verknüpft sein kann (Luhmann 1994, S. 46).

In großen Organisationen existieren oft eigene Weiterbildungsabteilungen, die für die Konzipierung von Weiterbildungsmaßnahmen verantwortlich sind. Die Bedarfe können sich allerdings aus unterschiedlichen Quellen speisen. Natürlich findet sich der theoretische Ausgangspunkt in den strategischen Entscheidungen der Geschäftsführung. Allerdings sind die Geschäftsführer in den wenigsten Fällen direkt in das Weiterbildungsgeschehen angebunden. Der Betriebsrat (BR) nimmt sehr praktischen Einfluss. Er hat im Bereich der beruflichen und betrieblichen Bildung ein gestuftes Beteiligungsrecht. Im Betriebsverfassungsgesetz ist vom Informationsrecht bis hin zum Mitbestimmungsrecht (z. B. über die Auswahl der Teilnehmer und das „wie" der Durchführung) vieles geregelt. Diese Reglungen entfalten mitunter paradoxe Wirkungen. So wird z. B. ein ursprünglich positives Ergebnis einer Tarifverhandlung, welches den Mitarbeitern 3 Tage Weiterbildung im Bereich von Schlüsselqualifikationen zugesteht, als „Anmaßung" empfunden. Verstehen kann man die Mitarbeiter nur, wenn man weiß, dass diese sich mit rasanten, technischen Entwicklungen in ihrer Branche konfrontiert sehen, Technikseminare von den Mitarbeitern aber vermisst werden (erinnert sei an das Phänomen des Hinterherqualifizierens). Auf diesem Motivationshintergrund sind noch so gut konzipierte Schlüsselqualifikationsweitebildungen wenig erfolgversprechend. Diese entstandene Eigendynamik konnte keinesfalls beim Abschluss des Betriebsverfassungsgesetzt vorhergesehen werden.

Desweitern zeigt sich, dass jene Weiterbildungsmaßnahmen in großen Firmen, die über zentrale Personalentwicklung angestoßenen werden, auf diverse Organisationseinheiten stoßen, deren Spezifik kaum Rechnung getragen wird. Die Führungskräfte kennen oft nicht die Palette an Weiterbildungsangeboten bzw. deren Grenzen und Möglichkeiten. Interessant dazu ist ein Ergebnis der Befragung zu der These: „Die Auftraggeber haben in der Regel sehr realistische Vorstellungen über die Grenzen und Möglichkeiten einzelner Weiterbildungsmaßnahmen." Nur gut 1 % der befragten Weiterbildungsanbieter kann dieser These uneingeschränkt zustimmen (Graf 2015).

Im Zentralen Einkauf findet man die „Ökonomisierung" im besonderen Maße manifestiert. Hier werden Bildungsanbieter nach dem kostengünstigsten Angebot ausgewählt. Der angemessen und notwendigen Qualifikation der Trainer wird keiner Beachtung geschenkt.

Wie könnte mit diesem (unvermeidlich) hohem Grad an Komplexität umgegangen werden? Mitunter wird versucht, über externe Berater und Weiterbildungsanbieter jemanden einzusetzen, der aus der Distanz besser sehen kann, wo Risiken für das Gelingen von Weiterbildungsmaßnahmen liegen. Häufig scheitern diese Vorhaben dennoch, da sich die externen Anbieter ökonomischen Zwängen auch wider besseren Wissens unterwerfen und „mit machen" (Graf 2015).

Nicht selten zwingt sich der Eindruck auf „Viele Köche verderben den Brei". Die unterschiedlichen Interessen und Ziele der am Weiterbildungsprozess Beteiligten werden in der Realität selten besprochen, verhandelt und abgeglichen. Jeder Einzelne ist auf seinem Gebiet kompetent. Ich stimmen hier sehr mit der Einschätzung von Broad & Newstrom überein, die sinngemäß feststellten: Viele Köche müssen zusammenarbeiten: The Transfer Partnership is made up of managers (including executives, supervisors, team leaders etc.), trainers, and trainees who have a strong interest in a particular training program and who have agreed to work together to support the full application of the training to the job. We propose that a Transfer Partnership be formed for every high-priority training program (Broad und Newstrom 1996, S. 14).

Um dem Phänomen der Verantwortungsdiffusion zu begegnen, ist es für die Kompetenzentwicklung daher zwingend notwendig, eine Zusammenarbeit und Integration zwischen Personal-, Organisations-, und Unternehmensentwicklung zu initiieren (vgl. Staudt 2002).

4.2 Transfer – Von der Weiterbildung in den Arbeitsalltag

Die Übersetzung des lateinischen Wortes *transferre* (trans=durch- hindurch, über; ferre=tragen, bringen, gebären) zeigt schon umfänglich, auf welchem schwierigen Weg man sich beim Transfer von Weiterbildung in die Arbeitswelt befinden. Die Inhalte müssen hinüber getragen/gebracht werden. Dieser beschwerliche Weg ist vergleichbar mit einer Geburt oder, weiter gefasst, dem Ankommen in der Arbeitswelt. Der Nutzen von Weiterbildung hängt grundsätzlich davon ab, wie gut das Gelernte im Arbeitsalltag angewandt werden kann (Wittke 2007, S. 67). „Transfer bezeichnet die kontinuierliche Anwendung der im Lernfeld erworbenen Inhalte im Funktionsfeld. Dabei generalisiert der Teilnehmer die erlernten Inhalte, entscheidet über deren Anwendung und führt die Anwendung im Funktionsfeld aus" (Gnefkow, 2008, S. 33).

Institutionalisierte Weiterbildung ist oft genug ein zeitlich begrenzter Abschnitt. Seminarteilnehmer sind im Schnitt 3–5 Tage im Arbeitsjahr in Weiterbildungen eingebunden. Für den Transfer in die rund 200 Arbeitstage wird hingegen kein Arbeitstag aktiv eingeplant. Der Veränderungsimpuls aus der Weiterbildung reicht nicht aus, um die Veränderung im Großen (auf der Makroeben der Organisation) zu bewirken.

Spätestens seit Baldwin und Ford (1988) wird die sogenannte Transferproblematik von vielen Fachleuten diskutiert und in Forschungsarbeiten beleuchtet (u. a. Seidel 2012). Kernaussage ist immer, dass das Erreichen des Seminarziels nicht zwingend die Übertragung der im Seminar erlangten Erkenntnisse (Erfahrungen und Wissen) in die Arbeitswelt garantiert. Ryschka et al. (2011) zitieren diesbezüglich die Metaanalyse von Alliger et al. (1997) bezüglich der Zusammenhänge von Evaluationskriterien für Trainings. Aus den substanziellen, aber dennoch schwachen Zusammenhängen zwischen Lernerfolg und Lerntransfer schließen sie, dass Lernerfolg eine notwendige, aber keine hinreichende Bedingung für die Anwendung des Gelernten im Arbeitsalltag ist.

Die Transferbarrieren, die Pawlowsky und Bäumer (1996) in ihrer Arbeit gefunden haben, finden sich in dem oben geschilderten Praxisbeispiel fast identisch wieder. Auch dort liegt ein Hauptgrund für das Scheitern in der fehlenden Nachbereitung. Die Vorschläge, Ideen und Anregungen der Teilnehmenden wurden nicht ausgewertet und somit auch nicht transferiert. Die mangelnde offizielle Kommunikationsmöglichkeit nach der Veranstaltung, wie bei 35 % aller Fälle, führte in unserem Fallbeispiel zu starkem Motivationsverlust und damit nicht nur zum Scheitern in den eigentlichen Zielen, sondern zu einem unerwünschten Lerneffekt (Tab. 1).

Zugespitzt möchte ich behaupten: Transfer von Weiterbildungsinhalten stört. Selbst reine Fachseminare zielen auf anderes Arbeiten mit anderen Werkzeugen und anderen Methoden ab. Erst recht, wenn sich Berufsbilder ändern, neue Zusammenarbeitserfordernisse entstehen oder eine neue strategische Firmenausrichtung umgesetzt werden muss. Kolb führt dazu aus: Thus, one's job [...] is not only to implant new ideas but also to dispose of or modify old ones. In many cases, resistance to new ideas stems from their conflict with old beliefs that are inconsistent with them (Kolb 1984, S. 27). Die Transferleistung muss oft auch gegen ein gewisses Beharrungsvermögen von alten Gewohnheiten, Strukturen und Unternehmenskulturen „arbeiten".

Immer wieder wird betont, dass der Lerntransfer einer professionellen Transfersicherung bedarf– und diese bereits vor dem Seminar beginnt. (vgl. Neubauer o. J.). Durch eine bereits vor der Weiterbildung ansetzende Transferplanung und eine umfassende Transferunterstüt-zung lässt sich die Gefahr des Scheiterns minimieren oder bestenfalls unterbinden. Wenn es gelingt den Transfer als Brücke von der Weiterbildung in die Praxis zu planen, zu gestalten und sowohl Führungskräfte als auch die Mitarbeiter gemeinsam über diese Brücke gehen – können Erkenntnisse aus der Weitebildung in den Arbeitsalltag transportiert werden. Diese Brücke wurde im geschilderten Praxisbeispiel nicht gebaut.

Einige Autoren (u. a. Ryschka et al. 2011) schlagen vor, die Weiterbildungsmaßnahmen so zu konzipieren, dass die beruflichen Aufgaben in einem wirklichkeitsgetreuen Um-feld möglichst realistisch simuliert werden. So wünschenswert das klingt und die Vorteile des Erfahrungsbasierten Lernens ebenfalls in unserem Fallbeispiel beschrieben wurden, ist eine konsequente Umsetzung unrealistisch. Auch deshalb ist meiner Meinung nach größeres Augenmerk auf den Abbau der bereits genannten Transferbarrieren zu legen. Als nützlich erweisen sich:

- Aktive Nachbereitung, z. B. über das Aufgreifen der Seminarinhalte in den Teambe-sprechungen. In unserem Fallbeispiel hätte eine Förderung der formellen Kommunika-tion auf der Agenda den informellen Austausch auf dem Flur sicht- & und bearbeitbar gemacht, er wäre zielgerichtet gelaufen.
- Zeit, z. B. über Freistellung für Weiterbildung on-the-job für den Transfer. Teamsuper-visionen und Follow up Maßnahmen sind ebenfalls hilfreich.

Tab. 1 Hauptbarrieren beim Transfer von Weiterbildungskenntnissen in den Arbeitsbereich nach Pawlowsky und Bäumer (1996, S. 154)

Transferbarrieren	Anteil der Befragten (%)
Keine Nachbereitung der Veranstaltung	61
Fehlende Zeit, Inhalte umzusetzen	57
Mangelnde Kommunikationsmöglichkeiten der Weiterbildungsinhalte nach einer Veranstaltung	35
Vorgesetzte verhindern Umsetzung aus Angst vor Kompetenzverlust	30

- Kommunikation, z. B. stärkerer Austausch zwischen allen Beteiligten am Weitebildungs-prozess sowie eine konsequente Auswertung und Umsetzung der Evaluationsergebnisse.
- Einbindung der Führungskräfte, z. B. durch die aktive Teilnahme der Führungskräfte an den Weiterbildungsmaßnahmen sowie Vereinbarung und Controlling von Weiter-bildungszielen zwischen Mitarbeitern und Führungskräften, ohne die Eigenverantwor-tung der Mitarbeiter und ihre intrinsische Motivation dabei zu vernachlässigen.

4.3 Evaluation

In der Literatur ist man sich einig: Weiterbildungserfolge oder Weiterbildungsscheitern ist schwer objektiv messbar (vgl. Kraiger et al. 1993, S. 311). Trotzdem gibt es kaum eine Weiterbildung ohne Evaluation/Bewertung. Am häufigsten wird Evaluation mittels eines standardisierten Fragebogens (heiß und kalt) umgesetzt. Heiß bedeutet, die Abfrage wird noch im Seminar oder sofort im Anschluss daran durchgeführt. Kaltabfragen hingegen werden nach einigen Tagen oder sogar Wochen, nicht selten online erhoben. Die reine Selbstauskunft der Teilnehmer, die häufig aufgrund von Kostendruck und dem Standar-disierungswunsch als alleinige Methode eingesetzt wird, ist nur sehr bedingt geeignet um Transfer und Verhaltensanpassungen zu messen.

Ich bin sehr mit Grote einer Meinung, wenn er sagt: Die einseitige Fokussierung auf die Zufriedenheit der Teilnehmer am Seminarende kann in die Sackgasse führen, denn diese steht offenbar in keinem nennenswerten Zusammenhang zum tatsächlichen Transfer des Gelernten in die Praxis (Grote 2006, S. 1). Bedenken sollte man auch die Tatsache, welche Klieme darstellt: […] deshalb, weil hohe Zufriedenheitswerte […] die Konsequenz eines geringen Anspruchsniveaus […] sind, so kann auch die Zufriedenheit der Teilnehmer an einer Weiterbildungsmaßnahme den Blick auf Schwächen dieser Maßnahme geradezu verstellen (Klieme und Tippelt 2008, S. 125).

Durch standardisierte Evaluationsfragen wird das Scheitern von Weiterbildung oft auf organisatorische Faktoren reduziert. Die Fragen nach der Pünktlichkeit des Trainers, der Vollständigkeit von Unterlagen, der rechtzeitigen Einladung usw. lassen sich leicht aus-werten, ergeben aber nur eine relative Rückmeldung zur Qualität der Weiterbildung. Ich plädiere für eine tiefer gehende, multivariable Evaluation, die Transferleistungen und Ver-änderungen nach der Weiterbildung in die Begutachtung einbezieht. Dieses kann z. B. über strukturierte Interviews mit den Teilnehmern oder über Feedback und Reflexionssze-narien mit Führungskräften und anderen Mitarbeitern geschehen.

Die Interviews, die in unserem Fallbeispiel mit den Teilnehmern geführt wurden, zeichneten in Bezug auf den Erfolg der Weiterbildung und der damit gewünschten Verän-derung in der Prozessorganisation ein deutlich weniger positives Bild als die Fragebögen. Die Heißabfragen ergaben direkt nach der Weiterbildung ein überragend positives Bild. Die Teilnehmer „bewerteten" das Erlebte durchweg sehr gut. Die Kaltabfrage, die rund 2 Wochen nach der Durchführung erhoben wurde, war noch immer positiv, wenngleich nicht mehr so überschwänglich wie zuvor. In den Interviews 3–4 Monate nach der Weiter-bildung bewerteten die Teilnehmer die Durchführungsleistung noch immer relativ positiv.

Das war anstrengend, aber hat Spaß gemacht!, aber die Kritik an der Veränderungswilligkeit der Organisation und der fehlenden Aktivität der Führungskräfte … das machen die(Führungskräfte) doch immer so mit uns … (Valks 2012, S. 119–126) wurde unzweifelhaft deutlich laut. Die Quintessenz der Auswertung dieser Weiterbildung ist, das diese „am Ziel vorbei" und vor allem in der Umsetzung gescheitert ist.

Es bestätigt sich die These vom Beginn des Artikels. Man kann nicht nicht lernen. Die Teilnehmer hatten positive Lerneffekte, die auch durch fehlenden Unterstützung der Führungskräfte nicht verloren gingen. Sie lernten einander über Fachgruppen hinweg kennen. Sie erlernten die komplexen Prozessschritte. Aber sie lernten auch, dass ihre mühevoll erarbeiteten Veränderungshinweise nicht umgesetzt wurden.

5   Fazit

Innerbetriebliche Weiterbildung ist in ein hoch komplexes Organisationsgefüge eingebettet. Demzufolge sind die Anlässe für ein Scheitern vielfältig. Es wurde das kleine Scheitern betrachtet, wenn eine Weiterbildungsmaßnahme nicht das Lernziel erreicht. Für das große Scheitern auf der Organisationsebene gibt es ebenfalls eine Vielzahl von Quellen. Allerdings gibt es kaum jemanden der dies aus einer Gesamtsicht heraus benennt, benennen darf.

Folgte man stärker P. Senge mit seinen Ausführungen zu einer lernenden Organisation (1996) und ergänzt die stetige individuelle Selbstverbesserung mit einer gemeinsame Reflexion, Kommunikation und Denken in Systemen, würde Scheitern nicht nur nicht genannt, sondern auch verringert. In einem Interview antwortet Senge auf die Frage „Was würde man sehen, wenn man eine Organisation betritt, die sich in Richtung lernende Organisation bewegt?" mit den Worten: Als erstes würde ich einige ganz bestimmte Merkmale der Unternehmenskultur untersuchen.…Ich würde fragen, ob ihre Arbeit ihnen wirklich am Herzen liegt. Und weiter führt er aus: Die zweite Sache auf die ich … achten würde, wäre, ob sie (die Unternehmenskultur) die Möglichkeit und eine gewisse Ermutigung zur Reflexion bietet. … Das dritte Merkmal, nach dem ich Ausschau halten würde, wäre, ob ein Verständnis für Systeme entwickelt ist … eine Mindestanforderung wäre eine Art fragende Haltung. … Aber ein entscheidendes Element ist, dass Manager, vor allem Manager der ersten Führungsebene, über Lernmöglichkeiten nachdenken. … die Lernprozesse (müssen) mit den tatsächlichen Entscheidungsprozessen in der betreffenden Organisation verbunden sein (S. 502–505).

Mit dieser ermutigenden Vision und gleichzeitig in aller Demut schließe ich mich Staudt (2002) an und bin der Ansicht, dass Weiterbildung gelegentlich hilfreich bei der Lösung von Entwicklungsproblemen sein kann.

Literatur

Alliger, G. M., Tannenbaum, S. I., Bennett, W., Traver, H., & Shotland, A. (1997). A meta-analysis of the relations among training criteria. *Personnel Psychology, 50*, 341–358.

Arnold, R. (2006). Die Systemik des Erwachsenenlernens. In R. Balgo & H. Lindemann (Hrsg.), *Theorie und Praxis systemischer Pädagogik* (S. 177–219). Heidelberg: Carl-Auer-Verl.

Arns, S. (2011). Wie kommt das Wissen in den Kopf? upgrade, 1.11, S. 23–25. http://www.donau-uni.ac.at/imperia/md/content/upgrade/2011/upgrade_01_11_wissenkopr.pdf. Zugegriffen: 25. April 2012.

Baldwin, T. T., & Ford, J. K. (1988). Transfer of training: A review and directions for future research. *Personnel Psychology, 41*(1), 63–105.

Broad, M. L., & Newstrom, J. W. (1996). *Transfer of training. Action-packed strategies to ensure high payoff from training investments.* Reading: Addison-Wesley.

Gnefkow, T. (2008). *Lerntransfer in der betrieblichen Weiterbildung.* Bielefeld: Universität Bielefeld. Zugegriffen: 22. Juni 2015.

Graf, J. (2015). *WeiterbildungsSzene Deutschland 2015.* Bonn: managerSeminare.

Grote, S. (Hrsg.). (2006). *Kompetenzmanagement. Grundlagen und Praxisbeispiele.* Stuttgart: Schäffer-Poeschel.

Klieme, E., & Tippelt, R. (2008). Qualitätssicherung in der betrieblichen Weiterbildung. *Zeitschrift für Pädagogik, 53*, 122–134.

Kolb, D. A. (1984). *Experiential learning: Experience as the source of learning and development.* Englewood Cliffs: Prentice-Hall.

Kraiger, F., Ford, J. K., & Salas, E. (1993). Application of cognitive, skill-based, and affective theories of learning outcomes to new methods of training evaluation. *Journal of Applied Psychology, 78*(2), 311–328.

Luhmann, N. (1994). *Soziale Systeme. Grundriß einer allgemeinen Theorie.* Frankfurt a. M.: Suhrkamp.

Mandl, H., & Reinmann-Rothmeier, G. (1995). Unterrichten und Lernumgebung gestalten. In Forschungsbericht. München: LMU München. Inst. für Päd. Psychologie, Bd. 60.

Neubauer, B. (o. J.). Lerntransfer sicherstellen und begleiten. Haufe Akademie. www.haufe-akademie.de/leitfaden_vorbereitung. Zugegriffen: 23. Juni 2015.

Pawlowsky, P., & Bäumer, J. (1996). *Betriebliche Weiterbildung. Management von Qualifikation und Wissen.* München: Beck.

Plath, H.-E. (2002). Erfahrungswissen und Handlungskompetenz. In G. Kleinhenz (Hrsg.), *IAB Kompendium Arbeitsmarkt- und Berufsforschung* (S. 517–529). Nürnberg: IAB.

Ryschka, J., Solga, M., & Mattenklott, A. (Hrsg.). (2011). *Praxishandbuch Personalentwicklung. Instrumente, Konzepte, Beispiele.* Wiesbaden: Gabler.

Seidel, J. (2012). *Transfer in der betrieblichen Weiterbildung. Entwicklung eines Messmodells zur Erfassung des Transfererfolges.* Mainz: Universität Mainz.

Senge, P. M. (1996). *Die fünfte Disziplin.* Stuttgart: Klett-Cotta.

Staudt, E. (2002). *Kompetenzentwicklung und Innovation. Die Rolle der Kompetenz bei Organisations-, Unternehmens- und Regionalentwicklung* (Edition QUEM Bd. 14). Münster: Waxmann.

Valks, C. (2012). *Welchen Beitrag leistet die Methode Prozesssimulation im Change Prozess am Beispiel einer Weiterbildungsorganisation?* Unveröffentlichte Masterthesis. Krems: Donau-Universität.

Watzlawick, P., Bavelas, J. B., & Jackson, D. D. (1969). *Menschliche Kommunikation. Formen, Störungen, Paradoxien* (4. Aufl.). Bern: Huber.

Wittke, G. (2007). *Kompetenzerwerb und Kompetenztransfer bei Arbeitssicherheitsbeauftragten.* Berlin: FU Berlin.

 **Iris Friederici** Grundlage für das explizite Wissen wurde mit dem Studium der Arbeits- und Ingenieurpsychologie an der Humboldt Universität Berlin/Deutschland gelegt. Die folgenden Weiterbildungen erweiterten Wissen und bildeten Handlungsfähigkeiten aus:

Ausbildung zur sozialpsychologischen Verhaltenstrainerin (Gesprächsführung und Kreativitätstraining), Ausbildung zur Teamtrainerin nach der Coverdale-Methode (erlebnisorientiertes Lernen), Universitätsseminar der Wirtschaft,

Universitätslehrgang Organisationsberatung iff/Universität Klagenfurt, Österreich (Wiener Schule der Organisationsberatung; systemischer Beratungsansatz; systemisches Coachen), Re-Teaming Coaching Ausbildung bei Ben Fuhrman Finnland/Willi Geißbauer Deutschland (mit Konsequent lösungsorientierter Ansatz),

Supervisionsausbildung am Institut für Supervision und Organisation, anerkannte Berufsausbildung der Deutsche Gesellschaft für Supervision,Zertifiziert für Persönlichkeitstest profilingvalues®.

Die Handlungskompetenz wurde in 25 Jahren als interne Trainerin, Beraterin und Personalentwicklerin in Konzernkontext, sowie in 8 Jahre als freiberufliche Organisationsberaterin, Supervisorin und Coach in vielfältigen Situationen und Branchen ausgebaut.

Scheitern in Projekten

Daniel Marinkovic und Karin Behrendt

Zusammenfassung

Projekte sind in der Regel dadurch gekennzeichnet, dass ihre zeitlichen und budgetären Grenzen klar definiert sind. Daraus folgt aber nicht, dass das Erreichen oder Verfehlen der gesteckten Ziele gleichbeutend mit Erfolg oder Scheitern ist. Vielmehr entscheidet auch die Bewertung und Anerkennung der Ergebnisse durch die relevanten Anspruchsgruppen über den Projekt- bzw. Projektmanagementerfolg. Um dem Erfolg auf die Spur zu kommen, bietet sich die Orientierung an anwendungsbezogenen Forschungsdisziplinen wie der Arbeits-, Personal- und Organisationspsychologie an. Anhand ausgewählter Studienergebnisse werden unterschiedliche Erfolgs- und Misserfolgsfaktoren von Projekten herausgearbeitet und an Praxisbeispielen diskutiert. Projekte haben in der Umsetzungsphase einen ausgeprägten Steuerungsbedarf, was nicht zuletzt die hohen Anforderungen an den Projektleiter und die Kommunikation erklärt. Der Umgang mit tatsächlichem oder vermeintlichem Scheitern in Projekten stellt sich als ein differenziert zu betrachtendes Phänomen dar, das in hohem Maße von der Lernfähigkeit und -bereitschaft der Projektbeteiligten abhängig ist.

D. Marinkovic (✉)
be relevant | Personal- und Organisationsentwicklung, Barckhausstraße 1,
60325 Frankfurt, Deutschland
E-Mail: marinkovic@be-relevant.de

K. Behrendt
Karin Behrendt Personalmanagement, Bromelienweg 3, 13089 Berlin, Deutschland
E-Mail: behrendt@pm-berlin.com

© Springer-Verlag Berlin Heidelberg 2016
S. Kunert (Hrsg.), *Failure Management*, DOI 10.1007/978-3-662-47357-3_13

1 Einleitung

Scheitern in Projekten – dabei denken vielleicht viele spontan an (unvollendete) Großprojekte wie den Flughafen Berlin Brandenburg oder die Hamburger Elbphilharmonie.
Großprojekte scheinen hierzulande unter keinem guten Stern zu stehen, wie eine jüngst
veröffentlichte Studie der Hertie School of Governance (Kostka und Anzinger 2015) nahelegt. Die Autoren der Studie untersuchten 170 Infrastruktur-Großprojekte in Deutschland. Bei abgeschlossenen Projekten ($n=119$) betrug die durchschnittliche Kostensteigerung pro Projekt 73 %, bei unvollendeten Projekten ($n=51$) 41 % pro Projekt. Bei letzteren
ist allerdings bis zum Projektabschluss noch mit weiter steigenden Kosten zu rechnen. In
absoluten Zahlen bedeutet das, dass die untersuchten Infrastrukturprojekte in Deutschland
um 59 Mrd. € teurer als geplant sind. Statt 141 Mrd. € werden sie mindestens 200 Mrd. €
kosten. Doch bedeutet es auch, dass Projekte als gescheitert anzusehen sind, wenn Kostenziele verfehlt wurden?

Beim Managen von Projekten spielen in der Regel noch andere Größen eine Rolle.
Bildhaften Ausdruck findet dieser Gedanke im sogenannten „Magischen Dreieck", das die
drei Größen Projektziele (Qualität), Projektdauer (Zeit) und Projektkosten (Ressourcen)
umfasst (Abb. 1).

Die Darstellung als Dreieck versinnbildlicht, dass die drei Größen Qualität, Zeit und
Ressourcen nicht unabhängig voneinander variiert werden können, sondern in einer dynamischen Abhängigkeit stehen. Wird eine Größe verändert, so ändern sich auch die beiden
anderen. Beispielhaft lässt sich dies an den eingangs erwähnten Großprojekten verdeutlichen. Die Kosten des Flughafens Berlin Brandenburg stiegen von ursprünglich geplanten
2,5 Mrd. € auf bislang 5,4 Mrd. € (Stand 2014), die Bauzeit verlängert sich voraussichtlich
von kalkulierten 2,5 Jahren auf 7,5 Jahre (Fiedler und Wendler 2015). Die Kosten der Elbphilharmonie stiegen von Vertragsschluss 2006 bis 2013 von 352 Mio. € auf 865 Mio. €.
Gleichzeitig verzögert sich die Fertigstellung von 2010 auf voraussichtlich 2017 (Fiedler
und Schuster 2015).

Zusammenfassend lässt sich also festhalten: Das Verfehlen von Kostenzielen zieht in
der Logik des „Magischen Dreiecks" auch das Verfehlen der beiden anderen Größen (Zeit,
Qualität) nach sich. Ein Scheitern des Projekts muss daraus nicht automatisch resultieren,
wie auch die genannten Großprojekte zeigen. Hier kann mit zeitlichem und budgetärem
Mehraufwand durchaus noch das Projekt abgeschlossen werden. Wie das Projekt abschlie-

Abb. 1 Magisches Dreieck
des Projektmanagements

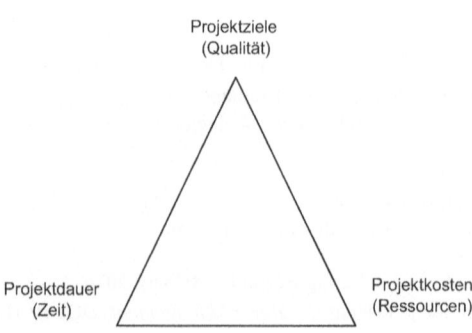

ßend beurteilt wird, hängt dann aber auch von der Bewertung der relevanten Anspruchsgruppen ab. Damit eröffnet sich neben der quantitativen Dimension, die etwa durch das
„Magische Dreieck" erfasst werden kann, auch eine eher qualitativ orientierte Dimension.
Dieser können vor allem „weiche" Faktoren wie Kompetenzen, Fähigkeiten und Fertigkeiten der Projektbeteiligten zugerechnet werden.

2 Projekterfolg und Projektmanagementerfolg

Wie die eingangs geführte Diskussion bereits gezeigt hat, kommt es in Projekten nicht
allein darauf an, die anvisierten Ziele im Hinblick auf Zeit, Kosten und Qualität zu erreichen. Auch die relevanten Anspruchsgruppen und ihre Bewertung des Projekts spielen
eine Rolle. Beide Aspekte zusammengefasst geben noch einmal wertvolle Hinweise für
das Verständnis von „Projekt" und „Projektmanagement", die über die Definitionen nach
DIN 69901 hinausgehen. Demnach ist ein Projekt ein „Vorhaben, das im Wesentlichen
durch die Einmaligkeit der Bedingungen in ihrer Gesamtheit gekennzeichnet ist, wie z. B.
Zielvorgabe, zeitliche, finanzielle, personelle und andere Begrenzungen; Abgrenzung
gegenüber anderen Vorhaben; projektspezifische Organisation." Projektmanagement hingegen bezeichnet die „Gesamtheit von Führungsaufgaben, -organisation, -techniken und
-mitteln für die Initiierung, Definition, Planung, Steuerung und den Abschluss von Projekten".

Projekte und Projektmanagement bieten, wie die Fülle der aufgezählten Inhalte und
Aspekte verdeutlicht, eine Reihe von Möglichkeiten und Ebenen, erfolgreich zu sein oder
auch zu scheitern. Diese Einsicht schlägt sich auch in der Unterscheidung von Projekterfolg und Projektmanagementerfolg gemäß der IPMA Competence Baseline (ICB) nieder.
Darin hat die International Project Management Association (IPMA) ihren Kanon zu den
Kompetenzaspekten des Projektmanagements dargelegt, der maßgeblich für die Ausbildung von Projektmanagern ist. Die ICB definiert daher den **Projekterfolg** als „die Bewertung der Projektergebnisse durch die betroffenen Interessengruppen". Diese Definition
ist wesentlich anspruchsvoller als „die Ablieferung der Projekt-Ergebnisse (Deliverables)
innerhalb des Budget- und Zeitrahmens", was nur einen Teil des Erfolgs darstellt (ICB
2009, S. 25). Der **Projektmanagementerfolg** ist die Anerkennung der Projektergebnisse
durch die maßgeblichen Interessengruppen (ICB 2009, S. 53).

Der Projektmanagementerfolg ist mit dem Projekterfolg verknüpft, trotzdem sind sie
nicht identisch. So ist es zum Beispiel durchaus möglich, ein erfolgreiches Projektmanagement bei einem Projekt durchzuführen, das aufgrund geänderter Rahmenbedingungen
vorzeitig beendet werden musste. Ein „echter" Projekterfolg war also nicht gegeben, da
keine oder nicht die erwarteten Ergebnisse erzielt werden konnten. Dennoch kann das Projekt ein Projektmanagementerfolg gewesen sein, da es bis zu seinem vorzeitigen Abbruch
reibungslos verlief. Ebenso ist denkbar, dass bei einem Projekt zwar das Kostenziel verfehlt wurde, der Auftraggeber das Ergebnis dennoch als sehr gut bewertet. Insofern kann
in diesem Fall von einem „Projekterfolg" die Rede sein, was auch bei den Großprojekten
wie Elbphilharmonie und Flughafen Berlin Brandenburg noch Anlass zur Hoffnung gibt.

Festzuhalten ist, dass Scheitern oder Erfolg sowohl auf der Ebene des Projekts als auch auf der Ebene des Projektmanagements angesiedelt sein können. Im Idealfall ist der Erfolg auf beiden Ebenen gegeben. Die genannten Beispiele zeigen aber auch, dass Projekterfolg und Projektmanagementerfolg (und damit auch das Scheitern) auf unterschiedliche Weise miteinander verknüpft sein können und dass letztlich die Bewertung bzw. Anerkennung durch die relevanten Anspruchsgruppen den Ausschlag gibt. Ein zentraler Aspekt, um den Erfolg von Projekten zu beeinflussen, könnte damit also das Management der relevanten Anspruchsgruppen (Stakeholder-Management) sein.

3 Herausforderungen in der Forschung

Unter Stakeholdern versteht man Personen oder Personengruppen, die am Projekt direkt beteiligt, am Projektablauf interessiert oder von den Auswirkungen der Projektziele oder Projektergebnisse betroffen sind. Stakeholder wollen Einfluss auf den Projektverlauf nehmen und die Projektziele mitgestalten. Ihr Einfluss auf das Projekt kann als „fördernd", „neutral" oder „die Projektziele verhindernd" beschrieben werden (Drews und Hillebrand 2010). Zu den typischen Stakeholdern eines Projekts gehören zum Beispiel Auftraggeber, Endkunden, Öffentlichkeit, Politik, Dienstleister, aber auch der Projektleiter und das Projektteam.

Bedeutung und Einfluss der beiden letztgenannten Stakeholder(gruppen) sind besonders häufig der Gegenstand der Forschung. Dafür gibt es vor allem zwei Gründe: Als Akteuren, die direkt am Projekt beteiligt sind, wird ihnen ein entsprechend großer Einfluss zugeschrieben. Außerdem ist die Abgrenzung zu anderen Stakeholdern relativ einfach, was einen klaren Forschungsfokus erlaubt. Allerdings existiert kaum eine rein projekt- oder projektmanagementbezogene Forschung. Ein Großteil von Erkenntnissen resultiert aus der psychologischen Forschung, wobei v. Rosenstiel et al. (2009, S. 5) Projekte in das Aufgabenfeld der Angewandten Psychologie inkorporieren: „Es gehört also zu den Aufgabenfeldern der Angewandten Psychologie, Projektbeteiligte zu unterstützen und mit einer Verbesserung von Prozessen zum Projekterfolg beizutragen." Als anwendungsorientierte Forschungsdisziplinen bieten sich diesem Verständnis nach die Arbeits-, Personal- und Organisationspsychologie an, die entlang ihrer charakteristischen Forschungsgegenstände (vgl. Tab. 1) Erkenntnisse zu Projekten und Projektmanagement liefern können.

Die Schwierigkeit, eine einheitliche Basis für Projekt- und Projektmanagementforschung zu erreichen, verdeutlicht auch noch einmal die Fülle von berührten Grundlagendisziplinen. Diese können von der Allgemeinen Psychologie (z. B. bei der gesundheitsförderlichen Gestaltung konkreter Projektaufgaben) über die Differentielle Psychologie (z. B. bei der Auswahl eines geeigneten Projektleiters) bis hin zur Sozialpsychologie (z. B. Bildung eines Projektteams) reichen. Dabei tritt jede Grundlagendisziplin mit einem mehr oder weniger eigenständigen Repertoire von Theorien, Modellen und Methoden an, wobei der gemeinsame Nenner sozusagen das menschliche Erleben und Verhalten in Projektkontexten ist.

Tab. 1 Projekt- und Projektmanagementaspekte im psychologischen Kontext (in Anlehnung an Kauffeld 2011, S. 5)

	Arbeit (z. B. Projektaufgaben)	Personal (z. B. Projektleiter, Projektteammitglied)	Organisation (z. B. Projektteam)
Gegenstand	Arbeitsaufgabe	Individuum	Dyade, Gruppe, Organisation, Netzwerk
Grundlagendisziplin	Allgemeine Psychologie	Differentielle Psychologie, Diagnostik	Sozialpsychologie
Anwendung	Arbeitsanalyse und -gestaltung, gesundheitsförderliche Arbeitsgestaltung, Arbeitszufriedenheit	Personalauswahl, Training, Evaluation	Führung, Team(entwicklung), Organisationsentwicklung, Organisationsberatung, Interkulturelle Kommunikation und Kooperation

Zusammenfassend lässt sich festhalten, dass Stakeholder erkennbar Einfluss auf den Erfolg oder das Scheitern von Projekten haben. Das liegt zum einen darin begründet, dass sie aktiv an der Umsetzung des Projekts beteiligt sind (z. B. Projektleiter, Projektteam). Zum anderen nehmen bestimmte Stakeholder (z. B. Auftraggeber, Öffentlichkeit) auch die relevante Beurteilung über den Erfolg von Projekt und Projektmanagement vor. In der Praxis hat das dazu geführt, dass die sogenannten Erfolgs- und Misserfolgsfaktoren, die das Projekt und sein Umfeld betreffen, besondere Beachtung gefunden haben. Im folgenden Kapitel sollen einige ausgewählte Studienergebnisse vorgestellt werden.

4 Ausgewählte Studien zu Erfolgsfaktoren

Im vorangegangenen Abschnitt wurden bereits die Herausforderungen diskutiert, die eine projekt- und projektmanagementbezogene Forschung mit sich bringt. Im Folgenden sollen die Ergebnisse einiger anwendungsorientierter Studien aus dem deutschsprachigen Raum vorgestellt und kommentiert werden. Eine Metaanalyse zu den verschiedenen untersuchten Aspekten bleibt ein Desiderat der Forschung.

Die ausgewählten Studien, die überwiegend in Kooperation mit der Deutschen Gesellschaft für Projektmanagement e. V. (GPM) entstanden sind, fokussieren unterschiedliche Faktoren, die den Erfolg oder das Scheitern von Projekten beeinflussen. Zunächst soll es um allgemeine Erfolgs- und Misserfolgsfaktoren in Projekten (Abschn. 4.1) gehen, dann um Persönlichkeitsmerkmale und Verhalten von Projektbeteiligten, die Einfluss auf den Erfolg von Projekten haben (Abschn. 4.2), und abschließend um Erfolg im Zusammenspiel von Projekt und Organisation (Abschn. 4.3).

4.1 Allgemeine Erfolgs- und Misserfolgsfaktoren in Projekten

Die drei betrachteten Studien fragen aus unterschiedlichen Perspektiven nach grundsätzlichen Erfolgs- und Misserfolgsfaktoren in Projekten. So benennt die Studie „Erfolg und Scheitern im Projektmanagement" (Studie 2008, S. 12) drei Faktoren, von denen der Erfolg eines Projekts am stärksten abhängig ist.

Kernergebnisse der Studie Erfolg und Scheitern im Projektmanagement:
- Starke und in die Organisation integrierte Projektleiter (Dazu gehört u. a. der Aspekt: „Auswahl des Projektleiters mit der besten Eignung.")
- Klare Ziele (Dazu gehört u. a. der Aspekt: „Durchgehende Klarheit über Projektziele für das gesamte Projektteam.")
- Gute Kommunikation (Dazu gehört u. a. der Aspekt: „Durchführung einer Stakeholder Analyse und aktives Stakeholder Management.")
(Jahr der Erhebung: 2008, Durchführung: GPM, PA Consulting; $n = 79$)

Die Studie „Misserfolgsfaktoren in der Projektarbeit" (Studie 2013a) analysiert entlang von drei Fragen, welche Probleme am häufigsten in der Projektarbeit auftreten, wie stark diese den Projekterfolg beeinflussen und wie schwierig die Probleme zu lösen sind. Die Ergebnisse der Befragung zeigen, dass die am häufigsten auftretenden Probleme nicht notwendigerweise auch die schwerwiegendsten oder die am schwersten zu lösenden Probleme sind. So ergibt sich ein nur mäßiger Korrelationskoeffizient von $r = 0{,}397$ (Pearson), wenn die Mittelwerte der Häufigkeit mit den Mittelwerten des Ausmaßes der Beeinflussung des Projekterfolgs korreliert werden (Rietiker et al. 2013, S. 33). Den stärksten Einfluss auf den Erfolg von Projekten haben demnach die folgenden Probleme.

Kernergebnisse der Studie „Misserfolgsfaktoren in der Projektarbeit":
- Unklare Projektziele oder mangelnde Kommunikation der Projektziele
- Änderungen in der Aufgabenstellung nicht systematisch erkannt/berücksichtigt
- Mangelhafte/nicht systematische Machbarkeitsanalysen im Projektvorfeld
(Jahr der Erhebung: 2012/13; Durchführung: GPM, EBS Paris, spm; $n = 151$)

Im Rahmen der Studie „Erfolgsfaktoren im Projektmanagement" (Studie 2015) sollten die Teilnehmer Fragen zu jeweils einem erfolgreichen und einem weniger erfolgreichen Projekt beantworten und die persönlich wahrgenommene Relevanz einzelner Faktoren einschätzen. Die drei Faktoren mit der größten Effektstärke in Bezug auf den Projekterfolg sind im Folgenden dargestellt (Studie 2015, S. 19).

Kernergebnisse der Studie „Erfolgsfaktoren im Projektmanagement":
- Unklare Projektziele oder mangelnde Kommunikation der Projektziele
- Änderungen in der Aufgabenstellung nicht systematisch erkannt/berücksichtigt
- Mangelhafte/nicht systematische Machbarkeitsanalysen im Projektvorfeld

(Jahr der Erhebung: 2014; Durchführung: GPM, Hochschule Koblenz; $n = 458$)

Als die beiden Hauptmisserfolgsfaktoren werden in der Studie die „Lagerbildung" zwischen Auftraggeber und Projektteam bzw. zwischen Projektteam und externen Partnern/Dienstleistern beschrieben (Studie 2015, S. 20).

Fazit: Auch wenn Vergleichbarkeit und Aussagekraft der Studien aufgrund unterschiedlicher Designs und Teilnehmerzahlen begrenzt ist, zeigt sich die Bedeutung „weicher" Faktoren auf den Erfolg in Projekten. Dazu gehören vor allem Kommunikation (der Ziele) sowie Rollen- und Kompetenzdefinitionen. Auch hier lässt sich verallgemeinernd zusammenfassen, was bei der Interpretation der Studie „Misserfolgsfaktoren in der Projektarbeit" festgestellt wurde: „Da Projekte komplexe soziale Systeme sind, ist hier insbesondere die Bewusstseinsbildung in den Führungsetagen der Unternehmen von Bedeutung. Manches deutet jedenfalls darauf hin, dass die Lösungen für die Probleme im Projektmanagement keinesfalls nur im Projektmanagement zu finden sind! [...] Als Schlussfolgerung sollte in der Qualifizierung vermehrt auf Elemente wie Zusammenarbeit, Kommunikation und Wertschätzung eingegangen werden" (Rietiker et al. 2013, S. 38).

4.2 Persönlichkeitsmerkmale und Verhalten von Projektbeteiligten

Den Einfluss von Persönlichkeitsmerkmalen und Verhalten von Projektbeteiligten auf den Erfolg betrachten zwei der ausgewählten Studien, die einmal auf Projektmitarbeiter, einmal auf Projektmanager zielen.

Kernergebnisse der Studie zum Verhalten von Projektmitarbeitern:
- Die Studie „Verhalten von Projektmitarbeitern" (Studie 2011a) betrachtet, inwieweit projektspezifische Faktoren positiv bzw. negativ abweichendes Verhalten von Projektmitgliedern beeinflussen und kommt zu dem Ergebnis, dass sich engagiertes bzw. destruktives Verhalten auf den Individual- und Projekterfolg auswirkt.

(Jahr der Erhebung: 2011; Durchführung: GPM, Universität Hannover; $n = 165$)

Kernergebnisse der Studie zum Persönlichkeitsprofil von Projektmanagern:
- Im Rahmen der Studie „Persönlichkeitsprofil erfolgreicher Projektmanagerinnen und Projektmanager" (Studie 2013b) wurde der Zusammenhang zwischen Berufserfolg von Projektmanagern und deren Persönlichkeitsmerkmalen untersucht. Als zentrale Erfolgsfaktoren wurden Risikoneigung und Teamfähigkeit identifiziert.

(Jahr der Erhebung: 2013; Durchführung: GPM, Privat-Institut für Qualitätssicherung in Personalauswahl und -entwicklung GmbH (IQP); $n=250$)

Fazit: Beide Studien bestätigen den Einfluss, den Projektmanager einerseits auf das Team(klima) und andererseits auf den Erfolg von Projekten haben. Im Ausblick der Studie „Verhalten der Projektmitarbeiter" werden Kommunikation und Ziele thematisiert, die bereits in Abschn. 4.1 als allgemeine Erfolgsfaktoren genannt wurden: „Aufgrund der Bedeutung der Projektmitarbeiter für den Projekterfolg ist auf das Verhalten der einzelnen Mitglieder positiv einzuwirken. Dies kann durch die Initiierung gezielter Aktivitäten im Team erfolgen. Aber auch Rituale und Symbole, wie ein eigenes Logo, ein Projektname oder tägliche, ritualisierte Besprechungen, können helfen, die Stimmung im Team zu fördern und damit die Mitarbeiter stärker an das Projekt zu binden. Gleichzeitig besteht die Möglichkeit, Zielvereinbarungen in Projekten einzusetzen. Denn diese steigern die Verantwortlichkeit der Teammitglieder den Zielen und dem Vorhaben gegenüber". (Studie 2011a, S. 9).

4.2.1   Fallbeispiel: Scheitern als Wendepunkt im Projekt nutzen

Ein mittelständisches Unternehmen im Bereich der Elektrotechnik erhielt den Auftrag eines bedeutenden Großkunden. Neben dem hohen Auftragsvolumen des Projekts ging es auch um die Möglichkeit, Folgeaufträge zu generieren. Die Unternehmensleitung setzte einen bis dahin sehr erfolgreichen Projektleiter zur Realisierung des Auftrags ein. Der Mitarbeiter hatte bereits einige kleinere Projekte gemanagt und hierbei nicht nur großes Engagement bewiesen, sondern die an ihn gestellten Anforderungen mit hoher Qualität erfüllt. Er wurde von der Unternehmensleitung mit allen erforderlichen Befugnissen zur Realisierung ausgestattet. Die Zusammensetzung des Projektteams lag gleichzeitig in seiner Hand. Das Team bestand aufgrund der Bedeutung des Projekts aus den fähigsten Mitarbeitern, die über teilweise langjährige Erfahrung in der Entwicklung verfügten. Der Zeitraum bis zur Fertigstellung wurde gemäß Pflichtenheft mit 18 Monaten kalkuliert. Entsprechende Zwischenetappen/Meilensteine waren zwar grob definiert, aber weder konkret festgeschrieben noch mit dem Kunden schriftlich vereinbart.

Problembeschreibung

Im Verlauf des Projekts zeigten sich nach ca. 6 Monaten erste Probleme. Die Vorbereitungsarbeiten hatten sich wesentlich länger hingezogen, als ursprünglich kalkuliert. Der Projektleiter versuchte, die Probleme eigenverantwortlich zu lösen, unterschätzte dabei aber die Komplexität des Projekts. Einige Teammitglieder hatten aus ihrer Sicht zwar auf eventuell eintretende Probleme hingewiesen, die Probleme wurden aber bei dieser Gelegenheit nicht gelöst. Nach Ansicht des Projektleiters gab es zu diesem Zeitpunkt noch genügend Puffer, um die Termine einzuhalten. Als nach ca. 12 Monaten dem Kunden erste Ergebnisse präsentiert werden sollten, wurde dieser zunächst vertröstet. Dem Projektleiter gelang es in dieser Situation, das Team zu Höchstleistung zu motivieren. Es wurden erhebliche Überstunden geleistet, jedoch wurde bereits nach wenigen Wochen deutlich: Der Auftrag kann nicht termingerecht abgeschlossen werden. Der Projektleiter war faktisch mit seinem Team gescheitert. Er musste die Geschäftsführung über die konkrete Situation informieren, was er lange hinausgezögert hatte. Aufgrund der Bedeutung des Projekts entstand eine fast panikartige Situation im Unternehmen. Diese wurde jedoch durch das besonnene Verhalten der Geschäftsführung in die (auch aus heutiger Sicht) richtigen Bahnen gelenkt: Der konkrete Stand des Projekts sowie die Analyse, wie es dazu kommen konnte, wurden gemeinsam mit allen Beteiligten im Unternehmen ermittelt. Dabei wurden folgende Probleme erkannt:

- Mangelnde Kommunikation: Zeit- und Inhaltsprobleme hätten allen Beteiligten deutlich früher kommuniziert werden müssen. Ebenso hätte die Geschäftsführung angesichts eines so wichtigen Auftrags bereits während des Prozesses mehr Verantwortung zeigen müssen.
- Mangelnde Projektvorbereitung und -planung: Grobe Meilensteine gemäß Pflichtenheft reichten nicht aus, um ein Projekt dieser Komplexität zu realisieren. Auch hier hätte der Projektleiter nicht allein mit dem Problem stehen dürfen. Die Herangehensweise basierte auf einer groben Fehleinschätzung aller Verantwortlichen.
- Ressourcenverfügbarkeit: Mit mehr Ressourcen hätte das Projekt termingerecht realisiert werden können. Der Einsatz externer Ressourcen wurde nicht erwogen.

Lösungsbeschreibung

Was geschah nun? Die Probleme waren zwar ermittelt, aber eine Lösung noch nicht in Sicht. Wie konnte diese aussehen? Die Geschäftsführung kontaktierte unverzüglich den Kunden und legte die Situation offen. Zudem erarbeitete die Geschäftsführung gemeinsam mit dem Projektleiter und ausgewählten Mitarbeitern im Vorfeld des Gesprächs ein neues Konzept. Darin wurden konkrete Maßnahmen aufgezeigt, um die Realisierung des Projekts doch noch zu ermöglichen. Das Konzept sah unter anderem die Kooperation mit einem Ingenieurbüro vor, das bereits aus früheren gemeinsamen Projekten bekannt war. Termine und Fristen wurden minutiös geplant, um frühzeitig auftretende Probleme zu identifizieren und anzugehen. Der Kunde war daraufhin bereit, eine Terminverschiebung zu akzeptieren. Vor allem der Umstand, dass die Geschäftsführung aktiv auf den Kunden zuging, als noch Aussicht darauf bestand, das Projekt zu retten, wirkte sich positiv auf diese Entscheidung aus. Ebenso überzeugten die angebotenen Lösungsmöglichkeiten den Kunden schließlich, auch eine längerfristige Zusammenarbeit aufzubauen. Das Problem schien gelöst, aber:

- Der Zeitverzug band eine Vielzahl von unternehmensinternen Ressourcen. Mitarbeiter, die längst in anderen Projekten tätig sein sollten, standen nur begrenzt zur Verfügung. Die Kosten wurden unter anderem durch die Einbindung externer Ressourcen wesentlich erhöht. Damit wurde das Projektziel auf Basis der ursprünglichen Planung verfehlt. Die lösungsorientierte Vorgehensweise trug aber letztlich dazu bei, den Kunden langfristig ans Unternehmen zu binden und weitere, überdurchschnittlich erfolgreiche Projekte mit ihm zu realisieren.
- Die Erfahrungen aus diesem Projekt waren Auslöser dafür, das Projektmanagement neu zu organisieren. Das Unternehmen legte Verantwortlichkeiten und Befugnisse in einem Projektmanagementhandbuch fest und führte ein kontinuierliches Qualitätsmanagement ein.

Welche Wirkung hatte die Projektrealisierung auf die Mitarbeiter und insbesondere den Projektleiter? In diesem Fall eine äußerst positive. Es ging nicht darum, dem Projektleiter sein Scheitern vorzuhalten und einen Schuldigen vorzuführen, sondern gemeinsam nach Lösungen zu suchen und Fehler als Möglichkeit zur Verbesserung betrieblicher Prozesse zu verstehen. Das positive Miteinander der Projektbeteiligten förderte die Motivation – auch noch bei späteren Projekten. Die Erfahrung des Scheiterns wurde hier zum Wendepunkt des Projekts.

4.3   Erfolg im Zusammenspiel von Projekt und Organisation

Abschließend soll der Erfolg im Zusammenspiel von Projekt und Organisation anhand zweier Studien thematisiert werden. Diese fragen, inwieweit Projekte selbst einen Erfolgsfaktor für Unternehmen darstellen können und wie sich der Reifegrad des im Unternehmen praktizierten Projektmanagements auf den Projekterfolg auswirkt.

Kernergebnisse der Studie „Projekte als Erfolgsfaktor für Unternehmen":
- Im Rahmen der Studie (Studie 2011b) wurde nach Behinderungen bei der Projektarbeit gefragt. Dabei wurden die Ressourcenknappheit („zu wenig Ressourcen"), die Projektfülle („zu viele Projekte") sowie „mangelnde Kommunikation" am häufigsten genannt.

(Jahr der Erhebung: 2011; Durchführung: GPM, Steinbeis-Hochschule Berlin, Pentamino GmbH; $n = 57$)

Kernergebnisse der Studie „Projektmanagementreifegrad und Projekterfolg":
- Die Studie (Studie 2014) untersuchte unter anderem die Bedeutung von Projektmanagementreife als Erfolgsfaktor in Projekten. Zur Überprüfung des Einflusses der Projektmanagementreife auf den Projekterfolg wurde der Datensatz in eine Gruppe weniger reifer und eine Gruppe reiferer Unternehmen aufgeteilt. Über

ein statistisches Testverfahren wurde anschließend untersucht, ob eine dieser Gruppen besser dazu in der Lage war ihre Projektziele zu erreichen. Es ergab sich ein statistisch signifikanter positiver Einfluss auf die finanzielle Zielerreichung sowie auf die Termintreue. Ein statistisch signifikanter positiver Einfluss auf die Kundenzufriedenheit konnte nicht ermittelt werden (Studie 2014, S. 17). (Jahr der Erhebung: 2013/14; Durchführung: GPM, Universität Kassel; $n = 121$)

Fazit: Quasi als Nebenergebnis bestätigt die Studie „Projekte als Erfolgsfaktor für Unternehmen" wiederum die Bedeutung von Kommunikation. Demgegenüber beleuchtet die Studie zum Projektmanagementreifegrad noch einmal die quantitative Dimension von Projekt- und Projektmanagementerfolg. Hier wirkt sich eine etablierte Projektkultur im Unternehmen zwar positiv auf die Größen Termintreue und Kosten aus. Die Kundenzufriedenheit (und damit möglicherweise die Bewertung durch eine relevante Stakeholder-Gruppe) wurde dadurch nicht verbessert.

4.3.1 Fallbeispiel: Scheitern als Chance zu organisationalen Veränderungen

Ein mittelständisches Unternehmen erhielt den Auftrag zur Entwicklung eines neuartigen Produkts, zu dem bis dato noch keine Erfahrungen im Haus vorlagen. Der eingesetzte Projektleiter hatte in der Vergangenheit bereits mehrere Projekte erfolgreich abgeschlossen und war im Unternehmen und bei Kunden als Fachmann bekannt und geschätzt. Eine Reihe zu spät erkannter Faktoren führte dazu, dass das Projekt nicht termingerecht abgeschlossen werden konnte. Dem Unternehmen drohten Schadenersatzansprüche. Die Geschäftsführung reagierte gänzlich anders als im vorigen Beispiel und entzog dem Projektleiter das Projekt. Die daraus resultierenden Folgen waren für die Betroffenen deutlich schwerwiegender als bei einem Verfehlen der Zeit- und Kostenziele. Der Projektleiter wurde als allein „Schuldiger" dargestellt und konnte nicht auf die Rückendeckung seiner Vorgesetzten bzw. der Geschäftsführung zählen.

Problembeschreibung

Das Scheitern wurde in diesem Fall ausschließlich als persönliches Versagen wahrgenommen. Eine Analyse der Ursachen unterblieb. Damit wurde auch die Chance vertan, aus den Fehlern des Projekts und seiner Planung zu lernen. Entsprechend negativ waren die Auswirkungen dieser Vorgehensweise auf den Projektleiter und die Mitarbeiter.

Auswirkung auf den Projektleiter: Die Demotivation des Projektleiters war unausweichlich. Sein Selbstwertgefühl sank auf ein Minimum. Die Aufarbeitung und Darstellung der Ursachen vor dem Team bzw. der Geschäftsführung hätten eine Chance dargestellt, Fehler zu erkennen und daraus zu lernen. Er fühlte sich vor den anderen Mitarbeitern bloßgestellt und zog sich in den folgenden Wochen immer mehr zurück. Der einzige Ausweg für ihn schien letztlich ein Wechsel in ein anderes Unternehmen zu sein. Doch selbst für diesen Schritt hatte er erst nach längerer Zeit das nötige Selbstvertrauen. In diesem Unternehmen gab es keine Perspektive mehr für ihn, auch wenn er wieder die Leitung eines Projektes erhalten hätte. Die „innere Kündigung" war vollzogen.

Auswirkungen auf die Mitarbeiter: Aus Sicht der Mitarbeiter wurde der Projektleiter von den Verantwortlichen „alleingelassen". Damit entstanden auch hier eine extreme Demotivation und eine sinkende Bereitschaft, selbst Projekte zu übernehmen. Die Vorgehensweise bei Konfliktsituationen in Projekten wirkte wenig förderlich auf das Engagement und die Kreativität der Mitarbeiter. Die Haltung „Dienst nach Vorschrift" stellte sich ein.

Aber auch eine andere Wirkung wurde deutlich. Da keine wirkliche Aufarbeitung des Scheiterns stattgefunden hatte, wiesen einige Mitarbeiter zunehmend Verantwortung von sich mit Ausreden wie:

- Ich kann sowieso nichts dafür.
- Das Projekt war ja gar nicht realisierbar.
- Zulieferungen kann ich nicht beeinflussen.
- Die Kosten waren von vornherein falsch kalkuliert.
- Der Auftraggeber weiß nicht, was er will.
- Ich hätte das anders gemacht, aber durfte ja nicht. (Vorschriften im Unternehmen, Genehmigungsverfahren u. ä.)

Es war schwierig, diese Situation wieder in den Griff zu bekommen. Die Mitarbeiter sollten zu einer kritischen Selbsteinschätzung und der Einsicht kommen: Nur bei einer offenen und ehrlichen Auseinandersetzung mit den Problemen ist eine Lösung möglich, um ein zukünftiges Scheitern zu verhindern. Die Art und Weise, wie das Unternehmen mit dem „Scheitern" des Projektleiters umging, erschwerte diese Einsicht. Wie konnte es gelingen, die Mitarbeiter wieder zu motivieren und zu einem konstruktiven Umgang mit Fehlern zu bewegen?

Lösungsbeschreibung

Die Persönlichkeitsveränderung des Projektleiters fiel dem zuständigen Vorgesetzten schließlich nach einigen Wochen auf und er suchte das Gespräch. In mehreren Mitarbeitergesprächen gemeinsam mit dem Personalverantwortlichen wurden die Gründe für das Verhalten deutlich. Nun konnte nachträglich die verfahrene Situation aufgearbeitet werden. Auf diese Weise war es möglich, dem Unternehmen einen fachlich sehr kompetenten Mitarbeiter zu erhalten.

Damit war die Basis für umfassende Mitarbeitergespräche im Unternehmen geschaffen. Daraus konnten wertvolle Hinweise zu Erhöhung der Effektivität gewonnen werden, außerdem wurden auch der Führungsstil und das Miteinander im Betrieb thematisiert. Breiten Raum in den Gesprächen nahm das Feedback der Führungskräfte ein. Waren in der Vergangenheit vor allem problembezogene Gespräche geführt worden, ging es jetzt um die Beurteilung und Anerkennung der Mitarbeiterleistung sowie mögliche Personalentwicklungsmaßnahmen.

Bedarf für diese Gespräche bestand schon lange, nicht erst seit dem Scheitern des Projektes. Die Verbesserungsvorschläge der Mitarbeiter gaben Anlass, ein Konzept zur Prozessoptimierung zu erstellen. Die Maßnahmen führten in der Tat zu einer besseren Leistung und wirkten sich positiv auf das Betriebsklima und den Teamgeist aus. Die Mitarbeitergespräche wurden zu einem festen Instrument der Personalführung und -entwicklung.

5 Der Umgang mit Scheitern in Projekten

Projekte tragen stets die Möglichkeit ihres Scheiterns in sich. Projektmanagement ist somit immer auch eine Form des Paradoxiemanagements: Einerseits soll es vorhersehbare Risiken vermeiden, unvorhergesehen auftretende Risiken möglichst minimieren und den Einfluss von Erfolgsfaktoren maximieren. Andererseits soll – jedenfalls nach dem Lehrbuch – durch ein ständiges Projektcontrolling der Zeitpunkt erkannt werden, an dem das Projekt keinen Nutzen mehr bringt, und beendet werden muss. Im Idealfall sorgen bereits im Vorfeld Machbarkeits- und Risikoanalysen für eine optimale Entscheidung. Denn „ohne hohe Wahrscheinlichkeit für die Realisierbarkeit einer Problemlösung und ohne die Abschätzung des Lösungsrisikos sollte keine Projektierungsentscheidung und noch weniger eine Projektentscheidung getroffen werden" (Olfert 2014, S. 45).

In der Praxis werden nun aber tagtäglich Projekte eingedenk der möglichen Risiken und Erfolgsfaktoren gestartet. Wie die Auswertung der Studienergebnisse in Abschn. 4.1 gezeigt hat, fehlt es zum Teil sogar an ernsthaften Machbarkeitsanalysen und klaren Zielen, auch werden Änderungen in der Aufgabenstellung nicht systematisch erkannt oder berücksichtigt. Mit Projekten wird in der Regel Neuland betreten. Das bedeutet im ungünstigsten Fall, dass Risiken nicht oder nur teilweise vorhergesehen werden können. Viel wahrscheinlicher ist aber, dass im Verlauf von Projekten Probleme auftreten, die zu Beginn gar nicht absehbar waren. Insofern ist Kommunikation im Sinne von „Aufklärung" ein so entscheidender Erfolgsfaktor.

6 Zusammenfassung

„Scheitern in Projekten" stellt sich als ein differenziert zu betrachtendes Phänomen dar. Zwar ist eine rein quantitativ orientierte Entscheidung über Erfolg oder Scheitern von Projekten denkbar (Abschn. 1). Allerdings hat die Diskussion gezeigt, dass die Bewertung bzw. die Anerkennung der Projektergebnisse entscheidend sein kann. Dies schlägt sich in der vorgeschlagenen Unterscheidung von Projekterfolg und Projektmanagementerfolg (Abschn. 2) nieder. Danach liegt der Erfolg, banal gesagt, „im Auge des Betrachters."

Die Vielfältigkeit der Aufgaben in Projekten und im Projektmanagement bildet eine Herausforderung, um einen einheitlichen Forschungsansatz zu gewährleisten. Als anerkannter und ertragreicher Ansatz kann die Angewandte Psychologie in den Forschungsdisziplinen Arbeits-, Personal- und Organisationspsychologie herangezogen werden (Abschn. 3). Damit rückt das menschliche Erleben und Verhalten in Projektkontexten in den Vordergrund.

In den ausgewählten, anwendungsorientierten Studien dominiert überwiegend die Methode des Experteninterviews mittels eines standardisierten Fragebogens (Abschn. 4). Betrachtet wurden dabei allgemeine Erfolgs- und Misserfolgsfaktoren in Projekten, Persönlichkeitsmerkmale und Verhalten von Projektbeteiligten als Einflussfaktor auf den Erfolg sowie der Aspekt Erfolg im Zusammenspiel von Projekt und Organisation. Immer wieder wird dabei die Bedeutung von Zielen, Kommunikation und Teamfähigkeit als Erfolgsfaktoren hervorgehoben.

Während die Definition von Zielen vor allem ein Bestandteil der Planungsphase in Projekten ist, spielen Kommunikation und Teamfähigkeit besonders in der Durchführung eine Rolle. Dies ist kaum verwunderlich, da die anfänglich „festen" Rahmenbedingungen sich im Verlauf des Projekts fortwährend verändern und insofern eine ständige Anpassung an eine dynamische (Projekt-)Umwelt erforderlich ist. Offen bleibt hingegen die Frage, ob und wie gut die Anpassung gelingt. Im Idealfall ist diese das Ergebnis eines kontinuierlichen Controllings, bei dem Abweichungen von definierten Zielen identifiziert, entsprechende Korrekturen vorgenommen und kommuniziert werden.

Aufschlussreich ist in diesem Zusammenhang die mehr oder weniger offen ausgetragene Grundsatzdiskussion zwischen „klassischem Projektmanagement" und „agilem Projektmanagement." Während die klassische Variante versucht, tendenziell umfänglicher und feinmaschiger zu planen, entspricht die agile Variante eher einem iterativen Vorgehen wie etwa in der Softwareentwicklung. Ob sich die beiden Ansätze ausschließen, einander ablösen oder kombiniert werden sollten, was faktisch schon geschieht, wird sich möglicherweise am Ende des Methodenstreits zeigen.

Wie die beiden Fallbeispiele (Abschn. 4) gezeigt haben, hätte durch die konsequente Beachtung der Erfolgsfaktoren (insbesondere rechtzeitige und ausreichende Kommunikation) frühzeitig gegengesteuert werden können. Andererseits konnten die Beteiligten aus den Projekten lernen und die Gesamtorganisation ebenfalls einen Nutzen aus den Erfahrungen ziehen.

Die standardmäßig geübte Praxis von Lessons learned beim Projektabschluss soll letztlich eine reflexive Komponente in den Gesamtprozess bringen. Ob und inwieweit daraus auf individueller und organisationaler Ebene tatsächlich gelernt wird, steht auf einem anderen Blatt. Eine Studie der Wirtschaftsprüfungsgesellschaft PricewaterhouseCoopers zum Thema Nutzenmanagement in Projekten kommt zu dem Schluss: „Projektnachschau und Lessons Learned sind vielfach nur Selbstzweck. […] Oft ist eine solche Projektnachschau jedoch unstrukturiert oder wird kurzfristig anberaumt aufgrund einer allgemeinen Unzufriedenheit mit dem Projektverlauf. In den meisten Fällen haben die Ergebnisse einer Projektnachschau wenig Einfluss auf die Konzeption und Durchführung künftiger Projekte" (PwC 2011, S. 10).

Um sowohl im Scheitern als auch im Erfolg hinzuzulernen, ist also eine „ehrliche" Nachschau notwendig. Inwieweit das Lernen aus Fehlern innerhalb einer Organisation üblich ist, liegt auch in ihrer Kultur begründet. So hebt die Studie „Erfolgsfaktoren im Projektmanagement" unter anderem gelebte Fehlerkultur als wichtigen Faktor hervor (Studie 2015, S. 19). Denn mehr noch als Individuen sind Organisationen darauf angewiesen, explizites Wissen aus Projekten zu generieren, das über die intendierten (Projekt-)Ergebnisse hinausgeht, und in die Praxis zu überführen, etwa die Etablierung von Instrumenten der Personalführung und -entwicklung (vgl. Abschn. 4.3.1). Nur so ist letztlich auch ein „erfolgreiches Scheitern" möglich.

Literatur

Bea, F. X., Scheurer, S., & Hesselmann, S. (2011). *Projektmanagement*. Konstanz: UVK Lucius.

Bohinc, T. (2014). *Kommunikation im Projekt: Schnell, effektiv und ergebnisorientiert kommunizieren*. Offenbach: Gabal.

Braumandl, I., Wastian, M., & von Rosentiel, L. (Hrsg.). (2012). *Angewandte Psychologie für Projektmanager: Ein Praxisbuch für die erfolgreiche Projektleitung*. Heidelberg: Springer.

Drews, G., & Hillebrand, N. (2010). *Lexikon der Projektmanagement-Methoden*. Freiburg: Haufe-Lexware.

Fiedler, J., & Schuster, S. (2015). Der Fall Elbphilharmonie. http://www.hertie-school.org/fileadmin/images/Downloads/pressmaterial/infrastructure/2_Der_Fall_Elbphilharmonie_Hamburg.pdf. Zugegriffen: 11. Juni 2015.

Fiedler, J., & Wendler, A. (2015). Der Fall Flughafen BER in Berlin-Brandenburg. http://www.hertie-school.org/fileadmin/images/Downloads/pressmaterial/infrastructure/3_DerFall_Flughafen_BER_Berlin-Brandenburg_-_factsheet_3.pdf.

Hölzle, P. (2007). *Projektmanagement: Kompetenz führen, Erfolge präsentieren*. Freiburg: Haufe-Lexware.

ICB. (2009). IPMA Competence Baseline – in der Fassung als Deutsche NCB – National Competence Baseline Version 3.0. Herausgegeben von der GPM Deutsche Gesellschaft für Projektmanagement e. V. Nürnberg. http://www.gpm-ipma.de/fileadmin/user_upload/Qualifizierung___Zertifizierung/Zertifikate_fuer_PM/National_Competence_Baseline_R09_NCB3_V05.pdf. Zugegriffen: 11. Juni 2015.

Kauffeld, S. (2011). *Arbeits-, Personal- und Organisationspsychologie*. Berlin: Springer.

Kostka, G., & Anzinger, N. (2015). Großprojekte in Deutschland – Zwischen Ambition und Realität. http://www.hertie-school.org/fileadmin/images/Downloads/pressmaterial/infrastructure/1_Grossprojekte_in_Deutschland_-_Factsheet_1.pdf. Zugegriffen: 11. Juni 2015.

Kuster, J., Huber, E., Lippmann, R., Schmid, A., Schneider, E., Witschi, U. et al. (2011). *Handbuch Projektmanagement*. Berlin: Springer.

Lehner, F. (2014). *Wissensmanagement: Grundlagen, Methoden und technische Unterstützung*. München: Hanser.

Olfert, K. (2014). *Kompakt-Training Projektmanagement*. Herne: NWB Verlag.

PwC. (2011). Lohnen sich Ihre Projekte wirklich? http://www.pwc.de/de_DE/de/prozessoptimierung/assets/PwC-Studie_Projektmanagement_heute.pdf. Zugegriffen: 11. Juni 2015.

Rietiker, S., Scheurer, S., & Wald, A. (2013). Mal andersrum gefragt: Ergebnisse einer Studie zu Misserfolgsfaktoren im Projektmanagement. *Projektmanagement aktuell, 4*, 33–39.

von Rosenstiel, L., Braumandl, I., & Wastian, M. (2009). Einführung. In I. Braumandl, M. Wastian, & L. von Rosenstiel (Hrsg.), *Angewandte Psychologie für Projektmanager: Ein Praxisbuch für die erfolgreiche Projektleitung* (S. 1–17). Heidelberg: Springer.

Schiersmann, C., & Thiel, H.-U. (2014). *Organisationsentwicklung: Prinzipien und Strategien in Veränderungsprozessen*. Wiesbaden: Springer.

Schulte-Zurhausen, M. (2014). *Organisation*. München: Franz Vahlen.

Studie. (2008). Erfolg und Scheitern in Projekten. http://www.gpm-ipma.de/fileadmin/user_upload/ Know-How/Ergebnisse_Erfolg_und_Scheitern-Studie_2008.pdf. Zugegriffen: 11. Juni 2015.

Studie. (2011a). Verhalten von Projektmitarbeitern. http://www.gpm-ipma.de/fileadmin/user_up-load/Know-How/studien/Ergebnisse_Verhalten_von_Projektmitarbeitern.pdf. Zugegriffen: 11. Juni 2015.

Studie. (2011b). Projekte als Erfolgsfaktor für Unternehmen. http://www.gpm-ipma.de/fileadmin/ user_upload/Know-How/studien/Projekte_als_Erfolgsfaktor_Ergebnisse.pdf. Zugegriffen: 11. Juni 2015.

Studie. (2013a). Misserfolgsfaktoren in der Projektarbeit. http://www.gpm-ipma.de/fileadmin/user_ upload/Know-How/studien/Misserfolgsfaktoren_final.pdf. Zugegriffen: 11. Juni 2015.

Studie. (2013b). Persönlichkeitsprofil erfolgreicher Projektmanagerinnen und Projektmanager. http://www.gpm-ipma.de/fileadmin/user_upload/Know-How/studien/S5_15_1620-1700_Pro-jekt__passend_besetzen_final.pdf. Zugegriffen: 11. Juni 2015.

Studie. (2014). Projektmanagementreifegrad und Projekterfolg: Standardisierte Befragung von (Teil-)Projektleitern aus Industrieunternehmen des deutschsprachigen Raumes. http://www.uni-kassel.de/maschinenbau/fileadmin/datas/fb15/Arbeitswissenschaft_und_Prozessmanagement/ Fachgebiete/Projektmanagement/Aktuelles/Studie_PM-Reifegrad_FG_PM_Endergebnisse_ Auszug_kz_.pdf. Zugegriffen: 11. Juni 2015.

Studie. (2015). Erfolgsfaktoren im Projektmanagement – eine evidenzbasierte Studie. http://www. erfolgsfaktoren-projektmanagement.de/. Zugegriffen: 11. Juni 2015.

Witschi, U., Schlager, G., & Scheutz, U. (1998). Projektmanagement in komplexer werdenden Situ-ationen. *Zeitschrift für Organisationsentwicklung, 1,* 76–87.

Dr. Daniel Marinkovic Studium der Germanistik, Philosophie und Rechtswissenschaften in Heidelberg und Mannheim. Promotion in Heidelberg mit einer systemtheoretisch orientierten Arbeit zur Kommunikation im Rechtssystem. Danach Tätigkeit in der Finanz- und Beratungsbranche u. a. als Projektmanager. Seit 2009 Geschäfts-führer von be relevant | Personal- und Organisationsentwicklung. Beratungsschwerpunkte Kommunikation, Change- und Projektma-nagement. Lehraufträge an verschiedenen Hochschulen zu Themen aus Personal, Organisation und Projektmanagement.

Karin Behrendt Selbständige Beraterin im Bereich Personalma-nagement – studierte nach abgeschlossenem Abitur und einer Berufs-ausbildung – Volkswirtschaft in Berlin. In den folgenden Jahren arbeitete sie in Industrieunternehmen wie der Elpro AG, in den ersten Jahren als Sachgebietsverantwortliche für Personalwirtschaft und später als stellvertretende Personalleiterin sowie für General Electric (Standort Berlin) als Personalleiterin. Seit 2004 ist sie als selbstän-dige Beraterin tätig und berät vorwiegend Klein- und Mittelständi-sche Unternehmen im gesamten Bereich des Personalmanagements.

Scheitern bei Unternehmensgründungen

Warum machen so viele Startups pleite? Und warum gehört das Scheitern zum Gründen dazu?

Claas Triebel und Claudius Schikora

Ever tried. Ever failed. No matter. Try again. Fail again. Fail better. (Samuel Beckett)

Zusammenfassung

Im Beitrag wird zunächst ein Blick auf die Gründungslandschaft in Deutschland geworfen. Dabei wird aufgrund unterschiedlicher aktueller Studien darauf eingegangen, dass Gründungszahlen rückläufig sind und die Zahl der Gründungen niedriger ist als die Zahl der Schließungen. Hieraus leitet sich die Frage ab, wie das Scheitern von Gründungen vermieden werden kann.

Im Folgenden werden mehrere Studien vorgestellt, in denen Gründe für das Scheitern von Gründungsteams identifiziert werden. Insbesondere gehen die Autoren auf Studien zu Startups ein. Hieraus leiten die Autoren eine Typologie des Scheiterns von Startups ab. Für die einzelnen Zellen dieser Typologie werden im Folgenden Beispiele ausführlich dargestellt.

Der Beitrag schließt mit Folgerungen für die Praxis.

C. Triebel (✉)
Hochschule für angewandtes Management GmbH, Lange Zeile 10, 85435 Erding, Deutschland
E-Mail: claas.triebel@fham.de

C. Schikora
Hochschule für angewandtes Management, Lange Zeile 10, 85435 Erding, Deutschland
E-Mail: Claudius.Schikora@fham.de

© Springer-Verlag Berlin Heidelberg 2016
S. Kunert (Hrsg.), *Failure Management,* DOI 10.1007/978-3-662-47357-3_14

1   Die Gründungslandschaft in Deutschland

Wer ein Unternehmen gründet wird höchstwahrscheinlich scheitern. Jedes Jahr schließen mehr Unternehmen als neu gegründet werden.

Der KfW-Gründungsmonitor 2014 (Metzger 2014) wies für 2013 rund 350.000 Gründungen aus, denen 376.000 Schließungen gegenüber stehen. Im Jahr 2013 wurde zwar die Gründungstätigkeit wieder ein wenig wiederbelebt, allerdings gilt dies nur für so genannten Nebenerwerbsgründungen, nicht für die Vollerwerbsgründungen. Jene Gründungen also, die eine Volkswirtschaft nachhaltig beleben, Arbeitsplätze schaffen, soziale Mobilität ermöglichen, neue Technologien schaffen und in den Markt bringen und Ausdruck einer liberalen Gesellschaft sind, jene Gründungen finden in Deutschland zu wenig statt.

Davon kann auch nicht ablenken, dass es einzelne Metropolen wie Berlin oder München gibt, in denen eine Startup-Szene existiert. Neben Berlin als prominentestem Beispiel weist das Startup-Barometer der Wirtschaftsprüfungsgesellschaft Ernst & Young auch München, Hamburg und das Ruhrgebiet und mit leichten Abstrichen den Raum Stuttgart als solche Regionen aus (Ernst & Young 2014). Bislang jedoch können die Gründungsaktivitäten in diesen Städten nur als vereinzelte Modeerscheinungen betrachtet werden, denn an der rückläufigen Gründerzahl haben diese Zentren unternehmerischen Handelns nichts geändert.

Warum sollte man sich mit Gründungen beschäftigen, wenn es doch der deutschen Wirtschaft gut geht?

Hierzu einige, teils programmatisch formulierte Gründe, warum eine hohe Gründungsaktivität gut für eine Volkswirtschaft ist (Metzger 2014):

* Neugründer schufen 2013 419.000 Stellen
* Gründung ersetzt oder ergänzt die abhängige Beschäftigung, schont den Arbeitsmarkt
* Durch Gründungen wird Know How in den Markt gebracht
* Gründungen fördern den Wettbewerb, beleben den Markt
* Gründungen befördern Strukturwandel und Innovationen
* Gründungen sind Ausdruck von Freiheit und befördern Freiheit
* Gründungen sind Ausdruck für funktionierenden Wettbewerb und befördern ihn

Gründer und Unternehmer, ob erfolgreich oder nicht, genießen in Deutschland zwar mittlerweile ein hohes Ansehen (AXA 2015), wie bereits festgestellt sind die Gründungszahlen jedoch tendenziell nach wie vor rückläufig. Wer für eine Gründung einen sicheren Job aufgibt, dem wird von seinen Kollegen hämisch hinterhergerufen, dass er früher oder später sowieso wieder in die Arme der abhängigen Beschäftigung zurückkehren werde.

Tatsächlich scheitern viele Gründer mit ihrem Unternehmen. Die Zahlen darüber, wie viele Unternehmen scheitern differieren allerdings stark. Eine Studie des DIHK behauptet, dass etwa 60 % der Unternehmensgründungen scheitern (DIHK 2014). Das Startup-Genome-Project (Marmer et al. 2012) beschreibt, dass nur gut 8 % der gegründeten Startups erfolgreich sind. Dieser erhebliche Unterschied mag darin begründet liegen, dass das Startup-Genome-Project die Entwicklung innovativer Startup untersucht, während der DIHK die Grundgesamtheit aller Gründungen untersucht. Der DIHK bezieht also Gründungen von Einzelhandelsgeschäften ebenso in die Statistik ein wie die Gründung eines Handwerksbetriebs, einer Steuerberatungsgesellschaft oder eben eines Startups. Startups jedoch zeichnen sich insbesondere dadurch aus, dass sie ein innovatives Produkt entwickeln, für das ein Geschäftsmodell entworfen werden muss, das meist auch nur dann als erfolgreich bezeichnet wird, wenn es innerhalb kurzer Zeit starke Skalierungseffekte zeigen kann.

Aber ganz abgesehen davon: ob nun 60 oder 90 % der Neugründungen scheitern ist nur ein quantitativer Unterschied. Allen Studien gemeinsam ist: Gründungen scheitern in der Regel. Die Frage ist: Warum scheitern so viele Gründungen?

Wir wollen an dieser Stelle einige aktuelle Studien vorstellen, die sich mit den Gründen für das Scheitern von Gründungen befassen. Daraus wollen wir eine kurze Typologie des Scheiterns entwickeln und einige Beispiele für gescheiterte Unternehmen vorstellen. Eine Anmerkung zur Auswahl der Studien: es handelt sich bei den präsentierten Studien im Wesentlichen um Befragungen, die also die subjektiven Gründe für das Scheitern der Gründungen wiedergeben. Wir haben diesen Studien bewusst den Vorzug gegeben wissenschaftlichen Untersuchungen gegeben, weil sie im Kontext des vorliegenden Buches anschaulicher und aktueller sind als streng wissenschaftliche Analysen, die im Übrigen im Feld der Gründungsforschung selten aufzufinden sind und sich jeweils auf Spezialgebiete beschränken, die für den vorliegenden Band von wenig Erklärungswert wären.

2   Warum scheitern Gründungen?

2.1   EXIST-Studie

Mehrere Studien haben sich in den vergangenen Jahren der Frage gewidmet, warum Gründungen scheitern. Sie kommen dabei mehrheitlich zu dem Schluss, dass das Scheitern von Gründungen mehrheitlich auf Versäumnisse innerhalb eines Startups zurückzuführen ist (vgl. Jaeger 2003; Ziegler 2013). Externe Faktoren wie die falsche Standortwahl oder das Fehlen von Investoren spielen hingegen eine untergeordnete Rolle.

Kulicke und Krupp (2013) untersuchten die Entwicklung der Existenzgründungen aus dem EXIST-Gründerstipendium. Im EXIST-Gründerstipendium erhalten wissenschaftsnahe Gründungen aus dem Hochschulbereich eine einjährige Förderung, die von einem Gründerteam mit bis zu drei Teammitgliedern in Anspruch genommen werden kann. Das Programm wird vom Bundesministerium für Wirtschaft und Innovation betrieben.

In einer Evaluation des EXIST-Gründerstipendiums ergeben sich für die Aufgabe der gescheiterten Gründungsvorhaben ($n = 119$) folgende Kategorien (in Klammern jeweils die Prozentangaben):

- Gründe innerhalb des Teams (29 %)
- Persönliche Gründe (bei einzelnen Geförderten (25 %)
- Bessere Alternativen in abhängiger Beschäftigung vorhanden (18 %)
- Gründungsabsicht war wohl nicht so stark ausgeprägt (8 %)
- Zu hohe Risiken bei Umsetzung gesehen/Vermarkungschancen/Absatzpotential geringer als anfänglich angenommen (27 %)
- hohe Markeintrittshürden (18 %)
- Konkurrenzentwicklungen beeinträchtigen eigene Marktchancen (8 %)
- Kapitalbedarf konnte nicht durch Beteiligungskapital gedeckt werden (18 %)
- Kein Erfolg bei der Beantragung öffentlicher Förderprogramme (3 %)
- Sonstige (21 %)

In der Studie wurden die einzelnen Gründe zu vier Feldern des Scheiterns aggregiert: Demnach ergeben sich als Hauptgründe für das Scheitern:

- persönliche Gründe/Gründe im Team (56 %)
- Marktchancen/-hürden (42 %)
- Technologisches Konzept/Umsetzungsrisiken (22 %)
- Kapitalbeschaffung (19 %)
- Sonstiges (21 %)

Meist, so wird betont, ist nicht nur ein einzelner Faktor für das Scheitern einer Gründung verantwortlich zu machen. Auffällig ist, dass die wichtigsten Gründe als teaminterne Gründe identifiziert werden können. Neben den „persönlichen Gründen" und „Gründen im Team" können auch die Punkte „Marktchancen/-hürden" und „Technologisches Konzept/Umsetzungsrisiken" als teaminterne Gründe bezeichnet werden. Denn Markthürden ergeben sich insbesondere dann, wenn ein Gründungsteam sich zu lange in eine Produktidee verstiegen hat, die an den Bedürfnissen des Marktes vorbeigehen. Und auch ein mangelhaftes technologisches Konzept deutet darauf hin, dass offenbar das Gründungsteam (im EXIST-Programm werden in der Regel nur Teams gefördert) nicht in der Lage gewesen ist technologische Probleme richtig abzuschätzen.

2.2 Studie von CB Insights

Das US-amerikanische Unternehmen CB Insights befragte 101 gescheiterte Startups nach ihrer Einschätzung zu den Gründen für ihr Scheitern (CB Insights 2014)
    Wir geben die Gründe an dieser Stelle wieder (Tab. 1), gereiht nach der von den Startups eingeschätzten und von CB Insights vorgenommenen Platzierung der Wichtigkeit (wir geben lediglich die Gründe wieder, die von mindestens 10 % genannt wurden):
    Die Befragung von CB Insights unterscheidet sich inhaltlich nicht wesentlich von der EXIST-Studie. Offenbar gibt es interne und externe Gründe für das Scheitern. Sehr weit

Tab. 1 Gründe für das Scheitern nach der Studie von CB Insights – nur Gründe, die von über 10 % genannt wurden

No market need – 29 %	Poor marketing – 14 %
Ran out of cash – 29 %	Ignore customers – 14 %
Not the right team – 23 %	Product mis-timed – 13 %
Get outcompeted – 19 %	Lose focus – 13 %
Pricing/Cost issues – 18 %	Disharmony in team/investors – 13 %
Poor product – 17 %	Pivot gone bad – 10 %
Need/Lack business model – 17 %	

oben rangieren Themen wie Teamgründe, finanzieller Bedarf, der nicht gedeckt wird, Probleme bei der Produktentwicklung und eine Entwicklung, die zu wenig Rücksicht auf den Markt nimmt.

2.3 Studie vom Startup Genome Project

Das Startup Genome Project untersuchte Daten von 3200 Unternehmen (Marmer et al. 2012). Als Hauptgrund für das Scheitern von Gründungen identifizierte die Studie Probleme, die dadurch entstehen, wenn das Unternehmen schnell wächst, obwohl es noch nicht reif für schnelles Wachstum ist. Sei es, dass es noch nicht genügend Kunden hierfür hat, dass das Produkt noch nicht reif genug ist, dass das Team in dieser Situation zerfällt, das Business Modell nicht funktioniert oder aber im entscheidenden Moment das notwendige Kapital fehlt. Eine Balance dieser Faktoren ist aus Sicht der Verfasser der Studie wesentlich für den Erfolg von Startups.

2.4 Studie des DIHK

Die Deutsche Industrie- und Handelskammer untersuchte das Scheitern von Existenzgründern in einer Expertenstudie, in der Geschäftskonzepte von Jungunternehmern analysiert wurden. Der DIHK-Studie zu Folge scheitern Existenzgründer (mit absteigender Nennung nach den 3 häufigsten Gründen befragt) aus den folgenden Gründen:

- Haben keinen ausreichenden Zugang zu Eigenkapitalgebern
- unterschätzen Vorlaufzeit bis zur Aufnahme der Geschäftstätigkeit
- äußern unklare Vorstellungen zur Marktumsetzung der Produkt-/Geschäftsidee
- finden keine ausreichenden Fremdfinanzierungsmöglichkeiten
- haben kaufmännische Defizite (Preiskalkulation/Kosternrechnung, betriebsw. Planrechnungen…)
- müssen hohe bürokratische bzw. gesetzliche Hürden überwinden
- haben keinen ausreichenden Zugang zu öffentlichen Förderinstrumenten

- finden nur schwer qualifizierte Fachkräfte
- haben Schwierigkeiten bei der Anmeldung eigener Patente oder der Lizenzierung anderer Patente
- haben unzureichende Fach-/Branchenkenntnisse

Die Ergebnisse von der DIHK-Studie unterscheiden sich in einem Punkt inhaltlich wesentlich von den anderen Studien: da es sich um eine Expertenstudie handelt, in der Geschäftskonzepte untersucht aber nicht Gründer befragt wurden, fallen alle „weichen" Faktoren, also persönliche Gründe oder Teamgründe in dieser Studie weg.

2.5 Warum scheitern Gründungen?

Da alle Studien davon ausgehen, dass für ein Scheitern jeweils mehrfache Gründe wesentlich sind, können wir nicht den *einen* Grund für das Scheitern der meisten Unternehmen identifizieren. Betrachten wir uns die Studien, so können wir für die Gründe des Scheiterns Cluster bilden.

Für eine Typologie des Scheiterns können wir folgende Übersicht (Tab. 2) nutzen, um die Erkenntnisse der aufgeführten Studien zu bündeln:

Um dieses Typologie besser darzustellen, wollen wir diese mit einigen Beispielen verdeutlichen:

2.5.1 Interne Gründe

Individuelle Gründe/Gründe im Team
Während wir die anderen Zellen unserer kleinen Typologie mit prominenten Beispielen befüllen, wird diese Zelle durch anonymisierte Beispiele verdeutlicht, die sich aus der langjährigen Beratungstätigkeit der Autoren speist. Interne Gründe und Gründe im Team können natürlich vielfältig sein. Deshalb an dieser Stelle eine weitere Unterteilung:

- Unterschiedliche Erwartungen an das Unternehmen
- Problem „Genie"
- Unterschiedliche Lebenssituationen
- Entfremdung

Tab. 2 Typologie des Scheiterns

	Intern	Extern
Kooperation	Individuelle Gründe/Gründe im Team	Fehlender Investor/fehlendes Kapital
Markt	Entwicklung am Markt vorbei	Falscher Zeitpunkt für das Produkt
Marketing/Vertrieb	Schlechtes Marketing	Vom Wettbewerb überholt

Die Liste möglicher Konflikte könnte man noch wesentlich länger gestalten. Nach unserer Erfahrung deckt man aber mit den genannten vier Punkten viele potentielle Konfliktpunkte ab. Wir erklären jeweils an einem kurzen allgemein gehaltenen Beispiel, was gemeint ist:

Unterschiedliche Erwartungen an das Unternehmen
Wir kennen das: eine Gruppe von Freunden tut sich zusammen, hat eine gute Idee und gründet. Sagen wir, es gibt einen Preis oder ein Stipendium, mit dem man sich die ersten Monate oder das erste Jahr über Wasser halten kann. In dieser Zeit entsteht der Prototyp für das erste Produkt. Es finden sich Interessenten für das Produkt und es finden sich potentielle Geldgeber. Um das junge Unternehmen beginnen sich alle möglichen Berater und Kooperationspartner zu scharen. Es stellt sich dann heraus, dass einer der Gründer ein eher konservatives Wachstum bevorzugen würde und langfristig ein Unternehmen aufbauen möchte, in dem er arbeiten kann, das ein paar Mitarbeiter hat, von dem man gut leben kann, auf das man sein Leben aufbauen kann. Ein anderer aus dem Gründerteam sieht seine Chance darin das Unternehmen möglichst schnell möglichst groß zu machen. Jedenfalls wird ihm das auch von allen möglichen Leuten nahegelegt. Er möchte ein Unternehmen mit mehreren hundert Mitarbeitern leiten und wenn der Zeitpunkt günstig ist, würde er die ganze Sache auch wieder verkaufen. Einen dritten Gründer gibt es noch – der könnte mit beiden Lösungen leben.

Zum Zeitpunkt der Produktentwicklung und der Unternehmensgründung spielte das noch gar keine Rolle. Als aber ein Investor auf den Plan tritt, der sich am Unternehmen mit einer hohen Summe beteiligen würde, geraten die Gründer in Streit. Sie haben sich über diese unterschiedlichen Erwartungen an das Unternehmen nicht frühzeitig auseinandergesetzt. Vorschnell haben sie einen GmbH-Vertrag aufgesetzt, der eine Sperrklausel enthält: wenn ein Investor ins Boot geholt werden soll, müssen alle Gründer zustimmen. Einer ist nun gegen den Investor, einer ist dafür und der Dritte sagt er stimmt zu, wenn sich die beiden einigen.

Das Ende vom Lied – die drei können sich nicht einigen. Der Investor springt ab als er erkennt wie zerstritten das Team ist, die Gründer schieben sich gegenseitig die Schuld zu. Sie beschließen sich voneinander zu trennen, streiten sich um die Rechte an dem Produkt und sehen sich fortan nur noch vor Gericht. Diese Verhandlungen ziehen sich hin, so dass das ursprüngliche Produkt nun von den Konkurrenten marginalisiert wird.

Problem „Genie"
Eine Gründung lebt nicht von einer einzelnen Erfindung, sondern eine Gründung lebt davon, dass für eine gute Idee ein tragfähiges Geschäftsmodell gefunden und zum Laufen gebracht wird. In einigen Startups kann es passieren, dass einer der Gründer den eigenen Anteil am künftigen Erfolg deutlich höher einschätzt als den potentiellen Anteil der Mitgründer. Sagen wir, dass er oder sie eine Doktorarbeit geschrieben hat, die nun mit einer

Unternehmensgründung monetarisiert werden soll. Eine solche deutliche Schieflage in der Einschätzung der eigenen Anteile geht häufig nach hinten los. Außer es tritt der Fall ein, dass die Mitgründer den Geniestatus des Einzelnen klaglos anerkennen. Das aber ist unwahrscheinlich. Denn als Gründer/innen haben sie meist wenig Interesse daran, sich bereits in der Startup-Phase einer Hierarchie zu unterwerfen. Die Folge: das Genie erkennt auf die Dauer die Leistung der Mitgründer nicht an. Die Mitgründer stellen den Geniestatus in Frage. Spätestens wenn es einmal um das Thema Unternehmensanteile geht, offenbart sich, wie hoch das Genie seinen Anteil beziffert. Daraus ergibt sich schließlich eine Auflösung der hoffnungsvollen Gründung. Das Genie wird sich fortan verkannt fühlen – ungeachtet dessen, dass sich eben herausgestellt hat, dass es zum Gründen nicht nur eine geniale Erfindung braucht und ein Produkt gebaut werden muss, sondern eben auch ein tragfähiges Team.

Unterschiedliche Lebenssituationen

Wieder können wir uns Freunde vorstellen, die miteinander gründen wollen. Wieder können wir uns vorstellen, dass zunächst alles ganz gut läuft. Die Gründung nimmt an Fahrt auf. Die ersten Kunden werden gewonnen. Aber bis das Unternehmen profitabel ist, wird es noch eine Weile dauern. In dieser Zeit wird man von Rücklagen leben müssen. Dann ergeben sich plötzlich Änderungen im Team: ein Mitgründer heiratet und wird Vater. Es ist der Gründer mit dem geringsten finanziellen Background. Die anderen aus dem Team haben ein finanzielles Polster. Sie können gut und gerne neun Monate lang von der Substanz leben. Das macht die Sache problematisch. Denn der werdende Vater drückt darauf möglichst schnell Umsatz zu generieren, die anderen wollen lieber noch eine Innovationsschleife drehen, bevor sie an den Markt gehen. Darüber gibt es eine Auseinandersetzung. Der werdende Vater erhält zugleich ein Angebot von einem großen und gut zahlenden Arbeitgeber. Er möchte das Angebot annehmen, aber auch die Anteile im gemeinsam gegründeten Unternehmen behalten. Die Diskussion über diese Frage wird zum Streit. Der Streit dauert an, bis das Verhältnis der Gründer zerrüttet ist. Von der hoffnungsvollen Gründung bleibt nichts übrig als eine Website, die zum Verkauf steht.

Entfremdung

Der letzte Punkt ist der Allgemeinste, aber der Verbreitetste: Wie in jeder engen Beziehung gibt es mehr, worüber man sich unterhalten muss als das tägliche Business. In einer Ehe ist das nicht anders als in einem Unternehmen. Wie in einer Ehe, in der es zur Scheidung kommt weil die Partner über all den Diskussionen über die Raten für das Haus und über die Frage, wer die Kinder in den Kindergarten bringt vergessen, warum sie eigentlich mal geheiratet haben und feststellen, dass sie viel zu lange nicht mehr miteinander geredet haben, so geht es auch Unternehmen: die Basis für ein gutes Unternehmen ist immer ein gut funktionierendes Team. Nicht umsonst hat Steve Jobs nicht den Mac, das iPod, iPhone oder iPad als seine wichtigsten Produkte bezeichnet, sondern die Teams, die er gebildet hat.

Während die ersten Beispiele anonymisierte Fälle darstellen, schildern wir im Folgenden prominente Fälle, an denen wir die typische Verläufe verdeutlichen. Unserer „Typologie des Scheiterns" entsprechend fahren wir zunächst mit „internen Gründen" fort.

Entwicklung am Markt vorbei am Beispiel von Why-own-i-t[1]

Problemlos leihen und verleihen, das wollte die Smartphone-App „Why Own It" ihren Nutzern übers Internet ermöglichen. Die Idee dahinter: Produkte wie Akkuschrauber, Bohrmaschinen oder Fahrradwerkzeug werden nur ein paar Mal im Jahr benutzt. Die meiste Zeit liegen sie ungenutzt im Schrank. „Why Own It" wollte eine Plattform sein, auf der man solche Dinge kostenlos leihen und verleihen kann. Als die Smartphone-App im Sommer 2012 online ging, galt sie als typisches Projekt der Sharing Economy und wurde von vielen Beobachtern mit Vorschusslorbeeren bedacht. Drei Jahre später ist das Projekt gescheitert: Am 12. März 2015 wurde endgültig der Stecker gezogen. Dabei standen die Erfolgschancen gut, denn Teilen liegt im Trend, wie eine Studie der Leuphana Universität Lüneburg herausgefunden hat. Danach haben alternative Besitz- und Konsumformen einen hohen Stellenwert. Deutschland sei auf dem Weg in eine neue Konsumkultur, heißt es in der Studie. Die wurde übrigens vom Zimmervermittler AirBnB finanziert – neben dem Mitfahr-Dienst Uber einer der kommerziellen Shooting-Stars der Sharing Economy. Weniger besitzen, mehr teilen, dieses Prinzip habe in den letzten Jahren auf jeden Fall mehr Anhänger bekommen, meint Philipp Gloeckler aus Hamburg, der die „Why Own It"-App entwickelt hat und der Gründer der gleichnamigen GmbH ist. „Wir haben jedoch schnell gemerkt, dass es einen unheimlich großen Unterschied gibt zwischen ‚Leuten gefällt die Idee' und ‚Leute machen mit'", sagt Gloeckler. „Natürlich möchte sich jeder eine Bohrmaschine vom Nachbarn leihen", sagt Gloeckler. „Aber die Anzahl von Leuten, die bereit sind, dem Nachbarn die Bohrmaschine zu verleihen, ist dann doch viel kleiner als erwartet." Die Plattform sei die ganzen drei Jahre nie organisch, also durch Mundpropaganda, gewachsen. Es kam nur selten vor, „dass sich Menschen die App empfohlen haben". Und, so Gloeckler weiter: „Ich habe die Konzeption der ganzen App komplett unterschätzt. Ich erinnere mich daran, dass ein Bekannter aus Berlin mich gewarnt hat, die Konzeption von Mobile Apps sei etwas ganz anderes als die von Webseiten. In meiner damaligen Überheblichkeit habe ich gedacht, dass ich das ganz locker hinbekommen würde. Dies war aber nicht so und ich glaube, es ist viel komplexer, als wir gedacht haben: Angebot und Nachfrage in einem Marktplatzmodell gleichzeitig aufzuziehen, ist schon wahnsinnig schwierig."

Man könnte behaupten im vorangegangen Beispiel handele es sich ja um ein Beispiel, in dem eben nicht auf externe Faktoren Rücksicht genommen wurde. Dennoch liegen die Gründe hierfür offenbar im Team bzw. innerhalb des Startups. Ähnliches ist es mit dem folgenden Fall. Marketing ist selbstverständlich per se „nach außen" gerichtet. Aber der

---

[1] vgl. zu diesem Absatz: Krüger (2015)

Fall „Segway" schildert wie eine falsche „interne" Marketingeinschätzung zu einer unguten unternehmerischen Entwicklung führen kann.

„Schlechtes Marketing" am Beispiel „Segway"[2]

Segway – der Hype geriet außer Kontrolle, als die Nachricht durchsickerte, der berühmte Erfinder Dean Kamen arbeite an einem geheimen neuen Produkt mit dem Codenamen „Ginger". Dies geschah ein Jahr vor dem offiziellen Produktstart in 2001. Kamen, so das Gerücht, hatte eine Alternative zum Auto entwickelt. Als Investoren und Öffentlichkeit begriffen, dass es sich nur um einen technisch weiterentwickelten Motorroller handelte, waren sie verdutzt. Da halfen auch die Werbespots und umfangreiche PR-Kampagnen nichts mehr. Der Segway wurde als die Zukunft der Personenbeförderung angepriesen. Er sollte die Welt à la Personal Computer und Internet verändern. Die PR war stark übertrieben. Eine halbe Million Roller pro Jahr wollte Kamen verkaufen. Fünf Jahre später waren es insgesamt 24.000. Inzwischen wird der Segway für weit weniger Geld von der Polizei gekauft, von Fremdenführern in Städten und Unternehmen mit großen Lagerhäusern. Die PR- und Marketingkampagne zum Launch kostete Unsummen, die Presse überschlug sich – und doch ist der Segway heute eher eine Kuriosität als ein echter Renner.

2.5.2 Externe Gründe

Während wir bei den „internen Gründen" den Grund für das Scheitern im Unternehmen bzw. Team lokalisieren oder auch attribuieren, lassen sich unter der Rubrik „Externe Gründe" solche Fälle beschreiben, in denen offensichtlich sehr viel „intern" richtig gemacht wurde, die aber dennoch scheiterten. Natürlich kann man auch hier immer davon sprechen, dass dem Scheitern letztlich eine „interne" Fehleinschätzung zu Grunde liegt. Eine solche Feststellung ist aber ex-post getroffen einfach und trivial. Es kann auch den Fall geben wie etwa den zuerst dargestellten Fall boo.com, in dem man sich denken kann: wenn ein paar „externe" Faktoren anders gelagert gewesen wären, hätte das Unternehmen eine ganz andere Entwicklung gemacht und alle internen Fehler wären dann obsolet gewesen.

„Falscher Zeitpunkt für das Produkt" am Beispiel boo.com[3]

Boo.com wurde von den Schweden Ernst Malmsten, Kajsa Leander und Patrik Hedelin 1998 in London gegründet. Das Geschäftsziel des Unternehmens richtete sich auf den Online-Vertrieb von Street- und Sportsware aus, genau genommen dass, was Zalando heute macht. Das Konzept fand großen Anklang. Die Firmengründer sammelten innerhalb kürzester Zeit $120 Mio. Investorengelder ein. Zu den Investoren gehörten namhafte Firmen aus Handel und Wirtschaft, wie Benetton, JP Morgan und Goldman Sachs.

---

[2] vgl. zu diesem Absatz: Gloeckler (2015) und Loeffler (2015).
[3] vgl. zu diesem Absatz: Wray (2005); Wikipedia (2015/1).

Die Pleite des Unternehmens im Mai 2000 kam abrupt und galt als eine der spektakulärsten Internet-Pleiten aller Zeiten. In der Nachbetrachtung stellte sich heraus, dass viele schwerwiegende hausgemachte Fehler für den Zusammenbruch verantwortlich waren. Die Probleme begannen bereits 1999. Technische Schwierigkeiten begleiteten den mehrfach verschobenen Start des Online-Portals. Die Bedienfunktionen waren unausgereift und behinderten die Gestaltung einer „extravaganten" Internetseite. Das Ergebnis war ein großes, schwerfälliges und überladenes Portal, das für die meisten Kunden kaum aufrufbar war, da riesige Mengen an Datenvolumina die zu dieser Zeit noch langsamen Modems ins Internet überforderten. Die Seite basierte auf JavaScript und Flash um das Warensortiment ebenso wie Maskottchen und Verkaufshilfe-Avatar Miss Boo in einer Pseudo-3D-Animation wiederzugeben. Die Hauptseite enthielt die Warnung: „This site is designed for 56 K modems and above". Hinzu kamen typische Fehler der New Economy, die das Personalmanagement betrafen. Unkontrollierte Mitarbeitereinstellungen, das Versäumnis der Aufstellung klarer Führungsstrukturen, überdurchschnittliche Gehälter und ausufernde Spesenabrechnungen bei der Auslotung der internationalen Märkte flankierten den Niedergang. Die Investoren weigerten sich, zusätzliches Geld zur Verfügung zu stellen. Zusammenfassend kann man sagen, dass boo.com bereits 1999 ein Produkt in den Markt gebracht hat, was technisch auf dem Niveau von 2008 war, also in dem Jahr, in dem Zalando gegründet wurde. Boo.com startete in einer Zeit, in dem ein Großteil der Internetzugänge in Deutschland und Europa noch mit Modems mit einer Geschwindigkeit von 56 K oder geringer erfolgte. Heute bieten Zalando und andere fast identische Produkte – und sind erfolgreich => es war der falsche Zeitpunkt für den Markteintritt.

Warum schaffen es manche Wettbewerber und andere nicht? Wenn man die Gründe hierfür genau benennen könnte, wäre es einfach ein erfolgreiches Unternehmen zu gründen und damit Marktführer zu werden. Oft sind es Kleinigkeiten an Rahmenbedingungen und unternehmerischen Entscheidungen, die darüber bestimmen, ob ein Unternehmen Marktführer wird oder in der Versenkung verschwindet. Bei Beginn eines solchen Rennens um die Marktführerschaft weiß noch niemand, wer als erster den Gipfel erreichen und sich dort – freilich auch nur für eine gewisse Zeit – etablieren wird. StudiVZ ist so ein Beispiel, das wir im Folgenden vorstellen.

„Vom Wettbewerb überholt" am Beispiel von studiVZ[4]

studiVZ wurde am 11. November 2005 als Projekt der studiVZ Ltd. gegründet. Es war eine Idee von Ehssan Dariani (CEO) und Dennis Bemmann (CTO). Die Seite ähnelte dem damals ausschließlich englischsprachigen Pendant Facebook sowohl optisch als auch inhaltlich – einziges wesentliches Unterscheidungsmerkmal war die gewählte rote Farbe. Das Projekt entwickelte sich als soziales Netzwerk sehr schnell und war ursprünglich für die 2,3 Mio. Studenten in Deutschland, Österreich und der Schweiz

---

[4] vgl. zu diesem Absatz: Kaczmarek (2011); Wikipedia (2015/2) und Weiß (2008).

konzipiert. Im Herbst 2006 starteten Ableger von studiVZ für Studenten in Frankreich (studiQG), Italien (studiLN), Spanien (estudiLN) und Polen (studentIX). Für Schüler wurde im Februar 2007 eigens das schülerVZ gegründet, worin Schüler aus Deutschland, Österreich, der Schweiz, Liechtenstein und Südtirol vernetzt sind. Und 2007 übernahm die Verlagsgruppe von Holtzbrinck für geschätzte 85 Mio. € das Unternehmen. Im ersten Quartal 2008 hatte studiVZ rund 5,5 Mio. Unique User und gehörte damit zu den erfolgreichsten Onlinemedien in Deutschland. Anfang März 2008 startete Facebook auch im deutschsprachigen Raum, die Anfangszeit verlief jedoch sehr schleppend. Während in Großbritannien, Frankreich oder den Vereinigten Staaten die Mitgliederzahlen boomten, blieb der große Hype in Deutschland zunächst aus. Viele Nutzer sahen zunächst keinen Grund, zu wechseln, StudiVZ hatte genug zu bieten: Eigene Profilseiten, Freundeslisten, ein integrierter Chat, verschiedene Gruppen und natürlich die „Gruschel"-Funktion, eine Mischung aus „grüßen" und „kuscheln". Zu Spitzenzeiten zählte alleine StudiVZ 16 Mio. Nutzer. Um auf dem Markt Fuß zu fassen, wollte Facebook StudiVZ zu übernehmen. Die Verlagsgruppe von Holtzbrinck lehnte jedoch ab – im Nachhinein ein großer Fehler. Aus einem 200-Mann-Unternehmen ist heute ein 12-köpfiges Team geworden, die Zahl der Nutzer liegt bei knapp über einer Million. Die Gründe für den rasanten Absturz sind vielfältig: Mangelnde Innovationen, fehlende Öffnung nach außen, zu viel Werbung, schlechtes Krisenmanagement und häufige Sicherheitslücken führten zum schleichenden Tod. Zum 20. Januar 2009 wurden die Plattformen für Spanien, Italien, Frankreich und Polen eingestellt. Die VZ Netzwerke konzentrieren sich seitdem ausschließlich auf den deutschsprachigen Raum. Im Frühjahr 2011 hatte Facebook die VZ-Netzwerke überholt, der Siegeszug war auch in Deutschland nicht mehr aufzuhalten. Hat man sein Profil bei StudiVZ noch nicht gelöscht, kommt einem der Besuch wie ein Trip in die Vergangenheit vor – vielleicht ist aber auch der bald nicht mehr möglich. StudiVZ ist ein perfektes Beispiel, wie ein Marktführer und erfolgreiches Unternehmen/Start-up innerhalb von kürzester Zeit gescheitert ist, weil ein „größerer und besserer" Wettbewerber auf den Markt gekommen ist.

3   Was lernen wir daraus?

Scheitern lässt sich nicht vermeiden. So lange gegründet wird, so lange werden Gründer/innen auch scheitern. Wer gründen möchte, muss fehlertolerant sein. Was bedeutet Fehlertoleranz: Fehler erkennen, sie akzeptieren, negative Fehlerfolgen vermeiden und aus dem Fehler so viel lernen, dass man ihn nicht noch einmal begeht: fail again, fail better.

Es ist bei Weitem nicht so, dass jeder erfolgreiche Gründer bereits bei der ersten Gründung erfolgreich gewesen ist. Die Liste derer, die einige Anläufe brauchten bis sie zu erfolgreichen Unternehmen geworden sind, ist schier endlos. Und die meisten von ihnen werden einen oder mehrere der oben genannten Fehler gemacht haben und aus diesen Fehlern gelernt haben um schließlich ein erfolgreiches Unternehmen aufbauen zu können.

Im Umkehrschluss nun zu fordern, man solle sich nicht mit dem Scheitern beschäftigen, sondern nur mit den erfolgreichen Unternehmen und imitieren, was diese richtig gemacht haben, würde jedoch zu kurz greifen. Denn das Lernen aus den eigenen Fehlern kann einem niemand abnehmen und es ist gefährlich für einen Unternehmer einen vorgefertigten, konfektionieren Weg zu beschreiten. Abgesehen davon, dass jeder erfolgreiche Gründer auch seine eigene Geschichte des Scheiterns erzählen kann, unterscheidet sich auch jede Erfolgsgeschichte großer Unternehmen. Gerade darin, dass sie nicht imitiert haben, dass sie ihren eigenen Weg gegangen sind, zeichnen sie sich aus.

Es führt demnach kein Weg daran vorbei: wenn gegründet werden soll – und eine gesunde Volkswirtschaft braucht auf Dauer innovative Gründungen – dann muss das Scheitern als Nebeneffekt akzeptiert werden. Und dieses Akzeptieren reicht weit über ein bloßes Schulterklopfen für die Gescheiterten hinaus. Gründer brauchen mehr Kapital, sie müssen auch als gescheiterte Gründer gefördert werden. Scheitern darf kein Makel im Lebenslauf sein, sondern muss als Schritt auf dem Weg zum Erfolg integriert werden.

Literatur

Axa. (2015). AXA Studie „Innovationen und Unternehmens- gründungen in Deutschland und in den USA". https://www.axa.de/site/axade/get/documents/axade/AXA.de_Dokumente_und_Bilder/Unternehmen/Presse/Pressemitteilungen/Dokumente/2015/AXA-Studie-Innovationen-und-Unternehmensgruendungen-in-D-und-USA.pdf. Zugegriffen: 18. Mai 2015.

CB Insights. (2014). Startup Failure Post Mortem. https://www.cbinsights.com/blog/startup-failure-post-mortem/. Zugegriffen: 18. Mai 2015.

DIHK. (2014). Pioniergründer bringen frische Brise. DIHK-Gründerreport 2014. Zahlen und Einschätzungen der IHK-Organisation zum Gründungsgeschehen in Deutschland. www.dihk.de/ressourcen/downloads/dihk-grunderreport-2014. Zugegriffen: 18. Mai 2015.

Ernst & Young. (2014). Start-up-Barometer Deutschland. http://www.ey.com/Publication/vwLUAssets/EY_Start-up_Barometer_2014/$FILE/EY-Start-up-Barometer-2014.pdf. Zugegriffen: 18. Mai 2015.

Gloeckler, P. (2015). We failed – Warum die Verleih App WHY own it nicht funktioniert hat. http://whyownit.com/blog/we-failed-warum-die-verleih-app-why-own-it-nicht-funktioniert-hat. Zugegriffen: 20. April 2015.

Jaeger, T. (2003). *Gründe für das Scheitern von Startup-ups*. Hamburg: Diplomica.

Kaczmarek, J. (2011). StudiVZ – Holtzbrinck verschleudert Millionen. http://www.gruenderszene.de/exits/studivz-holtzbrinck-85-millionen. Zugegriffen: 28. April 2015.

Krüger, A. (2015). App gescheitert: Leihen ja, verleihen nein. http://www.heute.de/sharing-economy-warum-verleih-app-why-own-it-gescheitert-ist-37461978.html. Zugegriffen: 20. April 2015.

Kulicke, M., & Kripp, K. (2013). Ergebnisse und Wirkungen des Förderprogramms EXIST-Gründerstipendium. Karlsruhe: Fraunhofer Institut für System- und Innovationsforschung. http://publica.fraunhofer.de/eprints/urn_nbn_de_0011-n-3235477.pdf. Zugegriffen: 30. Mai 2015.

Loeffler, H. (2015). Es haben einfach zu wenig Leute Interesse gehabt, richtig mitzumachen. http://www.gruenderszene.de/allgemein/why-own-it-aus. Zugegriffen: 22. April 2015.

Marmer, M., Herrmann, B. J., Dogrultan, E., & Berman, R. (2012). Startup Genome Report. https://s3.amazonaws.com/startupcompass-public/StartupGenomeReport1_Why_Startups_Succeed_v2.pdf. Zugegriffen: 18. Mai 2015.

Metzger, G. (2014). KfW Gründungsmonitor. Herausgeber: KfW Bankengruppe. https://www.
    kfw.de/PDF/Download-Center/Konzernthemen/Research/PDF-Dokumente-Gründungsmonitor/
    KfW-Gründungsmonitor-2014.pdf. Zugegriffen: 18. Mai 2015.
Weiß, M. (2008): Facebook wollte StudiVZ kaufen. http://www.foerderland.de/digitale-wirtschaft/
    netzwertig/news/artikel/facebook-wollte-studivz-kaufen/. Zugegriffen: 10. Mai 2015.
Wikipedia. (2015/1). boo.com. http://de.wikipedia.org/wiki/Boo.com. Zugegriffen: 30. April 2015.
Wikipedia. (2015/2). studiVZ. http://de.wikipedia.org/wiki/StudiVZ. Zugegriffen: 30. April 2015.
Wray, R. (2005). Boo.com spent fast and died young but its legacy shaped internet retailing. http://
    www.theguardian.com/technology/2005/may/16/media.business. Zugegriffen: 28. April 2015.
Ziegler, M. (2013). Erfolgsfaktoren deutscher e-Ventures in der Early-Stage-Phase. Diplom- arbeit
    KIT. http://digbib.ubka.uni-karlsruhe.de/volltexte/1000036996. Zugegriffen: 30. Mai 2015.

Prof. Dr. Claas Triebel Psychologiestudium an der LMU München
bei Prof. Lutz von Rosenstiel. Seit 2003 im Feld Kompetenzfeststel-
lung und kompetenzorientierter Beratung tätig. Claas Triebel hat
hierzu zahlreiche Methoden entwickelt: Die Kompetenzenbilanz als
Einzel- und Gruppenverfahren, KomBI-Laufbahnberatung als
Methodenbaukasten für Karriereberatung. Er hat zudem kompetenzorientierte Beratungsprozesse wissenschaftlich begleitet und hierzu
einschlägig publiziert.

Zwischenzeitlich wissenschaftlicher Mitarbeiter an der Universität der Bundeswehr München, dort 2009 Promotion (Dr. phil.)
zum Thema „Kompetenzbilanzierung als psychologische Intervention – Wirkfaktoren und Wirkprinzipien in Laufbahnberatung und
Coaching". Claas Triebel ist zudem Autor zahlreicher populärer
Sachbücher.Seit 2003 bildet Claas Triebel Kompetenzenbilanz-Coaches und kompetenzorientierte
Berater aus. Er berät Personen, Teams, Unternehmen und Organisationen. Ein Schwerpunkt liegt
seit Jahren auf der Beratung von StartUps und schnell wachsenden Unternehmen. Claas Triebel
ist Gesellschafter der PerformPartner PartG.Claas Triebel ist Professor für Wirtschaftspsychologie
an der Hochschule für Angewandtes Management Erding mit den Schwerpunkten Coaching und
Kompetenzentwicklung.

Prof. Dr. Claudius Schikora Nach dem Studium an der LMU in
München startete Prof. Dr. Dr. Claudius Schikora seine Karriere bei
Procter&Gamble Deutschland. 1999 wechselte er in die „New Economy" und war Business Development Manager bei dem wohl
bekanntesten oder wohl besser berüchtigstem Start-up der damaligen
Zeit: die boo.com Group. Anschließend ging Claudius Schikora zur
Bavaria Film Gruppe und war dort als Geschäftsführer deren New
Media Tochter tätig. Im Jahre 2001 wechselte er dann in den Sie-
menskonzern und ging hier in die Unternehmensberatung von Sie-
mens Business Services. 2006 wurde er Internet-Unternehmer und
gründete MediKompass.de. Im Jahre 2008 verkauften die Gründer
Ihre Anteile an die Verlagsgruppe von Holtzbrinck. 2010 wurde
Claudius Schikora von den neuen Eigentümern der MediKompass GmbH wieder an Bord geholt
und führte als Vorstand die Beteiligungsholding MediNavi AG an die Börse. Desweiteren ist er seit
einigen Jahren als Aufsichtsrat und Business Angel aktiv. Seit 2013 ist Claudius Schikora Präsident
der Hochschule für angewandtes Management mit Sitz in Erding. Bereits seit 2005 lehrt er dort als
Professor und leitet auch das Institut für Gründungsmanagement.

Scheitern in internationalen Unternehmenskooperationen

Nicolai Scherle, Christine Boven und Martina Stangel-Meseke

Zusammenfassung

Fortschreitende Internationalisierungsprozesse und die mit ihnen einhergehende verstärkte grenzüberschreitende Vernetzung von Unternehmensaktivitäten haben in den letzten Jahren gerade klein- und mittelständischen Unternehmen zahlreiche neue und vielversprechende Geschäftsperspektiven eröffnet. Gleichzeitig ist aber auch deutlich das Risiko gestiegen, zu scheitern, wobei die Hintergründe ausgesprochen komplex sind und sich nur schwierig auf einen gemeinsamen Nenner bringen lassen. Im vorliegenden Beitrag wird – primär aus Perspektive der Forschungsdisziplin Interkulturelle Kommunikation und unter dezidiertem Einbezug von Internationalem Management und Wirtschaftspsychologie – das Scheitern internationaler Unternehmenskooperationen erörtert. Zum einen werden zentrale Strukturen, Hintergründe und Implikationen des Scheiterns in internationalen Unternehmenskooperationen aufgerollt, zum anderen werden – anhand von ‚lateraler Führung' und ‚kultursensiblem Konfliktmanagement' – zwei kulturbewusste Managementpraktiken vorgestellt, mittels derer sich wertvolle *Dos and Don'ts* für grenzüberschreitende Kooperationen ableiten lassen. Darüber hinaus gewähren ausgewählte empirische Ergebnisse aus internationalen Kooperationen

N. Scherle (✉) · C. Boven · M. Stangel-Meseke
BiTS – Business and Information Technology School GmbH, Reiterweg 26b,
58636 Iserlohn, Deutschland
E-Mail: nicolai.scherle@bits-iserlohn.de

C. Boven
E-Mail: christine.boven@bits-iserlohn.de

M. Stangel-Meseke
E-Mail: martina.stangel-meseke@bits-iserlohn.de

© Springer-Verlag Berlin Heidelberg 2016
S. Kunert (Hrsg.), *Failure Management*, DOI 10.1007/978-3-662-47357-3_15

zwischen arabischen und deutschen Tourismus- bzw. Hospitality-Unternehmen einen konkreten Einblick in die komplexe Welt des – grenzüberschreitenden – unternehmerischen Scheiterns.

1 Einleitung

Tagtäglich werden wir mit einem Phänomen konfrontiert, das zumeist negative, zumindest jedoch ambivalente Assoziationen hervorruft: Scheitern! Konkrete Beispiele findet man am laufenden Band: in der eigenen Biographie, im sozialen Umfeld und nicht zuletzt – mitunter ausgesprochen reißerisch aufgeladen – in den Medien (Langhof et al. 2014). Vor diesem Hintergrund gibt es wohl kaum einen Menschen, der noch nicht auf dieses systemimmanente Phänomen gestoßen wäre, wobei die Faktizität des Scheiterns in der Regel als ein *factum brutum* wahrgenommen wird. Gien und Sill (2013, S. 13) konstatieren in diesem Zusammenhang: „Jeder, der die Wucht des Scheiterns erfahren hat, weiß das. Selbst der, der hart im Nehmen ist, wird bestätigen: Scheitern tut weh und lässt sich nicht so leicht verschmerzen. Wer scheitert bzw. gescheitert ist, versteht sich, die Welt und Gott nicht mehr und fragt sich Mal um Mal (…): Kann ich etwas bestehen, das ich nicht verstehe? Vielleicht wird sich so mancher auch schämen, versagt zu haben bzw. ein Versager zu sein. Erfahrungen des Scheiterns sind Erfahrungen des Sterbens gar nicht so unähnlich. Scheitern ist so etwas wie ein Tod bei Lebzeiten, der darum so schlimm ist, weil man diesen Tod überlebt und nach ihm noch weiterlebt."

In den letzten Jahren ist in Wirtschaft, Gesellschaft und nicht zuletzt in der *scientific community* eine forcierte Tendenz zur Enttabuisierung von Scheitern zu beobachten (Pechlaner 2010): „Schöner Scheitern", „Erfolgreich Scheitern" und „Die Kunst, richtig zu scheitern" sind nur einige ausgewählte Beispiele, wie man Scheitern verstärkt als Chance konzeptualisiert (siehe auch der Beitrag von Kunert, Thomann, Wehner & Clases in diesem Buch). Der vorliegende Beitrag möchte – primär aus interkultureller Perspektive und aufgezeigt anhand internationaler Unternehmenskooperationen – nicht nur einen weiteren Baustein zur sukzessiven Enttabuisierung von Scheitern beisteuern, sondern auch kulturbewusste Managementpraktiken vorstellen, die sich im Kontext interkultureller Konflikte bewährt haben. Dies geschieht insbesondere angesichts der Tatsache, dass das konfliktbedingte Scheitern internationaler Unternehmenskooperationen nach wie vor primär mit struktur- und strategieinduzierten und weniger mit kulturellen Konflikten in Verbindung gebracht wird (Gilbert 1998; Mattl 2006; Scherle und Pillmayer 2014).

Der vorliegende Beitrag verfolgt primär zwei Ziele: Erstens gewährt er – aus Perspektive der Forschungsdisziplin Interkulturelle Kommunikation und unter dezidiertem Einbezug von Internationalem Management und Wirtschaftspsychologie – einen fokussierten Einblick in ausgewählte Konflikte, die zum Scheitern internationaler Unternehmenskooperationen führen. Zweitens soll er für kulturbewusste Managementpraktiken sensibilisieren, die sich bei konfligierenden Interessen bewährt haben. Dies geschieht insbesondere vor dem Hintergrund, dass Scheitern – gerade im grenzüberschreitenden Kontext – häufig die logische Konsequenz einer nicht erfolgten Konflikt- respektive Krisenbewältigung darstellt. Pechlaner (2010, S. 208) vermerkt in diesem Zusammenhang treffend: „Prozesse des Scheiterns sind unter betrieblichen Gesichtspunkten Prozesse zwischen Unternehmen und Unterlassen, die im Resultat das Scheitern (…) bewirken; die Bewältigung von Unsicherheit, Komplexität und Wandel und die damit verbundenen Anpassungsprozesse stellen eine unternehmerische Herausforderung dar. Innovationsprozesse in Unternehmen sind nicht Prozesse des Vermeidens von Scheitern; sie sind auf die Zukunftsfähigkeit der Unternehmung ausgerichtet, im Rahmen welcher die Vermeidung von Krisen, die Krise selbst sowie die Bewältigung von Krisen eine wesentliche Rolle spielen kann."

Im nachfolgenden Kapitel erfolgt zunächst eine theoretisch ausgerichtete Einführung in das konzeptionelle Selbstverständnis von internationalen Kooperationen sowie das Scheitern im interkulturellen Kontext. Das dritte Kapitel schlägt eine Brücke zu zwei Forschungsprojekten, in deren Erkenntnisfokus internationale Unternehmenskooperationen im Tourismussektor stehen. In diesem Zusammenhang wird mittels ausgewählter Zitate aus problemzentrierten Interviews ein Einblick in zentrale Strukturen, Prozesse und Hintergründe des Scheiterns grenzüberschreitender Unternehmenskooperationen gewährt. Das anschließende Kapitel stellt – anhand von ‚lateraler Führung' sowie ‚kultursensiblem Konfliktmanagement' – kulturbewusste Managementpraktiken vor, die sich im Kontext konfligierender Interessen bewährt haben und dem Scheitern einer bilateralen Zusammenarbeit entgegenwirken können. Ein problemzentriertes Resümee, das unter anderem für eine Kultur des Scheiterns sensibilisieren möchte, rundet den vorliegenden Beitrag ab.

2 Konzeptionelles Selbstverständnis von internationalen Kooperationen und Scheitern im interkulturellen Kontext

Die Bedeutung internationaler Kooperationen hat in den letzten Dekaden deutlich zugenommen (Kutschker und Mösslang 1996; Börsig und Baumgarten 2002; Zschiedrich 2011). Für den Zuwachs grenzüberschreitender Kooperationen gibt es eine Vielzahl an Push-Faktoren, die primär im Lichte veränderter sozio-ökonomischer Rahmenbedingungen – insbesondere im Kontext der Globalisierung – zu betrachten sind und in der Regel ein ausgesprochen komplexes Spektrum an ressourcen-, zeit-, kosten-, markt- und nicht zuletzt spekulationsrelevanten Faktoren abdecken (Zentes und Swoboda 1999; Holtbrügge und Welge 2006). Letztlich erweisen sich Kooperationen immer dann als besonders sinnvoll, wenn die betroffenen Akteure gemeinsame oder auch komplementäre Ziele durch ihre jeweilige Zusammenarbeit besser realisieren können als alleine (Backhaus und Piltz 1990; Backhaus und Plinke 1990; Kutschker 1994). Dabei wird der Kooperationsbegriff vor allem mit den nachfolgenden Aspekten assoziiert (Sell 1994; Haussmann 1997; Köhler 1998; Perlitz 2002):

- eine zwischenbetriebliche Zusammenarbeit,
- Freiwilligkeit der Zusammenarbeit vor dem Hintergrund einer weitgehenden wirtschaftlichen und rechtlichen Selbständigkeit der Kooperationspartner (mit der Option einer einseitigen Kündigung),
- explizite Vereinbarung einer Kooperation,
- gemeinsame Zielsetzung und Durchführung von Aufgaben,
- ex-ante-Koordination im Sinne einer wechselseitigen Abstimmung und Anpassung der gemeinsamen Aktivitäten,
- eine zumindest nicht kurzfristig konzipierte Zusammenarbeit.

Im vorliegenden Beitrag geht es explizit um internationale Kooperationen, die in der einschlägigen Literatur vorwiegend als grenzüberschreitende Kooperationen, interkulturelle Kooperationen oder bilaterale Kooperationen bezeichnet werden, wobei häufig eine synonyme Verwendung der entsprechenden Begriffe stattfindet. Perlitz (2002) subsumiert die Begriffe unter dem Leitterminus „kooperative Internationalisierungsformen", die dadurch charakterisiert sind, dass es sich zumindest für einen der Partner um eine grenzüberschreitende Zusammenarbeit handelt. Die Internationalität der entsprechenden Kooperationen basiert zum einen darauf, dass die jeweiligen Partner von unterschiedlichen Standorten aus operieren, zum anderen, dass das Produkt bzw. die Dienstleistung in verschiedenen nationalen respektive internationalen Märkten angeboten wird (Hemm und Diesch 1992). Somit weist nicht nur die Zusammenarbeit, sondern auch das generierte Produkt bzw. die angebotene Dienstleistung einen dezidiert internationalen bzw. interkulturellen Charakter auf.

Für den Erfolg einer grenzüberschreitenden Kooperation ist es unabdingbar, dass die relevanten Akteure interkulturelle Kompetenz aufweisen. Die besondere Virulenz der entsprechenden Thematik ergibt sich insbesondere angesichts der Tatsache, dass – in Bezugnahme auf Gelbrich und Müller (2011) – bis zu 80 % der internationalen Joint Ventures, strategischen Allianzen und Mergers & Acquisitions aufgrund konfligierender Interessen ihre Ziele verfehlen und in letzter Konsequenz scheitern. Ruben (1989, S. 229), einer der profiliertesten Vertreter der interkulturellen Kompetenzforschung, spricht in diesem Zusammenhang treffend von *project failures, botched negotiations, early return of workers* und nicht zuletzt von *lost time and money*, die in den letzten Jahren sowohl seitens der Wirtschaft als auch seitens der Wissenschaft zu einem verstärkten Interesse an interkulturellen Fragestellungen geführt haben. Erschwerend kommt im interkulturellen Kontext ein ganz spezifisches Vertrauensdilemma hinzu: Einerseits nimmt vor dem Hintergrund fortschreitender Internationalisierungsprozesse der Bedarf an vertrauensvoller Zusammenarbeit bei grenzüberschreitenden Kooperationen zu, da sich die Gestaltung und Durchsetzung von Vereinbarungen über Grenzen hinweg zeitaufwendiger, kostspieliger und erfolgsunsicherer als innerhalb des eigenen Landes gestalten. Anderseits ist die Vertrauensbildung zwischen Akteuren divergierender Kulturen erschwert, da man häufig nur unzureichend mit den Spielregeln sozialer Interaktion und den sie begründenden Werten, Normen und Grundannahmen des Kooperationspartners vertraut ist. Entsprechend schwer fällt es, aus dem Handeln des Partners adäquate Hinweise auf dessen Vertrauenswürdigkeit abzuleiten (Kühlmann und Schumann 2002).

Vor diesem Hintergrund versteht es sich von selbst, dass der Umgang mit Konflikten im interkulturellen Kontext ausgesprochen komplex ist, da es weder eine kongruente normative Basis noch international einheitliche Gesetze gibt, die Orientierungspunkte für die Koordination konfligierender Interessen offerieren könnten. Gilbert (1998, S. 20) skizziert die entsprechende Problematik wie folgt: „Konfliktpotentiale entstehen vorwiegend aus den interkulturell voneinander abweichenden Norm- und Wertvorstellungen international tätiger Unternehmen und lokaler Anspruchsgruppen, die häufig nicht miteinander vereinbar sind. In solchen Konflikten fehlt den Entscheidungsträgern eine einheitliche Moralvorstellung, an der sie ihre Entscheidungen ausrichten können. Handlungen, die in einem Land als moralisch einwandfrei akzeptiert werden, können in einem anderen Land inakzeptabel und unmoralisch sein. Es stellt sich mithin die Frage, welche Normen und Werte Entscheidungsträger international tätiger Unternehmen bei der Handhabung von Konflikten als Orientierungsrahmen verwenden sollen." Diese Reflexionen machen deutlich, dass ein Konfliktmanagement im internationalen Kontext kaum ohne eine einschlägige interkulturelle Konfliktkompetenz auskommt, will man einen nachhaltigen Kooperationserfolg erzielen. Eine so verstandene Konfliktkompetenz bedarf der Fähigkeit, kulturbedingte wie kulturunabhängige Konflikte weitgehend zu minimieren und auftretende Konflikte konstruktiv zu bewältigen ebenso wie der Sensibilität, den Fokus entsprechend des spezifischen interkulturellen Rahmens auf Konfliktprävention respektive Konfliktbewältigung zu legen (Stüdlein 1997; Gilbert 1998; Scherle und Pillmayer 2014).

In Anbetracht der erhöhten Komplexität interkultureller Überschneidungssituationen versteht es sich von selbst, dass das Risiko eines Scheiterns internationaler Unternehmenskooperationen deutlich ausgeprägter ist als jener Kooperationen, die keine grenzüberschreitende Dimension aufweisen. Bevor zum Abschluss dieses Unterkapitels ausgewählte Charakteristika interkultureller Kompetenz respektive zentrale personale Faktoren eines erfolgreichen *managing across cultures* vorgestellt werden, sei auf nachfolgendes Zitat von Aydt (2015, S. 138 f.) verwiesen, die Scheitern aus interkultureller Perspektive wie folgt konzeptualisiert: „(...) [S]cheitern bedeutet, dass ein Handlungsziel gegen den Willen der Akteurin/des Akteurs nicht erreicht oder zumindest als nicht erreichbar erlebt wird. Dafür können Faktoren in der Person selbst (Fähigkeiten), aber auch externe, nicht direkt beeinflussbare Faktoren verantwortlich sein. Scheitern bezeichnet eine Differenz zwischen Willen und Möglichkeiten. Scheitern ist die Negation der Möglichkeit, das Handlungsziel zu verwirklichen. Die subjektive Erfahrung besteht in der Wahrnehmung einer Grenze der eigenen, willentlich verfügbaren Möglichkeiten. (...) Ein konkreter Wille und die Differenz zwischen Willen und der Realisierung von Möglichkeiten sind also konstitutiv für Scheitern."

Die meisten Ansätze im Kontext des Forschungsfelds Interkulturelle Kommunikation zielen primär auf die Entwicklung von Verhaltensmerkmalen und Fertigkeiten wie Anerkennung und Wertschätzung kultureller Besonderheiten, Toleranz, gegenseitiges Verstehen, Sensibilisierung für gemeinsame Grundwerte und Normen sowie den Aufbau eines

Tab. 1 Personale Erfolgsvoraussetzungen im Kontext eines managing across cultures. (Kühlmann und Stahl 1998)

Ambiguitätstoleranz	Die Neigung, in komplexen – insbesondere von Unsicherheit und Mehrdeutigkeit geprägten – Situationen angemessen zu reagieren bzw. sich zumindest nicht beeinträchtigt zu fühlen
Verhaltensflexibilität	Die Fähigkeit, sich schnell auf veränderte Situationen einzustellen und in diesem Kontext auf ein breites Verhaltensrepertoire zurückzugreifen
Zielorientierung	Die Fähigkeit, auch unter erschwerten Bedingungen zielstrebig auf die Erreichung der gestellten Aufgaben hinzuarbeiten
Kontaktfreudigkeit	Die Neigung, soziale Kontakte aktiv zu erschließen und bestehende Beziehungen aufrechtzuerhalten
Einfühlungsvermögen	Die Fähigkeit, Bedürfnisse und Handlungsabsichten von Interaktionspartnern zu erkennen und situationsadäquat darauf zu reagieren
Polyzentrismus	Vorurteilsfreiheit gegenüber divergierenden Meinungen, Einstellungen und Handlungsmustern, insbesondere fremdkultureller Prägung
Metakommunikative Kompetenz	Die Fähigkeit, in schwierigen Gesprächssituationen steuernd einzugreifen und Kommunikationsstörungen zu beheben

interkulturellen Erfahrungs- und Handlungswissens. Dabei sollen durch interkulturelles Lernen respektive Handeln unter anderem interkulturelle Informationsdefizite, Dominanz- und Überlegenheitsintentionen, Bedrohungsängste, destruktive Stereotypisierungen und Vorurteile sowie latente Ängste gegenüber Fremdkulturellem abgebaut werden (Spitzberg und Changnon 2009; Lane 2010; Lustig und Koester 2013).

Die Frage, welche personalen Erfolgsvoraussetzungen ein Individuum dazu prädestinieren, in interkulturellen Überschneidungssituationen effizient und angemessen zu interagieren, hat in den letzten Jahren rege Forschungsaktivitäten stimuliert (Stahl 1995; Schneider et al. 2014). Aus einer eigenschaftstheoretischen Perspektive lässt sich in Anlehnung an Kealey und Ruben (1983, S. 165 f.) der Prototyp eines interkulturell kompetenten Akteurs wie folgt umschreiben: „The resulting profile is of an individual who is truly open to and interested in other people and their ideas, capable of building relationships of trust among people. He or she is sensitive to the feelings and thoughts of another, expresses respect and positive regard for others, and is nonjudgmental. Finally, he or she tends to be self-confident, is able to take initiative, is calm in situations of frustration of [sic!] ambiguity, and is not rigid. The individual also is a technically or professionally competent person." Basierend auf dieser Charakterisierung haben Kühlmann und Stahl (1998) in ihren Studien zu interkultureller Kompetenz Determinanten bestimmt, die für eine interkulturelle Effektivität von essentieller Bedeutung sind (siehe Tab. 1).

Diese idealtypischen Determinanten markieren eine notwendige, aber keine hinreichende Bedingung für erfolgreiche interkulturelle Überschneidungssituationen. Im konkreten Einzelfall definieren aufgaben-, unternehmens- und länderspezifische Besonderheiten zusätzliche Anforderungen oder Gewichtsverschiebungen. So komplex interkulturelle Kompetenz auch sein mag, so wenig steht in Frage, dass man – zumindest in Ansätzen – den produktiven Umgang mit kultureller Verschiedenheit nicht lernen könnte; eine Garantie für eine konflikt- respektive krisenfreie Zusammenarbeit, in der das Scheitern lediglich ein theoretisches Konstrukt darstellt, wird es jedoch wohl nie geben (Cushner und Brislin 1996; Moosmüller 1996; Deardorff 2006).

3   Empirische Befunde zum Scheitern in internationalen Unternehmenskooperationen

Will man dem Scheitern internationaler Unternehmenskooperationen auf den Grund gehen, so empfiehlt es sich, einen kritischen Blick auf charakteristische Konflikte in einer grenzüberschreitenden Zusammenarbeit zu werfen; wohl wissend, dass es in diesem Kontext weder ‚die typischen Konflikte' noch ‚das typische Scheitern' gibt. Genauso wenig muss ein Konflikt zwangsläufig zum Scheitern einer internationalen Unternehmenskooperation führen. Letztlich sind bei beiden Phänomenen primär zwei Aspekte entscheidend: Erstens gilt es, sie als universelle und in allen Bereichen unseres Daseins anzutreffende Phänomene zu konzeptualisieren. Zweitens gilt es, verstärkt deren positive Implikationen zu würdigen. In dem Maße, wie es gelingt, konstruktiv mit den beiden – eng miteinander verwobenen – Phänomenen umzugehen, werden sie kontrollierbar und ihre schöpferische Kraft vermag den betroffenen Akteuren nützen (Stüdlein 1997; Gilbert 1998; Scherle 2003; Rohrhirsch 2009).

Doch nun zur Frage, welche Ursachen zum Scheitern internationaler Unternehmenskooperationen führen. Eine vermeintlich einfache Frage wirft in diesem Fall große Schwierigkeiten auf, da streng genommen jede Frage nach der Ursache eines Scheiterns zu einem unendlichen Regress führt. Letztlich lassen sich für jede Ursache eines Scheiterns – analog zu Konflikten – weitere Ursachen bestimmen. Ursache und Wirkungen beschreiben in diesem Kontext wechselseitige Prozesse und eine Ursachenanalyse findet keinen Anfang und kein Ende. Erschwerend kommt hinzu, dass es in der unternehmerischen Praxis eine unbegrenzte Anzahl potentieller Ursachen für Konflikte respektive für Scheitern gibt und diese nicht in toto identifizierbar sind (Gilbert 1998).

Einen exemplarischen Einblick in die Kultur des Scheiterns in internationalen Unternehmenskooperationen ermöglichen die nachfolgenden empirischen Ergebnisse, die aus zwei Forschungsprojekten stammen, in deren Erkenntnisfokus die Internationalisierungsprozesse klein- und mittelständischer Dienstleistungsunternehmen standen:

- Das erste – vom *Bayerischen Forschungsverbund Area-Studies* (FORAREA) zwischen 2000 und 2002 geförderte – Projekt setzte sich mit Chancen und Risiken interkultureller Unternehmenskooperationen im Tourismussektor auseinander (Scherle 2003, 2004, 2006). Als zentrale Untersuchungsobjekte fungierten touristische Unternehmen, die ihre Dienste im Outgoing-Tourismus des Herkunftslandes in Kooperation mit touristischen Unternehmen des Ziellandes anbieten, wobei Erstere aus Deutschland und Letztere aus Marokko stammten. Die projektrelevanten Unternehmenskooperationen

wurden einerseits hinsichtlich ihrer Formen, Voraussetzungen, Auswirkungen und Ge-
staltungsmöglichkeiten untersucht, andererseits stand aus interkultureller Perspektive
der Umgang mit Konflikten im Erkenntnisfokus. Darüber hinaus wurden Experteninterviews geführt, um das in den Institutionen verankerte Wissen in Wert zu setzen und
einen breiteren Zugang zum Forschungsfeld zu erlangen.

- Das zweite – von der *Deutschen Forschungsgemeinschaft* (DFG) zwischen 2010 und
  2012 geförderte – Projekt untersuchte Internationalisierungsstrategien mittelständischer Tourismus- und Hospitality-Unternehmen aus Jordanien (Pillmayer 2014; Pillmayer und Scherle 2014). Internationalisierung wurde in diesem Zusammenhang – im
  Sinne von Bäurle (1996) – als Prozessphänomen konzeptualisiert, das mit einer quantitativen und qualitativen Zunahme an Problemstellungen und Lösungsanforderungen
  einhergeht. Da der Internationalisierungsprozess in der Dienstleistungsbranche Tourismus in der Regel im Rahmen grenzüberschreitender Kooperationen erfolgt, lag ein
  wesentliches Augenmerk auf ausgewählten Aspekten interkultureller Kommunikation,
  insbesondere auf grenzüberschreitenden Problembewältigungsstrategien.

Angesichts der ungemeinen Komplexität interkultureller Fragestellungen und eingedenk
des konzeptionellen Selbstverständnisses qualitativer empirischer Sozialforschung wurden die *samples* bewusst überschaubar gehalten, wodurch beide Forschungsprojekte einen
ausgesprochenen Fallstudiencharakter aufweisen. Im Kontext des FORAREA-Projekts
wurden – in Anlehnung an Witzel (1982, 1985) – gemeinsam mit Kollegen der *Université
Mohammed V* in Rabat jeweils 30 problemzentrierte Interviews bei deutschen und marokkanischen Reiseveranstaltern geführt. Um dem interkulturellen Charakter des Unter-
suchungsgegenstandes gerecht zu werden, wurde darauf geachtet, multiperspektivisch
vorzugehen, Aussagen zu relativieren und das Bias möglichst gering zu halten. Die Daten
wurden deshalb kontrastiv und vergleichend erhoben, das heißt, die Schilderungen und
Interpretationen aus deutscher Perspektive wurden den Schilderungen und Interpretationen aus marokkanischer Perspektive gegenübergestellt. Im DFG-Projekt wurden – ebenfalls in Anlehnung an Witzel (1982, 1985) – insgesamt 50 problemzentrierte Interviews
mit Vertretern von jordanischen Reiseveranstaltern und Hospitality-Betrieben geführt,
wobei dezidiert darauf geachtet wurde, der vorgefundenen Heterogenität hinsichtlich
Unternehmensstruktur, Angebotsprofil und Internationalisierungsstrategie gerecht zu werden. Angesichts der Tatsache, dass man als Forscher der Kulturbedingtheit seiner eigenen
Perzeptionen und Interpretationen unterliegt, wurde auch in dieses Projekt – im Sinne
eines interkulturellen *bridging the gap* – ein jordanischer Kollege integriert, der die Pro-
jektumsetzung sowohl konzeptionell als auch methodisch begleitete.

Es versteht sich von selbst, dass Aussagen, die – wie die hier vorgestellten Wahrnehmungen von Konflikten bzw. Scheitern im Kontext internationaler Unternehmenskooperationen – in einen interkulturellen Kontext eingebunden sind, in der Regel kontrover-
ser diskutiert werden als Aussagen zu den klassischen Problemfeldern der Betriebswirt-
schafts- und Managementlehre. Ein Umstand, der unter anderem darauf zurückzuführen
ist, dass Kulturen ausgesprochen komplexe und sich kontinuierlich wandelnde Systeme

sind, die sich zudem noch in diverse mikrokulturelle Subsysteme aufgliedern. Anzumerken bleibt weiterhin, dass so manches Zitat einseitig wirken mag, mitunter sogar befremdliche Empfindungen zurücklässt. Als Autoren sehen wir negativ anmutende Schilderungen seitens der Gesprächspartner weniger als Vorurteile oder gezielte Abwertungen, sondern vielmehr als Teil eines komplexen Verarbeitungsprozesses neuer und inkommensurabler Erfahrungen. Darüber hinaus verkörpern sowohl Konflikte als auch Scheitern keine objektiven Tatbestände, sondern diese werden durch die Wahrnehmung der betroffenen Akteure beeinflusst, wobei die entsprechenden Wahrnehmungsvorgänge untrennbar mit den individuellen Werte- und Normenvorstellungen der Menschen verbunden sind (Moosmüller 1997; Scherle 2003, 2006).

Eine der klassischen Ursachen für das Scheitern internationaler Unternehmenskooperationen bilden seit jeher divergierende strategische Interessen hinsichtlich der bilateralen Zusammenarbeit. So konstatiert der Geschäftsführer einer marokkanischen Incoming-Agentur:

> „Ich habe schon wiederholt erlebt, dass so mancher Kooperationspartner vor allem an meinen Netzwerken interessiert war, nicht jedoch an einer längerfristigen Zusammenarbeit. Kein Wunder, dass dann eine Kooperation scheitert. Letztendlich waren wir nur der *gate-opener* für die anvisierte Markterschließung!"

Divergierende strategische Interessen implizieren in der Regel inkompatible Erwartungshaltungen seitens der Kooperationspartner, die besonders dann zu einem geschäftlichen Risiko werden können, wenn keine schriftlichen Fixierungen vorliegen. In diesem Zusammenhang konstatiert ein Experte, der auf jahrelange Consulting-Erfahrungen im internationalen Management zurückblicken kann:

> „Wenn der Investor erst mal da ist, dann ist die Unterstützung nicht mehr so groß, wie sie angekündigt wurde. Und das ist halt das, worüber man sich wirklich im Klaren sein sollte. Um das zu vermeiden, würde ich letztendlich alles penetrant schriftlich fixieren, wirklich alles. Sonst, denke ich, ist man hier ziemlich schnell verloren. (…) Ich denke mal, die meisten Kooperationen scheitern aus dem Hauptgrund, dass von beiden Seiten mit unterschiedlichen Erwartungshaltungen an das Projekt herangegangen wird; … dass man nicht offen darüber spricht, dass man auch wieder nichts schriftlich fixiert und es dadurch zu Missverständnissen kommt. Das kann natürlich auch dazu führen, dass die Kooperation beendet wird."

Häufig handelt es sich in der Tourismusbranche um nicht-vertragliche Absprachen, die den Kooperationspartnern einerseits ein Höchstmaß an Flexibilität ermöglichen, andererseits aber auch das Kooperationsrisiko erhöhen, da man kein rechtlich verbindliches Dokument besitzt, auf das man sich im Notfall berufen könnte. So weisen alleine in dieser Studie 53,4 % der befragten Unternehmen eine nicht-vertragliche Absprache auf und konterkarieren – ob beabsichtigt oder nicht, sei dahingestellt – die Forderung nach einer vertraglichen Fixierung der bilateralen Kooperation. Die seitens des Experten postulierte Implementierung von Kontrollmechanismen würde sich angesichts des häufig losen Charakters entsprechender Kooperationen als ein vergleichsweise schwieriges Unterfangen erweisen; ganz abgesehen davon, dass man – gerade aus interkultureller Perspektive – Gefahr läuft, einer diffusen Misstrauenskultur Vorschub zu leisten.

Wie zu Beginn dieses Beitrags erwähnt, wird das konfliktbedingte Scheitern internationaler Unternehmenskooperationen noch immer vorwiegend mit struktur- bzw. strategieinduzierten und weniger mit kulturellen Konflikten in Verbindung gebracht. Dieser Umstand ist in erster Linie darauf zurückzuführen, dass kulturspezifische Fragestellungen in den Wirtschaftswissenschaften ein vergleichsweise neues Phänomen darstellen und die Managementlehre bis weit in die zweite Hälfte des 20. Jahrhunderts überwiegend einem technizistischen Paradigma verhaftet war, das Unternehmen primär auf Grundlage der Steuerungsgrößen Ertrag und Kosten analysierte (Bosch 1996, 1997; Schmid 1996). Im Rahmen der Verortung potentieller Konfliktfelder in den analysierten deutsch-marokkanischen Unternehmenskooperationen nimmt sowohl auf deutscher als auch auf marokkanischer Seite mit der „Einhaltung von Zeitvorgaben" ein Konflikt eine Spitzenstellung ein, der dezidiert eine kulturelle Durchdringung aufweist. In diesem Zusammenhang vermerkte die Geschäftsführerin eines deutschen Nischenveranstalters unter Einbezug auf den Fastenmonat Ramadan:

> „Die Risiken bestehen (…) darin, dass es eben religiös ein anderes Land ist. Und da habe ich auch sehr wenig Kompromissbereitschaft gesehen, sich auf den westlichen Kulturkreis einzustellen – gutes Beispiel natürlich der Ramadan. (…) Dieses Fasten wirkt sich ungeheuerlich aus. Es ist eine Gereiztheit zu verspüren, und das ganze Tempo ist natürlich stark verlangsamt. (…) Das betrifft unsere direkten Ansprechpartner, von denen ich jetzt rede, die ihrerseits wieder abhängig von ihren Partnern sind, (…), sodass sich diese Verlangsamung geradezu potenziert (…). Und das ist ein ganz großes Problem, das auch die deutschen Reiseveranstalter nicht verstehen, die das eigentlich wissen müssten, die einfach kommen und sagen: „Wir brauchen morgen eine Antwort!", und wenn die sagen: „Das geht nicht, Ihr wisst das doch.", dann kommt: „Das ist doch Euer Problem!" oder „Das haben wir vergessen!""

An dieser Stelle sei angemerkt, dass islamische Wirtschaftsordnungen sowie bestimmte Positionen und Verhaltensdispositionen muslimischer Geschäftspartner nur dann zu verstehen sind, wenn man sich – zumindest in Ansätzen – mit dem Islam als Religion und Weltanschauung auseinandergesetzt hat (Scherle 2003). Dieser Umstand wurde immer wieder von Gesprächspartnern bestätigt, ganz abgesehen davon, dass eine Sensibilisierung hinsichtlich dieses dezidiert interkulturellen Aspekts inzwischen vielfach integrativer Bestandteil interkultureller Trainings ist. Bemerkenswert und durchaus nicht selbstverständlich war das explizite Eingeständnis der Gesprächspartnerin, dass das mangelnde interkulturelle Verständnis auch auf deutscher Seite anzutreffen ist. Mehrere Interviewpartner skizzierten in ihren Ausführungen hinsichtlich des Ramadans die mit diesem Fastenmonat verbundenen Implikationen – etwa Einschränkungen in Bezug auf den Service –, die immer wieder zu Kundenbeschwerden führen und somit rückkoppelnd auch Auswirkungen auf die bilaterale Zusammenarbeit haben. Weitere, deutlich kulturell geprägte Konflikte, die im *worst case* zum Scheitern der grenzüberschreitenden Kooperation führten, betrafen unter anderem die Themen Gender und Umgang mit Hierarchien.

Gerade im Kontext kulturell induzierter Konflikte empfanden es zahlreiche Gesprächs-partner als ausgesprochen hilfreich, wenn der *counterpart* – etwa aufgrund eines längeren Auslandaufenthalts oder einer bikulturellen Partnerschaft – einen erfolgreichen Perspek-tivenwechsel bewerkstelligen kann. So konstatierte beispielsweise der Produktmanager eines mittelständischen deutschen Reiseveranstalters:

> „Der Kooperationspartner sollte den kulturellen Hintergrund des Quellmarkts kennen, zumindest ein kulturelles Verständnis für das Hiesige aufbringen. Das macht sich jedoch in der Regel an Personen und nicht an der Agentur fest. (…) Er sollte einen Bezug zu unserem Kulturkreis haben, damit er weiß, welche Bedürfnisse unsere Gäste haben, was erwarten die vom Service, von Sauberkeit und so weiter. Wir haben früher Ägypten im Programm gehabt, und der Besitzer der dortigen Partneragentur, der sich sehr gut in Deutschland auskennt und Deutsch spricht, hat mal zu mir gesagt: „Ich weiß, bei Euch ist es sauber, rein und hygienisch, und bei uns ist es einfach die Abwesenheit von Farbe!" Wenn mir jemand so etwas sagt, dann weiß ich, dass er eine Brücke schlagen kann. (…) Entscheidend ist letztendlich, dass er unse-ren kulturellen Hintergrund kennt."

Es versteht sich von selbst, dass internationale Unternehmenskooperationen, in denen ein entsprechendes interkulturelles *bridging the gap* stattfindet, besonders nachhaltig sind und dementsprechend auch seltener scheitern. Gleichwohl gibt es im internationalen Kontext immer wieder Kooperationen, deren Scheitern weder auf struktur- bzw. strategieinduzierte noch auf interkulturelle Konflikte zurückzuführen sind, sondern auf externe Faktoren, ins-besondere politisch-gesellschaftliche Krisen. Dieses Faktum spiegelt sich geradezu ideal-typisch in der nachfolgenden Aussage des Geschäftsführers einer jordanischen Incoming-Agentur wider:

> „In den letzten Jahren war die Zusammenarbeit mit unseren Kooperationspartnern immer von Verlässlichkeit und Vertrauen, fast Freundschaft geprägt. Mit Ausbruch des Arabischen Frühlings (…) hat sich diese Situation komplett verändert. Die meisten Partner lassen (…) ihr Programm ruhen oder haben sich zwischenzeitlich vom jordanischen Markt verabschiedet. Meistens ohne Diskussion oder eine Chance unsererseits, die Situation näher zu erklären. Dieses Verhalten hat uns mehr als enttäuscht, wir fühlen uns alleingelassen."

Gerade für die in diesem Beitrag relevante Tourismuswirtschaft stellen einschlägige Kri-sen eine besondere Herausforderung dar, da die betroffenen Akteure in der Regel weder Einfluss auf ihre Entstehung noch auf ihren weiteren Verlauf haben. Erschwerend kommt hinzu, dass in der öffentlichen Wahrnehmung raumspezifische Konflikt- respektive Kri-sensituationen häufig pauschal auf Nachbarländer übertragen werden, weshalb man in diesem Zusammenhang treffend von einem sogenannten Nachbarschaftseffekt spricht (Steiner et al. 2006). Vor diesem Hintergrund sind seit Ausbruch des sogenannten Ara-bischen Frühlings auch in dem politisch wie sozio-ökonomisch vergleichsweise stabilen Jordanien deutliche Nachfrageeinbrüche zu verzeichnen, die dazu geführt haben, dass – an sich erfolgreiche – Kooperationen gefährdet und im schlimmsten Fall sogar gescheitert sind (Pillmayer 2014; Scherle und Pillmayer 2014).

4 Kulturbewusste Managementpraktiken

4.1 Laterale Führung

Im Rahmen internationaler Unternehmenskooperationen gewinnt das Konzept der Führung ohne Hierarchie – auch unter dem Terminus laterale Führung bekannt – verstärkt an Bedeutung (Kühl und Schnelle 2009; Stöwe und Keromosemito 2004). Insbesondere zunehmend vernetzte Märkte und die steigende internationale Konkurrenz forcieren Veränderungen in der Führung. Während zeitlich dringliche Handlungen bzw. Aktionen häufig einer Autorität und einer streng hierarchischen Abfolge bedürfen, um die Prozesse zielgerichtet im Wettbewerb zu steuern, stehen heutige Werte unserer Gesellschaft – vor allem der Megatrend Individualisierung, der kompetenzbasierte Einsatz von Mitarbeitern sowie zunehmend innovative Führungsprinzipien (Stangel-Meseke et al. 2015) – diesem Anliegen diametral entgegen. Hinzu kommt, dass in vielen Unternehmen nicht mehr automatisch jene Organisationsstrukturen dominieren, die dem klassischen Verständnis von Macht und Autorität folgen. So erfolgen beispielsweise immer häufiger Arbeitsprozesse in Matrixorganisationen oder in Projekten, in denen Projektleitungen mit Teammitgliedern arbeiten, die sich auf unterschiedlichen hierarchischen Ebenen befinden. In diesem Kontext müssen Projektleitungen mehr denn je Autorität durch den Einsatz sinnvoller Strategien zur zielgerichteten Beeinflussung von Mitarbeitern erlangen. Das heißt, sie müssen sich mit den Wünschen, den Motiven und den Einstellungen ihrer Teammitglieder auseinandersetzen, um auf Basis einer adäquaten Personenbeurteilung die Projektziele in ihrem Unternehmen zu erreichen. Darüber hinaus wird laterale Führung von Projektleitungen vor allem dann gefordert, wenn sich Unternehmen in organisationalen Veränderungsprozessen befinden, in denen sich das Denken der Akteure ebenso verändert wie unternehmensspezifische Machtstrukturen (Kühl und Schnelle 2009, S. 56). Gerade in diesem Anwendungsfall lateraler Führung entstehen oft paradoxe Arbeitskontexte, da Unternehmensleitungen in Reorganisationsprozessen versuchen, die Projektleitungen mit harten Zielvorgaben und Kennziffern zu steuern. Daraus ergeben sich immer wieder intrapersonelle Konflikte durch die Überforderung und psychische Belastung der Projektleitung aufgrund der vielfältigen und mitunter widersprüchlichen Anforderungen an ihre Führungsrolle. Ferner sind häufig interpersonelle Konflikte vorprogrammiert, da vorhandene Ziel-, Gruppen- und Bereichskonflikte der Teammitglieder aus anderen Unternehmenskontexten in der gemeinsamen Projektarbeit diffundieren und im schlimmsten Fall eskalieren können. Zusätzlich erschweren Vorannahmen der Teammitglieder, der sogenannte *unconscious bias* (Stangel-Meseke 2014, S. 13 ff.), die Zusammenarbeit in solchen Projekten.

Dass neben einer gezielten Auseinandersetzung mit der individuellen Rolle der Projektleitung auch organisationale Interventionen zur Vorbereitung der Leitungen auf ihre vielfältigen Projektaufgaben erfolgen müssen, zeigen die folgenden drei Aufgaben, die konstitutiver Bestandteil von lateraler Führung sind:

Kenntnis der Motivation der Teammitglieder

Die Projektleitung muss die arbeitsrelevanten Motive (Leistungs-, Anschluss- und Macht-motiv) ihrer Mitarbeiter erkennen und je nach individueller Motivlage steuern (Klein-beck und Kleinbeck 2009; Schmalt und Langens 2009; Kuhl et al. 2010; Rheinberg und Vollmeyer 2011). So sollte die Führung leistungsmotivierter Mitarbeiter vor allem dar-in bestehen, ihnen Sachprobleme anzuvertrauen, herausfordernde und realistische Ziele zu setzen sowie ein regelmäßiges Leistungsfeedback zu geben. Im Kontext der Führung anschlussmotivierter Mitarbeiter ist es wichtig, dass sie möglichst beratende und unter-stützende Tätigkeiten erhalten. Bei der Führung machtmotivierter Mitarbeiter ist zu be-achten, dass sie eine herausgehobene Funktion im Team einnehmen, viel Autonomie bei der Aufgabenausführung erhalten respektive solche Aufgaben delegiert bekommen, die es ihnen ermöglichen, Wissen bzw. Können zu erwerben. Da jedoch in der Projektpraxis nur selten die Möglichkeit besteht, eine diagnostisch fundierte Motivdiagnostik vorzunehmen (Schmalt et al. 2000; Schuler et al. 2001), werden häufig Checklisten mit Verhaltensbe-schreibungen genutzt, die charakteristische Motivlagen von Personen beschreiben (Stöwe und Keromosemito 2004).

Initiieren von Verhaltens- und Leistungsveränderungen durch Feedback und das Erzeugen von ‚Leidensdruck'

Die Forschung zu Feedback stellt immer wieder heraus, dass Verhaltens- und Leistungs-feedbacks das Einschätzungsvermögen zur Entwicklung und Aufrechterhaltung der Ar-beitsleistung einer Person erhöhen (Kluger und DeNisi 1996). Gerade für die Steuerung von Projektteams mittels lateraler Führung empfiehlt es sich, dass die Projektleitung Feedback als regelmäßiges Instrument zur Beeinflussung des Verhaltens und der Leistung der Teammitglieder einführt. Dabei ist es ratsam, das Feedback-Procedere bereits in einer Kick-off-Veranstaltung als durchgängigen Standard für die Kooperation der Teammitglie-der zu implementieren. Dies ermöglicht nicht nur einen kontinuierlichen Lernprozess der Mitarbeiter, sondern darüber hinaus eine Verbesserung der Arbeits- und Leistungsnorm sowie ein gutes Teamklima durch zeitnahes Ansprechen verbesserungswürdiger Arbeits-situationen.

Häufig bestehen in Projektteams Situationen, in den sich sowohl die Projektleitung als auch die Teammitglieder hinsichtlich ihres Verhaltens ändern müssen. Stöwe und Kero-mosemito (2004, S. 130 ff.) schlagen zur Verhaltensänderung einer Person die Anwen-dung der Veränderungsformel vor, die sich gut in Feedback-Regelgespräche integrieren lässt. Für eine Verhaltensänderung sind drei sich hinreichend bedingende, multiplikativ verbundene Faktoren (‚Leidensdruck', positive Vision und erste Schritte) von Relevanz. So ist eine Verhaltensänderung ohne ‚Leidensdruck' kaum möglich. Die Wahrnehmung, dass nur Druck vorherrscht, führt hingegen häufig zu einer Blockade des Mitarbeiters. Ist ein Mitarbeiter hochgradig motiviert, hat dieser jedoch keine Idee, wie er ein Problem an-gehen soll, so ist es äußerst unwahrscheinlich, dass sich eine Verhaltensänderung einstellt. Die Betrachtung der drei Faktoren in der Veränderungsformel führt in der Regel zu einer

Verhaltensänderung und zeigt darüber hinaus Gründe auf, die Mitarbeiter veranlassen, auf ihrem bisherigen Verhalten zu beharren.

Verhaltens- und Leistungssteuerung durch adäquate Gesprächsstrukturen in kritischen Arbeitssituationen

Die empirisch erprobten Gesprächsphasenkonzepte (Saul 1995) für verschiedene Führungssituationen basieren auf einer Mitarbeiterorientierung im Gespräch, die sich in dem Bemühen der Führungskraft widerspiegelt, die Perspektive der Mitarbeiter zu erfassen und gemeinsam mit diesen eine adäquate Lösung für die relevante Situation zu erarbeiten. Für die Anwendung lateraler Führung in Projektteams sind für die praktische Umsetzung die Gesprächsphasenkonzepte „Kritik konstruktiv äußern" und „Konflikte klären" zielführend.

Der Zweck des Kritikgesprächs liegt primär darin, einem Teammitglied Feedback zu geben und Kritik auszusprechen, wenn dieses sich negativ verhält oder die Leistungen unzureichend sind. Somit stellt dieses Gespräch für das Teammitglied eine notwendige Orientierungshilfe dar. Die zu kritisierende Leistung bzw. das zu kritisierende Verhalten sollen exakt beschrieben und mit Fakten untermauert werden. Die Projektleitung muss bei diesem Gespräch selbst prüfen, ob ihre Kritik berechtigt ist:

- Inwieweit weiß das Teammitglied, welche Leistung von ihm erwartet wird?
- Inwieweit besitzt das Teammitglied die erforderlichen Fähigkeiten sowie die nötigen Hilfsmittel, um die erwartete Leistung zu erbringen?

Im Kritikgespräch ist es eine zentrale Aufgabe der Projektleitung, die genannten Abweichungen zu analysieren und gegebenenfalls Maßnahmen mit dem Teammitglied zu vereinbaren, mit denen derartige Abweichungen zukünftig vermieden werden können.

Das Gesprächsphasenkonzept „Konflikte klären" bezieht sich auf Konflikte zwischen den Projektleitungen. Diese entwickeln sich häufig dann, wenn Projektleitungen mit Teammitgliedern im Projekt zusammenarbeiten, die in mehrere Teilprojekte eingebunden sind und für jede Projektleitung das zu verantwortende Projekt im Projektstatus hoch priorisiert wird. Die Konsequenz ist, dass Unstimmigkeiten bezüglich der Aufgabenpriorisierung und des Arbeitseinsatzes entstehen und sich die Teammitglieder in den Projekten überlastet fühlen, wenn die Projektleitungen den Konflikt eskalieren lassen. Für die Konfliktklärung unter gleichrangigen Projektleitungen ist es essentiell, dass diese ihre Wahrnehmungen und Perspektiven hinsichtlich der konfliktträchtigen Situation austauschen und dabei erläutern, welche Vermutungen sich aufgrund ihrer subjektiven Konfliktwahrnehmung ergeben. Die relevanten Akteure müssen im weiteren Gesprächsverlauf einen Konsens erzielen, der auf dem Austausch von Argumenten und Sichtweisen über die bis dato nicht gelungenen Aspekte der Zusammenarbeit basiert. Dabei steht ausschließlich die Übernahme von Verantwortung für das eigene Handeln im Vordergrund. Ferner müssen die Gesprächspartner einen Konsens darüber erzielen, dass sich ihr Handeln zukünftig ändern muss, um unbeeinträchtigt arbeiten zu können. Der anschließende gegenseitige Austausch der Gesprächspartner bezüglich ihrer Wünsche und Erwartungen ermöglicht die Fixierung weiterer, konfliktlösender Handlungen. In einer abschließenden Zusammenfassung des Gesprächs werden die gemeinsam getragenen Vereinbarungen festgehalten.

4.2 Kultursensibles Konfliktmanagement

Spätestens seit der bahnbrechenden Studie von Deutsch (1976) über Konfliktregelung herrscht in der *scientific community* weitgehend Konsens, dass ein unbewusster oder nicht erkannter Konflikt diffiziler zu bewältigen ist als ein Konflikt, der von den betroffenen Akteuren wahrgenommen wird. Auch das Negieren von Konflikten hat allenfalls – im Sinne einer Symptomverschiebung – eine retardierende Wirkung, die in der Regel zu weiteren Spannungen und Ressourcenbindungen führt (Werpers 1999; Butler 2009; Wilmot und Hocker 2011). Genau an diesem Punkt setzt ein kultursensibles Konfliktmanagement ein, jene konstruktive Intervention auf den Konfliktprozess, sodass Konflikte einen positiven Verlauf nehmen und einem potentiellen Scheitern der internationalen Unternehmenskooperation pro-aktiv entgegenwirken. Dabei zielt ein prozess- und entwicklungsorientiertes Konfliktmanagement nicht primär auf die Vermeidung, sondern vielmehr auf das rechtzeitige Aufdecken und das effiziente *handling* von Konflikten – stets unter der Prämisse, die Konfliktkosten respektive die Konfliktfolgekosten zu minimieren und eine Konfliktlösung herbeizuführen, die im Idealfall allen betroffenen Akteuren gerecht wird (Glasl 2013; Proksch 2014; Schwarz 2014).

Im Rahmen eines kultursensiblen Konfliktmanagements empfiehlt es sich nicht nur, auf den ubiquitären Charakter von Konflikten hinzuweisen, die bei einer konstruktiven Konfliktlösung zudem positive Effekte haben, sondern auch darauf zu achten, dass sich keine der betroffenen Konfliktparteien benachteiligt fühlt. So schreibt Mujtaba (2010, S. 169 f.): „Conflict is a reality of life, which everyone faces at one time or another. (…) If effectively handled, conflict can be a healthy way of airing differences. (…) Winning and losing are generally the goals of games, but not the goal of conflict management. Effective conflict management requires thinking „win-win" with the goals of jointly learning, growing, and cooperating."

Obwohl bei der Konfliktbewältigung stets situativ vorgegangen werden sollte, erscheint es gerade im interkulturellen Kontext sinnvoll, wenn sich die Akteure auf eine kompromissorientierte bzw. kooperative Strategie einlassen, die auf einen dialogisch-partizipativen Interessenausgleich bedacht ist. Wenn man davon ausgeht, dass im Umgang mit anderen Kulturen zunächst die Suche nach Gemeinsamkeiten ein Orientierungsmuster darstellt, dann erübrigt sich die Frage, wieso man in einem schwelenden Konfliktherd nicht auch nach etwaigen Übereinstimmungen Ausschau halten sollte (Hogen 1998; Kreikebaum et al. 2001).

Welche Aspekte könnte ein kultursensibles – auf Vertrauen basierendes – Konfliktmanagement, das sich explizit gegenüber einer positiv konnotierten „Konfliktkultur"

Tab. 2 Ausgewählte Prämissen im Kontext eines kultursensiblen Konfliktmanagements. (Scherle 2006)

Konflikte sind als eine alltägliche Dimension menschlicher Kommunikations- und Interaktionsprozesse zu begreifen
Konflikte sollten trotz ihres ambivalenten Charakters auch dezidiert hinsichtlich ihrer positiven Wirkungen gewürdigt werden, um sie, gerade im geschäftlichen Kontext, von ihrer nach wie vor primär negativen Konnotation zu befreien
Konflikte sind verstärkt aus einer holistischen Perspektive zu kontextualisieren, da sie nicht nur struktur- und strategieinduzierte, sondern auch kulturelle Ursachen aufweisen können
Konflikte und deren Ursachen können verständlicher werden, wenn man einen Perspektivenwechsel vornimmt, indem man sich in die Position des *counterparts* hineinversetzt
Konflikte und deren Lösungen erfordern nicht nur ausreichend Zeit und Ressourcen zur konstruktiven – von Offenheit geprägten – Austragung, sondern auch die Schaffung einer symmetrischen Kommunikationsbeziehung
Konfliktlösungen sollten weitgehend von Problemorientierung und nicht von Personalisierung geprägt sein
Konflikte im interkulturellen Kontext bedürfen einer kritischen Reflexion eigenkultureller Normen- und Wertsysteme sowie einer expliziten Absage an ethnozentrische Positionen
Konflikte, die sich – aus welchen Gründen auch immer – einer gemeinsamen Lösung entziehen, können notfalls mittels Unterstützung eines externen Mediators angegangen werden

(Regnet 2001) öffnet, beinhalten? Die in obiger Tabelle subsumierten Prämissen aus der theoretischen und anwendungsbezogenen Konfliktforschung stellen einen möglichen Orientierungsrahmen dar, der den Konfliktprozess von der Konfliktwahrnehmung über die Konfliktbearbeitung bis hin zur Konfliktlösung begleiten kann (Beck und Schwarz 2008; Deutsch 1976; Folger et al. 1997; Gilbert 1998; Regnet 2001; Scherle 2006). Intention dieser Prämissen ist nicht zuletzt, zu verhindern, dass Konflikte in der bilateralen Zusammenarbeit einen dysfunktionalen Charakter annehmen (siehe Tab. 2).

Aus interkultureller Perspektive impliziert ein kultursensibles Konfliktmanagement, immer wieder Perspektivenwechsel vorzunehmen und die Begrenztheit der eigenkulturellen Annahmen zu reflektieren. Gleichzeitig gilt es, Distanzen und Polarisierungen transparent zu machen, offen anzusprechen und Toleranz als Kategorie eines erkennenden Verstehens wertzuschätzen. In diesem Zusammenhang geht es nicht nur um eine Anerkennung der Alterität des Anderen in einer passiven Zuschauerrolle, sondern vielmehr um pro-aktives Kulturverstehen als Verständigungsaufgabe, die in eine Dialektik des Verständnisses von Eigenem und Fremdem eingebunden ist (Wiater 2012).

5 Resümee

Das Scheitern internationaler Unternehmenskooperationen hat viele Facetten, die sowohl in der unternehmerischen Praxis als auch seitens der *scientific community* noch längst nicht in Gänze erschlossen wurden. Erfreulicherweise konnte sich jedoch in den letzten

Jahren sukzessive die Einsicht durchsetzen, dass wirtschaftliches Handeln in einen kulturellen Kontext eingebunden ist, der zu räumlichen Unterschieden im Wirtschaftsleben führt, wobei Kultur verstärkt als eine zentrale Ressource bei der erfolgreichen Erschließung neuer Märkte angesehen wird. Stüdlein (1997, S. 7) konstatiert in diesem Zusammenhang: „Das Scheitern von Kooperationen, die unter Heranziehung rein wirtschaftlicher Faktoren hätten erfolgreich sein müssen, aber auch die inhärenten interkulturellen Problempotentiale internationaler Allianzen lassen den Schluss zu, dass ein Vorliegen von Erfolgsbedingungen wirtschaftlicher Art eine notwendige, aber keine hinreichende Bedingung für erfolgreiche Partnerschaften ist. Vielmehr kann eine – in Ergänzung zu den notwendigen ökonomischen – „kulturelle" Bedingung vermutet werden." Vor diesem Hintergrund gilt es, die Entwicklung interkultureller Kompetenz als einen immer wichtigeren Erfolgsfaktor in einer globalisierten Welt zu begreifen, der darüber hinaus eine zentrale Investition in das nachhaltige Wachstum von Unternehmen darstellt.

Die steigende Komplexität bei der Analyse von Konflikten, die zum Scheitern internationaler Unternehmenskooperationen führen, ergibt sich in erster Linie aus einer Zunahme potentieller Anspruchsgruppen mit divergierendem kulturellem Background. Essentiell ist in diesem Zusammenhang vor allem die Einsicht, dass das Scheitern grenzüberschreitender Kooperationen nicht nur auf struktur- und strategieinduzierte Konflikte, sondern auch auf kulturbedingte Konflikte zurückzuführen ist. Dabei haben kulturelle Konflikte ihre Ursache primär in subjektiv empfundenen Unvereinbarkeiten kultureller Annahmen, Werte und Normen respektive der von ihnen geprägten Denkmuster, Vorstellungen, Wahrnehmungen und Gefühle, wobei man in der Praxis von einer komplexen Vernetzung kulturspezifischer und kulturunabhängiger Konfliktursachen ausgehen muss (Gilbert 1998). Gerade in interkulturellen Überschneidungssituationen erscheint es für die betroffenen Akteure meistens nahe liegender und vor allem einfacher, von den eigenkulturellen Bedingungen auszugehen und diesen Orientierungsrahmen auch auf das fremdkulturelle Umfeld zu übertragen, ungeachtet der Tatsache, dass Konflikte nur gemeinsam gelöst werden können. Zusätzlich gewinnt der Umgang mit Konflikten im interkulturellen Kontext an Brisanz, da es in diesem Fall weder eine kongruente normative Basis noch international einheitliche Gesetze gibt, die Orientierungspunkte für die Koordination konfligierender Interessen offerieren könnten (Strübing 1997; Stüdlein 1997; Scherle 2003).

Die im Rahmen des vorliegenden Beitrags vorgestellten kulturbewussten Managementpraktiken ‚laterale Führung' und ‚kultursensibles Konfliktmanagement' können als ein wichtiger Baustein für ein erfolgreiches *managing across cultures* verstanden werden; wohl wissend, dass sich weder durch die eine noch durch die andere Managementpraktik ein Scheitern grenzüberschreitender Unternehmenskooperationen hundertprozentig ausschließen lässt. Was beide Managementpraktiken verbindet, ist, dass sie Konflikte als ein systemimmanentes Phänomen konzeptualisieren und gleichzeitig für eine kooperative bzw. kompromissorientierte Strategie eintreten, die auf einen dialogisch-partizipativen Interessenausgleich bedacht ist. Darüber hinaus lassen sie Scheitern zu, denn nur wo die – vermeintliche – Schattenseite unternehmerischen Handelns zugelassen wird, kommt letztendlich auch der Erfolg in den Blick. In diesem Kontext lässt sich treffend mit folgender

Erkenntnis von Rohrhirsch (2009, S. 23) schließen: „Führung sollte nicht ohne Scheitern gedacht werden. Denn durch die Hinzuziehung von Scheitern wird es möglich, in die Nähe des eigenen Wesens zu kommen. Wer sich auf *diesen* Weg macht, der in die Nähe des eigenen Wesens führt, bekommt die Möglichkeit, die Welt, andere und sich selbst gründlicher zu sehen." Ein Weg, der keinesfalls bequem ist, der jedoch im Idealfall zu einer konstruktiven Kultur des Scheiterns führt, in der sich – in Bezugnahme auf Stechhammer (2010) – die unternehmerische Vitalität aus dem komplexen Spannungsverhältnis von Erfolg und Scheitern speist.

Literatur

Aydt, S. (2015). *An den Grenzen der interkulturellen Bildung: Eine Auseinandersetzung mit Scheitern im Kontext von Fremdheit.* Bielefeld: transcript.

Backhaus, K., & Piltz, K. (1990). Strategische Allianzen – eine neue Form kooperativen Wettbewerbs? In K. Backhaus & K. Piltz (Hrsg.), *Strategische Allianzen* (S. 1–10). Düsseldorf: Verlagsgruppe Handelsblatt.

Backhaus, K., & Plinke, W. (1990). Strategische Allianzen als Antwort auf veränderte Wettbewerbsstrukturen. In K. Backhaus & K. Piltz (Hrsg.), *Strategische Allianzen* (S. 21–33). Düsseldorf: Verlagsgruppe Handelsblatt.

Bäurle, I. (1996). *Internationalisierung als Prozeßphänomen: Konzepte – Besonderheiten – Handhabung.* Wiesbaden: Gabler.

Beck, R., & Schwarz, G. (2008). *Konfliktmanagement: Grundlagen und Strategien.* Augsburg: ZIEL.

Börsig, C., & Baumgarten, C. (2002). Grundlagen des internationalen Kooperationsmanagements. In K. Macharzina & M.-J. Oesterle (Hrsg.), *Handbuch Internationales Management: Grundlagen – Instrumente – Perspektiven* (S. 551–572). Wiesbaden: Gabler.

Bosch, B. (1996). *Interkulturelles Management: Eine kultursoziologische Fallstudie über die Führung deutscher Niederlassungen in Malta.* Darmstadt: DDD.

Bosch, B. (1997). Interkulturelles Management. In H. Reimann (Hrsg.), *Weltkultur und Weltgesellschaft: Aspekte globalen Wandels* (S. 268–292). Opladen: Westdeutscher Verlag.

Butler, M. J. (2009). *International conflict management.* New York: Routledge.

Cushner, K., & Brislin, R. W. (1996). *Intercultural interactions: A practical guide.* Thousand Oaks: Sage.

Deardorff, D. K. (2006). Identification and assessment of intercultural competence as a student outcome of internationalization. *Journal of Studies in Intercultural Education, 10,* 241–266.

Deutsch, M. (1976). *Konfliktregelung: Konstruktive und destruktive Prozesse.* München: Reinhardt.

Folger, J. P., et al. (1997). *Working through conflict: Strategies for relationships, groups, and organizations.* New York: Harper Collins.

Gelbrich, K., & Müller, S. (2011). *Handbuch Internationales Management.* München: Oldenbourg.

Gien, G., & Sill, B. (2013). Ganz unten!? Der Lebensschatten des Scheiterns. Zur Einführung. In: G. Gien & B. Sill (Hrsg.), *Scheitern* (S. 9–24). Sankt Ottilien: EOS.

Gilbert, D. U. (1998). *Konfliktmanagement in international tätigen Unternehmen.* Sternenfels: Verlag Wissenschaft & Praxis.

Glasl, F. (2013). *Konfliktmanagement: Ein Handbuch für Führungskräfte, Beraterinnen und Berater.* Bern: Haupt.

Haussmann, H. (1997). Vor- und Nachteile der Kooperation gegenüber anderen Internationalisierungsformen. In K. Macharzina & M.-J. Oesterle (Hrsg.), *Handbuch Internationales Management: Grundlagen – Instrumente – Perspektiven* (S. 459–474). Wiesbaden: Gabler.

Hemm, H., & Diesch, P. (1992). Internationale Kooperationen und strategische Allianzen – Ziele, Probleme und praktische Gestaltung unternehmerischer Partnerschaft. In B. N. Kumar & H. Haussmann (Hrsg.), *Handbuch der Internationalen Unternehmenstätigkeit: Erfolgs- und Risikofaktoren, Märkte, Export-, Kooperations- und Niederlassungs-Management* (S. 531–547). München: Beck.

Hogen, J. (1998). *Entwicklung interkultureller Kompetenz*. Marburg: Metropolis.

Holtbrügge, D., & Welge, M. K. (2006). *Internationales Management: Theorien, Funktionen, Fallstudien*. Stuttgart: Schaeffer-Poeschel.

Kealey, D. J., & Ruben, B. D. (1983). Cross-cultural personnel selection criteria, issues and methods. In D. Landis & R. W. Brislin (Hrsg.), *Handbook of intercultural training: Issues in theory and design* (S. 155–175). New York: Pergamon Press.

Kleinbeck, U., & Kleinbeck, T. (2009). *Arbeitsmotivation. Konzepte und Fördermaßnahmen*. Lengerich: Papst.

Kluger, A. N., & DeNisi, A. (1996). The effects of feedback interventions on performance: A historical review, a meta-analysis, and a preliminary feedback intervention theory. *Psychological Bulletin, 119*, 254–284.

Köhler, R. (1998). Internationale Kooperationsstrategien kleinerer Unternehmen. In M. Bruhn & H. Steffenhagen (Hrsg.), *Marktorientierte Unternehmensführung: Reflexionen – Denkanstöße – Perspektiven* (S. 181–204). Wiesbaden: Gabler.

Kreikebaum, H., et al. (2001). *Management ethischer Konflikte in international tätigen Unternehmen*. Wiesbaden: Gabler.

Kuhl, J., et al. (2010). *Persönlichkeit und Motivation im Unternehmen*. Stuttgart: Kohlhammer.

Kühl, S., & Schnelle, T. (2009). Führen ohne Hierarchie. Macht, Vertrauen und Verständigung im Prozess des Lateralen Führens. *OrganisationsEntwicklung, 2*, 51–60.

Kühlmann, T. M., & Schumann, O. (2002). Vertrauen in interkulturellen Kooperationen kleiner und mittlerer Unternehmen: Ein Vergleich zwischen Mexiko und Deutschland. *FORAREA Arbeitspapiere, 18*, 151–170.

Kühlmann, T. M., & Stahl, G. K. (1998). Diagnose interkultureller Kompetenz: Entwicklung und Evaluierung eines Assessment Centers. In C. I. Barmeyer & J. Bolten (Hrsg.), *Interkulturelle Personalorganisation* (S. 213–224). Sternenfels: Verlag Wissenschaft & Praxis.

Kutschker, M. (1994). Strategische Kooperationen als Mittel der Internationalisierung. In L. Schuster (Hrsg.), *Die Unternehmung im internationalen Wettbewerb* (S. 121–157). Berlin: Schmidt.

Kutschker, M., & Mösslang, A. (1996). Kooperationen als Mittel der Internationalisierung von Dienstleistungsunternehmen. *Die Betriebswirtschaft, 56*, 319–337.

Lane, S. D. (2010). *Interpersonal communication: Competence and contexts*. Boston: Allyn & Bacon.

Langhof, A., et al. (2014). Einführende Überlegungen zum Scheitern aus organisations- und wirtschaftssoziologischer Perspektive. In J. Bergmann, et al. (Hrsg.), *Scheitern – Organisations- und wirtschaftssoziologische Analysen* (S. 9–28). Wiesbaden: Springer VS.

Lustig, M. W., & Koester, J. (2013). *Intercultural competence: Interpersonal communication across cultures*. Boston: Pearson.

Mattl, C. (2006). *InterKULTURelle, interpersonale Konflikte? Ansatzpunkte zum Verständnis von Konfliktentstehung und Konfliktverhalten im interkulturellen Kontext*. Frankfurt a. M.: IKO – Verlag für Interkulturelle Kommunikation.

Moosmüller, A. (1996). Interkulturelle Kompetenz und interkulturelle Kenntnisse: Überlegungen zu Ziel und Inhalt im auslandsvorbereitenden Training. In K. Roth (Hrsg.), *Mit der Differenz leben: Europäische Ethnologie und Interkulturelle Kommunikation* (S. 271–290). Münster: Waxmann.

Moosmüller, A. (1997). *Kulturen in Interaktion: Deutsche und US-amerikanische Firmenentsandte in Japan.* Münster: Waxmann.

Mujtaba, B. G. (2010). *Workforce diversity management: Challenges, competencies and strategies.* Davie: Ilead Academy.

Pechlaner, H. (2010). Scheitern – Eine prozessuale Betrachtung. In H. Pechlaner, et al. (Hrsg.), *Scheitern: Die Schattenseite unternehmerischen Handelns: Die Chance der Selbsterneuerung* (S. 207–222). Berlin: ESV.

Perlitz, M. (2002). Spektrum kooperativer Internationalisierungsformen. In K. Macharzina & M.-J. Oesterle (Hrsg.), *Handbuch Internationales Management: Grundlagen – Instrumente – Perspektiven* (S. 533–549). Wiesbaden: Gabler.

Pillmayer, M. (2014). *Internationalisierung in der Tourismuswirtschaft: Das Beispiel Jordanien.* Wiesbaden: Springer Gabler.

Pillmayer, M., & Scherle, N. (2014). The tourism industry and the process of internationalization. *International Journal of Tourism Research, 16,* 329–339.

Proksch, S. (2014). *Konfliktmanagement im Unternehmen: Mediation als Instrument für Konflikt- und Kooperationsmanagement am Arbeitsplatz.* Heidelberg: Springer.

Regnet, E. (2001). *Konflikte in Organisationen: Formen, Funktion und Bewältigung.* Göttingen: Hogrefe.

Rheinberg, F., & Vollmeyer, R. (2011). *Motivation.* Stuttgart: Kohlhammer.

Rohrhirsch, F. (2009). *Führung und Scheitern: Über Werte und den Wert des Scheiterns im Führungsalltag – Wie Führung glückt.* Wiesbaden: Gabler.

Ruben, B. D. (1989). The study of cross-cultural competence: Traditions and contemporary issues. *International Journal of Intercultural Relations, 13,* 229–240.

Saul, S. (1995). *Führen durch Kommunikation. Gespräche mit Mitarbeiterinnen und Mitarbeitern.* Weinheim: Beltz.

Scherle, N. (2003). Interkulturelle Unternehmenskooperationen im Tourismussektor im Spannungsfeld von Konflikten und deren Lösungsansätzen. *Peripherie, 23,* 89–110.

Scherle, N. (2004). International bilateral business in the tourism industry: Perspectives from German-Moroccan co-operations. *Tourism Geographies, 6,* 229–256.

Scherle, N. (2006). *Bilaterale Unternehmenskooperationen im Tourismussektor: Ausgewählte Erfolgsfaktoren.* Wiesbaden: Gabler.

Scherle, N., & Pillmayer, M. (2014). Vertrauen und Konfliktmanagement als zentrale Erfolgsfaktoren interkultureller Unternehmenskooperationen. In R. Hartmann & F. Herle (Hrsg.), *Interkulturelles Management in Freizeit und Tourismus: Kommunikation – Kooperation – Kompetenz* (S. 177–195). Berlin: ESV.

Schmalt, H.-D., & Langens, T. A. (2009). *Motivation.* Stuttgart: Kohlhammer.

Schmalt, H.-D., et al. (2000). *MMG Multi-Motiv-Gitter (Manual).* Göttingen: Hogrefe.

Schmid, S. (1996). *Multikulturalität in der internationalen Unternehmung: Konzepte – Reflexionen – Implikationen.* Wiesbaden: Gabler.

Schneider, S. C., et al. (2014). Managing across cultures. Harlow: Pearson.

Schuler, H., et al. (2001). *LMI Leistungsmotivationsinventar. Dimensionen berufsbezogener Leistungsorientierung (Manual).* Göttingen: Hogrefe.

Schwarz, G. (2014). *Konfliktmanagement: Konflikte erkennen, analysieren, lösen.* Wiesbaden: Gabler.

Sell, A. (1994). *Internationale Unternehmenskooperationen.* München: Oldenbourg.

Spitzberg, B. H., & Changnon, G. (2009). Conceptualizing intercultural competence. In D. K. Deardorff (Hrsg.), *The Sage Handbook of Intercultural Competence* (S. 2–52). Los Angeles: Sage.

Stahl, G. K. (1995). Die Auswahl von Mitarbeitern für den Auslandseinsatz: Wissenschaftliche Grundlagen. In T. M. Kühlmann (Hrsg.), *Mitarbeiterentsendung ins Ausland: Auswahl, Vorbereitung, Betreuung und Wiedereingliederung* (S. 31–72). Göttingen: Verlag für Angewandte Psychologie.

Stangel-Meseke, M. (2014). Unconscious bias. In Charta der Vielfalt e. V. (Hrsg.), *Vielfalt erkennen. Strategien für einen sensiblen Umgang mit unbewussten Vorurteilen* (S. 13–20). Berlin: Charta der Vielfalt e. V.

Stangel-Meseke, M., et al. (2015). *Diversity Management und Individualisierung. Maßnahmen und Handlungsempfehlungen für den Unternehmenserfolg.* Wiesbaden: Springer Gabler.

Stechhammer, B. (2010). Unternehmen brauchen eine Kultur des Scheiterns. In H. Pechlaner, et al. (Hrsg.), *Scheitern: Die Schattenseite unternehmerischen Handelns: Die Chance der Selbsterneuerung* (S. 193–206). Berlin: ESV.

Steiner, C., et al. (2006). Krisen, Kriege und ihre Auswirkungen auf den Tourismusmarkt. *Zeitschrift für Wirtschaftsgeographie, 50,* 98–108.

Stöwe, C., & Keromosemito, L. (2004). *Führen ohne Hierarchie.* Wiesbaden: Gabler.

Strübing, M. (1997). *Die interkulturelle Problematik deutsch-französischer Unternehmenskooperationen.* Wiesbaden: Deutscher Universitäts-Verlag.

Stüdlein, Y. (1997). *Management von Kulturunterschieden: Phasenkonzept für internationale strategische Allianzen.* Wiesbaden: Deutscher Universitäts-Verlag.

Werpers, K. (1999). *Konflikte in Organisationen: Eine Feldstudie zur Analyse interpersonaler und intergruppaler Konfliktsituationen.* Münster: Waxmann.

Wiater, W. (2012). Kulturdifferenz verstehen – Bedingungen – Möglichkeiten – Grenzen. In W. Wiater & D. Manschke (Hrsg.), *Verstehen und Kultur: Mentale Modelle und kulturelle Prägungen* (S. 15–30). Wiesbaden: Springer VS.

Wilmot, W. W., & Hocker, J. L. (2011). *Interpersonal conflict.* New York: McGraw-Hill.

Witzel, A. (1982). *Verfahren der qualitativen Sozialforschung: Überblick und Alternativen.* Frankfurt a. M.: Campus.

Witzel, A. (1985). Das problemzentrierte Interview. In G. Jüttemann (Hrsg.), *Qualitative Forschung in der Psychologie: Grundfragen, Verfahrensweisen, Anwendungsfelder* (S. 227–255). Weinheim: Beltz.

Zentes, J., & Swoboda, B. (1999). Motive und Erfolgsgrößen internationaler Kooperationen mittelständischer Unternehmen: Überprüfung kontingenztheoretischer Hypothesen. *Die Betriebswirtschaft, 59,* 44–60.

Zschiedrich, H. (Hrsg.). (2011). *Wirtschaftliche Zusammenarbeit in Grenzregionen: Erwartungen, Bedingungen, Erfahrungen.* Berlin: Berliner Wissenschafts-Verlag.

Prof. Dr. Nicolai Scherle studierte an der Katholischen Universität Eichstätt-Ingolstadt sowie an der University of London Geographie, Geschichte und Journalistik. Seit 2012 lehrt und forscht er als Professor für Tourismusmanagement und Interkulturelle Kommunikation an der Unternehmerhochschule BiTS in Iserlohn, an der er gleichzeitig Prodekan für *International Management for Service Industries* ist. Seine Forschungsschwerpunkte liegen in den Bereichen Kulturgeographische Regionalforschung (Wirtschafts- und Tourismusgeographie), Entrepreneurship sowie Interkulturelle Kommunikation und Diversity. Er ist Mitglied der *Royal Geographical Society (RGS)*, der *Academy of Management (AOM)* sowie des interkulturellen Kompetenznetzwerks FORAREA.

Prof. Dr. Christine Boven studierte Geschichte, Anglistik und Amerikanistik an der Ruhr-Universität Bochum und promovierte an der Edith Cowan University in Perth, Western Australia. 2013 wurde die ehemalige Leiterin des International Office der Unternehmerhochschule BiTS in Iserlohn zur Professorin für Intercultural Competence berufen. Ihr Forschungsschwerpunkt bildet Literary Journalism mit einem besonderen Fokus auf vergleichenden Studien sowie den historischen Ursprüngen des Genres. Sie ist Mitglied der *International Association for Literary Journalism Studies (IALJS) sowie der European Association of Studies of Australia (EASA)*.

Prof. Dr. Martina Stangel-Meseke studierte Psychologie und Arbeitsrecht an der Ruhr-Universität Bochum. Anschließend lehrte und forschte sie in Psychologischer Diagnostik und Organisationspsychologie an den Universitäten Bochum, Wuppertal und Konstanz. Derzeit ist sie Dekanin für Wirtschaftspsychologie an der Unternehmerhochschule BiTS und zeichnet sich schwerpunktmäßig für die Felder Lernfähigkeitsdiagnostik, Gender- und Diversity-Management verantwortlich. Darüber hinaus berät sie Organisationen unter anderem bei der Implementierung ihrer Diversity-Strategie. Als Mitglied der Sachverständigenkommission der Bundesregierung legte sie 2011 den ersten Gleichstellungsbericht mit vor. Sie ist Mitglied des internationalen Forschungsnetzwerks *Women on Board* der Business School Oslo.

Teil V
Epilog

Inszenierung des Scheiterns

Interview mit Harry Fuhrmann

Sebastian Kunert und Harry Fuhrmann

Harry Fuhrmann sitzt entspannt auf der Couch seines Arbeitszimmers in Berlin-Friedrichshain, als ich noch meine Utensilien ordne. Den Abend zuvor endete ein Recherche – Theaterprojekt, das sich mit den 25 Jahren nach der friedlichen Revolution in Cottbus beschäftigt hat. Am nächsten Tag wartet ein Szenenstudium an der Hochschule für Schauspielkunst „Ernst Busch" auf den Dozenten – ‚Einsame Menschen' von Gerhart Hauptmann steht auf dem Programm. In wenigen Tagen geht es nach Teheran für einen Workshop mit Studenten zur Methodik des gestischen Theaters nach Bertolt Brecht. Zwischendurch nimmt er sich eine Stunde Zeit[1], um sich von mir zum Inszenieren des Scheiterns interviewen zu lassen. Ich möchte ihn mit den 4 Deutungen aus dem Eingangskapitel konfrontieren, um zu erfahren, in wie fern sich unser gesellschaftlicher Umgang mit dem Scheitern im Theater widerspiegelt.

Sebastian Kunert:
Erinnerst du dich noch an unser Telefonat?
Harry Fuhrmann:

Du meinst zum Thema Scheitern?

Ja. Was ist dir davon hängen geblieben?

---

[1] Mit bestem Dank an Luisa Brümmer für die gelungene Transkription.

S. Kunert (✉)
artop GmbH – Institut an der Humboldt-Universität zu Berlin,
Christburger Str. 4, 10405 Berlin, Deutschland
E-Mail: kunert@artop.de

H. Fuhrmann
Hochschule für Schauspielkunst Ernst Busch – Berlin, Schnellerstr. 104,
12439 Berlin, Deutschland
E-Mail: harryfuhr@gmx.de

© Springer-Verlag Berlin Heidelberg 2016
S. Kunert (Hrsg.), *Failure Management*, DOI 10.1007/978-3-662-47357-3_16

Es geht um Inszenierungsformen des Scheiterns und um Charaktere in Theaterstücken, die scheitern. Ich habe mich gefragt, wer alles scheitert und mir sind mehr männliche als weibliche Figuren eingefallen. Die Männer erschießen sich oft und entfliehen so den Konsequenzen ihres Scheiterns. Die Frauen gehen interessanterweise meist anders damit um.

Wo liegen die Unterschiede zwischen Männern und Frauen?

Die Frage beschäftigt mich. Frauen ertragen das Scheitern eher. Sie gehen langsam zu Grunde, kämpfen länger und verzagen dann an den Umständen. Die Männer ziehen sich raus, geben auf und suchen sich ein großes, theatralisches Ende. Ich finde das äußerst egoman. Sie verschaffen sich einen dramatischen Abgang und geben den anderen die Schuld dafür. Sie bestrafen ihre Umwelt, anstatt selbst die Verantwortung für ihr Scheitern zu übernehmen. Die Frauen ertragen ihr Schicksal, ringen bis zum Schluss um die Beziehungen, die zu scheitern drohen und verschwinden leise. Es gibt keine weiblichen Amokläufer-Figuren.

Gibt es da irgendeine Parallele zwischen Dir und den Figuren, die du inszenierst oder selbst spielst?

Ja, da ist ein großer Teil von mir in dem, was ich inszeniere. Ganz klar.

Macht es Dir Spaß, gescheiterte Figuren zu inszenieren bzw. Stücke, in denen es um Scheitern geht?

Ich inszeniere eher die Sehnsucht nach einem Gelingen, einer Veränderung, als das Scheitern. Dieses Verlangen wird selten erfüllt. Es ist die Sehnsucht nach einem wirklichen Miteinander, nach einer erfüllenden Beziehung, nach Zwischenmenschlichkeit, die mich interessiert und der Schmerz darüber, dass der Mensch immer wieder an der Verwirklichung dieser Sehnsüchte scheitert. Meine Lebenserfahrung zeigt mir, dass es schwer ist, wirklich miteinander gemeinsame Wege zu gehen.

Das Scheitern öffentlichkeitswirksam darzustellen hat eine über 2000 jährige Tradition in Europa. In der Tragödie wird mittels Dialogen die Geschichte eines Menschen aus hoher Stellung erzählt, der „schuldlos schuldig" ist. Nachahmung von Handelnden, die Jammer (*eleos*) und Schaudern (*phobos*) hervorruft und hierdurch eine Reinigung von derartigen Erregungszuständen bewirkt. (Aristoteles, 335 v. Chr. 1994). Das moderne Theater führt diese Tradition fort. Aus allen gesellschaftlichen Bereichen stammen die Kontexte, in welche die Geschichte eingebettet ist: Politik, Wirtschaft, Militär, Kunstbetrieb, Familie, Partnerschaft – Scheitern als Kulturphänomen scheint sich im Theater widerzuspiegeln.

Warum gibt es auf der Bühne gefühlt viel mehr Geschichten von Leuten, die so eine Sehnsucht nach Gelingen haben und dann letztlich doch scheitern? Ist es langweilig, Menschen dabei zuzuschauen, wie Ihnen etwas gelingt? Ist es spannender, wenn Sie sich abrackern, es versuchen aber dann doch nicht schaffen?

Der Mensch ist voller unerfüllter Sehnsüchte. Er hat große Träume, Dinge die er gerne machen würde. Er hat einen „Möglichkeitssinn", der Dinge schaffen möchte, der ihm sagt: „Das wäre doch möglich!" Und er hat einen „Wirklichkeitssinn", der über ihn herrscht und ihm sagt: „Es bringt nichts, das jetzt zu versuchen, ich muss erst mal dies und das machen und außerdem nützt es sowieso nichts." Die Verwirklichung der Träume wird aufgeschoben und die riesige Sehnsucht in uns bleibt.

Franz Biberkopf aus Alfred Döblins Roman ‚Alexanderplatz' ist ja so eine Figur. Er entdeckt seine Sehnsüchte wieder, entwickelt so etwas wie einen Lebenssinn, lernt eine Frau kennen … und prompt scheitert das Ganze.

Ja genau. „Begib dich nicht in Gefahr denn du kommst darin um". Die Frage ist doch, ob das Scheitern nicht eher intensives Leben war? Vielleicht hat es sich ja gelohnt, zu scheitern. Mehr, als ohne Risiko vor sich hin zu leben. Meine nächste Arbeit an der Schauspielschule Ernst Busch ist ‚Einsame Menschen' von Gerhart Hauptmann. Da geht es um die Figur des Johannes Vockerat, der Schriftsteller sein will, seit Ewigkeiten an seinem Manuskript schreibt, nicht fertig wird damit und sich von seiner Umwelt komplett unverstanden fühlt. Seine Frau Käthe hat seiner Meinung nach weder Gefühl noch Verständnis für seine künstlerische Arbeit. Er soll sich um Geldsachen und um irgendwelche Banalitäten kümmern. Dann kommt eine junge intellektuelle Studentin zu Besuch und er fühlt sich endlich gesehen. Das bringt das ganze familiäre Gefüge durcheinander, seine Frau geht daran zu Grunde. Man macht ihm große Vorwürfe, er fühlt sich missverstanden und geht in den Müggelsee.

Warum tut er das?

Das ist eine Frage der Interpretation: Weil er mit sich unzufrieden ist, um die anderen für ihr Unverständnis zu bestrafen oder um von seinem eigenen Versagen als Künstler abzulenken. In jedem Fall ist er gescheitert.

Ich behaupte, dass im Grunde fast alle großen Stücke bis hin zu ganzen Genres Geschichten des Scheiterns erzählen oder sich als solche lesen lassen: Shakespeares Hamlet, der an den Zuständen seiner Zeit verzweifelt, Brechts Mutter Courage, die am Krieg zu Grunde geht alles verliert bis hin zu ihrem Kind, Peter Hacks' Prophezeiung eines untergehenden Staates in ‚die Sorgen und die Macht'… Die ganz großen Stoffe sind immer jene, wo jemand an seinen Sehnsüchten scheitert.

Ja. Ich denke schon, dass eher Geschichten des Scheiterns als Geschichten des Gelingens erzählt werden, um den Zuschauer zu animieren, die herrschenden Zustände zu verändern.

Dann hat es einen tieferen Zweck?

Ja, du zeigst die Umstände, die die Menschen zum Scheitern bringen, der Zuschauer erkennt dies und sagt sich: unter solchen Bedingungen kann der Mensch nur scheitern. Das heißt, es ist an mir, diese Umstände zu verändern. Das ist ein Brecht'scher Ansatz, die Welt als veränderbar zu zeigen. Es ist die Aufgabe von Theater, den Finger in die Wunde zu legen. In den Geschichten vom Scheitern ist immer auch die Möglichkeit des Gelingens enthalten: Was muss sich zwischen den Menschen ändern, was muss sich in unserer Gesellschaft ändern, damit aus der Möglichkeit Realität wird? Was kann ich dafür tun? Das bloße Mitleiden mit den Menschen führt noch nicht zum Handeln: Der Diktator sieht ein Stück, leidet und geht nach Hause, denkt sich ‚Was bin ich für ein sensibler Mensch' und unterschreibt das nächste Todesurteil.

Das bringt mich zu einer weiteren Beobachtung: Scheitern scheint personalisiert, weil es dann erst greifbar und verständlich wird – das Scheitern bekommt ein Gesicht. Wenn sich in ‚La Traviata' die Protagonistin am Ende vom Balkon stürzt, dann ist es nur bewegend, weil man vorher eine Figur hatte, mit der man sich identifizieren konnte. Die finale Gift-Szene in ‚Romeo und Julia' ist deswegen so ergreifend, weil man vorher mit den beiden gelitten hat.

Wenn man Theater als ein Abbild der Gesellschaft betrachtet, müsste man doch annehmen, wir Zuschauer brauchen – wie in der Tragödie – auch im Alltag einen Protagonisten, um das Scheitern begreifen zu können. Existiert eine solche Entsprechung?

Grundsätzlich ja. Aber der Vorgang ist meines Erachtens ein anderer. Die Gesellschaft sucht sich Ihre „Protagonisten des Scheiterns" meist erst im Nachhinein. Shakespeare nimmt sich vor, von Romeo und Julia zu erzählen. Dann beginnt er, die tragische Geschichte über die Liebe zweier Kinder aus rivalisierenden Familien auszuformulieren. In der Realität ist es so, dass erst der Skandal da ist und die Gesellschaft sich nachträglich ihre Protagonisten sucht. Dann wird die Historie im Grunde nochmal neu geschrieben: ‚Es war einmal ein Minister, der ein Amt innehatte. Er erhielt Mitteilungen, dass die NSA die Kanzlerin abhört, aber er verschwieg es.' Die Geschichte erzählt dann im Nachhinein anhand dieses Individuums, wie es zu dem Skandal gekommen ist. Und unser Protagonist wird dafür zur Verantwortung gezogen und scheitert.

Warum braucht es diese Fokussierung auf die einzelnen Personen?

Weil wir uns damit besser identifizieren können. Weil wir Individuen sind. Im Theater musst du konkrete Geschichten finden, Geschichten, die aus dem Konkreten in die Allgemeingültigkeit führen und nicht anders herum. Ich glaube, dies ist das Wesen von Erzählungen, eigentlich schon immer gewesen.

Was ist mit Theaterformen, die das Scheitern als ihr zentrales Element inszenieren. Mir fallen da Slapstick, Theatersport und Comedy ein, wo es ja wesentlich ist, dass die Darsteller inszeniert scheitern, wir kurz mit Ihnen leiden, um anschließend darüber lachen zu können.

Ja, der Clown lebt vom Scheitern, also von dem Versuch, ein Ziel zu erreichen und es immer wieder nicht zu schaffen.

Warum ist das lustig?

Weil wir das alle kennen, weil wir permanent Sehnsüchte haben, etwas zu erreichen und kläglich scheitern. Umso mehr er das Ziel erreichen will und es nicht schafft, desto verzweifelter versucht er es. Der Clown wird dann witzig, wenn er dieses Scheitern annimmt. Wenn der Schauspieler nur so tut, als ob er scheitert, wenn er mir als Zuschauer etwas vormacht, dann fühle ich mich betrogen und steige aus. Nur, wenn der Darsteller wirklich den Mut hat, dieses Scheitern anzunehmen, wird es lustig. Im Grunde eine lehrreiche Sache für unsere Leistungsgesellschaft, wo Scheitern etwas Schlechtes ist, so dass wir immer versuchen, es zu vertuschen anstatt es anzunehmen. Wir sollten lernen, humorvoller und konstruktiver mit dem Scheitern umzugehen.

Geht es auch darum, Kausaltäten aufzudecken und den größeren Zusammenhang zu verdeutlichen ohne selbst drin stecken zu müssen, um die Möglichkeit, sich raus zu nehmen etwas ‚von oben' zu betrachten?

> Ja, auf jeden Fall. Wir als Theatermacher entscheiden, welchen Teil der Gesellschaft wir abbilden wollen. Es geht nicht nur darum, einen Stoff möglichst emotional auf die Bühne zu bringen, sondern wir entscheiden, welcher Teil der Realität auf der Bühne gezeigt wird und mit welchen theatralen Mitteln dies umgesetzt wird.

Was machst du als Regisseur um es möglichst eindringlich zu machen, um diese Scheiter-Erfahrung für den Zuschauer möglichst realitätsnah zu inszenieren?

> Man muss die Konflikte zuspitzen, die so eine Geschichte hat: Je größer die Sehnsucht nach etwas ist, desto stärker ist die Verzweiflung und damit das Scheitern, wenn sie nicht erfüllt wird.

Scheitern scheint relativ. Ob beispielsweise eine Organisation als gescheitert gilt, hängt maßgeblich von der Personengruppe ab, der man angehört. Aus Sicht eines Gläubigers, eines Kunden, eines Mitarbeiters, eines Aktienbesitzers, eines Gewerkschafters oder eines Managers ergeben sich teils widersprüchliche Wertungen des selben Sachverhalts. Gleiches sollte auch im Theater gelten.

Ist Scheitern im Grunde ein rein soziales Phänomen? Scheitert man nur im Kontakt mit seiner Umwelt, an deren Ansprüchen?

> Ich glaube ja. Man leitet die Ansprüche extrem aus einer Gesellschaft ab: Woran messe ich denn, ob ich gescheitert bin? Wo finde ich den Anklang, den ich mir gewünscht habe? Und wenn ich den nicht finde, fällt es einem ganz schwer zu sagen: ‚Naja ich finde es aber trotzdem toll. Ich bin sehr zufrieden damit.' Ich habe Arbeiten gemacht, die weniger gut waren, aber der mega Publikumsrenner geworden sind, und es gab Inszenierungen, die echt toll waren, aber nur wenige Leute wollten sie sehen.

Woran machst du fest, ob du gescheitert bist mit einem Projekt oder ob du erfolgreich warst?

> Innere Zufriedenheit und die Reaktion auf meine Arbeit. Ich mache Theater für das Publikum. Ich entscheide mich, eine bestimmte Geschichte zu erzählen und möchte damit beim Publikum etwas auslösen. Wenn es mir gelingt, dass die Zuschauer über diese Dinge nachdenken, also wenn es jene Gefühle auslöst, die ich mir gewünscht habe, auszulösen, dann erfüllt mich das mit Zufriedenheit.

Ist das Erzählen von Geschichten des Scheiterns noch modern, zeitgemäß? Oder hat es sich inzwischen überholt? Das s. g. post-dramatische Theater (Wirth 1987) entzieht sich den klassischen Erzählmustern und verschmilzt mit video- und performance-basierten Kunstformen.

Steckt da auch eine Botschaft des Theaters drin, mehr Selbstverantwortung zu übernehmen?

Es ist immer wieder eine Botschaft, die Welt verändern zu wollen: Der Zuschauer ist dran, die Welt zu verändern. Es gibt viele Theaterformen, gerade post-dramatisches Theater, da geht es um Endindividualisierung: keine klaren zugeordneten Rollen mehr, keine Personalisierung. Dann wird gezeigt, wie schlecht die Welt ist, alles ist negativ und kalt. Fertig. Da fehlen mir die Sehnsüchte. Ich war lange altmodisch mit meiner eigenen Sehnsucht, Geschichten zu erzählen. Inzwischen bin ich wieder ,on the top‘, ich habe das einfach ausgesessen. Der Mensch hat eine große Sehnsucht in sich, geliebt zu werden, und dennoch verletzen sich die Menschen permanent gegenseitig. Wir sind nur unterwegs, weil wir geliebt werden wollen die ganze Zeit. Mein Grundmotor, Theater zu machen, ist, den Widerspruch zwischen dieser Sehnsucht und der Realität darzustellen, spürbar zu machen.

Was wäre dein Fazit mit Blick auf die Inszenierung des Scheiterns?

Individuelle Träume, die Realität und zwischenmenschliche Beziehungen – diese drei Aspekte nähren eine Inszenierung. Das Spannungsfeld zwischen Sehnsucht und Wirklichkeit, eingebettet in ein soziales Beziehungsgeflecht. Brecht sagte mal passend dazu: *„Die kleinste soziale Einheit ist nicht der Mensch, sondern zwei Menschen."*

Damit endete das Interview. Ich packe meine Materialien zusammen und gehe hinaus auf die Straße. Zurück bleibt das Gefühl, in einen Zerrspiegel geschaut zu haben: Das Scheitern findet sich auf der Bühne in vielerlei Gestalt, in der Oper, im Schauspiel, im Zirkus, im Ballett – wortreich und bildgewaltig, phantasievoll, überlebensgroß. Man schaut den Darstellern voller Anteilnahme dabei zu, wie sie von der Terra Defectum berichten. Selbst betreten will man sie lieber nicht.

Literatur

Aristoteles (335 v. Chr.). (1994). Poetik. In M. Fuhrmann (Hrsg.), *Poetik: Griech*. Leipzig: Reclam.
Wirth A (1987). *Realität auf dem Theater als ästhetische Utopie oder: Wandlungen des Theaters im Umfeld der Medien* (Bd. 202, S. 83–91). Gießen: Gießener Universitätsblätter.

Harry Fuhrmann Nach seinem Schauspielstudium, das er 1995 an der Hochschule für Musik und Theater in Hamburg abschloss, war Harald Fuhrmann zunächst als Schauspieler am Theater Lübeck engagiert, bevor er Schauspielregie an der Hochschule für Schauspielkunst „Ernst Busch" studierte. In dieser Zeit arbeitete er mehrmals als Regieassistent bei Peter Zadek am Wiener Burgtheater.

Er inszenierte an zahlreichen Stadt- und Staatstheatern im deutschsprachigen Raum. Zu seinen Arbeiten zählen u. a. Schillers „Räuber", „Faust I" von Goethe, „Warten auf Godot" von Beckett, „Ein Sommernachtstraum" von Shakespeare, „Woyzeck" von Büchner und „Die Perser" von Aischylos.

2004 gründete Harald Fuhrmann die Theatercompagnie >fliegende fische>. Mit der Compagnie unternahm er 2005/2006 eine achtmonatige Theaterreise durch Nepal und Indien, 2007/2008 folgte dann eine Reise durch Deutschland. Aus den Reiseerlebnissen und den gesammelten Geschichten entwickelte die Gruppe mehrere Stücke.

2010 unterrichtete er an der „Toi Whakaari New Zealand Drama School" in Wellington und am „Victorian College of Arts" in Melbourne/Australien. Außerdem hat er zahlreiche Theaterworkshops im Ausland gegeben, u. a. in Oslo an der KHIO, in Utrecht und in Teheran. Seit Oktober 2010 ist er fester Schauspieldozent an der Hochschule für Schauspielkunst Ernst Busch.

 **Prof. Dr. Sebastian Kunert** Diplompsychologe, zertifizierter Trainer und Projektmanager. Studium und Promotion an der Humboldt-Universität zu Berlin und an der University of Port Elizabeth (Süd Afrika). Zwischen 2007 und 2013 Wissenschaftlicher Mitarbeiter an der Humboldt-Universität zu Berlin. Von 2012 bis 2014 Professor für Sozial- & Gesundheitspsychologie an der Hochschule für Gesundheit & Sport Berlin. Seit 2014 Professor für Personal & Organisation im Fachbereich Wirtschaftswissenschaften an der Business and Information Technology School BiTS Iserlohn, Campus Berlin. Seine Forschungsschwerpunkte liegen in den Bereichen Innovation, Organisationskultur und Führung sowie in der Entwicklung von wirtschaftspsychologischen Methoden. Mehr Informationen auf bits-hochschule.de.

Parallel dazu Assoziierter Partner bei artop – Institut an der Humboldt-Universität zu Berlin. Die Themenschwerpunkte verorten sich in der Beratung von Organisationen zu Innovationsmanagement, Projektmanagement, Change Management und Strategie, der Unterstützung und Begleitung von Teamentwicklungsprozessen, dem Coaching von Einzelpersonen sowie der Evaluation von Bildungsprogrammen, Projekten und Interventionsverfahren. Mehr Informationen auf artop.de.

The manufacturer's authorised representative in the EU is Springer
Nature Customer Service Centre GmbH, Europaplatz 3, 69115 Heidelberg,
Germany. If you have any concerns regarding our products, please
contact ProductSafety@springernature.com

Printed and bound by CPI Group (UK) Ltd, Croydon, CR0 4YY
28/04/2026
02098479-0018